I0398727

www.ingramcontent.com/pod-product-compliance
Lightning Source LLC
Chambersburg PA
CBHW070458120526
44590CB00013B/679
9781738746422

دری به بینهایت

بیداری
عالم درون ـ عالم بیرون

محمد رضا فتّاحی

Copyright © 2018
Reza Fattahi
All Rights Reserved
کلیه حقوق مادی و معنوی برای نویسنده محفوظ است

عنوان: دری به بینهایت
نویسنده: محمد رضا فتّاحی
شابک: ۹۷۸-۱-۷۳۸۷۴۶۴-۲-۲

Title: "Dari Beh Binahayat" (A Door to Infinity)
Author: Reza Fattahi
ISBN: 978-1-7387464-2-2

برای زمین
که با مِهر خود زندگی را در پهنۀ زیبایش میسر می‌کند.

فهرست مطالب

پیشگفتار

مقدمه

سخن نویسنده

سخنی با خواننده – گنج درون

قسمت اول – بیداری، خودآگاهی و مهارتهای هشیار زیستن

فصل ۱ - به سوی حقیقت

آمادگی برای سفر و علائم راه

مقایسه دانش با خِرَد

فصل ۲ - بر ما چه شد؟

ایگو یا ماسک شخصیت

چرخه رنج زمین

سیستمهای اجتماعی و عملکرد آنها در طول تاریخ

فصل ۳ - معنویت

چند کلمه در باب معنویت

عالم درون و عالم بیرون

آزادی و صلح، رهایی و آرامش

فصل ۴ - آگاهی

بیداری معنوی

هشیار زیستن

ساده زیستن

شاد زیستن و رضایت خاطر
جسم یکی، مغز یکی؛ امانتی برای زیستن

فصل ۵ - توهّمات و احساسات منفی، محصول ناخودآگاهی
جاری عالم هستی و توهم زمان
چرخه رنج فردی
استرس
افسردگی

فصل ۶ - مهارتهای درونی
تحمل شرایط و قبول زندگی
مدیتیشن یا مراقبه
خواب و بیخوابی
عشق واقعی و زندگی مشترک آگاهانه

فصل ۷ - یکی شدن با سیاره و عالم هستی
ایگو و سیاره
پیوستن به ابدیت

قسمت دوم – عرفان و معلمان خودآگاهی

مقدمه
فصل ۸ - عرفان به زبان ساده
مقدمه

فصل ۹ - ابعاد عرفانی
فلسفه یوگا
فلسفه بودائیسم

فلسفه ذن و مراقبه ذاذن
تصوف در اسلام
عرفان مسیحیت
فلسفه اسپینوزا

فصل ۱۰ - معلمان خودآگاهی
لائوتسه معروف به لائوزای
گوتاما بودا
منصور حلاج
ابن عربی
مولوی
مایستر اکهارت
عارفان زن

قسمت سوم - علم و هوشیاری عالم هستی

فصل ۱۱ - ارتباط بین علم و عالم معنا
مقدمه

فصل ۱۲ - جهان ماکروسکوپی
کیهان‌شناسی - مقدمه‌ای کوتاه
نظریه نسبیت اینشتین
کیهان، اقیانوس بیکران عالم هستی

فصل ۱۳ - جهان میکروسکوپی
شگفتی ساختمان اتم
اسرار فیزیک کوانتوم
دوگانگی موج - ذره کوانتومی

ارتباط کوانتومی ذرات مرتبط
تونل زنی کوانتومی
نظریه‌های ابر نخی و میدان وحدت

فصل ۱۴ - سیستمهای طبیعی
ریاضیات در طبیعت
هوشمندی در گیاهان و ارتباط بین درختان
سازمان مورچه‌ها

فصل ۱۵ - هوشیاری عالم هستی
اطلاعات در عالم هستی
هوشمندی عالم هستی
هوشیاری عالم هستی

فصل ۱۶ - جسم، ذهن و هوشیاری
ارتباط بین ذهن و جسم
تمایز ذهن با هوشیاری
هوشیاری و سرچشمه آن
ماشین و طبیعت
عالم هستی ورای ماده
مقصر کیست؟
ارتباط بین ذهنی

فصل ۱۷ - جاستارا، سیاره آگاه
مقدمه
سفرنامه زمین
سخن پایانی

به نام خدا

❖ ❖ ❖

پیشگفتار

امروزه کتاب‌هایی که در حوزه خودشناسی، مخصوصاً در غرب منتشر می‌شوند، فقط به بُعد درونی و شخصی انسان می‌پردازند. هدف چنین تعلیمات خودشناسی البته، نمایاندن راه بیداری معنوی به خوانندگان و سالکان است؛ اما بیداری معنوی خود مقصودی را در بردارد. معلمان بزرگ معنویت و عرفان بر این باورند که توهّماتی روی وجود حقیقی انسان را بطور عادی پوشانده و انسان را در یک خواب غیرعلنی فرو برده است. هدف بیداری معنوی برداشتن پوشش وهم از حقیقت وجود انسان است تا انسان به روشنی رسیده و بیدار شود؛ اما در دنیای امروز توهّمات نوظهوری پدید آمده‌اند. این توهّمات، مناسبات اجتماعی غیرقابل قبولی هستند که خود را به عنوان واقعیت‌های اجتناب‌ناپذیر به انسان‌ها قبولانده‌اند، درصورتیکه بسیاری از این واقعیت‌ها نه تنها اجتناب پذیرند بلکه از حق و حقیقت نیز به دور هستند. میدانیم که تفاوت عمیقی میان واقعیت و حقیقت وجود دارد. (در طول کتاب بطور مفصل به فرق این دو خواهیم پرداخت.) این است که می‌توان آن‌ها را واقعیت‌هایی موهوم خواند. فقط به عنوان نمونه اگر برایمان عجیب یا غیرقابل‌قبول نباشد که در دنیایی متمدن در هر پنج یا ده ثانیه یک کودک از گرسنگی بی‌صدا به کام مرگ می‌رود و یا اینکه مجموع ثروت سی یا چهل نفر در دنیا تقریباً برابر با همه داشت و نداشت نیمه کم‌درآمد جمعیت کره زمین یعنی سه و نیم میلیارد انسان است، این بدان معنی است که سیستم‌های اجتماعی در دنیا چنین واقعیت‌های تلخی را چنان به ما انسان‌های پرمشغله

امروزی قبولانده‌اند که دیگر برایمان عادی شده است. این‌ها واقعیت‌های موهومی هستند که بشر امروزی در دنیای مدرن به آن خو گرفته است و دیگر آن‌ها را نمی‌بیند. این یک توهم تدریجی است. این حس نکردن‌ها نوعی خواب غیرعلنی است. رنج انسان‌ها در سطح فردی و جمعی نتیجه چنین خواب‌آلودگی انسان است. مشکل اینجاست که نتیجه چنین ناآگاهیِ جمعی و بی‌تفاوتی انسان نسبت به رنج همنوعان و مشکلات زمین، دیر یا زود تأثیر منفی بر زندگی ما و آیندگان خواهد گذاشت.

کتاب‌های خودشناسی معمولاً به این توهُّمات مدرن در بعُد بیرونی و دنیای بیرون انسان نمی‌پردازند زیرا تفکر انتقادی در آنها جایی ندارد؛ اما این کتاب فقط بر روی آگاهی دنیای درون ما انسان‌ها تمرکز نمی‌کند، بلکه فراتر از مرزها و عرف تعلیمات معنویت و خودشناسی پا می‌گذارد. این متن در کنار مباحث علمی جالب، مباحث عرفانی زیبا و اشعار شاعران و سخنان بزرگان، شگفتی‌های عالم هستی و آموزش مهارت‌های خودشناسی، ده‌ها نمونه از واقعیت‌های موهوم دنیای مدرن را نیز مقابل چشم خواننده می گذارد و طبق آموزه‌های بزرگان آگاهی و خِرَد، راه حلی ساده، خارج از محدوده راه‌کارهای سیاسی ارائه می‌دهد.

همه ما انسان‌ها از نظر وجود حقیقی خالص، یکسان و قسمتی از عالم هستی هستیم. سازوکار بیداری در همه انسان‌ها وجود دارد. آنچه ما را از یکدیگر متفاوت نشان می‌دهد، ماسک شخصیتی است که محیط و سیستم‌های اجتماعی بر روی وجود حقیقی‌مان قرار داده‌اند که به طور مفصل به توضیح آن خواهیم پرداخت.

مطالب این کتاب شامل اطلاعات، نظریات و درس‌هایی از تعلیمات خودشناسی، حاصل تحقیقاتی چندساله در زمینه‌های علمی، فنی، فلسفی و عرفانی و تجربه و مشاهدات درونی و بیرونی نویسنده است. امید است که به اشتراک گذاشتن چنین اطلاعاتی به‌عنوان قسمتی از تلاش‌های معلمان خودشناسی، با همنوعان بشریت تا حدودی از مشکلات و رنج انسان‌ها و سیاره مصدوم و مظلوم ما زمین کم کرده و حاصل آن آرامش درونی و بیداری

بیرونی، بهبود زندگی فردی و صلح در میان انسان‌ها و نجات کره زمین از تمام تهدیدات اکولوژیکی و سیاسی- اجتماعی کنونی باشد.

مطالب مربوط به سیستم‌های فکری و فلسفی موجود در این کتاب و معرفی نکاتی از چنین سیستم‌ها جهت اطلاع، مقایسه و یافتن نکات مشترک آن‌ها و به منظور ارتقاء خودشناسی و شناخت دنیای درون، دنیای بیرون و عالم هستی در نظر گرفته شده است.

هرگونه مشاهدات شخصی و یا نقل‌قول‌های فلسفی از مردان بزرگ بی هیچ ادعای علمی یا شبه‌علمی فقط در راستای عرفانی، فلسفی و استدلالی می‌گنجد، اما درعین‌حال اندیشیدن ورای علم و عالم فیزیکی نه تنها حق هر انسانی است بلکه از نظر منطقی معتبر نیز است، زیرا علم ما انسان‌ها در محدوده انسانی و سیاره زمین است و انسان و زمین جزئی بسیار کوچک از عالم هستی هستند.

ناگفته نماند که مباحث کتاب برای همه اقشار جامعه در نظر گرفته نشده است. درک و یا جذابیت این موضوعات برای همه سطوح جامعه، آسان و یا یکسان نیست. مخاطب کتاب بیشتر قشر تحصیل‌کرده است، نسلی که ممکن است کاملا متوجه خلأ معنوی در جوامع امروز و اثرات سوء آن در سطح سیاره نباشد.

در بخش آخر کتاب معادل‌های انگلیسی عبارت‌های کلیدی و همچنین تعدادی از منابع تحقیق نویسنده جهت اطلاع خوانندگان درج شده است. تعدادی از این منابع وب‌سایت‌ها و مستندهایی هستند که در اینترنت در دسترس عموم قرار دارند. نویسنده هیچ‌گونه مسئولیتی در رابطه با عملکرد این وب‌سایت‌ها و سرورهای آن‌ها و چگونگی ارتباط آن‌ها با مرورگرها و یا تأثیرگذاری آن‌ها بر مرورگرها و کامپیوترهایی که به آن‌ها متصل می‌شوند، ندارد. همچنین واضح است که محتویات این سایت‌ها ممکن است همواره تغییر کرده و یا اصلاً از دسترس خارج گردند.

نسخه انگلیسی این کتاب که با عنوان "The Two Worlds" و نسخه اسپانیایی با عنوان Los Dos Mundos از همین نویسنده در آمریکای شمالی منتشر شده است، با نسخه فارسی پیش رو از نظر الگو و اکثر

موضوعات مشترک است اما «دری به بینهایت» ترجمه و یا نسخه کاملاً برابر با نسخه انگلیسی آن نیست. این تفاوت‌ها شامل، نگاهی ویژه به ساختارهای اجتماعی مربوط، سازگاری و ارتباط فرهنگی، انتخاب و ترجمه اشعار و سخنان بزرگان و تعدادی دیگر از موضوعات هستند. در ضمن همه تاریخ‌ها در نسخه فارسی نیز به تقویم میلادی است.

www.TheTwoWorlds.org

تا آب شدم سراب دیدم خود را

دریا گشتم حباب دیدم خود را

آگاه شدم غفلت خود را دیدم

بیدار شدم به خواب دیدم خود را

(۱)

مقدمه

ممکن است در یک نگاه سطحی رابطه‌ای بین موضوعاتی از جنس احساسات، دنیای معنوی و دنیای مادی وجود نداشته باشد؛ اما خواهیم دید که همه ذرات و عناصر مادی و معنوی در عالم هستی به هم متصل‌اند. از عشق تا اتم، از عالم هوشیاری تا کیهان بی‌انتها، از فلسفه و عرفان تا علم و تکنولوژی، همه جزئی از جهانی هستند که مانند تارعنکبوتی به هم پیوسته است. این تاروپود عالم هستی همواره با هماهنگی شگرفی در حال ارتعاش و مانند آبشاری همواره جاری است. چنین جریانی در مقیاس عظیم خود از قوانین جبری پیروی می‌کند؛ اما در محدوده چنین جبری از جاری عالم هستی، انسان‌ها در بخشی از زندگی خود دارای اختیارند و با اراده آزاد و هوشمندی خود می‌توانند بر کیفیت زندگی خود و حتی دیگران تأثیر بگذارند. با امکاناتی که آفریدگار در سطح عالم هستی در اختیار انسان‌ها گذاشته است، آنجا که انسان‌ها خود را با جاری عالم هستی هماهنگ کرده‌اند، ثمره آن را درو می‌کنند و هر جا که ناهماهنگ و یا برخلاف جاری جهان گام برداشته‌اند، یا خود رنج می‌برند و یا باعث رنج و مصائب همنوعان خود شده‌اند و به زمین آسیب رسانده است و این درست چیزی است که همواره در تاریخ بشریت اتفاق می‌افتد.

اگر به جستجوی علت‌های رنج‌های فردی و جمعی بپردازیم، درمی‌یابیم که بسیاری از رنج‌ها ریشه در تصورات غلط و توهّماتی دارد که ما انسان‌ها

به‌تدریج از طریق سیر تکاملی (مخصوصاً در چند هزاره اخیر)، مناسبات اجتماعی و سنتی کنونی کسب می‌کنیم و چنین توهّماتی است که در انسان تعبیری نادرست از واقعیت می‌سازد و حقیقت را می‌پوشاند. این‌ها مناسباتی هستند که رفته‌رفته ما به آن‌ها خو می‌کنیم و برای ما عادی می‌شوند. چنین مناسباتی تبدیل به واقعیت‌های اجتماعی می‌شوند و خود را اجتناب‌ناپذیر می‌نمایانند. این در حالی است که بسیاری از این واقعیت‌ها نه‌تنها از حقیقت به دورند، بلکه به‌صورت توهم، قسمتی از تاروپود سیستم‌های اجتماعی شده‌اند و انسان‌ها آن‌ها را پذیرفته‌اند و برای همیشه جزئی از زندگی خود می‌پندارند. واقعیت‌های موهوم همه متعلق به دنیایی بیرونی است که انسان همواره با آن سروکار دارد. شناسایی توهمات فقط در صورتی میسر است که انسان به بُعد درونی خود راه یابد و از پنجره دنیای درون به بیرون بنگرد. پس‌ازآن انسان در راهی که در جستجوی حقیقت می‌پیماید، به درون خود می‌رسد. در این بُعد درونی با عالمی مواجه می‌شود که برای او تازه است. این بُعد درونی عالم هوشیاری او است که این مرحلهٔ نخست خودآگاهی است. در طی این مرحله، توهّماتی که بعد درونی انسان را پوشانده بودند، کنار می‌روند و انسان به درجه‌ای از بیداری معنوی دست می‌یابد.

بیداری معنوی از هزاران سال قبل در انسان‌ها رخ‌داده است، اما اکنون در عصر علم و فنّاوری هم اتفاق می‌افتد. این نوع بیداری در بعضی از انسان‌ها مانند عارفان در طی مراقبه، ذکرگویی و خلوت با خداوند صورت می‌گیرد و یا برای برخی از انسان‌های معمولی در یک شرایط بسیار دشوار و یا ناگوار به‌یک‌باره اتفاق می‌افتد و در بعضی از افراد مانند سالکان، به‌تدریج رخ می‌دهد. انسان‌هایی هم هستند که طعم آن را نه به‌طور کامل، بلکه درجاتی از آن را تجربه می‌کنند.

پناه جستن در عالم درون به دلیل تداوم رنج بشریت در عصر کنونی علم و فناوری این اندیشه را به همراه دارد که چرا در چنین عصر پیشرفته‌ای از حیات بشر بر روی زمین، سیستم‌های اجتماعی موجود نه‌تنها راه‌حلی برای پایان دادن به رنج بشریت ندارند، بلکه افق امیدوارکننده‌ای در راهی که

بشریت و این سیاره بر آن می‌پیماید، دیده نمی‌شود و اگر چنین است آیا می‌توان راهی برای پایان دادن به رنج بشریت یا تقلیل آن یافت؟

انسان بر روی سیاره‌ای کوچک جای گرفته است. این سیاره در کهکشانی با بیش از دویست میلیارد ستاره، خود کهکشانی نسبتاً کوچک و مانند نقطه‌ای کوچک در عالم هستی قابل رصد است، بنابراین انسان و علم او قسمت کوچکی از عالم هستی است، نه اینکه عالم هستی قسمتی از علم باشد. اسرار عالم هستی کاملاً بر روی بشریت گشوده نشده است. به همین دلیل وقتی انسان به مرحله‌ای از خودآگاهی و بیداری می‌رسد، مایل است از اسرار جهان بیشتر سر درآورد و در چنین جستجویی ممکن است به ابعاد عرفانی و نوشته‌های عارفان و مردان آگاه نیز رجوع کند. در این بُعد معنوی درمی‌یابد که عارفان و مردان خِرَد به اسراری از عالم هستی اشاره کرده اند و می‌کنند؛ اما کار این عارفان و بیداران این نیست که عناصر عالم هستی را به آزمایشگاه‌های علمی ببرند و زیر عدسی‌های میکروسکوپ و از طریق عدسی‌های تلسکوپ محاسبه و فرمول‌بندی کنند. این عارفان خود را جزئی از این اقیانوس بی‌پایان هستی درمی‌یابند، از خود تهی می‌شوند و درعین‌حال از عشق آفریننده و آفرینش پر می‌شوند و چنین عشقی از درون آن‌ها فوران زده و به‌صورت شعر، شطحیات و یا هنر بیرون می‌ریزد و در گوش بشریت اسرار جهان هستی را نجوا می‌کنند. اما در این دوران از تکامل بشریت و در این مناسبات شلوغ زندگی در عصر فنّاوری و دود و آهن، عده‌ای که به گوشه‌ای از بُعد درونی خود دست می‌یابند و کمی از طعم بیداری را تجربه می‌کنند و مشکلات ناشی از ناآگاهی بشر را واضح‌تر از عموم مردم می‌بینند، ممکن است سعی کنند این بیداری را از طریق تدریس یا نوشتن به همنوعان خود منتقل کنند. عده‌ای هم مانند سالکان، پا در طریق عشق و حقیقت و خِرَد نهاده و تا نهایت این راه را ادامه می‌دهند.

اما علوم تجربی راه دیگری در پیش می‌گیرد و به‌جز شواهد علمی بسنده نمی‌کند و تا حدودی نیز می‌بایست چنین باشد. توسعه و بهبود در زندگی بشر در گرو همین روش بوده و هست. دانشمندان بزرگ در هر دوره‌ای، و هم‌اکنون نیز، عناصر عالم هستی را به آزمایشگاه‌های علمی می‌برند و در زیر

عدسی‌های میکروسکوپ و یا از طریق عدسی‌های تلسکوپ مورد مطالعه قرار می‌دهند. مثلاً اتم را می‌شکافند و به ذرات بنیادی آن مانند پروتون، نوترون و الکترون می‌رسند و یا درمی‌یابند که ساختمان اتم تقریباً کاملاً تهی است، خلأ کاملی که تمام اجسام در دنیای مادی ازجمله بدن انسان از آن تشکیل‌شده است.

در حوزه علم در مواجهه با چنین یافته‌هایی، همه دانشمندان برخورد یکسانی ندارند. بخشی که نگاهی مادی به علم دارند، همه یافته‌های علمی را نتیجه یک جریان تصادفی در شکل‌گیری این جهان می‌دانند؛ اما بخشی از همین دانشمندان هم هستند که نگاهی عمیق‌تر به این یافته‌ها دارند و هر کشفی برای آن‌ها مقدمه سؤالات و اسرار نایافته دیگری است. عده‌ای از این گروه نگاهی حتی مختصر به اشارات مردان خِرَد و عارفان انداخته که شاید بتوانند ارتباطی بین یافته‌های علمی خود و حقیقت پیدا کنند، حتی اگر طرز بیان، زبان و یا جنس دو یافته در دو حوزه عرفان و علم کاملاً متفاوت باشند. برای مثال می‌توان عبارات و حالت‌هایی چون «تهی شدن معنوی یا رهایی از ایگو (ego) یا نَفْس، و یا بی‌خویشی و تهی یافتن خود»، در حوزه عرفان را با «تهی بودن فیزیکی و دنیای مادی متشکل از اتم‌های تهی» مقایسه نمود. (در قسمت سوم به خلأ فیزیکی خواهیم پرداخت.)

دانشمندان در روند اندازه‌گیری ذرات بنیادی ماده، متوجه نوعی از هوشیاری ذره‌ها می‌شوند. گویی که در زمان این اندازه‌گیری این ذرات به بازیگوشی پرداخته و مستانه دانشمندان را به حیرت وامی‌دارند. عده‌ای از این فیزیکدان‌ها مایل به بیان چنین رفتاری از سوی ذره‌های بنیادی نیستند؛ زیرا بیم از آن دارند که این یافته‌ها در قلمرو غیرعلمی و خرافات مورد تحریف قرار گیرند؛ بنابراین نام «مشکلات اندازه‌گیری» بر روی چنین مشاهداتی می‌گذارند؛ اما بخش غیر ماده‌گرای همین فیزیکدان‌ها که نگاهی پساماتریالیستی به این مشاهدات دارند، ممکن است نشانه‌هایی از چنین رفتار مستانه ذرات را در اشارات عرفانی بیابند؛ مانند این شعر عطار:

همه ذرات عالم مست عشق‌اند

فرومانده میان نفی و اثبات

در آن موضع که تابد نور خورشید
نه موجود و نه معدوم است ذرات
چه می‌گویی تو ای عطار آخر
که داند این رموز و این اشارات

دانشمندان پس از مشاهده درون ساختمان اتم به این نتیجه می‌رسند که برای برقرار ماندن این ذرات و مخصوصاً گردش الکترون به دور هسته مرکزی در محوطه اتم، نیاز به درجانی از انرژی است وگرنه این ذرات بنیادی که بی‌اندازه کوچک‌تر از فضای اتم‌اند، نمی‌توانند ساختمان خود را حفظ کنند و از هم خواهند پاشید. در ضمن در مشاهدات بعدی متوجه می‌شوند که حتی در درون ذرات بنیادی، ذرات کوچک‌تری به نام کوارک وجود داشته و حتی در درون کوارک‌ها نیز ذرات انرژی به نام نخ یا رشته در حال ارتعاش‌اند. در این تئوری‌ها و یافته‌ها درمی‌یابند که همه ذرات و نیروهای عالم هستی از قبیل نیروی الکترومغناطیسی و حتی فضای تاریک مابین ماده ممکن است متشکل از ذراتی این‌چنین باشند. آن‌ها چنین یکپارچگی عالم هستی را با نام‌هایی چون تئوری‌های رشته‌ای و یا نخی و میدان وحدت بیان می‌کنند. این شبیه به وحدتی در عالم هستی است که نه‌تنها عارفان صوفی بلکه عارفان و مردان خِرَد و آگاه شرق و غرب نیز به آن اشاره داشته‌اند.

وقتی دانشمندان فضا- فیزیک، فضا را از طریق تلسکوپ‌های پیشرفته و پرقدرت مورد مطالعه قرار می‌دهند و البته ازآنجایی‌که علم با عالم ماده سروکار دارد، مورد مطالعه آن‌ها قسمت ماده در فضای لایتناهی است و اتفاقاً طی این مطالعات به اکتشافات مهمی دست می‌یابند، مانند سیارات، ستاره‌ها، کهکشان‌ها و توده‌های سحابی و غیره؛ اما در حین این مطالعات این موضوع به فکر آن‌ها خطور می‌کند که شاید می‌بایست نیم‌نگاهی هم به فضای تهی مابین این اجرام سماوی بیندازند. فضایی که به نظر یک خلأ بیش نیست و تهی به نظر می‌رسد، اما درعین‌حال نمی‌تواند تهی باشد چون در صورت تهی بودن هیچ جرم سماوی ازجمله سیارات، ستارگان و کهکشان‌ها نمی‌توانستند در میدان جاذبه اجرام بزرگ‌تر با چنین نظمی به گرد آن‌ها قرار گیرند و از

هم جدا می‌شدند. دانشمندان این فضا را هم «ماده تاریک» نام می‌نهند. آن‌ها سپس در پی جستجوی ذرات بنیادی پنهان در این فضا، به آزمایش‌های بیشتر ذرات بنیادی در آزمایشگاه‌هایی زیرزمینی موسوم به برخورددهنده هادرون [۲] می‌پردازند. شاید، توجه دانشمندان اکنون به همان قسمت از عالم هستی است که آن را تاکنون از جهان ماده جدا می‌دانستند و شاید این جدا پنداری همان «توهم دوگانه‌ای» است که عارفان و مردان آگاه قبلاً به آن اشاره داشته داند.

این است که می‌توان گفت که ماده و فضا، ماتریالیسم و عرفان، علم و معنویت سیستم‌هایی هستند که به‌طور بنیادی به هم مرتبطاند. جدا پنداری این سیستم‌ها نوعی توهم است که ریشه در آموخته‌ها و اکتسابات بشر دارد که در طی مراحل تکامل، به ذهن او اضافه شده است. هر جنبه از این سیستم‌ها مانند دو روی یک سکه‌اند، تفاوت آن‌ها به همان میزان است که حقیقت واحد بودن آن‌ها در سیستمی مانند صفحه یک شطرنج است. در یک صفحه شطرنج کدام‌یک از مربع‌ها ازنظر علمی معتبرتر و منطقی‌تر است؟ سفید یا سیاه؟ کدام رنگ پس‌زمینه و کدام رنگ پیش‌زمینه را تشکیل می‌دهد؟ در اینجا می‌بینیم که نمی‌توان هیچ‌یک از این دو رنگ را جدا از هم تعریف نمود. نه‌تنها بدون مربع‌های سیاه، مربع‌های سفید مطلقاً وجود خارجی نخواهند داشت و برعکس، بلکه بدون هرکدام از آن‌ها، اصلاً صفحه شطرنج نیز در تمامیت خود وجود خارجی و حقیقت خود را از دست خواهد داد.

به همین شکل، بدون هرکدام از سیستم‌های موجود در عالم هستی عکس آن سیستم نیز معنی و وجود خارجی خود را از دست می‌دهد. فضا و اجرام، نور و تاریکی، فضای خالی ظرف و خود ظرف، صدا و سکوت، خوب و بد و حتی مرگ و زندگی از یکدیگر جدا و قابل‌تفکیک نیستند، فقدان هر جزء و یا تمرکز بر روی هرکدام، به ترتیب مورد مقابل و خود آن سیستم را بی‌معنی می‌کند.

امروزه هنرمندان نقاشی‌های خطای بصری به ما نشان می‌دهند که پس‌زمینه به‌اندازه پیش‌زمینه معتبر است و اگر به آن توجه نشود، بنا به عادت توهم حواس در قالب خطای بصری، نیمی از تصویر از دید بیننده پنهان می‌ماند و

این خطا حقیقت وجود تصویر را می‌پوشاند. به‌عنوان مثالی دیگر، صدا فقط هنگامی معنی دارد که همراه با سکوت باشد. بدون سکوت صدایی وجود نخواهد داشت. در رابطه با موسیقی، این درواقع سکوت بین ارتعاشات صوتی یک ساز است که موسیقی را می‌سازد و بدون سکوت موسیقی وجود نخواهد داشت و یا اینکه فضای داخل ساختمان است که منزل در آن معنی پیدا می‌کند و بدون چنین فضای خالی، خود ساختمان بی‌معنی و غیرقابل استفاده است.

«موسیقی سکوت بین نُت‌ها است»
کلود دبوسی - موسیقیدان - ۱۹۱۸-۱۸۶۲ (۳)

نادیده‌ها و نایافته‌های بسیاری در زندگی انسان‌ها و در عالم هستی از چشم بشریت پنهان‌اند و یا آن‌قدر نزدیک‌اند که توهم عادت گونه بشر و خطای حواس پنج‌گانه انسان و توهمات تکاملی او آن‌ها را پوشانده است. نمی‌توان به اطمینان گفت که بشریت تا چه اندازه به این نایافته‌ها آگاه خواهد شد.

اسرار ازل را نه تو دانی و نه من
وین حرف معما نه تو خوانی و نه من
هست از پس پرده گفتگوی من و تو
چون پرده در افتد نه تو مانی و نه من

خیام

❖ ❖ ❖

سخن نویسنده

حیرت‌انگیز است که اگر انسان پرمشغله امروزی مجال آن را پیدا کند که از نظر ذهنی مدت کوتاهی هم که شده از مناسبات قراردادی و رایج زندگی مدرن پا بیرون بگذارد، چگونه ممکن است تصویری حقیقی‌تر از زندگی و دنیا ببیند که در طول عمر خود متوجه آن نشده است.

در روش زندگی و در رفتار فردی و اجتماعی اکثر انسان‌ها، تفاوت چندانی وجود ندارد. زندگی روزمره اکثر آدم‌ها شامل لحظات خوشایند و ناخوشایند، دویدن‌ها برای یک زندگی مرفه‌تر، توجه به امور مالی و ملکی و حفظ داشته‌ها، نگرانی در مورد گذشت زمان، فکر و خیال در مورد حوادث دیروز و گذشته، نگرانی برای آینده، خواستن‌ها، آرزوها، دل‌بستگی به تمام چیزهای مادی و وابستگی‌ها و خلاصه بیم از دست دادن آن‌ها است. احساسات انسان‌ها در حول‌وحوش تلاش برای بهتر جلوه کردن، بهتر بودن در نزد اطرافیان مخصوصاً خارج از محیط خانواده، بحث کردن‌ها و مجادله برای درست بودن و غلط جلوه دادن دیگران و یا حرص خوردن‌ها برای نابسامانی‌های زندگی فردی است.

در صحنه اجتماعی و جهانی که خبر آن هرروز از طریق رسانه‌ها به گوش و نظر ما می‌رسد هم به همین صورت، و همه‌چیز عادی است. در کنار تعداد اندکی از خبرهای عادی و حتی خوب، بقیه آنچه شاهد آن هستیم از جُرم‌ها و جنایات، فسادها و ناهنجاری‌های محلی و اجتماعی کشوری که در آن زندگی می‌کنیم گرفته، تا جنگ‌های داخلی و برون مرزی در کشورهای دیگر، آوارگی و مصائب انسان‌ها در پهنه زمین، هم چیز عادی است. از فیلم‌ها و نمایشنامه‌هایی که در تلویزیون می‌بینیم که در آن مشکلات خانوادگی، نزاع‌ها، خودخواهی‌ها و خشونت‌ها به تصویر کشیده می‌شود تا اخبار در رسانه‌ها، به همه‌چیز عادت کرده‌ایم و آن‌ها را جزئی از واقعیت‌های زندگی و جهان می‌دانیم. در بیشتر مواقع این ناهنجاری‌های فردی و جمعی کلاً احساس نمی‌شود و اگر هم شود، بر این باور هستیم که تا بوده همین بوده و راه‌حلی هم برای آن‌ها نیست.

چند سال پیش در طی همین زندگی نرمال بود که به طریقی یک سی دی [۴] به دستم رسید. این سی دی صحبتهایی از یک معلم خودشناسی بود. یک معلم با صدایی آرام و شمرده سخنرانی می کرد. مواردی که معلم به آن‌ها اشاره می‌کرد، ساده بودند. مواردی که عموماً توجه زیادی به آن‌ها نمی‌شود؛ مانند اینکه چطور انسان‌ها می‌توانند شادتر از آن باشند که فکر می‌کنند و یا اینکه چطور می‌بایست به محیط اطراف خودشان توجه کنند و قدر چیزهای ساده در زندگی را بدانند. کارهای ساده‌ای مانند نشستن در پارک با آرامش و بدون فکر و خیال، خوردن با آرامش و توجه به مزه غذا، عجله نکردن در کارهای روزمره و قدرشناسی برای هر چیزی که داریم و قبول ناملایمات زندگی و در ضمن روش نوعی از مدیتیشن و آرام کردن ذهن...

پس از کندو کاو بیشتر در مباحث خودشناسی، نظارت ذهن، مراقبه، فلسفه شرق و غرب و حتی سیستم های معنوی و عرفانی در ادیان، پنجره جدیدی در پیش روی من باز شد. با موضوعاتی آشنا شدم که تا آن روز در هیچ‌یک از کتاب‌هایی که خوانده بودم و در هیچ کلاس درسی و بر روی هیچ تخته‌سیاه ندیده بودم. به یاد این شعر علی‌رضا قزوه می افتم:

ما کتاب کهنه‌ای هستیم، سرتاپا غلط...

این موضوعات در سیستم های آموزشی بسیاری از کشور ها از جمله کشور خودمان جایی ندارد. به همین دلیل جامعه به افکار و احساسات منفی خو کرده است و خروجی چنین ناخودآگاهی در قالب عواطف و احساساتی است که گاه به خود زیان می رساند و گاه به دیگران.

مشکلات بهداشت روانی منحصر به بیماران روحی و روانی نمی شود، بلکه همه احساسات روزمره مانند استرس و نگرانی، بی خوابی، قضاوت دیگران، آستانه تحمل پایین و دعوا های خرد و کلان را شامل می شود که همواره شاهد آنها در سطح محیط های اجتماعی و زیر پوست جامعه هستیم. و اینها همه از ناخودآگاهی و عدم برخورداری از مهارت های آرامش ذهنی و زندگی آگاهانه است. یک ذهن ناخودآگاه که هیچگونه آموزشی برای نظارت افکار و احساسات خود ندارد، به اندازه توان خود، به ترتیب به خود، به دیگران، به

جامعه و یا به زمین رنج تحمیل میکند. اگر قدرت و توان آن در محدوده ما آدم های معمولی باشد در قالب استرس و نگرانی و عجله در کار و گاهی عصبانیت به خود رنج تحمیل می کند. اما همین اذهان ناخودآگاه در همین سطح معمولی اگر قدرت تعدی به مال و جان دیگران را داشته باشند، زیان آنها به همان نسبت در جامعه بیشتر خواهد بود. مثلا دزدان کلان و مهره های فساد در سطوح حکومتی چون دستشان می رسد، دزدی های شان نیز کلان تر است. یا مثلا سرمایه داران بی اخلاق و حریص در سطح جهانی به تاراج منابع جنگلی مشغولند و از این طریق به زمین رنج تحمیل می کنند. حال اگر همان ذهن نآخودآگاه دارای قدرتی بلامنازع در سطح جامعه باشد، مسلم است که تبدیل به دیکتاتوری می شود که به احدی پاسخگو نخواهد بود. چگونه میشود از او انتظار داشت مثلا مخالفان خود را تحمل کند و زندان ها از آنها پر نکند؟ یا حمله نظامی به کشوری همسایه موجب رضایت ذهن پریشان او نشود؟ باید توجه داشت که افراد دیکتاتور به دنیا نمی آیند، آنها نیز همین اذهان ناخودآگاه هستند، پرورده همین محیط و اجتماع؛ افرادی خفته. به این معنی که به افکار خود و نتایج آن آگاهی کامل ندارند. تفاوت فقط این است که قدرت هم در دست آنهاست.

بهر حال جای اندیشیدن است که پس چه بر سر انسان آمده، چطور «من ساختگی» و ایگو ساخته‌شده، انسان در چه روندی به قول مولوی از نِیستان وجود خود و از عالم هستی بریده شد و چه طور به این نابسامانی و درهم‌ریختگی رسید و اینکه این سیاره چطور به چنین سطحی از مشکلات رسیده است؟ چرا پایانی بر رنج انسان‌ها نیست و چرا زمین به‌سوی سرنوشتی نه‌چندان خوشایند شتابان است.

بشنو این نی چون شکایت می‌کند
از جدایی‌ها حکایت می‌کند
کز نیستان تا مرا ببریده‌اند
در نفیرم مرد و زن نالیده‌اند
سینه خواهم شرحه شرحه از فراق
تا بگویم شرح درد اشتیاق

هر کسی کو دور ماند از اصل خویش

باز جوید روزگار وصل خویش

مولوی

مشابه نکاتی که در متون خودشناسی و معنویت و فلسفه شرق و عرفان غرب هستند در لایه‌هایی از اشعار شاعران خودمان مانند مولوی، عطار و حافظ نیز وجود دارند.

همچنین در شاخه‌هایی از علوم، گروهی از دانشمندان مخصوصاً متخصصین فیزیک تئوری و فضا فیزیک صحبت از یافته‌هایی می‌کنند که برخی از آن‌ها را به عرفان ربط می‌دهند. ازجمله این علوم، فیزیک کوانتوم، فضا فیزیک و مقوله ذهن و هوشیاری بودند که مقالات، جلسات درسی و مستندهای فراوانی راجع به آن‌ها در فضای مجازی نیز در جریان است.

همچنین در این کتاب لحن و تفکر انتقادی متن بیشتر متوجه سیستم‌های اجتماعی-سیاسی جهان از نگاهی کلی است؛ اما سیستم‌های اجتماعی را خود ما انسان‌ها می‌سازیم. در متن پیش روی، نوک پیکان انتقاد به‌سوی ما انسان‌هاست؛ و البته اذهان ما و چگونگی شکل گیری و عملکرد آن. پرواضح است که مسبب نابسامانی‌های اجتماعی بر روی زمین اکثر انسان‌ها نیستند، اما مسببان و مقصرین این مشکلات، همه انسان هستند نه بقیه موجودات دیگر بر روی زمین و نه موجوداتی از سیارات دیگر.

از آنجاییکه در طول متن از واژه ایگو به کرّات استفاده خواهد شد، بهتر است در همین جا تعریفی روشن تری برای این کلمه گنجانده شود:

تعریف ایگو – ایگو در اصل یک واژه لاتین است معنی آن در زبان انگلیسی، اسپانیایی و بیشتر زبان های اروپایی مترادف است با «من» یا «خود». به همین دلیل واژه ایگویست به معنی «خودخواه» است.

نزدیک‌ترین کلمه فارسی که می تواند مفهوم ایگو را برساند «نفس» است، اما از آنجایی که نفس در ادبیات دینی انواع مختلف دارد، نمی توان آن را یا یکی از انواع آن را به تنهایی برای ایگو در این متن بکار برد. ایگو در فلسفه نهاد تفکر آگاه در انسان است، اما در حیطه روانکاوی «قسمتی از نهاد ذهن است

که بین دو نهاد خودآگاهی و ناخودآگاهی دخالت می کند.» در معنویت شرق و عرفان غرب و در موضوعات این کتاب ایگو بیشتر ذهن ناخودآگاه انسان است که شخصیت و «من» او را می سازد. نهادی که به طور رایج مانند نقابی روی خودآگاهی و هوشیاری محض انسان را می پوشاند. انسان با رسیدن به بیداری معنوی به وجود این نهاد در خود، آگاه می شود و آن را کنار می زند و به خودآگاهی و هوشیاری محض می رسد. بنابراین از آنجاییکه برای ایگو به جای تنها یک واژه یا عبارت، مانند نفس، یا نفس اماره، نیاز به یک تعریف است، در طول این متن از همان واژه «ایگو» استفاده می شود.

❖❖❖
سخنی با خواننده - گنج درون

در حوزه علوم تجربی، معمولاً شاگردان طالب کسب دانش و فنون روز هستند، چون در ابتدا فاقد چنین دانشی هستند و در هر مرحله تحصیلی مطالبی از طریق تئوری و تجربی به ذهن آنها افزوده می‌شود. در علوم انسانی ازجمله فلسفه هم به همین طریق بر دانسته‌های ذهنی شاگرد افزوده می‌شود. برای رسیدن به درجه مهارت و کمال هم ابزارهایی مانند حواس پنج‌گانه برای مشاهده، حس و تجربه این علوم و همچنین استعداد، علاقه و کوشش شاگرد در آموختن کافی است. در حوزه خود شناختی، بیداری معنوی و عرفان اما، اگرچه همه ابزارهای فوق برای کسب چنین معارفی لازم‌اند، اما کافی نیستند. زیرا علوم تجربی و انسانی و ابزارهای حسی و ذهنی همه در بُعد بیرونی دنیا که کالبد انسان یعنی جسم و مغز هم جز این عالم بیرونی است، جای دارند. برای بیداری معنوی و رهایی انسان از قیدوبند و رنج دنیای بیرون، نیاز به یک حس درونی به‌استثنای حواس پنج‌گانه است که از طریق آن شاگرد یا سالک دری را می‌بیند، دری که به بی‌نهایت وجود انسان و عالم هستی راه دارد. در این دنیای درون انسان به جوهر وجودی خود پی می‌برد که عارفان آن را گنج درون می‌نامند. هیچ انسانی از چنین گنجی بی‌بهره نیست. مشکل اینجاست که چنین گنجی در بیشتر انسان‌ها پوشیده و

پنهان است. دانه بیداری در درون همه انسان‌ها وجود دارد، اما جوانه زدن آن دانه و شکوفایی آن در قالب بیداری و آگاهی بستگی به ضخامت لایه‌های ذهنی و توهّماتی دارد که وجود انسان را پوشانده است.

سال‌ها دل طلب جام جم از ما می‌کرد
وان چه خود داشت ز بیگانه تمنا می‌کرد
گوهری کز صدف کان و مکان بیرون است
طلب از گمشدگان لب دریا می‌کرد
مشکل خویش بر پیر مغان بردم دوش
کو به تأیید نظر حل معما می‌کرد
دیدمش خرم و خندان قدح باده به دست
و اندر آن آینه صد گونه تماشا می‌کرد
گفتم این جام جهان بین به تو کی داد حکیم
گفت آن روز که این گنبد مینا می‌کرد.

گنجی را که حافظ آن را جام جم می‌خواند، در مکاتب فکری شرق و غرب با نام‌های مختلف به آن اشاره می‌شود، نام‌هایی چون جوهر وجود، طبیعت حقیقی انسان، دنیای درون، گنج درون و عشق و حقیقت و غیره؛ اما اگر چنین گنجی از روز ازل یا حداقل از زمان تولد در بُعد درونی انسان جای‌داده شده ولی ما انسان‌ها از وجود آن بی‌اطلاع هستیم و اگر دلیل بی‌اطلاعی از آن گنج پوشش روی آن بوده است، پس سؤال این است که چه چیز آن را پوشانده و چنین پوششی از جنس چیست؟

جنس این پوشش متشکل از لایه‌هایی ذهنی است که به‌مرور زمان در زندگی فردی و اجتماعی شکل می‌گیرد. لایه‌هایی چون مناسبات اجتماعی، مناسبات زندگی فردی، سنت‌ها، باورها و خطاهای حواس پنج‌گانه، توهّمات تکاملی، سیستم‌ها و قراردادهای اجتماعی و بین این قراردادها از همه مهم‌تر واحد زمان که عدم فهم صحیح آن توهم زمان را به‌تدریج در انسان‌ها به وجود می‌آورد. آنگاه توهم زمان دست در دست درک کلاسیکی علت و معلول، زندگی ناخودآگاهانه و خفته‌ای را گریبان گیر نوع بشر می‌کند که بسیاری از

مشکلات دنیا و رنج انسان و زمین که هم‌اکنون شاهد آن هستیم، نتیجه این زندگی ناآگاهانه است؛ بنابراین در حوزه خودشناسی می‌بایست به معرفی این لایه‌های ذهنی پرداخت و پس از شناخت آن‌ها و پی بردن به جنس نقاب گونه آن‌ها، آن‌ها را یکی پس از دیگری کنار زد تا دری را که به دنیای درون راه دارد یافت و به جوهر وجود و گنج درون رسید. پس در دنیای معنویت و در کسب معرفت و خودشناسی برخلاف تحصیل علوم تجربی و انسانی، روش و هدف، افزودن به دانسته‌ها نیست بلکه از دست دادن دانسته‌های اضافی است که به‌مرورزمان لایه‌های نقاب گونه‌ای را بر روی طبیعت حقیقی انسان اضافه کرده و آن را پوشانده است.

شبی بربود ناگه شمس تبریز
ز من یکتا دو تایی من چه دانم

پوشش‌هایی از این جنس بود که شمس تبریزی قبل از بیداری معنوی مولوی در او مشاهده کرده بود و از او خواست که در راه رسیدن به بیداری و عشق آن‌ها را کنار بگذارد. لایه‌هایی از جنس مقام، آموخته‌ها، محافظه‌کاری و ملاحظه‌کاری، دلبستگی‌ها و اندوخته‌های اجتماعی و بیم از دست دادن همه آن‌ها.

گفت که دیوانه نه‌ای لایق این خانه نه‌ای
رفتم و دیوانه شدم سلسله بندنده شدم
گفت که سرمست نه‌ای رو که از این دست نه‌ای
رفتم و سرمست شدم وز طرب آکنده شدم
گفت که تو زیرککی مست خیالی و شکی
گول شدم، هول شدم، وز همه برکنده شدم
گفت که تو شمع شدی قبله این جمع شدی
جمع نیم، شمع نیم، دوده پراکنده شدم
گفت که شیخی و سری پیش رو و راهبری
شیخ نیم، پیش نیم، امر تو را بنده شدم

البته قرار است که این کتاب، این طیف از خودشناسی را مورد بحث قرار بدهد و به این هدف یعنی کشف درون نزدیک شود؛ اما در کنار چنین اصولی از یافته‌های جدید علمی بهره جسته است تا بتوان پس از شناخت درونی، از پنجره منزل درون به دنیای بیرون نگریست؛ زیرا چنین نگاهی که از بُعد درونی انسان به دنیای مادی صورت می‌گیرد، کیفیتی کاملاً متفاوت با قبل خواهد داشت. دلیل آنکه این نوشته چنین هدفی را دنبال می‌کند این است که انسان امروزی در جوامع صنعتی و مدرن نمی‌تواند مانند عارفان و سالکان چند قرن گذشته و به شیوه‌های سخت و مرتاض گونه روی بیاورد و ترک جهان کند. ما در جوامعی درگیر زندگی هستیم که باید با جاری مناسبات آن حرکت کنیم، وگرنه مشکلات ناشی از عدم چنین رویکردی نه‌تنها تأثیرات منفی در زندگی فردی خواهد داشت، بلکه چنین رویکردی در طیف جمعی، به آسیب ساختارهای مفید اجتماعی و ارزش‌های مدنی منتهی خواهد شد.

معمولاً پس از زدودن لایه‌های نقاب گونه و برداشتن بار ناخودآگاهی و وابستگی‌های دنیای بیرون و توهّمات از شانه‌های خود، انسان سبک‌تر شده و از ناخالصی‌ها تهی شده و منزل درون را برای نور حقیقت باز می‌کند و پس از مراحل خودشناسی، خودآگاهی و بیداری تغییراتی در انسان مشهود می‌شود. تغییراتی مانند آگاهی از فکر و خیال ناخودآگاه، عدم وابستگی به چیزها و افراد برای شاد زیستن، صبر و تحمل در هر جا، در صف، در ترافیک و کنترل احساسات منفی از قبیل استرس، عصبانیت و غیره. با مهارت‌هایی که از طریق مدیتیشن یا مراقبه کسب می‌کند، شخص خودآگاه می‌تواند از آن به بعد تمام جلوه‌های زندگی را که در زندگی انسان جاری می‌شوند با وضوح بیشتری حس کند و از آن‌ها لذت ببرد. با مهارت‌های تنفسی و زیر نظر گرفتن ذهن و کنترل افکار می‌تواند بدون تأثیرات ناملایمات گذشته و نگرانی‌های آینده در طول روز آرامش بیشتری داشته و هنگام خواب راحت‌تر بخوابد و اگر از بی‌خوابی رنج می‌برد، با مهارت‌هایی که کسب می‌کند به آن پایان دهد و یا آن را به حداقل برساند.

پس از شناخت دنیای درون، روابط و نحوه برخورد شما با خانواده و اطرافیان به طرز چشمگیری تغییر خواهد کرد و آن‌ها این تغییر را در شما احساس

خواهند کرد. مواردی که قبلاً بر سر آن حساس بودید مثلاً ثابت کردن خود در یک بحث، در منزل، محل کار، شبکه‌های اجتماعی برایتان به مواردی بسیار بی‌اهمیت تبدیل خواهند شد، صرفاً به این دلیل که از میدان وسیع‌تری به دنیای بیرون می‌نگرید، از میدان هوشیاری و خودآگاهی؛ اما باید مراقب باشید که از این میدان آگاهی نباید برای قضاوت دیگران که هنوز در ناخودآگاهی بسر می‌برند سوءاستفاده کنید و خودآگاهی خود را به رخ آن‌ها بکشید؛ زیرا چنین رویکردی در همین حد نیز شما را به درون چرخه ناخودآگاهی خواهد کشاند. بهترین روش برخورد در مواجهه با این موقعیت‌ها، آرامش و مهربانی است و همواره باید مدنظرتان باشد که هیچ انسانی ورای ذهن خود رفتار نمی‌کند و هیچ انسانی ازنظر طبیعتِ درون ناخالص نیست؛ اما بااین‌همه، تفاوتی است بین قضاوت افراد، با تفکرانتقادی در حوزه عمومی. پس از کسب خودآگاهی، مسئولیتی دیگر بر روی شانه‌های انسان اضافه خواهد شد و آن عدم سکوت و بی‌تفاوتی در مقابل ناآگاهی‌های جمعی و جهانی است.

همه مطالب کتاب ازجمله خودشناسی، اشعار و نقل‌قول‌های عرفانی، حتی مطالب و یافته‌های علمی با عناوین جهان میکروسکوپی مانند فیزیک کوانتوم و جهان ماکروسکوپی کیهان‌شناسی و فضا فیزیک و نظریه‌های دیگر مانند اطلاعات، هوشمندی و هوشیاری در عالم هستی به نحوی به هم مرتبطاند. بیان هرکدام منظوری را می‌رساند. آشنایی با آن‌ها برای آن دسته از خوانندگانی که سابقه‌ای در آن رشته‌ها نداشته‌اند، نه‌تنها جالب خواهد بود بلکه همه ما پس از شناخت اسرار جهان آفرینش که علم جدید به کشف و آزمایش‌هایی در مورد آن‌ها پرداخته است، بهتر می‌توانیم به جایگاه حقیقی خود در این جهان بی‌نهایت پی ببریم.

همان‌طور که قبلاً به آن اشاره شد، خوانندگان نباید نگران آن باشند که قرار است پس از بیداری و خودآگاهی نحوه زندگی آن‌ها به نحوه زندگی مرتاض‌های هندی یا سالکان صوفی، راهبان صومعه و یا معابد هندویان یا بودائی تبدیل یا نزدیک شود؛ زیرا در جوامعِ مدرن چه در کشورهای توسعه‌یافته و چه در کشورهای درحال‌توسعه مانند کشور خودمان نیاز است

که شهروندان در همه‌جا باهم در ارتباط باشند و طبق مناسبات مدرن اجتماعی زندگی کنند. درواقع در دو نگرش ماده‌گرایی و معنوی، حقیقتی پنهان وجود دارد که گاهی هر دو طیف از آن بی‌خبرند. آنان که نحوه زندگی خود را فقط بر مبنای مادیات بناکرده‌اند، به موقتی بودن زندگی مادی بی‌توجه هستند و بنابراین با وابسته کردن خود به آن، همواره در بیم از دست دادن آن نگران‌اند، ناخودآگاه رنجی را با خود حمل می‌کنند. از نگاه فلسفی این طیف را ماده‌گرا یا ماتریالیست می‌نامند؛ اما دریکی از بحث‌های یکی از فلاسفه معاصر به نام آلن واتس،[۵] او به نکته بسیار عمیق و جالبی اشاره کرد. او می‌گفت ماتریالیست واقعی ماتریالیست‌ها نیستند بلکه ماتریالیست واقعی کسی است که تا درجه‌ای به بیداری معنوی رسیده است. کسی که به موقتی بودن جهان ماده پی برده است. به‌عبارت‌دیگر ماتریالیست واقعی آن است که بداند ماتریال یا ماده واقعیتی موقتی است؛ زیرا وقتی انسان به موقتی بودن زندگی مادی پی برد، آن‌وقت است که می‌تواند از آن، بدون بیم از دست دادن آن، لذت بیشتری ببرد و چون از قبل می‌دانسته که همه‌چیز موقتی است بنابراین اگر همه آن مادیات را از دست بدهد بازهم قانع به امکانات زندگیِ است که در اختیار اوست.

مرده بدم زنده شدم گریه بدم خنده شدم

دولت عشق آمد و من دولت پاینده شدم

مولوی

اما با همه مزایای فوق که به آن اشاره شد، مسئله‌ای مهم همواره باید مدنظر خواننده باشد و آن اینکه به‌هیچ‌وجه نباید به انتظار نتیجه کار بود؛ زیرا حتی در آرزوی رسیدن به خودآگاهی و بیداری معنوی، خود نوعی آرزو و آمال است. نوع بشر تا همین مرحله نیز، روی چرخه‌ای از خواستن‌ها در حال دویدن و در رنج است. خواستن و سوخت‌وسوز برای به دست آوردن هر چیز حتی خودآگاهی و خِرَد و خواستن «مهارت نخواستن دنیای مادی» می‌تواند دوباره ما را بر روی چرخه بی‌پایان خواستن‌ها و دویدن‌ها که انسان امروزی ناخودآگاه از آن رنج می‌برند، قرار دهد. از خواستن‌ها، از چنگ زدن بر زندگی

موقت می‌بایست کاست و خود را به جاری عالم هستی سپرد. به‌عبارت‌دیگر برای همه‌چیز آماده بودن. این است خودآگاهی، بی خویشی و عشق.

قسمت اول

بیداری، خودآگاهی و مهارت‌های هوشیار زیستن

«راهیِ سفریم، اما مقصد از ما دور نیست. سفری به مرکز عالم هستی،
به مرکز فضا و زمان، مقصدی به نام عالم درون خود»
آلن واتس

فصل ۱ – به سوی حقیقت

❖ ❖ ❖

آمادگی برای سفر و علائم راه

در سفر به دنیای درون و بر روی جاده آگاهی، علائم راه و عبارات روی جاده، گاهی با معانی واژه‌نامه‌ای آن و یا با معانی که قبلاً با آن‌ها آشنایی داشتیم، ممکن است تا حدودی و یا کلاً متفاوت باشد. مثلاً تهی بودن حالتی والاتر از پر بودن است. انسانی که ازنظر معنوی تهی از دنیا است، دارای ظرفیت بیشتری برای کسب خِرَد است، مانند آنکه ارزش یک ظرف به فضای خالی آن است نه خود ظرف و یا پر آن. در این گذر، تسلیم شدن به معنی ضعف نیست بلکه نوعی قبول کردن درونی در مقابل ناملایماتی است که زندگی در پیش روی انسان می‌گذارد که حل آن‌ها از عهده انسان خارج است. پس از تسلیمی این‌چنین است که ناملایمات زندگی قدرت آزردن ذهنی انسان را نخواهد داشت. حتی در بسیاری از مواقع پس از این‌گونه تسلیم درونی، انسان قادر است برای چنین ناملایماتی بهتر چاره‌جویی کند. در حوزه معنویت، وقت طلا نیست بلکه توهمی است فاقد وجود حقیقی، آنچه طلاست لحظهٔ حال و اکنون است، تنها قسمتی از زمان که وجودی حقیقی دارد. همچنین در این حوزه واژه عشق معنی وسیع‌تری از عشق رمانتیکی و یا عاطفی دارد. *بیداری* [۶] باحالت بیدار بودن و حالت نخفته معمولی فرق می‌کند. ذهن [۷] تمامی ارباب بینش انسان نیست، بلکه قسمت کوچکی از یک میدان وسیع‌تر است به نام هوشیاری. خود *هوشیاری* [۸] با به هوش بودن در حالت بیداری و

حتـــی ارتبـــاط هوشـــمند بـــا محـــیط فـــرق می‌کنـــد کـــه به‌تفصـــیل بـــه آن خـــواهیم پرداخـــت. واژه خفتـــه فقـــط بـــرای شـــرح حالـــت خوابیـــدن بـــه‌طورمعمول نیســـت، بلکـــه حـــالتی اســـت کـــه انســـان بـــه توهّمـــات عـــادت گونـــه و تکـــاملی و بـــه رونـــد فکـــر و خیـــال خـــود آگـــاهی نداشـــته باشـــد؛ بنـــابراین در مقولـــه معنویـــت همـــه کســـانی کـــه شـــاهد فکـــر و خیـــالات خـــود نباشـــند، اســـیر ذهـــن و یـــا دچـــار توهم‌انـــد و جـــزء خفتگان‌انـــد و متأسـفانه ایـــن عـــادت مربـــوط بـــه بســـیاری از مـــا انســـان‌ها بـــر روی زمـــین اســـت. ایـــن هم حافظ که هفت قرن پیش، بر روی این حقیقت مهر تائید گذاشته است.

دوش رفتم به در میکده خواب‌آلوده
خرقه تردامن و سجاده شراب آلوده
آمد افسوس‌کنان مغبچه باده‌فروش
گفت بیدار شو ای ره رو خواب‌آلوده

در طـــول مـــتن منظـــور از عبـــارت «جـــاری عـــالم هســـتی» (۹) هـــر آنچـــه اســـت کـــه در عـــالم هســـتی، کیهـــان و طبیعـــت همـــواره در حـــال اتفـــاق افتـــادن اســـت؛ ماننـــد چـــرخش کهکشـــان‌ها، گـــردش زمـــین بـــه دور خـــود و خورشـــید و پدیـــد آمـــدن روز و شـــب و فصـــل‌ها و شـــکفتن یـــک گـــل، همـــه قســـمتی از جـــاری عـــالم هســـتی‌اند. خواننـــده می‌توانـــد فعـــلاً بـــرای مفهـــوم ایـــن عبـــارت، جـــاری شـــدن یـــک آبشـــار و یـــا حرکت یک رودخانه را در نظر بگیرد.

نکتـــه آخـــر در رابطـــه بـــا نقـــش واژه‌هـــا اینکـــه، در مبحـــث معنویـــت و در تـــاروپود مفهـــومی ایـــن کتـــاب، واژه‌هـــایی چـــون ناخودآگـــاهی، ناآگـــاهی، ناهوشـــیاری، بی‌هوشـــی غیرعلنـــی، خفتـــه بـــودن و در خواب‌وخیـــال بـــودن نبایـــد مـــورد ســـوءتفاهم قـــرار گیـــرد و تـــوهین‌آمیز تلقـــی شـــود. ایـــن واژه‌هـــا در رابطـــه بـــا حـــالات درونـــی انســـان بکـــار گرفتـــه می‌شـــوند. ناآگـــاهی در حـــوزه معنویـــت و خودشناســـی ربطـــی بـــه آگـــاهی دنیـــای بیـــرون، میـــزان هوشـــمندی، تحصـــیلات، موفقیـــت و موقعیـــت اجتمـــاعی انســـان‌ها نـــدارد. ایـــن حـــالات، حکایـــت از آگـــاه نبـــودن انســـان از افکـــار پی‌درپـــی، عـــدم آگـــاهی و کنتـــرل احساســـات عـــاطفی و توهمـــات تکـــاملی فـــرد بـــه‌عنوان یـــک انســـان دارد. چنـــین حـــالات ناآگـــاهی در طـــی رونـــد خودشناســـی یک‌بـــه‌یک شناســـایی شـــده و بـــا کنـــار رفـــتن لایـــه‌های تـــوهم و کشـــف هوشـــیاری محـــض، انســـان بـــه بیـــداری معنـــوی می‌رســـد. بیـــداری معنـــوی و درجـــاتی از آن باعـــث پایـــان رنـــج فـــردی انســـان

و یا باعث به حداقل رساندن رنج‌های دنیوی خواهد شد. همان‌گونه که خود این حالت‌های ناآگاهانه ازنظر و حواس انسان «نُرمال» امروزی ناشناخته و نامحسوس است، کشف آن‌ها نیز به پایان رنج‌های ناشناخته و نامحسوس می‌انجامد.

❖ ❖ ❖

مقایسه دانش با خِرَد

علم و دانش و کسب آن یکی از مهم‌ترین خصلت‌های آدمی و ابزار رشد انسان است. ما انسان‌ها از کودکی آموختن را با آشنایی با محیط اطراف خود شروع می‌کنیم و سپس در مقطع ابتدایی خواندن و نوشتن را می‌آموزیم. با ابزار خواندن و نوشتن در مقاطع دبیرستان با علوم تجربی و انسانی آشنا می‌شویم، با چنین باری از دانش، وارد دانشگاه و مراکز تخصصی می‌شویم و به تحصیل علوم در سطحی عالی‌تر می‌پردازیم و یا در فنونی به مهارت می‌رسیم. با چنین ثمره‌ای که از علم و دانش برمی‌چینیم، به زندگی خود سروسامان می‌دهیم و در سطحی فراتر به جامعه و یا حتی به بقیه جهان سود می‌رسانیم. کسب این آموخته‌ها تأثیر بسزایی در فهم و درک آنچه در اطرافمان می‌گذرد، خواهد داشت. مثلاً می‌توانیم از ایده‌ها، عقاید و تجربه‌های دیگران بهره ببریم و جامعه خود و جوامعِ دیگر را ازنظر مسائل اجتماعی، اقتصادی، فن‌آوری و سیاسی و سایر امور بهتر درک کنیم و از چنین درکی سود ببریم؛ اما آموزش های علمی معمولاً به دنیای بیرون و بُعد بیرونی انسان توجه می‌کند و در بیشتر موارد از شناخت مسائل و چالش‌های درونی انسان عاجز است و حال اینکه توانایی پاسخگویی و حل این چالش‌ها و رنج‌های پنهان انسان، فعلاً بماند.

دانستن اینکه نمی‌دانید عقل است
ندانستن اینکه نمی‌دانید جهل
عاقل درمانگر خویش است
او جهل خود درمان می‌کند.
لائوزای (۱۰)

جوامـع ممکـن اسـت پـر از انسان‌هـای تحصیل‌کرده، متخصـص و مـاهر باشـند، امـا ممکـن اسـت همیـن انسان‌هـا از عهـده کنتـرل احساسـات منفـی خـود برنیاینـد. احساسـاتی ماننـد خشـم، مشـکلات در روابـط خانوادگـی و اجتماعـی و درگیـری بـا بسـیاری از ناهنجاری‌هـا و رنج‌هـای پنهـان در سـطوح کوچـک و بزرگ‌تـر. ممکـن اسـت افـرادی باشـند کـه سـطوح اجتماعـی، علمـی و شـغلی را یک‌بـه‌یک درنوردیده‌انـد، امـا روزهـا در آرامـش نبـوده و شب‌هـا از خـواب راحـت محـروم باشـند. تاریـخ پـر اسـت از انسان‌هـای دانش‌آموختـه و هوشـمندی کـه حـق هم‌نوعـان خـود را ضایـع کرده‌انـد و می‌کننـد و یـا بـه آن‌هـا ظلـم کرده‌انـد، در زندگـی مرتکـب اشـتباهات بـزرگ شـده‌اند و یـا حتـی بـه حیوانـات و محیـط زیسـت و زمیـن آسـیب رسـانده‌اند و منابـع زمیـن را بـه تـاراج برده‌انـد؛ و یـا اینکـه خـود، شـخصاً دچـار افسـردگی شـده‌اند و حتـی دسـت بـه خودکشـی زده‌انـد. مشـکلات در سـلامت روح و روان و بهداشـت روانـی در دنیـای مـدرن امـروز امـری کامـلا عیـان اسـت. ایـن اسـت کـه علـم و دانـش اگرچـه بـرای بُعـد بیرونـی انسـان لازم اسـت، امـا بـرای آرامـش و پایـان دادن بـه رنـج در سـطح فـردی و جمعـی بشـریت ممکـن اسـت کافـی نباشـد.

امـا در کنـار علـم نـوعی دیگـر از دانـش وجـود دارد کـه نگاهـی در بُعـد درونـی انسـان دارد. آنگاه اسـت کـه بـا کشـف ایـن منـزل درونـی حتـی آموخته‌هـای دنیـای بیـرون هـم روشـن‌تر بـه نظـر خواهنـد رسـید. ایـن دانایـی خِـرَد یـا حکمـت اسـت؛ بنابرایـن، کشـف منـزل درون و جـوهر وجـود و طبیعـت حقیقـی انسـان خاصیـت اصلـی خِـرَد اسـت. خـود را یافتـن و کشـف حقیقـت وجـود، دانـش دنیـای درون اسـت.

خاصیـت دیگـر خِـرَد در حجـم و ظرفیـت درونـی انسـان اسـت کـه به‌طور مسـتقیم بـا درجـه تهـی بـودن انسـان نسـبت دارد. ظرفیـت درونـی انسـان در بعضـی انسان‌هـا ممکـن اسـت بـا کسـب سـطحی از دانـش و یـا یـک مـدرک تحصیلـی پـر شـود و پس‌ازآن بـر ایـن بـاور باشـند کـه دانسـته‌های آن‌هـا به‌انـدازه کافـی اسـت و یـا تحـت تأثیـر فنّـاوری مـدرن قـرار گیرنـد و بـه جلوه‌هـای رمزگونـه طبیعـت بی‌اعتنـا باقـی بماننـد؛ امـا در راه خِـرَد کسـانی هسـتند کـه طبـق انتخـاب خـود، خـود را هنـوز تهـی می‌بیننـد و احسـاس می‌کننـد کـه ممکـن اسـت، مـواردی ورای علـم و دانـش و فـن

هـم باشـد کـه هنـوز کشـف نشـده‌اند. ایـن نـوع دانـایی اسـت کـه سـیاره مـا هـر چـه بیشتر به آن نیازمند است.

هر راز که اندر دل دانا باشد
باید که نهفته‌تر ز عنقا باشد
کاندر صدف از نهفتگی گردد دُر
آن قطره که راز دل دریا باشد

خیام

حـال اینکـه جـاده خِـرَد پایـانی نـدارد، ایـن سـلوک عشـق و حقیقـت اسـت و ایـن مسلک خـود راهـی دراز و شـاید هـم دشـوار و پـر چـالش نیـز اسـت؛ بنـابراین نبایـد آن را دشـوارتر نمـود. دشـواری در باروبنـدیل اضـافه اسـت و یکـی از باروبنـه‌های اضـافه، دانـش کلاسـیکی اسـت. بـدین معنـی کـه سـالک می‌بایسـت بـه‌طور موقـت از نظر ذهنـی، بـار دانـش کلاسـیکی، مـدارک تحصـیلی، آموختـه‌ها و دانسـته‌های آکـادمیکی را از شـانه‌های خـود بـردارد تـا سـبک و تهـی قـدم بـر ایـن راه بگـذارد. مـثلاً اگـر قـرار شـد در یـک کـلاس فرضـی معنویـت وارد شـوید و پـای صحـبت معلمـی بنشـینید، هـر چـه کـه می‌دانیـد بیـرون از کـلاس بگذاریـد و بـه داخـل کـلاس برویـد زیـرا در غیـر ایـن صـورت، ذهـن در کـار هوشـیاری شـما دخالـت می‌کنـد و مـانع رونـد بیـداری شـما خواهـد شـد. (در طـول کتـاب کـراراً و بـه‌طور مفصـل بـه تفـاوت ذهـن (mind) و هوشـیاری (Consciousness) خـواهیم پرداخت).

فصل ۲ – بر ما چه شد؟

❖ ❖ ❖

ایگو یا ماسک شخصیت

هدف خودشناسی در انتها رهایی، آرامش، شادی، خوشبختی و پایان رنج است، اما مقدمه رهایی درگرو شناسایی تمام مواردی است که ما را به اسارت خود درآورده است. بنابراین می‌بایست مشکلات و موانع را شناخت و به وجود آن‌ها اذعان نمود، دلایل آن را موشکافی کرد و درنهایت با سعی در حل این مشکلات، موانع را کنار زد.

تقریباً همه ما انسان‌ها با ناملایمات زندگی آشنایی داریم و بسیاری از آن‌ها را تجربه کرده‌ایم. می‌دانیم که زندگی هیچ انسانی کامل و بی‌درد نیست. البته هستند در این میان، کسانی که راحت‌تر و شاید به‌ظاهر خوشبخت‌تر از دیگران زندگی می‌کنند، اما آن‌ها هم هر از چند گاهی طعم ناملایمات زندگی را می‌چشند. اگر هم این تجربه‌های تلخ مدتی آن‌ها را به حال خود بگذارد، امکان بیماری تقریباً برای همه ما انسان‌ها وجود دارد و یا مشکلات سالمندی و ضعف‌های آن و درنهایت حقیقت مرگ که در خانه همه را بدون استثنا خواهد زد.

موارد ناخوشایند زندگی که از آن‌ها نام برده شد، نمونه‌های واضحی از واقعیت‌های زندگی انسان‌هاست. این موارد کاملاً مشخص‌اند و انسان‌ها به‌خوبی به آن توجه می‌کنند؛ اما موارد ناخوشایندی هم در زندگی انسان مدرن وجود دارند که میان مشغله‌های روزمره زندگی پنهان هستند و یا ممکن است که از طیف توجه ما تا مدتی خارج باشند. انواع این

ناخوشایندی‌های پنهان هر از چند گاهی شدید شده و به شکل افکار و احساسات منفی بروز می‌کنند، مانند استرس‌های شدید، عصبانیت، بی‌خوابی و حتی افسردگی که گاهی با واکنش در محیط و در صحنه اجتماعی به رنج آشکار فردی تبدیل می‌شوند و در مقیاسی وسیع‌تر معمولاً به‌صورت ناهنجاری‌ها به متن جامعه افزوده و به ناآگاهی جمعی جامعه و در سطحی وسیع‌تر به پهنه زمین بازخورد می‌شود.

شاید بتوان به مواردی از این ناخوشایندی‌های پنهان در زندگی انسان در جوامعِ مدرن که زندگی شهری در کشور خودمان هم جزئی از آن‌ها است، اشاره کرد. انسان امروزی بدون آنکه خود متوجه باشد، همواره نگران آینده است یا امروزِ خود را به شکلی محکم با حوادث گذشته پیوند می‌زند. نتیجه این وابستگی به آینده و گذشته به‌صورت استرس، افسردگی، عصبیت، کم‌حوصلگی، حسرت، نگرانی، اندوه، عدم شناخت خود، البته همه به‌صورت خفیف در متن وجود او جای می‌گیرد و در اکثر ساعات زندگی روزمره با او همراه است. فکر و خیال تقریباً در تمام ساعات روز چه در هنگام کار کردن، خوردن، نشستن و حتی در طول ساعات خواب ممکن است برای همه ما به یک عادت تبدیل شود. چیزی که نه‌تنها متوجه آن نیستیم بلکه بر این باور هستیم که فکر و خیال کاملاً اجتناب‌ناپذیر است و نمی‌توان جلو آن را گرفت. زندگی با این رنج پنهان نقش مهمی در ارتباط انسان در محیط خانواده، با همسر، فرزندان یا اعضای خانواده، همکاران و با تمام کسانی که به‌طور روزمره با آن‌ها سروکار داریم، ایفا می‌کند.

مباحث خودشناسی اشاره شگفت‌آوری به رفتار و نحوه زندگی انسان دارد و آن این است که هیچ‌کدام از رفتارها و ناخوشایندی‌ها و رنج‌های پنهان در زندگی انسان امروزی هیچ ارتباطی با طبیعت حقیقی انسان ندارد. چراکه طبیعت حقیقی انسان کاملاً خالص و از هرگونه ناخالصی و احساسات منفی پاک است. این نحوهٔ ناخوشایند زندگی نوعی زندگی در محدوده ناخودآگاهی است. این خوابی در حالت بیداری است که از طریق توهم واقعیت‌ها، خطای حواس، توهم دوگانگی (بعداً به آن خواهیم پرداخت) و توهم زمان تداوم پیدا می‌کند و خروجی آن، این فرم از زندگی ناآگاهانه فردی انسان‌هاست که

سپس به متن جامعه خورانده می‌شود و در انتها ناآگاهی جمعی را در سطح جامعه و سپس در دنیا شکل می‌دهد.

با کسب خِرَد و خودآگاهی، ماهیت این توهمات می‌تواند برای انسان روشن شود، پرده‌های وهم کنار زده شود، حقیقت درون تجلی پیدا کند و رنج‌ها در سطح فردی و جمعی به پایان، یا به حداقل برسند. این بیداری و این خودآگاهی نه‌تنها به زندگی ناآگاهانه و تا حدودی به رنج‌های پنهان ناشی از آن پایان می‌دهد، بلکه تحمل ناملایمات زندگی و رنج‌های آشکار آن را نیز برای انسان آسان‌تر می‌کند.

اما قبل از قدم گذاشتن در جاده خودآگاهی و بیداری باید بدانیم چطور شد که انسان به این مرحله از ناخودآگاهی رسید. اگر به گفته عارفان و مردان خِرَد، طبیعت حقیقی انسان خالص است، پس این ناخالصی‌ها می‌بایست در طی مراحل زندگی انسان به او اضافه شده باشند، مراحلی چون رشد در محیط، مدرسه و اجتماع.

کودکان از زمان تولد تا زمانی که شخصیت آن‌ها شکل نگرفته است، ساده و بی‌آلایش و خالص‌اند. آن‌ها معمولاً در هر شرایطی شادند و با هر چیزی که از طریق والدین در اختیار آن‌ها گذاشته می‌شود، قانع‌اند. کمتر بتوان کودکی را پیدا کرد که قبل از ورود به دوره ابتدائی شاد نباشد. (البته در اینجا نمی‌توان به تمام استثنائات اشاره کرد). گفتیم که انسان به‌علاوهٔ دنیای بیرونی که دائم با آن در ارتباط است، دارای یک بُعد درونی نیز است. بُعد درونی انسان، همان طبیعت حقیقی او است. این وجود حقیقی خالص، آرام، طبیعی و بدون هرگونه ناخالصی است. انسان‌ها از کودکی با همین وجود حقیقی شروع می‌کنند و تا مدتی با آن زندگی می‌کنند. علت اینکه همواره می‌گوییم کودکان معصوم‌اند، معنی عمیق‌تری از بی‌گناه بودن دارد. این یک ویژگی در کودکان است که بزرگ‌ترها آن را مشاهده می‌کنند ولی نمی‌توانند درست آن را تعریف کنند. آن معصومیت درواقع همان وجود خالص است که با دنیای بیرون ارتباط برقرار می‌کند و ما متوجه خلوص آن می‌شویم. کودکان استاد زیستن در لحظه حال هستند و در بی‌زمانی مطلق زندگی می‌کنند، مانند یک پرنده و یا گربه، نه از آینده چیزی می‌دانند و نه از گذشته و نا مایل‌اند چیزی

بدانند؛ و اگر هر از چند گاهی والدین آن‌ها را به این دو بُعد موهوم زمان رجوع دهند، کودکان اهمیت زیادی برای آن قائل نمی‌شوند و گاهی پس از نگاهی، گویی عاقلانه، به بازی خود ادامه می‌دهند. (در فصل پنجم، تحت عنوان جاری عالم هستی و توهم زمان به ریشه چنین نگاه عاقلانه‌ای از طرف کودکان پی خواهیم برد).

بهر جهت کودکان پس از ورود به دوره‌های کودکستان و ابتدایی که اولین محیط اجتماعی آن‌هاست با رفتار و تفاوت‌های ظاهری همکلاسی‌های خود آشنا می‌شوند. در این دوره رفته‌رفته می‌آموزند که از خود و داشته‌های خود محافظت کنند و چیزهای بیشتری را به خود اختصاص بدهند و یا اینکه از رفتارهای کودکان دیگر تقلید کنند و خلاصه اینکه شخصیت دفاعی آن‌ها هم در این مرحله شکل می‌گیرد.

این مرحله، مرحله ابتدایی شکل‌گیری شخصیت آن‌هاست که کاملاً طبیعی است. بقای انسان در روند تکامل، مدیون همین دفاع از خود است؛ اما شخصیت دفاعی کودک در این مرحله دارای یک ویژگی بسیار مهم است. شاید یکی از نام‌هایی که از نگاه روانشناسی کلاسیک بر روی این ویژگی می‌نهند، غریزه باشد؛ یعنی شخصیت دفاعی کودک مانند یک گنجشک، یک مرغابی، یک خرگوش و یا یک گربه غریزی است؛ اما خود این نوع رفتار ویژگی عمیق‌تری در خود دارد و آن بی‌زمانی مطلق است. حال خاصیت این بی‌زمانی و اتصال آن با شخصیت دفاعی کودک و یا یک پرنده، وقوع دفاع در لحظه است، لحظه اکنون. کودک برای دفاع از خود نه قبلاً به آن فکر کرده و یا نقشه کشیده است و نه پس از گذشت لحظاتی به آن فکر می‌کند. به‌عبارت‌دیگر دعوای دو کودک؛ دو گنجشک و یا دو گربه از بُعد لحظه حال خارج نمی‌شود و پس از چند ثانیه از حافظه آن‌ها پاک می‌شود و آن‌ها به بازی خود ادامه می‌دهند. این ویژگی به دلیل وجود خالص کودکان است که هنوز به ناخالصی‌های محیط و سیستم‌های اجتماعی ازجمله به توهم زمان آلوده نشده است.

آنکه هماهنگ با جهان هستی است

مانند نوزادی است

با تنی نرم اما گرفتن او با دست کوچکش، قوی
اگر تمام روز شیون کند
با آرامش می‌خوابد
او فقط در لحظه است
کاملاً با طبیعت آمیخته
لائوزای

کودکان از این مرحله به بعد و در دوران جوانی و نوجوانی به کارزارهای اجتماعی بعدی وارد می‌شوند که در آن‌ها نیاز به محافظت بیشتری از خود دارند و بنابراین، شخصیت آن‌ها هم می‌بایست آماده‌تر و به سازوکارهای بیشتری مسلح شود. این محافظت از شخصیت همیشه به‌صورت دفاع از خود نیست بلکه شامل رفتارهایی مانند «بهتر جلوه دادن در مقابل دیگران» بهتر بودن، بیشتر داشتن، قوی‌تر جلوه کردن و صفات ظاهراً خوب هم می‌شود.

علاوه بر این کارزارهای جدید در مراحل بعدی زندگی، انسان امروزی همواره شاهد رفتارها، هنجارها و ناهنجاری‌های اجتماعی از طریق محیط، اجتماع و رسانه‌های جمعی هم است و با همه این مناسبات آشنا می‌شود. سیستم‌های اجتماعی، سنتی و عرفی همواره به او گوشزد می‌کنند که باید چگونه خود را با آن‌ها وفق دهد و برای سازگار بودن با چنین سیستم‌های جاافتاده، چگونه باید رفتار کند. به‌عبارت‌دیگر همواره به او یادآوری می‌کنند که او کیست و اینکه مبادا فراموش کند که شخصیت او متشکل از تعدادی نام و نشانی‌ها و موقعیت اجتماعی مانند نام، نام خانوادگی، نام پدر، شماره شناسنامه، مدارک تحصیلی، شغل، مقام، سندهای مالکیت، ملیت، طرفداری از تیم ورزشی خاص و یا حزب سیاسی و الی‌آخر است. همه این نام و نشان‌ها با عبارت هویت بر روی انسان برچسب خورده و مبنای بالیدن‌ها، افتخارات و سنجش‌های انسان بالغ می‌شود و این یکی از لایه‌های ذهنی است که بر روی آن وجود خالص کودکی و آن طبیعت حقیقی و دنیای درون او را می‌پوشاند.

در این کارزار دنیای بیرون، انسان از تمام رفتارهای اکتسابی برای حفاظت از خود، از «من»، از ماسک شخصیت، از ایگو و یا نَفْس، استفاده می‌کند. این ابزارها شامل درجه ای از چاره‌جویی‌های بی‌پایان، فکر کردن در مورد گذشته

و آینده، عصبیت‌ها، تظاهر کردن‌ها، نقش بازی کردن، حسد، قضاوت و سرزنش دیگران، حرص و طمع و پایمال کردن حقوق دیگران و غیره‌اند.

در این مراحل زندگی او با ناملایمات دیگر هم‌دست و پنجه نرم می‌کند، آرزوها و آمالی که به آن دست نیافته، تجربه‌های تلخ و رویکرد غیرمنصفانه افراد و محیط نسبت به وی، همه بر روی‌هم انباشته می‌شوند و روح و روان وی را زخمی می‌کنند. این رنج‌های بر روی‌هم انباشته‌شده را شاید بتوان «رنج انباشته» «رنج پنهان» و یا «زخم عاطفی» نامید. رنج انباشته در همه انسان‌ها وجود دارد اما مقدار آن در افراد متفاوت است. در بعضی بسیار کم، در بعضی بیشتر و در بعضی‌ها بسیار زیاد. این رنج انباشته و زخمی را که بر روان انسان وارد می‌کند، هنگامی‌که زندگی به روال عادی می‌گذرد به‌صورت پنهان و بی‌درد است درست مثل زخمی فیزیکی بر بدن انسان که باندپیچی شده باشد؛ و درست مثل زخم فیزیکی که موقع تماس با جسمی خارجی درد آن بروز می‌کند، زخم عاطفی و یا درونی هم هنگامی‌که در معرض برخورد عاطفی قرار می‌گیرد، درد آن آشکار و احساس می‌شود. واکنش چنین دردی به‌صورت احساسات منفی مانند خشم، پرخاشگری، دعواهای کوچک و بزرگ و جرم و جنایت از انسان بروز می‌کند. رنج انباشته و زخم عاطفی یک نفر گاهی با مشابه آن در فرد دیگر مواجه می‌شود و حاصل این برخورد بروز درد از هر دو سو است. مشاجره‌های لفظی و برخوردهای فیزیکی در هر محیطی نتیجه برخورد دو زخم عاطفی و رنج انباشته آن‌هاست.

رنج انباشته فقط در سطح فردی نیست بلکه به‌صورت جمعی و در سطح ملت‌ها نیز وجود دارد. معمولاً این رنج در ملت‌های قدیمی‌تر و باسابقه‌تر و کشورهایی که از دوره‌هایی از جنگ‌ها، ناآرامی‌ها، اشغال‌های نظامی، حماسه‌های به ثمر نرسیده و یا نسل‌کشی عبور کرده‌اند، بیشتر است. رفتارهایی چون سعی، اصرار و نیاز در ثابت کردن قدمت فرهنگی، نژادی و برتری‌های ملی نزد دیگر ملت‌ها، از چنین رنج پنهانی در درون این ملت‌ها حکایت می‌کند. (البته هنوز بحث ما به توهم زمان نرسیده است. اما خواهیم دید که با کنار زدن توهم زمان از وجود حقیقی انسان که خود مرحله‌ای از بیداری است چنین لایه‌ای از رنج پنهان کنار رفتنی است؛ و به این وسیله

ملت‌ها هم می‌توانند تلخ‌کامی‌های تاریخی خود را برای همیشه به پشت سر خود پرتاب کنند و آن رنج‌ها را به جایی بسپارند که به آنجا تعلق دارند یعنی «گذشته» به عنوان بُعد موهومی از زمان، و زندگی جدیدی را شروع کنند و خوشبختی و سعادت را از زمان حال آغاز کنند. درواقع امروز جهان شاهد دو نمونه از این ملت‌ها یعنی ژاپن و آلمان است، که با چنین رویکردی به عرصه پیشرفت و سعادت پا نهاده‌اند. انتخاب این ملت‌ها این بود که از گذشته هویت نگیرند و در گذشته زندگی نکنند.)

بهر حال رنج انباشته نیز لایه ذهنی دیگری است که طبیعت حقیقی و خالص انسان را می‌پوشاند. ممکن است این تأثیر درونی با عبارات مختلف مثلاً رنج انباشته، رنج پنهان، زخم عاطفی، غرور زخمی، خشم فروخورده و یا عقده درونی عنوان شود، درواقع معنی واقعی در واژه‌ها نیست بلکه در درک درست و استفاده صحیح آن‌ها است. بسیاری از واژه‌ها به‌تدریج رنگ و لعابی متفاوت به خود می‌گیرند و از مفهوم اصلی خود دور می‌شوند، جامعه به این تغییرات عادت کرده و شناخت اصلی این عبارات رفته‌رفته به فراموشی سپرده می‌شود. چنین تأثیر عاطفی و رنج پنهان در همه انسان‌ها و ملت‌ها وجود دارد و فقط شدت آن در آن‌ها متفاوت است؛ و در ضمن نباید چنین تأثیری درونی در انسان به‌عنوان یک خصوصیت بد تلقی شود، زیرا این تأثیرات درونی و احساسات منفی با بیداری معنوی برطرف می‌شوند.

گاهی تکیه افراط گونه بر روی هویت ها تبدیل به تعصب می شوند. همه تعصبات نیز بدون استثنا با هر نام و رنگ لعابی، پوششی از وهم بر روح و روان انسان‌ها است. تعصبات ساخته‌وپرداخته ذهن‌اند و ذهن ساخته‌وپرداخته محیط و اجتماع است. تعصبات جز ناخودآگاهی، رنج، تلخ‌کامی و افت کیفیت زندگی و زیستن، محصولی دیگر در زندگی انسان ندارد و اگر در محیط و جامعه‌ای غیرازاین می‌نمایانند و یا نوعی از آن ارزش تلقی می‌شود، این توهمی بیش نیست. آمارهای آشکار ناهنجاری‌ها و کج‌رفتاری‌های اجتماعی، آسیب‌های اجتماعی و پرونده‌های بی‌شمار در مراکز دادرسی کشورهای سنتی نتیجه چنین تعصباتی است. رویدادهای آشکار و پنهان از تلخ‌کامی‌های خانوادگی و گیج رفتاری‌ها، نزاع‌ها و خشونت‌ها در سطح جامعه با نام غیرت و

ناموس مؤید نقش‌آفرینی این توهم ویرانگر برگرفته از باورهاست. مفاهیم غیرت و ناموس که می بایست در قالب احساس مسئولیت، عشق و حمایت نسبت به زنان خانواده و دفاع از آنها باشد، به صورتی موهوم در قالب احساس مالک بودن و کنترل و خشونت های ناشی از آن، در کشورهای سنتی و متعصب تعریف و به انسان خورانده شده است. در واقع کج فهمی این دو مفهوم نه تنها رنجی رسوب شده از کودکی در نهاد بخصوص مردان به جا می گذارد، بلکه تاثیرات و عواقب بدخیم آن همواره بر زندگی خانواده ها سایه افکنده است. خشونت، جرائم و جنایت ها در رابطه با غیرت و ناموس نیاز به بر شمردن ندارد و بر همگان آشکار است. تأثیرات ویرانگر و بلندمدت همه نابسامانی‌های فوق بر سلامت روانیِ تاروپود و متن جامعه فعلاً بماند.

بهر حال مجموع این لایه‌های ذهنی دست‌به‌دست هم شخصیت و «من» انسان را شکل می‌دهد. واژه‌های «من، خود، ناخودآگاه، نَفْس، ایگو و شخصیت» همه به لایه‌ای اشاره می‌کنند که روی دنیای درون و جوهر وجود و طبیعت حقیقی انسان را می‌پوشاند و انسان را در دوران زندگی از چنین حقیقتی بی‌خبر می‌کند تا به زندگی ناخودآگاهانه خود ادامه دهد. این لایه‌های ذهنی، ماسک شخصیت را می‌سازند.

لغت فارسی شخصیت اگر از معادل پرسونالیتی گرفته‌شده باشد، خود به معنی ماسک است. آلن واتس فیلسوف انگلیسی در کتاب «تابوی شناخت خود» توضیح می‌دهد که واژه انگلیسی پرسونالیتی (شخصیت) از واژه لاتین *پرسونا* گرفته شده و این واژه در زبان لاتین خود به معنی ماسک است. این کلمه ترکیبی است از دو کلمه لاتین «پِر» به معنی ماسک و «سونا» به معنی صدا. پرسونا ماسکی بود که بازیگران تئاتر یونان باستان و روم به‌جای گریم بر صورت خود می‌نهادند تا در نقش‌های مختلف بازی کنند. این ماسک سوراخی در جای دهان بازیگر داشت که صدای بازیگر را تقویت کند تا آن را بهتر به گوش تماشاگران برساند؛ بنابراین ماسک پرسونا حقیقت پشت ماسک که چهره و طبیعت واقعی‌تر بازیگر بود، می‌پوشاند و بازیگر در نقش شخصیت غیرواقعی به بازی بر روی صحنه می‌پرداخت.

حال اگر هم زبان‌های طبیعی قصد خاصی برای مترادف کردن دو واژه ماسک و شخصیت نداشتند؛ اما اگر بخواهیم به‌دقت به نهاد «شخصیت» در انسان بنگریم، چیزی به‌جز یک ماسک نمی‌بینیم.

این است که طبیعت حقیقی اکثر انسان‌ها در طی دوران زندگی عادی بر روی این سیاره با ماسک شخصیت پوشیده می‌ماند و هر ماسکی نقشی را بازی می‌کند. مشکلی با بازی در زندگی نیست. درواقع همان‌طور که بعداً مفصل‌تر به آن خواهیم پرداخت، زندگی خود یک بازی و صحنه تئاتر است و زیستن خود یک بازی و عالم هستی خود بازیگوش است و به تماشای بازی همه اشکال حیات نشسته است و از بازی آفرینش لذت می‌برد و گاه خود نیز با ما به بازی می‌پردازد، بلکه مشکل در نحوه بازی است. ماهیت و ضخامت ماسک شخصیت است که در انسان‌ها نقش آن‌ها و نحوه بازی آن‌ها را در بازی زندگی مشخص می‌کند. شاید بتوان بسیاری از انسان‌ها را طبق ضخامت ماسک شخصیتِ آن‌ها گروه‌بندی کرد.

گروه اول انسان‌هایی هستند که کاملاً به ماهیت بازی گونه و موقتی بودن دنیای بیرون واقف‌اند، به دنیای درون خود آگاه‌اند، خود را با عالم هستی یکی می‌دانند و در لحظه حال زندگی می‌کنند. بر روی طبیعت حقیقی این بیداران تقریباً ماسکی وجود ندارد و یا طی یک بیداری ناگهانی و یا چندمرحله‌ای، چنین ماسکی از روی جوهر انسانی آن‌ها کنار زده شده است. این‌ها انسان‌هایی هستند که نه به خود رنج تحمیل می‌کنند و نه به دیگران. این‌ها عارفان و مردان خِرَد و مردان خدا و سالکان حقیقت هستند که به گوشه‌ای از رازگونگی جهان پی برده‌اند. تعداد این انسان‌ها نسبتاً کم است. کودکان خردسال نیز جزء این گروه‌اند.

گروه دوم انسان‌هایی هستند که منصفانه بازی کرده و از بازی زندگی لذت می‌برند، زندگی را سخت نمی‌گیرند، در آرامش بیشتری زندگی می‌کنند، نه باعث رنج خود می‌شوند و نه باعث رنج همنوعان خود می‌گردند. تعداد این انسان‌ها بیشتر از گروه اول یعنی گروه عارفان و بیداران است، اما باز نسبتاً زیاد نیستند. این‌ها طی زندگی تقریباً آگاهانه خود، با کار و کوشش متعادل امکانات معقولی را برای خود و خانواده به وجود آورده و به تربیت صحیح

فرزندان خود می‌پردازند. میزان فکر و خیال و احساسات منفی در آن‌ها بسیار کم است. این گروه دارای لایه‌های کمتر یا نازک‌تری از ماسک شخصیت هستند، حتی اگر خود از این موضوع بی‌اطلاع باشند. ممکن است انسان‌ها در این گروه توجه زیادی به مسائل و مشکلات اجتماعی نداشته باشند که اشکال زیادی در آن نیست.

گروه سوم از حقیقت بازی گونه زندگی و بازیگوشی عالم هستی بی‌خبرند و اگرچه در حال بازی‌اند ولی از بازی خود بی‌اطلاع‌اند و معمولاً زندگی را برای خود و اطرافیان نزدیک خود تلخ می‌کنند و تا پایان عمر با رنجی پنهان زندگی می‌کنند. این عده ارتباطی کاذب با دو بُعد موهوم زمان یعنی گذشته و آینده دارند و معمولاً حقیقت زندگی را که در لحظه حال در آن‌ها جاری می‌شود، نمی‌بینند و زندگی را در آینده‌ای موهوم جستجو می‌کنند. این‌ها همواره در آرزوی به دست آوردن‌ها، حسرت‌ها و بیم از دست دادن‌ها هستند و در این راه ناآگاهانه به یک یا تعدادی از ابزارهای حفاظت از ماسک شخصیت مانند احساسات منفی، خودخواهی، غرور، حرص و طمع، قضاوت دیگران، عدم تحمل غیرخودی و حتی خودآزاری مانند غصه خوردن، استرس، افسردگی روی می‌آورند. ماسک شخصیت این گروه تقریباً ضخیم است. این‌ها به زندگی ناآگاهانه خود ادامه می‌دهند اما گاهی براثر یک حادثه بسیار ناخوشایند مانند خبر یک بیماری مهلک و یا در پی یک اتفاق یا در برخورد با انسانی بیدار، به بیداری نسبی می‌رسند و ماسک شخصیت و ایگو آن‌ها را رها می‌کند و گاه هم این بیداری در روزهای آخر عمر نصیب آن‌ها می‌شود؛ زیرا ایگو که بر مبنای زمان یعنی گذشته و آینده عمل می‌کند، در دوران سالمندی، دیگر آینده‌ای در پیش چشم خود نمی‌بیند و انسان را به حال خود می‌گذارد. در اینجاست که انسان به درجه‌ای از به بیداری معنوی می‌رسد به‌نوعی هوشیاری. بعداً بیشتر به این مورد خواهیم پرداخت. در زمره این گروه بودن به معنی غوطه‌ور بودن در همه این ناخالصی‌ها نیست و این مشکلات تقریباً در همه ما وجود دارد، اما ممکن است نسبت آن کاملاً با درجات متفاوت باشد. بنابراین اکثر انسان‌ها همواره و یا در مراحلی از زندگی خود متعلق به این گروه‌اند.

گروه چهارم نقش بد و بقولی نقش منفی را در بازی زندگی ایفا می‌کنند و نه‌تنها باعث رنج خود می‌شوند بلکه حقوق دیگران را هم ضایع کرده، به آن‌ها درد و رنج تحمیل می‌کنند. این‌ها در سطوح مختلف و در مقیاس‌های کوچک و بزرگ دست به جرم و جنایت می‌زنند. از نگاهی، این گروه خروجی ناآگاهی جمعی زمین هستند که محیط رشد، رخدادهای زندگی و مناسبات اجتماعی ماسکی ضخیم بر حقیقت وجود آن‌ها ایجاد کرده است. این عده معمولاً در دوران زندگی به بیداری دست پیدا نمی‌کنند، چون سازوکار خِرَد آموزی در آن‌ها کم است؛ اما اگر سیستم‌های اجتماعی، آموزشی و حقوقی صداقت کافی داشتند و خود از مفاهیم خودشناسی باخبر بودند، می‌توانستند در خودآگاهی این گروه نقش داشته باشند تا از رنج جمعی انسان بر روی زمین تا حدودی کاسته شود.

و خلاصه عده‌ای که می‌توان آن‌ها را در گروه پنجم جای داد. این عده معمولاً به‌ظاهر در چهارچوب قانون ولی درواقع ناجوانمردانه بازی می‌کنند. این گروه آنچه در حقوق، به‌عنوان جرائم یقه‌سفید عنوان می‌شود را شامل می‌شود اما الزاماً به آن محدود نمی‌شود. این‌ها دزدان کلان، مفسدین اقتصادی، مافیاها، سوداگران عمده مرگ و تسلیحات جنگی و سلاح‌های پیشرفته کشتارجمعی، کارتل‌های مرموز و حریص، صاحبان پنهان بانک‌های عمده جهانی، توطئه‌گران جنگ و کودتا و هژمونی، خودکامگان ناخودآگاه و دیکتاتورهای شریر، به زنجیرکنندگان انسانیت و چاپلوسان زر و سیم و قاچاق را شامل می‌شوند. نقش‌هایی عمده از این گروه در پشت‌صحنه بازی می‌کنند و تقریباً می‌توان گفت که با امکانات مادی و زر و زور و قدرت خود دنیا یا مملکت خود را کنترل می‌کنند؛ اما درعین‌حال ممکن است تعدادی از میان خود را به‌عنوان سیاستمدار به صحنه سیاست هل دهند تا بر روی صحنه به بازی بپردازند. این افراد و ماسک شخصیت آن‌ها را می‌توان بیشتر در کارزار دیپلماتیک و مخصوصاً هنگام مناظره‌های انتخاباتی به‌وضوح دید. مناظره‌های انتخاباتی مخصوصاً در سال‌های اخیر در بسیاری از کشورها مرسوم شده است. این مناظره‌ها نمونه بارزی از برخورد ماسک‌هاست. در این مناظرات، به‌راحتی می‌توان رویارویی ایگوها را مشاهده کرد و دریافت که ذهن، ایگو،

نَفْس و ناخودآگاه چگونه عمل می‌کند. در این صحنه صاحبان ایگو به‌جای آنکه هرکدام به برنامه‌های آینده خود بپردازند، برای به دست آوردن قدرتی چندروزه در عمر کوتاه خود از هیچ برخورد غیراخلاقی، تهمت و افترا دریغ نمی‌کنند. (البته همیشه استثناهایی هم وجود دارد و هستند سیاستمدارانی که آگاه‌تر عمل کرده و بااخلاق‌تر هستند.)

گروه‌بندی فوق البته یک دسته‌بندی دقیق اجتماعی نیست، بلکه فقط با پارامترهای ماسک شخصیت و ایگو و طبق مشاهدات و عقیده نویسنده است. این دسته‌بندی جهت ابزاری برای ادامه بحث و رساندن مطالبی که به دنبال خواهد آمد، منظور شده و به نظر می‌رسد برای چنین منظوری چندان دور از واقعیت نباشد. در ضمن همه انسان‌ها جزء این پنج گروه نیستند. مثلاً انسان‌هایی که در فقر کامل بسر می‌برند، کودکانی که از ابتدایی‌ترین ملزومات زندگی مانند غذا و آب آشامیدنی و تحصیل محروم‌اند و با شکم گرسنه سر بر خشت می‌نهند و هر شب هزاران تن از آن‌ها در گوشه و کنار این جهان متمدن، بی‌صدا به کام مرگ می‌روند، حتی در زندگی خود فرصت پیوستن به یکی از پنج گروه فوق به آن‌ها داده نمی‌شود و این خود گوشه‌ای از ناآگاهی نوع بشر بر روی زمین است. انسان‌هایی هم هستند که در برخی از ویژگی‌های بین گروه دوم و سوم مشترک‌اند.

در ضمن هیچ‌کدام از انسان‌ها در دسته‌بندی‌های فوق به طور ذاتی انسان‌های بدی نیستند. ممکن است خفته باشند. انسان ذاتاً خالص است. در زیر حجاب شخصیت او موجودی خالص است که آفریننده پس از آفرینش او به خود آفرین گفت. باید دانست که هیچ انسانی فراتر از ذهن خود عمل نمی‌کند و ذهن خمیری است که با مناسبات محیط و اجتماع شکل می‌گیرد وگرنه به قول سهراب سپهری «هر بودی یک بوداست» و به قول مولوی «در درون وجود حقیقی همه انسان‌ها یک مسیح وجود دارد».

جان‌ها در اصل خود عيسي دمند
یک‌زمان زخم‌اند و گاهي مرهم‌اند
گر حجاب از جان‌ها برخاستی
گفت هرجانی مسیح آسا ستی

چرخه رنج زمین

ناخودآگاهی‌های فردی که خود تا حدودی نتیجه ناآگاهی جمعی است، دست در دست واقعیت‌های موهوم، توهمات و بدآموزی‌ها یا کم آموزی‌های سیستم‌های اجتماعی و آموزشی در اکثر نقاط جهان، زندگی ناآگاهانه انسان‌ها را شکل داده و نتیجه این نحوه زندگی به ناآگاه زیستن جمعی و سیستم‌های اجتماعی بازخورد شده و چرخه باطل رنج زمین را شکل می‌دهد.

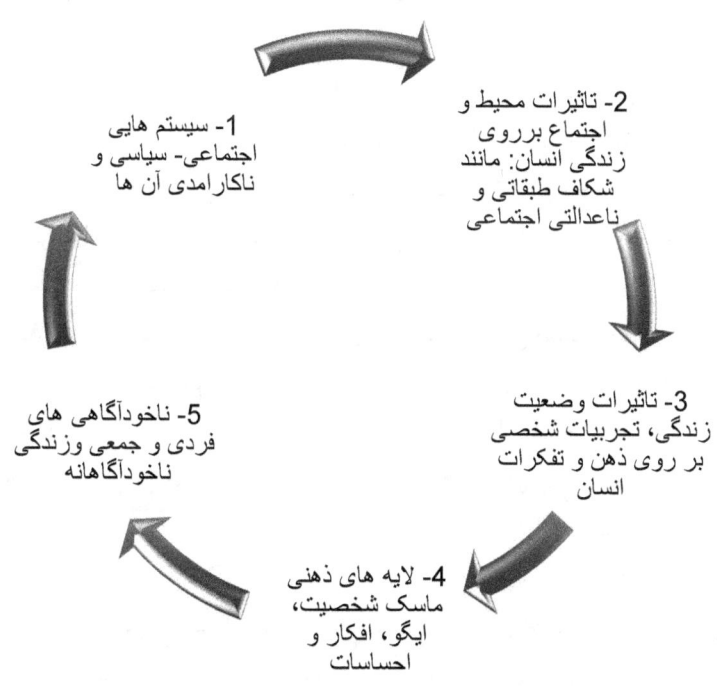

۱- تداوم چرخه رنج بر روی زمین

چرخه رنج در پهنه زمین بزرگ‌ترین چرخه رنج بشر است که ناآگاهی جمعی در سطح سیاره را شکل می‌دهد. چرخه‌های کوچک‌تری هم هستند که به زندگی ناآگاهانه فردی شکل می‌دهند که محصول آن افکار و احساسات منفی

مانند استرس، افسردگی و یا عصبانیت است که در شکل ۳ نشان داده خواهد شد و در طول بحث به آن رجوع خواهیم کرد.

اگرچه در طول بحث با شکل ۱ سروکار خواهیم داشت و چند بار به آن رجوع خواهیم کرد، اما اکنون به توضیحی مختصر در مورد آن می‌پردازیم. اولین عاملی که در شکل‌گیری ماسک شخصیت مؤثر است محیط رشد و جامعه انسان است که خود طبق سیستم‌های اجتماعی بناشده است. ضخامت ماسک شخصیت بستگی به محیط و جامعه انسان و سیستم‌های اجتماعی دارد که انسان در آن رشد و زندگی می‌کند و این ضخامت در محیط و سیستم‌های اجتماعی مختلف متفاوت است.

سیستم‌های اجتماعی شامل همه بنیادها، نهادها، مؤسسات و قراردادهای اجتماعی ازجمله قوانین مدنی، سیستم‌های سیاسی، مناسبات اقتصادی، سنت‌ها، سیستم‌های عقیدتی، سیستم‌های آموزشی و تعلیم و تربیت هستند. از میان این قراردادهای اجتماعی یکی از آن‌ها و شاید مهم‌ترین و تأثیرگذارترین آن‌ها واحد اندازه‌گیری زمان است. این واحد مانند بقیه واحدهای اندازه‌گیری مانند واحد مسافت یا طول یعنی متر و یا واحد وزن و بقیه واحدها به‌منظور اندازه‌گیری طول مدت دو نقطه تغییر است. در صفحات بعد با توهم زمان و توهم دوگانگی و تأثیرات آن سروکار خواهیم داشت، اما به این دو به‌طور مفصل در فصل پنجم با عنوان «جاری عالم هستی و توهم زمان» خواهیم پرداخت. انسان مدرن از این واحد اندازه‌گیری توهمی در خود ایجاد کرده که وابستگی دائم به آن ریشه بسیاری از رنج‌ها و مصائب بشر شده است. انسان با تصوری غلط از واحد زمان خود را از جنبه روانی درگیر و زندانی دو بُعد زمانی موهوم گذشته، یعنی دیروزها و آینده یعنی فرداها می‌کند و هیچ توجهی به جاری جهان که در این لحظه به شکل‌های متنوع، زندگی او را رقم می‌زند، ندارد. حاصل این بی‌توجهی از دست دادن لحظات زندگی و بروز احساسات منفی است که در او شکل می‌گیرد و او را درگیر یک زندگی ناخودآگاهانه می‌کند؛ و همان‌طور که در شکل ۱ نشان داده‌شده است، نتیجه چنین زندگی ناآگاهانه‌ای به محیط، جامعه و سیستم‌های اجتماعی بازخورد شده و به چرخه رنج زمین تداوم می‌بخشد.

ماسک شخصیت در چرخه رنج زمین حکایت از سابقه تلخ و کارنامه تاریکی از بازیگری آن در پهنه زمین دارد که در نتیجه آن رنج‌ها و آسیب‌های فراوانی بر نوع بشر و خود سیاره تحمیل شده است. ناهنجاری‌ها، نا عدالتی‌ها، جنگ‌ها، نزاع‌ها، بی‌خانمانی‌ها، کشتارهای جمعی، فقر، گرسنگی، افراط‌گرایی‌های ایدئولوژیکی و تروریسم، آلودگی محیط‌زیست، تهی شدن منابع زمین و بالا رفتن دمای کره زمین نمونه‌هایی از این رنج‌ها در پهنه زمین‌اند. تاریخ سرشار است از رنج و مصائب بشریت که محصول ذهن‌های پریشان و رفتار و عملکرد ناآگاهانه، زخم‌های عاطفی و رنج‌های انباشته در بُعد درونی نوع بشر است. ماسک‌های شخصیت و سیم‌پیچی درون ذهنیِ انسان باعث اسفبارترین جنگ‌ها در نیمه قرن بیستم شد که نتیجه آن کشته شدن ده‌ها میلیون انسان و مصائب و رنج بشر بوده که شاهد آن بوده‌ایم. کشتارجمعی، تصفیه‌های خونین ایدئولوژیکی و پاک‌سازی‌های قومی، جنگ‌های داخلی در گوشه و کنار جهان در اوایل و اواخر قرن بیستم و هم‌اکنون که شاهد آن هستیم، تنها گوشه‌ای از نابسامانی‌هایی است که ماسک‌های شخصیت و ایگوها مسئول آن‌ها هستند.

سیاره ما اکنون با ناهنجاری‌هایی چون جنگ، فقر و گرسنگی، بی‌سوادی، افراط‌گرایی‌های ایدئولوژیکی دست‌به‌گریبان است. تعداد و مقدار سلاح‌های اتمی، بمب‌های هیدروژنی و سلاح‌های کشتارجمعی انباشته‌شده در زرادخانه‌ها آن‌قدر زیاد است که قادر است کره زمین را چندین بار کاملاً نابود کند. اگر درگذشته ذهن‌های پریشان قادر بودند با استفاده از سلاح‌های سنتی مانند شمشیر، ارابه و اسب تعداد معدودی انسان را از پای درآورند و چند عمارت را به آتش بکشانند، امروز ذهنی ناخودآگاه و یا تصمیم آن قادر است با سلاح‌های پیشرفته در لحظاتی کوتاه شهرها و یا تمام یک کشور را با خاک یکسان کند و باعث رنج و مصیبتی جبران‌ناپذیر برای انسان‌های بی‌گناه شود. امروز نوجوانی پریشان ذهن و یا بزرگسالی با ذهنی درهم‌ریخته قادر است با سلاحی اتوماتیک که محصول حرص و طمع تولیدکنندگان این نوع سلاح‌ها و دسترسی آسان به آن‌ها در غرب است، در لحظه‌ای کوتاه جمعی انسان بیگناه را در کلیسا و یا مدرسه‌ای در کشوری پیشرفته به خاک و خون بکشد.

در عرصه‌های زندگی فردی، تلخ‌کامی‌های زندگی، اختلاف‌های خانوادگی، جدایی‌ها و طلاق‌ها نه‌تنها در کشورهای توسعه‌یافته بلکه در ممالک درحال‌توسعه و فرهنگ‌هایی که در آن طلاق نکوهیده است، مانند کشور خودمان آن‌قدر زیاد شده و سیستم‌های اجتماعی را چنان متحیر کرده است که از چاره‌جویی آن وامانده‌اند؛ و این خود همواره به ناهنجاری‌های اجتماعی دامن می‌زند. افسردگی، استرس، رفتارهای نامتعادل و عدم شادمانی در انسان‌ها و مخصوصاً در جوانان ریشه در ناخودآگاهی و پریشان ذهنی‌هایی دارد که سیستم‌های اجتماعی در اکثر موارد نه‌تنها از عهده حل آن برنمی‌آیند، بلکه خود در چرخه رنج زمین و ناآگاهی آن نقش دارند و حتی در آن زمین‌گیرند.

امروز جهان اعم از کشورهای توسعه‌یافته و درحال‌توسعه به‌سوی یک رکود اقتصادی نهان و شکاف عمیق طبقاتی پیش می‌رود که هنوز نوعی آرامش قبل از طوفان آن را تجربه می‌کنیم. تورم و قیمت سرسام‌آور، عجیب و غیرواقعی مسکن در اکثر کشورهای جهان دور نمایی نه‌چندان روشن از سطح زندگی انسان‌ها بخصوص جوانان را در آینده ترسیم می‌کند. مشکلات مربوط به بهداشت و سلامت روح و روان؛ اعتیاد، افسردگی، یاس و نومیدی جوانان در آینده، خود تهدیدی در سلامت اجتماع و امنیت کشورهاست. و این‌همه نابسامانی و رنج محصول ناکارآمدی سیستم‌های اجتماعی، نا عدالتی اجتماعی، کج‌روی‌های اقتصادی، دست‌کاری سیستماتیک سیستم های پولی و بانکی به‌وسیله برخی از غول‌های اقتصادی جهان، تقسیم نامتناسب ثروت، حرص و طمع و ایگوی انسان‌هاست.

این‌ها فقط تعدادی اندک از رنج‌های بشر است که معمولاً عادی و جزئی از واقعیت‌های زندگی تلقی می‌شوند؛ اما این واقعیت‌ها که نتیجه ناآگاهی بشر است، قابل اصلاح هستند. انسان‌ها با شناخت درون خود و پی بردن به دنیای درون و جوهر وجود خود قادرند، توهّمات خود را شناسایی کنند و پس از کنار زدن ماسک شخصیت و پرده‌های وهم به زندگی ناآگاهانه پایان دهند و به‌عبارت‌دیگر از چرخه رنج خارج‌شده و زمین را از نیز از چنین چرخه‌ای

خارج کنند و خواهیم دید چگونه، اما قبل از آن باید نگاهی داشت به سیستم‌های اجتماعی و عملکرد آن‌ها در تاریخ پیشرفته بشر.

❖ ❖ ❖
سیستم‌های اجتماعی و عملکرد آن‌ها در طول تاریخ

روشن است که بسیاری سیستم‌های اجتماعی راه‌حل‌هایی برای بهبود زندگی بشر ارائه داده‌اند و در بسیاری موارد هم موفق بوده‌اند، اما با توجه به اینکه مشکلات بزرگ که اکنون بشریت با آن مواجه است، هنوز ادامه دارد، می‌تواند نشانه آن باشد که شاید این سیستم‌ها در برخی موارد برای پایان دادن این مشکلات که حتی به مقدار آن افزوده می‌شود، آنقدر هم موفق نبوده اند. این‌ها سیستم‌هایی بودند که در طی تاریخ ظاهرشده‌اند و موقعیت آن را داشتند که رنج‌های بشر را پایان و یا آن‌ها را تقلیل بدهند و یا حداقل از تشدید آن جلوگیری کنند.

می‌توان نگاهی داشت به سابقه و عملکرد سیستم‌های اجتماعی و سیاسی و میزان موفقیت آن‌ها در ارائه راهبردهای اجتماعی و رفاه بشر و صلح و آرامش ملت‌ها.

تا جایی که به حافظه تاریخ مربوط می‌شود، از هنگامی‌که انسان طعم مالکیت خصوصی را چشید، برای حفظ مزایای آن با همنوعان خود به رقابت پرداخت و در این رقابت از هیچ ابزاری برای دستیابی و تسلط بر منابع طبیعی و مالی دریغ نکرد. ایگو در انسان باعث شد که او همنوعان خود را به بردگی بکشد، آن‌ها را استثمار کند و بر آن‌ها رنج تحمیل کند. پس از سیستم برده‌داری، در سیستم‌های جدیدتر بردگان آزاد شدند اما بنا به تصوری غلط، ارزش انسان به رنگ پوست و نژاد سنجیده شد و سیستم‌های نژادپرستانه حتی تا اواخر قرن گذشته در ممالک توسعه‌یافته کاملاً در چهارچوب قانون برقرار بوده اند و حتی هم‌اکنون هم نه به‌طور آشکار بلکه رسوبات چنین ذهنیاتی در ممالک غربی به‌صورت غیررسمی جریان دارد. اینکه حتی زمانه ما یعنی قرن بیست و یکم در اوج پیشرفت سیستم‌های مدنی نیز درگیر نوعی خوفناک از برده‌داری

مدرن در قالب قاچاق انسان، برده‌داری جنسی و بیگاری است، شواهد و آمار و ارقام تکان‌دهنده آن در اینترنت موجود است.

ادیان و مذاهب با قوانین مذهبی و خداترسی تا حدودی در جلوگیری از رفتارهای غیراخلاقی انسان‌ها و کاستن جرم و جنایت موفق بودند اما مثلاً تسلط مسیحیت و قدرت کلیساها و برداشت‌های عامی و سطحی آن‌ها از گفته‌های عارفانه پیامبر خود مسیح و نگرش انحصاری کلیسا به جهان آفرینش، طبیعت و آفریدگار تحملی برای برداشت‌های جدیدتر و یا علمی از جهان نداشت. از نمونه‌های این انحصارطلبی و عدم تحمل فرضیه‌ها و اکتشافات علمی و دانشمندان آن‌ها می‌توان به برخورد قهرآمیز با دانشمندانی چون گالیله، عارفانی چون مایستر اکهارت (11) و فیلسوفانی چون باروخ اسپینوزا (12) اشاره نمود. در ادیان دیگر نیز تقابل با دگراندیشی واقعیتی ناشناخته نیست.

کاپیتالیسم و سیستم‌های دموکراتیک پس از برداشتن رسمی برده‌داری و نژادپرستی و به رسمیت شناختن آزادی و حق مالکیت خصوصی و جریان آزاد اقتصادی، بشر را در پیشرفت‌های چشمگیر صنعتی و علمی بسیاری هدایت کردند؛ اما در نوعی از این آزادی، انسان به دلیل حرص و طمع حاصل از ناآگاهی؛ عدم شناخت از دنیای درون، ماسک شخصیت و رفتار مبتنی بر ایگو با زیاده‌خواهی برای به بند کشیدن و استثمار هم‌نوعان خود، همواره راه‌های دیگری یافته است. تاراج ثروت‌های ملی دیگر ممالک، عدم توجه به فقر و رنج فعلی آن‌ها و حتی نابرابری و نا عدالتی اجتماعی در درون مرزهای خود، نتیجه همین خودخواهی‌های بشر است که در مسیر گذشته‌ای نه‌چندان دور و امروز شاهد آن هستیم.

سوسیالیسم که موقعیتی طلایی برای از میان برداشتن فاصله طبقاتی و کم کردن رنج اقتصادی انسان‌ها داشت با هویت گرفتن از ایدئولوژی‌های تجدیدنظر شده مبنی بر خشونت، به چپ افراطی متمایل شد و تاریک‌ترین سابقه‌های عملکرد را از خود بجا گذاشت. درو و تصفیه جمعی میلیون‌ها انسان در نیمه اول قرن بیستم و در ابتدای سیستمی که قرار بود مدافع حقوق و دسترنج نوع بشر باشد، از نمونه‌های ناآگاهی بشر و توهمات اوست.

قدرت‌های بزرگ با تسلط خود بر کشورهای توسعه‌نیافته به استعمار و استثمار آن‌ها پرداختند و با دخالت در امور داخلی ملت‌ها و با تحمیل ناآرامی‌ها و تغییر رژیم و کودتاها سال‌ها مناطق مختلف جهان را مستقیم یا غیرمستقیم در کنترل خود نگه داشتند و یا به‌طور غیرمستقیم آن‌ها را از دموکراسی محروم کردند و درعین‌حال عدم توجه آن‌ها به فقر فرهنگی و اقتصادی ملت‌های تحت تسلط، باعث بروز جنگ‌های داخلی و رشد افراط‌گرایی شدند که جهان درگیر آن است و اکنون شاهد نمونه‌هایی از آن هستیم.

در قسمت‌های دیگر دنیا، پس از انقلاب‌های خشونت بار سیستمی برداشته شده ولی به جای آن سیستمی ناکارآمدتر و مستبدتر بنا می‌شود که از شدیدترین سرکوب‌ها، قساوت و بی‌رحمی در قبال ملت خود باکی ندارد.

قوانین مدنی و قضایی بشر تبدیل به عرف شده و تا حدودی در امنیت اجتماعی و رفاهی ملت‌ها نقش داشته‌اند. سیستم‌های حقوقی با بازوان اجرایی خود در قالب دادگاه‌ها سیستم پلیس و مراکز تأدیبی و تنبیهی امنیت و قانون را تا حدودی در جوامع اعمال می‌کنند اما اینکه این سیستم‌ها تا چه حد در کاهش میزان جرم، جنایت و خلاف‌کاری موفق بوده‌اند، بحث دیگری است. آیا بشر شاهد کم شدن خلاف‌کاری‌ها و جرائم است؟ آیا زندان‌ها به مدرسه تبدیل می‌شوند و یا به تعدادشان افزوده می‌شود؟ دلیل این نابسامانی این است که قانون، بازوی اجرایی و مراکز تنبیهی و تأدیبی جرم را در جسم انسان می‌بینند و ازاین‌رو با حبس جسم در پی حل مشکل هستند کما اینکه مشکل در ذهن و درون انسان‌هاست. در آستانه یک برخورد فیزیکی، خشونت خیابانی و یا قتل این جسم انسان نیست که به جرم دست می‌زند بلکه محتویات ذهن اوست که او را به این کار وامی‌دارد. آیا سیستم‌های اجتماعی و رسانه‌ها چند برنامه تلویزیونی برای آرام کردن ذهن و روح انسان‌ها در زندگی شلوغ شهری امروز ارائه می‌دهند؟ آیا سریال‌های تلویزیونی و سینما که پرخاشگری در خانواده و قهر و آشتی‌ها و خودمحوری‌های ناآگاهانه و بگومگوهای یک زوج جوان را به‌عنوان نمک زندگی به تصویر می‌کشند، می‌توانند از پریشان ذهنی مخاطبان و تماشاگران این سریال‌ها و فیلم‌ها

بکاهند که خروجی این پریشان ذهنی به متن جامعه بازخورد و به ناهنجاری‌ها و خلافکاری‌های اجتماعی ختم نشود؟

اگر از نگاهی عمیق‌تر به استقرار قوانین حقوقی در سطح دنیا و گسترش و سفت‌وسختی آن به‌ویژه در کشورهای غربی ازجمله در آمریکای شمالی بنگریم. چنین گستردگی قانون در همه زمینه‌ها، یک پیام روشن دارد و آن اینکه انسان امروزی قابل‌اعتماد نیست، نمی‌تواند در راستای اخلاق و درستکاری زندگی کند و همواره می‌بایست زیر سایه چماق قانون و تحت نظر باشد. اگر چنین است، یعنی انسان امروزی بی‌اخلاق و خلاف‌کار است و فقط باید به‌زور قانون درست رفتار کند، پس سیستم‌های مدنی باید از خود سؤال کنند که چه چیز باعث بی‌اخلاقی و بدکنشی انسان‌ها شده است؟ مگر این انسان‌ها در همین سیستم‌های مدنی رشد نکرده‌اند؟ چرا این سیستم‌ها در سلامت اخلاقی و ذهنی جوامع موفق نبوده‌اند؟ اگر این‌طور نیست، یعنی انسان‌ها قابل‌اعتمادند بنابراین چرا گستردگی روز افسون، توسعه و اجرای قوانین حقوقی می‌بایست منابع مالی زیادی را صرف خود کند و هزینه‌های آن را همواره بر شانه‌های ملت‌ها تحمیل کنند؟

«مردمان خوب برای رفتار و کردار خوب نیاز به قانون ندارند و

مردمان بد برای بدرفتاری و بدکرداری خود می‌دانند چگونه قانون را دور بزنند.»

افلاطون

پس امروز بشر غیرقابل‌اعتماد، پرورش‌یافته همین سیستم‌ها در دنیا، ظاهراً آن‌قدر غیرقابل‌اعتماد است که باید دائماً تحت نظر دوربین‌های امنیتی همین سیستم‌ها باشد. به‌طور نمونه فقط در آمریکا تعداد این دوربین‌ها به سی میلیون می‌رسد، یعنی برای هر ده نفر یک دوربین؛ و شاید کشورهای اروپایی نیز وضعیتی مشابه داشته باشند. در سال ۱۹۴۹ نویسنده انگلیسی جرج ارول [۱۳] در کتابی با نام «۱۹۸۴» جامعه پادآرمانشهری را به تصویر می‌کشد که در آن نظامی تمامیت‌خواه همه امور خصوصی شهروندان خود را زیر نظر داشته و برای تبلیغات سیاسی و شستشوی مغزی آن‌ها حتی در خانه‌های آن‌ها نیز تلویزیون‌های مداربسته نصب‌کرده بود. خدا رحمت کند جرج ارول

را. او کجاست که ببیند چند دوربین امنیتی و تلویزیون مداربسته در جوامع امروزی، انسان امروزی را تحت نظر دارد؟

به‌هرحال به نظر می‌رسد که هیچ‌کدام از این سیستم‌ها در پایان دادن رنج بشریت موفق نبوده‌اند و متأسفانه دورنمای روشنی هم در آینده بشر و زمین به چشم نمی‌خورد. این را می‌توان از مشکلات فعلی، به شکل جنگ، افراط‌گرایی، نابسامانی‌های اجتماعی، شکاف طبقاتی و مشکلات فردی و درونی انسان‌ها و موقعیت نابسامان کره زمین در قالب خشک‌سالی‌ها، گرم شدن زمین و آلودگی‌های هوا و زمین و دریاها دریافت. همه این سیستم‌ها در یک‌چیز مشترک‌اند ناخودآگاهی انسان شامل، ایگو، ماسک شخصیت، توهم ذهنی و زندگی ناآگاهانه. درک چنین عدم موفقیت سیستم‌ها و ارتباط آن با ناآگاهی انسان دشوار نیست. چراکه این فرد فرد انسان‌ها هستند که سیستم‌های اجتماعی را بناکرده و دائماً آن را بازسازی می‌کنند.

نابسامانی‌های کنونی بر روی زمین حاصل عملکرد انسان‌ها در عهد جاهلیت نیست. دلیل آن کمبود سیستم‌ها و راه‌کارهای سیاسی، کتاب‌هایی با واژه‌های ناآشنا و تئوری‌های پیچیده اجتماعی نیست. دلیل آن کمبود روشنفکر، مجادلات و تحلیل‌های روشنفکرانه در قلمرو دینی، سیاسی و اجتماعی نیست. دلیل رنج بشر کمبود علم و تکنولوژی نیست. این ناهنجاری‌ها در دویست سال اخیر و در عصر شکوفایی سیستم‌های مدنی و پیشرفت علم و فنّاوری دامن‌گیر زمین و نوع بشر شده است. جالب‌توجه اینکه با این پیشرفت‌ها- به‌جای آنکه شاهد ارتقاء کیفی زندگی نوع بشر و وضعیت سیاره باشیم، به‌تازگی شاهد مشکلات و رنج‌های بیشتری بر پهنه زمین هستیم.

نوک پیکان ترقی سیستم‌های سیاسی که جزئی از سیستم‌های مدنی هستند به‌جای پیشرفت و ارتقاء زندگی و رعایت حقوق و کرامت انسان‌ها، در موارد بسیاری حرکتی رو به عقب دارند. ملت‌ها حتی در پیشرفته‌ترین کشورها پس از تجربه یک دوره ترقی سیاسی، به راست افراطی متمایل می‌شوند. هر از چند گاهی شاهد آن هستیم که عقاید و اذهان پوپولیستی و عوام‌گرایی، بی‌خبرترین و ناآگاه‌ترین طیف جوامع را به خود جذب کرده و اذهان راست افراطی یا شارلاتان‌های سیاسی سکوهای سیاست ملت‌ها را به‌آسانی فتح

می‌کنند و برای یک دوره چهار یا هشت‌ساله سرنوشت ملت‌های خود را در دست می‌گیرند و بر اوضاع دنیا تأثیر منفی می‌گذارند.

این مشکلات و نابسامانی‌ها از کرات دیگر به زمین نیامده‌اند. این‌ها همه ساخته ذهن بشرند. منابع سیاره حتی در چنین مقطعی از زمان آن‌قدر کافی است که با آن همهٔ انسان‌ها در کمال آسایش، آرامش و صلح زندگی کنند؛ اما هر چه زمان می‌گذرد ناخودآگاهی انسان زمین را به‌سوی سرنوشتی غیرقابل‌بازگشت سوق می‌دهد.

«منابع زمین برای تأمین زندگی همه انسان‌های روی آن کافی است
اما نه برای حرص و طمع آن‌ها» - گاندی

یا انسانیت باید بیدار شود و یا هوشمندی سیاره او را بیدار خواهد کرد. سیلاب‌ها و طوفان‌های عجیب و آثار مخرب تغییرات جوی، بروز بیماری‌های جدید و ویروس‌های سمج، گوشه‌ای از هوشمندی سیاره است که اکنون بشر توجهی به آن ندارد. برای حل مشکلات نیاز به تشکل‌های پرخرج و دهان‌پرکن و تخصص‌های فوق دکترا نیست. حل این مسئله ممکن است بسیار ساده باشد و آن شکستن چرخه رنج است که در شکل یک نشان داده‌شده است. یک نقطه از این چرخه باید گسسته شود که به تداوم رنج پایان داده شود و به نظر می‌رسد ساده‌ترین نقطه برای گسستن این چرخه شناسایی و برداشتن ماسک شخصیت است که به کنار رفتن توهمات ذهنی انجامیده و زندگی آگاهانه را برای انسان رقم می‌زند؛ و این زندگی آگاهانه فرد فرد بشر است که به‌تدریج به محیط، جامعه و سیستم‌های اجتماعی منتقل‌شده، ساختارهای مترقی‌تر و آگاه‌تر ساخته و به پایان دادن و یا کم کردن رنج بشر منتهی می‌شود.

آنچه امروز انسانیت در سیستم‌های مدنی خود مخصوصاً در بخش آموزش‌وپرورش نیازمند آن است، اندکی توجه به بُعد درونی انسان است. در مدارس جهان تأکیدی بیش‌ازاندازه بر روی علوم تجربی می‌شود. کدام دانش‌آموز می‌تواند این آموخته‌ها را تا آخر عمر به یاد داشته باشد و یا همه آن‌ها را باهم در زندگی حرفه‌ای خود بکار ببرد؟ چند درصد از دانش آموزان می‌توانند بیش از ده درصد از مطالبی را که امتحان آن را قبول می‌شوند، سال

بعد به یاد بیاورند؟ به‌جای این‌همه جزئیات و تأکید بر روی علوم تجربی، اگر سیستم‌های آموزشی ساعتی در هفته بر روی روح و روان دانش آموزان و دانشجویان کار می‌کردند، وضعیت جوامع و دنیای امروز به این شکل نبود. بسیاری از کج‌رفتاری‌ها، بی‌ادبی‌ها و آشنایی با مواد مخدر در اکثر کشورها در سنین دبیرستانی و در محیط دبیرستان در نوجوانان شکل می‌گیرد.

اگر در تمام مدارس جهان به‌جای تمرکز بر مناسبات دنیای بیرونی، اندکی به بُعد درونی نوجوانان پرداخته شود و به‌جای پرورش نه‌چندان موفقیت‌آمیز مغزها بر پرورش روح، روان و قلب انسان تمرکز شود، (تمرکزی صادقانه و بدون جهت‌گیری و سوءنیت سیاسی و ایدئولوژیکی، خالص و انسان‌محور) آن‌ها پس از اتمام تحصیلات در زندگی فردی و اجتماعی خود، آگاه‌تر و منصفانه‌تر رفتار می‌کردند. با چنین رویکردی شادی و خوشبختی، هم به زندگی فردی انسان‌ها وارد و هم در جامعه لمس می‌شد. از طریق چنین رویکرد آموزشی، بی‌شک پس از ده تا پنجاه سال ناهنجاری‌ها اجتماعی، شکاف طبقاتی، جنگ‌های داخلی و برون‌مرزی و حتی فقر، بی‌سوادی، گرسنگی در دنیا به حداقل می‌رسد و یا بسیار کمرنگ خواهد شد و سیستم‌های اجتماعی به شکلی بسیار مترقی تغییر خواهند کرد؛ زیرا خروجی چنین سیستم‌های آموزشی مترقی و آگاهانه است که به سیستم‌های اجتماعی و قوانین مدنی بازخورد می‌شوند و آن‌ها را به‌گونه‌ای آگاهانه‌تر خواهند ساخت (شکل ۱).

در آن هنگام انسان‌ها و سیستم‌های مدنی ساخته آن‌ها بجای صرف منابع مالی برای جنگ‌افزارها و ماشین‌های پیشرفته کشتارجمعی، چنین منابعی را در راه از میان برداشتن فقر و گرسنگی، بهداشت و درمان و حتی از میان برداشتن نابرابری‌های اجتماعی و برای آینده جوانان و سعادت شهروندان در مملکت خود بکار خواهند برد. در آن هنگام، ترقی معنوی و هوشیاری بشر در سیستم‌های اجتماعی اجازه نخواهد داد، فقط یک فروند هواپیمای جنگی به ارزش صد میلیون دلار ساخته، فروخته، خریداری، استفاده و یا در انبار از رده خارج شود، درحالی‌که با هزینه فقط یکی از آن‌ها می‌توان صدها مدرسه یا بیمارستان در نقاط محروم دنیا ساخت. آنگاه سیستم‌های اجتماعی مترقی

نخواهند گذاشت مجموع ثروت سی یا چهل نفر در جهان تقریباً برابر تمام داروندار نیمی از کل جمعیت جهان یعنی سه و نیم میلیارد انسان بر سطح زمین شود.

مراقب افکار خود باش که رفتار تو را می‌سازند
مراقب رفتار خود باش که سخن و عمل می‌شوند
مراقب سخنان و اعمال خود باش که عادت می‌شوند
مراقب عادات خود باش که شخصیت تو را می‌سازند
و مراقب شخصیت خود باش که سرنوشت تو را رقم می‌زند(۱۴)

❖ ❖ ❖

فصل ۳ - معنویت

❖❖❖
چند کلمه در باب معنویت

تعلیمات خودشناسی، خودآگاهی، بیداری معنوی و عرفان همه در قالبی با عنوان اسپیریتوالیتی عنوان می‌شوند. علاوه بر این، همین کلمه حتی در زبان انگلیسی مدت‌ها در بُعد دینی و برای حالات و نحوه زندگی روحانی یا ایمانی هم بکار گرفته‌شده است؛ بنابراین کلمه اسپیریتوالیتی در خود زبان انگلیسی به دو معنی معنویت و حالت روحانی است و گاه باهم اشتباه می‌شوند. این است که نویسندگانی که امروزه در مبحث خودشناسی می‌نویسند، مجبورند در ابتدا توضیح دهند که منظورشان از معنویت پرداختن به مسائل خودشناسی است و اگرچه چنین مبحثی منافاتی با معنای دوم یعنی حالت‌های روحانی و دینی ندارد اما موضوع بحث بسیار متفاوت است.

همین نوع از چالش زبانشناسی و محدودیت زبان در زبان فارسی هم وجود دارد؛ زیرا واژه معنویت قبلاً و به کرّات در مفهوم روحانی آن یعنی برای موضوعاتی چون تعلیمات قدسی یا غیبی، ارزش‌های اخلاقی، تقوا و دیگر خصایص دینی استفاده شده است و نه در بُعد خودشناسی و در قالب موضوعاتی چون خودآگاهی، بیداری و تمرین‌های معنوی آن شامل مدیتیشن و مراقبه که نتیجه آن زندگی آگاهانه آرامش، شادی و امید است. بنابراین همان‌طور که نویسندگان غرب و شاید شرق واژه‌ای که دربرگیرنده همه مفاهیمی چون خودآگاهی، بیداری، آرامش و مراقبه باشد، ندارند، می‌بایست از تنها واژه موجود یعنی اسپیریتوالیتی استفاده کنند، در کتابی این‌چنین که

در پیش روی خواننده است نیز نویسنده ناچار است از واژه معنویت استفاده کند و بنابراین معنویت مترادف با کلمه اسپیریتوالیتی است. خود کلمه اسپیریتوالیتی از عبارت اسپیریت گرفته شده که به معنی «نفس کشیدن، نفس و یا هوا» است. تنفس و هوا لازمه اصلی حیات است و بدون آن حیات بی‌معنی و نامیسر خواهد بود. از این نقطه به بعد به‌جای عبارت اسپیریتوالیتی از معنویت استفاده خواهیم کرد.

معنویت، معنی بخشیدن به زندگی است، معنای طبیعت، عالم هستی، جهان آفرینش و آفریننده آن را دریافتن. معنویت طریق خودآگاهی است و خودآگاهی اساس خوشبختی و چشیدن طعم زندگی به‌طور کامل است. معنویت هنر چگونه زیستن است، هنر در لحظه زیستن و از دست ندادن لحظه و زمان حال است که زندگی با جلوه‌ها و فرم‌های متفاوت در آن جاری می‌شود. معنای زندگی در قبول آن است چه ازنظر ما خوشایند باشد و چه ناخوشایند، مخصوصاً آن قسمت از ناخوشایندی‌ها که چاره آن از دست ما خارج است. در این نوع آگاهی غم و اندوه، استرس و افسردگی جای ندارند. معنویت به ما یاد می‌دهد که چگونه از جسم و مغز خود مراقبت کرده و از طریق یک زندگی سالم و اعتدال در خوردن و انجام ورزش و دوری جستن از مواد مضر از این کالبد موقت که در راه زندگی و حقیقت به آن نیاز داریم، سوءاستفاده نکنیم. معنویت مهارت‌هایی را به ما یاد می‌دهد که از طریق مراقبه، مراقب افکار خود باشیم، از پریشانی ذهن و فکر و خیال مداوم آن جلوگیری کرده، توهم زمان را شناخته و با پناه گرفتن در لحظهٔ اکنون و در زمان حال مشکلات گذشته و نگرانی‌های آینده را کوچک شمرده و با جاری عالم هستی هماهنگ حرکت کنیم، وارد میدان وسیع هوشیاری (میدان هوشیاری مفصلاً توضیح داده خواهد شد) شده و در دریایی از آرامش قرار گیریم.

معنویت به ما نشان می‌دهد که پس از شناخت دنیای درون و پی بردن به موقتی بودن دنیای بیرون و عشق به همه اشکال حیات، دیگر در وجود انسان جایی برای اندیشه بد، بدخواهی، بدگویی و خلاف‌کاری نخواهد بود. معنویت به ما درس عشق واقعی و چگونگی رفتار با اعضای خانواده می‌دهد تا به یک

زندگی پایدار، آرام و بدون ماجراجویی‌های عاطفی تداوم بخشیم. معنویت توجه ما را به جزئیات و زیبایی‌های طبیعت از یک برگ درخت گرفته تا شکوه و رمز و راز آشکار و پنهان کیهان جلب می‌کند، جلوه‌هایی که شاید اکثر انسان‌ها در تمام طول عمر خود بدون توجه از کنار آن‌ها می‌گذرند.

معنویت و مهارت‌های زندگی آگاهانه هیچ تناقضی با علم و یا اعتقادات دینی انسان‌ها ندارد. هستند بسیاری از فیزیکدان‌ها بیولوژیست‌ها و نورولوژیست‌ها که در حین زندگی حرفه‌ای و تحقیقات تخصصی در طریق بیداری معنوی و زندگی آگاهانه گام برمی‌دارند و یا با عارفان شرق و غرب به بحث و گفتگو می‌نشینند و هستند بسیاری که به ورزش یوگا، مراقبه و مطالعه فلسفه غرب و شرق می‌پردازند و درعین‌حال به دین و عقاید خداباورانه مخصوص به خود نیز پایبندند.

درواقع همان‌طور که در قسمت سوم کتاب خواهیم دید، علم و تحقیقات علمی درزمینهٔ فیزیک کوانتوم، بیولوژی و نورولوژی به نتایجی دست‌یافته که تحیر دانشمندان را سبب شده است. از طرف دیگر اکثر پژوهشگران دینی دیگر تناقضی در مبانی و گفته‌های مذهبی در خصوص آفرینش و تئوری‌های علمی مانند تکامل و بقای طبیعی نمی‌بینند زیرا بر این عقیده هستند که برای وجود تناقض نیاز است که زبان بحث یکی باشد حال‌آنکه زبان مبانی دینی و علم متفاوت یعنی یکی به زبان متافیزیکی و دیگری فیزیکی است.

❖❖❖

عالم درون و عالم بیرون

گفتیم آگاهانه زیستن یعنی از طرفی تمام لحظات زندگی را به‌طور تمام و کمال حس کردن، قدر آن را دانستن و شاد زیستن، و از طرف دیگر توانایی تحمل و قبول ناخوشایندی‌ها و دشواری‌های زندگی که حل آن‌ها از عهده انسان خارج است؛ اما برای دستیابی به چنین زندگی آگاهانه نیاز به شناخت عالم درون و عالم بیرون است. عالم درون پس از بیداری معنوی و خودشناسی کشف می‌شود. در دنیای درون، انسان به طبیعت حقیقی خود

دست می‌یابد. طبیعت حقیقی جوهر وجود انسان است، خالص و بدون آلودگی‌ها و هویت‌های ساختگی اجتماعی. دنیای درون، منزل حقیقی انسان است و درست مثل منزل و خانه فیزیکی که هر غروب پس از کار روزانه برای استراحت و آرامش به آن برمی‌گردیم، می‌بایست پس از هر بار ارتباط با دنیای بیرون به این منزل بازگردیم. هرقدر تعداد دفعات چنین رجوعی به منزل درون بیشتر شود، انسان به بیداری معنوی و آرامش دائمی نزدیک‌تر می‌شود. (مهارت چگونگی کشف منزل درون در بخش‌های بعدی توضیح داده خواهد شد). متأسفانه مناسبات اجتماعی و رفتارهای عادت گونه و خطاهای حسی، باعث شده است که اکثر انسان‌ها نه‌تنها از وجود دنیای درون بی‌خبر باشند، بلکه نسبت به حقیقت دنیای بیرون هم شناخت کافی نداشته باشند. دنیای بیرون مناسباتی است که ما انسان‌ها در زندگی مدرن و پرمشغله امروزی همواره درگیر آن هستیم اما از کنار حقایق، واقعیت‌ها، زیبایی‌های طبیعی و حتی توهمات آن‌هم بدون توجه می‌گذریم و یا تصوری عادی و سطحی نسبت به آن‌ها داریم.

شناخت و آگاهی از عالم درون و توجه و احساس عمیق‌تر نسبت به مناسبات و جلوه‌های دنیای بیرون و واقف بودن به توهمات عادت گونه و ماهیت موقتی آن‌ها و توازن این دو عالم، کلید زندگی در عالم بیداری معنوی، هوشیاری کامل، آگاهانه زیستن و چشیدن طعم زندگی با تمام وجود است.

بدون شناخت و آگاهی از دنیای درون، وقتی زندگی در هرلحظه به سراغ ما می‌آید، ما را در منزل وجود نخواهد یافت. ما بیرون از منزلیم، درگذشته و یا آینده سیر می‌کنیم، گاهی هم بیرون از منزل درون، به دنبال زندگی می‌گردیم. این نحوه زندگی اکثر آدمیان بر روی این سیاره است.

آب در کوزه و ما تشنه‌لبان می‌گردیم
یار در خانه و ما گرد جهان می‌گردیم

نتیجه هویت گرفتن از دنیای بیرون، وابسته بودن به متعلقات موقت آن و اندیشیدن و زیستن درگذشته و آینده، از دست دادن لحظاتی از زندگی است که برگشتنی نیستند و ما انسان‌ها لحظات بسیار زیادی از این چند را در

زندگی خود از دست می‌دهیم. زندگی نکردن در زمان حال و انتظار برای فارغ‌التحصیلی، کار، خرید مسکن و لوازمات زندگی، به دست آوردن این‌وآن، در نگرانی آینده، منتظر بازنشسته شدن و خلاصه برنامه‌ریزی برای زمانی مناسب جهت آسودگی خیال و راحت لذت بردن از زندگی در آینده همه و همه جزء دوره‌های ناآرام زندگی انسان در جوامع امروزی است. پس‌ازاین دوره‌های ناآرام و حتی تحقق همه این آرزوها و آمال، خورشید زندگی تقریباً به غروب خود نزدیک شده و رنج سالخوردگی اجازه لذت بردن از تحقق‌یافته‌ها و آرامش را به انسان نمی‌دهد. برنامه‌ریزی برای آینده مفید است اما دائماً برای آن خون‌دل خوردن و از دست دادن جاری زندگی که لحظه‌های ما را پر می‌کند بی‌خبری از دنیای درون و حتی دنیای بیرون است. وابستگی به ابزار و نمودهای موقتی شادی خارج از بُعد درونی، انسان‌ها را از طبیعت حقیقی آن‌ها جدا می‌کند. بنا به موقتی بودن این نمودها، دل‌بستگی و بیم از دست دادن آن‌ها، آرامش را از انسان می‌رباید و چون انسان مهارت لازم برای شاد بودن از طریق بُعد درونی را ندارد، فقدان هرکدام از این نمودهای بیرونی به ناامیدی و احساس یاس او منتهی می‌شود. نمودهای موقتی مانند ظاهر جسمی، امکانات مالی، و وابستگی‌هایی چون نژاد، قوم و زبان و کیش، سنت، ملیت، طرفداری از تیم ورزشی خاص، شغل و مقام ازجمله این نوع هویت‌ها است. بعضی از ملت‌ها بیش‌ازاندازه خود را در مفهوم هویت درگیر می‌کنند، انسان‌ها از نام و نشان، نژاد و ملیت، طایفه و قوم قفسی ساخته‌اند و خود را در آن محصور می‌کنند که نه‌تنها زیستن در این قفس برایشان عادی می‌شود، بلکه نسبت به آن متعصب نیز هستند.

یکی تیشه بگیرید پی حفره زندان

چو زندان بشکستید همه شاه و امیرید

مولوی

ریشه، سنت، وطن، کوچه‌ها و آفتاب گرم ظهر تابستان وطن بر روی شانه‌های انسان و بوی برنجزار کنار جاده‌های شمال و بوی خزر همه زیبا و ارزشمند هستند و حتی یاد آن‌ها نیز جان و درون هر انسانی را نوازش می‌دهد؛ اما این‌ها مربوط به عشق‌اند، نه تعصب و نه هویت. ادبیات، شعر و سازهای ایرانی،

صدای تنبور و کمانچه و موسیقی زیبا و غنی ملی، محلی و استانی همه جزئی جدایی‌ناپذیر از تاروپود و بافت‌های جسم و روح هر ایرانی است، اما به‌شرط آنکه به آن‌ها عشق بورزیم نه اینکه فقط از آن‌ها هویت‌سازی و در مورد آن‌ها اغراق کنیم. حافظ، خیام، فردوسی، سعدی، عطار و مولوی گنج‌های ملی هستند اما فقط به ما ایرانی‌ها تعلق ندارند، آن‌ها به پهنه زمین و تمام انسان‌های آن تعلق دارند. به کسانی تعلق دارند که آن‌ها را بخوانند و از آن‌ها بیاموزند. همه این شاعران جایگاهی والا نزد قشر تحصیل کرده دنیا داشته و کاملا شناخته شده اند.

مرزبندی‌های سیاسی محدوده‌هایی هستند که انسان‌ها آن را تعریف کرده اند. این مرزبندی‌ها برای خود سیاره و عالم هستی بی معنی است، سرزمین متعلق به سیاره است و سیاره مانند قطره‌ای در اقیانوس بی‌کران عالم هستی. خود سرزمین نیازی ندارد که ما به‌عنوان انسان بر روی سیاره به آن افتخار کنیم اما نیاز دارد که در آن بذر خِرَد، عقلانیت، فرهنگ و ادب و انسانیت بپاشیم تا در دنیا مورد تحسین قرار بگیریم. نیاز دارد آن را پاکیزه و سالم نگه‌داریم، مثلاً آسمان آن را آلوده نکنیم، در آب‌های آن پلاستیک نریزیم و در آن‌ها مواد شیمیایی کارخانه‌های خود را روانه نکنیم و یا زباله‌های قابل بازیافت را بازیافت کنیم؛ زیرا همه ملت‌ها خواه‌ناخواه در بلندمدت، خارج از مرزبندی‌های سیاسی در سعادت و مصائب سیاره سهیم خواهند بود. زبان متعلق به کسانی است که زیباترین کلمات آن را به یکدیگر بگویند و با خواندن به جستجوی آگاهی بپردازند، حال اگر عاشقان آن زبان از هر ملیت و زبانی دیگر باشند، فرق نمی‌کند. امروز به جرات می توان گفت که صرف وقت برای خواندن و خرج خرید کتاب نزد بسیاری از هموطنان مرفه در خارج از کشور و شاید در داخل نیز، در مقایسه با وقت و هزینه ای که برای تفریح صرف می شود، تقریبا صفر است.

جهان به اکنونِ کشور ما می نگرد، نه به گذشتهٔ آن. این امروزِ کشورمان است که برای کودکانمان در نقاط محروم بکار می آید، نه دیروز آن.

خود را در تعلقات و سنت‌ها تعریف و بسته‌بندی کردن و از سیستم‌ها و ساختارها هویت گرفتن، یعنی فاصله گرفتن از دنیای درون، جوهر وجود و

طبیعت حقیقی و محدود کردن خود به عنوان یک انسان. این یعنی از نظر ذهنی در گذشته زیستن. رویکردی که حتی از کارایی ما در امور زندگی امروز و توسعه فردی و اجتماعی مان می کاهد.

هویت گیری افراطی توهمی است که از رنج بشر حکایتی تلخ دارد. رنج‌هایی که رد پای آن را می‌توان در صفحات تاریخ و مخصوصاً تاریخ معاصر و از اوایل قرن بیستم تا همین امروز در قالب نژادپرستی، پاک‌سازی‌های سیستماتیک قومی، نسل‌کشی و جنگ‌های داخلی و بین‌المللی به‌خوبی مشاهده کرد. اگر حقیقتی در هویت و دوگانگی بود، مولوی این‌قدر به آن «نه» نمی‌گفت:

چه تدبیر ای مسلمانان که من خود را نمی‌دانم
نه ترسا نه یهودم من نه گبر و نه مسلمانم
نه از ارکان طبیعی‌ام نه از افلاک گردانم
نه از هندم نه از چینم نه از بلغار و سقسینم
نه از ملک عراقینم نه از خاک خراسانم
نه از خاکم نه از آبم نه از بادم نه از آتش
مکانم لامکان باشد نشانم بی‌نشان باشد
نه تن باشد نه جان باشد که من از جان جانانم
دوئی را چون برون کردم دوعالم را یکی دیدم
یکی بینم یکی جویم یکی دانم یکی خوانم
زجام عشق سرمستم دوعالم رفته از دستم
دوعالم زیر پای آرم همی دستی برافشانم

بهر حال موارد فوق همه به توهم اتکای بیش‌ازحد به عالم بیرون و دور ماندن از عالم درون اشاره دارد. مایستر اکهارت عارف و فیلسوف آلمانی قرن چهاردهم میلادی انسان برونگرا را مانند دری می‌داند که ناملایمات زندگی مانند باد و بوران آن را به این‌سو و آن‌سو پرت می‌کند و انسان درون‌گرا را مانند پاشنه همان در می‌داند که بدون وابستگی به شرایط بیرونی حتی در میان طوفان همواره ایستا، پایدار و آرام است.

بی‌خبری از دنیای درون یعنی خالی گذاشتن منزل درون که ایگو در آن ساکن می‌شود و ماسک شخصیت روی آن را می‌پوشاند و افکار پریشان و کنترل نشده ذهن به احساسات و اعمال منفی دامن می‌زند که خمیرمایه این ناآگاهی مخلوطی مناسب برای ناخشنودی، شوربختی و رنج بشر است.

در فصل بعدی در بخش‌هایی با عنوان بیداری و مدیتیشن و با یادگیری مهارت‌های تحت نظر گرفتن ذهن و افکار آن و ورود در لحظه و زمان حال، خواهیم دید که چگونه ایگو در چنین حالت هوشیاری ناپدید می‌شود. به‌عبارت‌دیگر اگر انسان در وجود خود ایگو را جستجو کند، آن را نخواهد یافت، زیرا بقای ایگو در عدم هوشیاری درونی و خواب‌آلودگی انسان است و ما سعی خواهیم کرد که به اثبات آن بپردازیم. کشف عالم درون با بیداری معنوی تحقق می‌گیرد و خواهیم دید که با بیداری معنوی چگونه می‌توان چرخه رنج فردی را که از طریق توهمات تداوم پیدا می‌کند، از هم گسست. به حداقل رساندن رنج و یا حتی پایان دادن به آن از طریق بیداری معنوی میسر است و اینکه آنچه ما به‌عنوان زندگی عادی در شکل‌ها و نمودهای مختلف تجربه می‌کنیم، اگرچه ایرادی در آن نیست اما جزئی از جلوه‌های دنیای بیرون هستند که نمی‌توانند منبع راستینی برای شادی درونی ما باشد. هنگامی که به دنیای درون خود آگاه می‌شویم و خود را در میدان هوشیاری عالم هستی می‌یابیم و هنگامی که به این درجه از هوشیاری درونی دست‌یافتیم، رنج‌های دنیای بیرون قدرت خود را در مقابل این میدان هوشیاری از دست می‌دهند. در این مقام، انسان از قیدوبند عالم بیرون آزاد و به آزادی واقعی و رهایی دست پیدا خواهد کرد.

❖❖❖
آزادی و صلح، رهایی و آرامش

امروزه آنچه به‌عنوان آزادی و صلح شناخته می‌شود، مفهوم آن در دنیای بیرونی است، یعنی دنیایی که انسان‌ها و یا بهتر بگوییم ملت‌ها با آن سروکار دارند؛ اما هردوی این مفاهیم در بُعد درونی انسان نیز جای دارند: آزادی و صلح در بُعد درونی را می‌توان با عناوینی چون رهایی و آرامش بیان کرد.

رابطه این دو کیفیت درونی و بیرونی معمولاً از چشم انسان‌ها و ملت‌ها پنهان است، اما این دو رابطه‌ای نزدیک با یکدیگر دارند و همان‌طور که بناست به آن بپردازیم، بدون رهایی و آرامش درونی، آزادی و صلح در عالم بیرون یا دست‌نیافتنی است و یا با ضعف‌ها و پیچیدگی‌های فراوان مواجه است.

وجود آزادی‌های مدنی در جوامع دمکراتیک البته بهتر از عدم وجود آن در جوامع استبدادی است، اما چنین آزادی‌هایی متضمن رهایی انسان از زنجیر اسارت خود انسان‌ها نیست. صلح ملت‌ها در پناه چنین نوعی از آزادی، نه‌تنها کمتر تناسبی با آرامش درونی همان ملت‌ها دارد، بلکه چنین صلحی در بُعد بیرونی، دائماً نیازمند مراقبت‌ها و هزینه‌های مالی و منابع نظامی و امنیتی فراوان است. علاوه بر آن، پس از برقراری چنین دمکراسی و صلحی، حتی در آزادترین کشورها، ممکن است هنوز انسان‌ها به دو صورت پنهان به اسارت گرفته شوند.

در شکل اول آن، چون آزادی همواره از طبقه ثروتمند گرفته می‌شود، این طبقه به‌آسانی راهی تازه برای به اسارت گرفتن طبقه زیرخط رفاه و یا طبقه حقوق‌بگیر و متوسط پیدا می‌کند، اسارتی که سود آن برای طبقه مرفه تا جای ممکن برابر، شبیه و یا حتی بیشتر از سود آن در دوره قبل از برقراری آزادی است. آزادی‌های جدید شامل همه نوع آزادی بیان و عمل می‌شوند اما آن‌ها از طریق قدرت اقتصادی خود، مثلاً رسانه‌ها را در یک روند غیرعلنی به تصرف خود درآورده و از طریق این کنترل به تحریف و یا وارونه جلوه دادن حقایق اجتماعی، اقتصادی و سیاسی می‌پردازند و نسخه‌ای را به مردم تحویل می‌دهند که آن‌ها را مشغول روزمرگی و مصرف‌گرایی می‌کنند تا که توجه آن‌ها را از بازی‌هایی که در پشت‌صحنه صورت می‌گیرد، منحرف کند. درواقع با چنین استراتژی، واقعیتی غیرحقیقی می‌سازند. ملت‌ها که از قبل به‌عنوان انسان، خود درگیر یک خواب تکاملی شامل خطاهای حواس و توهمات اجتماعی (که قبلاً به آن‌ها اشاره شد و بعداً بیشتر به آن‌ها می‌پردازیم) هستند و واقعیت‌های خودشان را از حقایق طبیعت می‌سازند، با چنین واقعیت جدید هم خوکرده و این واقعیت‌ها برای آن‌ها عادی می‌شوند. چنین مناسباتی هم‌اکنون در مدل دموکراسی غربی مخصوصاً در آمریکای شمالی

مشهود است که در آن به ملت‌ها آزادی بیان داده‌شده اما از طریق هیپنوتیزم رسانه‌ای و به‌گونه‌ای غیرعلنی، آزادی فکر کردن از آن‌ها گرفته‌شده است. این درست برعکس پروسه‌ای است که در کشورهای غیر دمکراتیک و استبدادی صورت می‌گیرد که در آن‌ها آزادی اندیشیدن وجود دارد اما برای آنان که می‌اندیشند، آزادی بیان آن اندیشه‌ها در حوزه عمومی یا میسر نیست و یا اینکه با هزینه‌های سنگین همراه خواهد بود. آنان نیز که نمی‌اندیشند و به روزمرگی و به بی‌تفاوتی عمر می‌گذرانند، به‌طور غیرمستقیم نقش ارکان اجتماعی استبداد و تداوم آن را بازی می‌کنند.

شکل دوم اسارت پنهانی که درواقع ریشه شکل اول است، در خود شهروند به‌عنوان نمونه‌ای از جمع نوع بشر وجود دارد. این اسارت همان ناخودآگاهی در بُعد درونی و فردی انسان است که تاکنون به آن اشاره‌کرده‌ایم. این ناخودآگاهی فردی و ماسک شخصیت و ایگو شکل یافته در محیط است که به اجتماع و سیستم‌های اجتماعی ازجمله به سیستم جدید حاکمیت بازخورد می‌شود، وگرنه افرادی که طبقه حاکم جدید و یا پسا دمکراتیک و یا پسا انقلاب را می‌سازند که از کرات دیگر فرود نیامدند. آن‌ها هم در چرخه رنج زمین زیسته و فراورده همان زندگی ناخودآگاهانه هستند و حال قرار است سیستم جدید را مدیریت کنند. مسئله این است که چرخه رنج و زندگی ناآگاهانه هنوز گسسته نشده بود که سیستم جدید در آن بنا شد. مدیران جدید که هنوز به بیداری معنوی نرسیده و خصوصیات زندگی ناخودآگاهانه، ماسک شخصیت، حرص و طمع، میل به فساد، ناآرامی ذهنی، عصبیت، خودخواهی، وابستگی به نمودهای دنیای بیرون و دل‌بستگی به قدرت را هنوز مانند زنجیر با خود می‌کشند، چگونه خواهند توانست در سیستم جدید تحولی ایجاد کنند که به نا عدالتی‌ها و به رنج ملت‌های خود پایان دهند؟

آزادی در بُعد بیرونی چه اهدا شود و چه طی مبارزات مردمی به‌گونه‌ای قهرآمیز گرفته شود، در پایان همان روز، وقتی هر دو طرف برنده و بازنده و یا گیرنده و دهنده آزادی به خانه‌های خود روان می‌شوند، بی‌خبر زنجیرهای اسارت درونی خود را به خانه می‌برند. آزادی در بُعد بیرونی تا مدتی احساس می‌شود و حتی ممکن است زنجیرهای اسارت آن‌هم از هم گسسته شود؛ اما

اسارت درونی مانند اسب تروجان [15] در منزل درون پنهان شده است. سربازان اسب تروجان در قالب ایگو و به‌صورت افکار و احساسات منفی و ناخودآگاهی در طیف‌ها و لایه‌های مختلف اجتماعی در قبل و بعد از سیستم جدید به میدان آمده و نقش‌آفرینی می‌کنند. در طیفی به‌صورت خشم، کینه و انتقام‌جویی مجری خشونت می‌شوند و بدتر از آن می‌کنند که در سیستم قبلی بر آن‌ها رفته و در ابتدای سیستم نوپا با قلم ناآگاهی و خشونت صفحات آن مقطع از تاریخ را چنان سیاه می‌نگارند که نسل‌های آینده همواره می‌بایست، از آن خجل یا منزجر شوند. در لایه‌هایی از جامعه سربازان اسب تروجان به‌صورت زرنگی، چاپلوسی سیاسی، ریاکاری، تظاهر به وفاداری از سیستم جدید، موقعیت طلبی، حرص و طمع و زیاده‌طلبی خود را نشان می‌دهند. در طیفی دیگر در قالب قدرت‌طلبی، وابستگی به احزاب، ایدئولوژی‌ها و سیستم‌های عقیدتی و عدم تحمل منتقد، خود را نشان می‌دهند؛ و خلاصه اینکه سربازان اسب تروجان در لباس بی‌تفاوتی و سکوت هم ممکن است در ساخت سالم جامعه تأثیر منفی بگذارند. این ناخودآگاهی‌ها در اشکال مختلف در منزل درون‌اند و این اسب تروجان دوباره انسان‌ها را به زندگی ناآگاهانه و نَفْس محور خواهد کشاند و آن‌ها مجدداً به سیستم جدید بازخورد خواهند شد.

ناگفته نماند که مشکلات و کج‌روی‌ها در سیستم‌های نوپا فقط معلول نقش‌آفرینی ایگو و ناخودآگاهی‌های فردی و جمعی در دوران پس از انقلاب‌ها نیست، بلکه دخالت ایگو و فراورده‌های آن، درست در طی حرکت‌های آزادی‌خواهانه بر کیفیت نتیجه کار و اوضاع پس از انقلاب تأثیر می‌گذارد. به‌عنوان‌مثال عدم تحمل غیر، تعصبات ایدئولوژیکی، سلایق سیاسی و دعواهای قدرت، به جای اتحاد و تمرکز بر هدف اصلی و خشونت های افراطی، در طی قیام های مردمی دقیقاً همین خروجی های ناخودآگاهی را به نتیجه کار یعنی رفتارها و اوضاع پس از پیروزی منتقل می‌کند و بر کیفیت زندگی در سیستم جدید تأثیر منفی می گذارد.

این است که بسیاری انقلاب‌ها، قیام‌ها و جنبش‌ها معمولا به‌جایی نمی‌رسند، شکست می‌خورند و یا پس از مدتی از مسیر خود منحرف می‌شوند و یا

سیستمی به‌مراتب ناعادلانه‌تر جایگزین سیستم اول می‌شود. نگاهی به انقلاب های خاور میانه در دهه های گذشته و از جمله انقلاب ۵۷ کشور خودمان نمونه بارزی از چنین رویکردهای ناآگاهانه است.

جالب اینکه در ابتدای یک انقلاب و رهایی از اسارت و خودکامگی، انسان‌ها گمان می‌کنند که به رهایی دست‌یافته‌اند؛ اما پس از مدت کوتاهی برخورد احزاب، گروه‌ها، عقاید، ایدئولوژی‌ها، میزگردهای آزاردهندۀ «حق با من است، حق با تو نیست»، بحث‌های نَفْس محور و جنگ قدرت شروع می‌شود. چرا؟ مگر این انسان‌ها به آزادی دست نیافته‌اند؟ اصلاً چطور انسان می‌تواند به رهایی برسد و خود را آزاد بداند، یعنی آزاد از قیدوبند، آنگاه در قیدوبند یک ایدئولوژی، و یا حتی فردی خاص باقی بماند و برایش گریبان بدرد؟

انقلاب ابتدا می‌بایست در درون انسان رخ دهد. این درون انسان است که باید متحول شود. وجود نابسامانی‌ها پس از هر انقلابی نشان‌دهنده آن است که در روند تغییر، عنصر خودآگاهی و رهایی درونی وجود ندارد، اسب تروجان در منزل است، ایگو منزل حقیقی را اشغال کرده، منزل خالی نیست و بنابراین نور رهایی و آزادی نمی‌تواند وارد منزل وجود شود.

مثال دیگر اینکه، ما و آنهایی که ادعای مبارزه با نفس اماره شان گوش ها کر کرده است، همه ساله در اول سال نو از خدا می‌خواهیم که قلب ما، چشم دل و دیده ما که همان درون ماست روشن، و حال ما را دگرگون و متحول کند؛ اما باید یک جای کار اشکال داشته باشد، زیرا در طول یک سال نه دگرگون می‌شویم، نه متحول، و نه تغییری در ما ایجاد می‌شود. یک سال دیگر را نیز در اسارت ذهن، ایگو و نفس سپری می‌کنیم. به نظر می‌رسد که مشکلی هم با برآورده نشدن این دعا نداریم و یا حواسمان نیست که اصلا از خدا چه چیز خواسته ایم. ازاین‌رو هر سال آن را تکرار می کنیم. اصولا تعریف توهم همین است؛ «عادت به نورم و رفتاری رایج، و تکرار آن، بدون بازنگری و توجه به آن.» زیرا اگر حواسمان به آن بود و میدانستیم چه چیز از خدا خواسته ایم و اینکه خودمان هم باید در تحقق آن نقش داشته باشیم، متحول می شدیم؛ یک بار برای همیشه. تحولی که از خدا می‌خواهیم، میسر است. معنی این دعا بسیار ساده است؛ و آن اینکه باید به درون خود نگریست، به تنفس خود، به

همین دم و بازدم‌های ساده و به‌ظاهر پیش و پا افتاده. باید به ذهن خود بنگریم و آن را آرام کنیم و ببینیم چه چیز از آن می‌تراود. آنگاه است که ایگو و نفس از شرارت، کینه‌توزی و خودپسندی و استبداد باز می‌ایستد.
باید درست پس از خواندن دعای سال نو از خود سؤال کنیم، «آیا همین‌الان بر روی زمین انسانی وجود دارد که از افکار من، از سخن من، از سکوت من، از کار من، از کم‌کاری من، از تصمیم من، از خشم و کینه من یا از حرص و طمع من، از قدرت طلبی و استبداد من حق او پایمال شده و به او رنجی تحمیل شده است؟» و اگر جواب قسمتی از این سؤال مثبت است، یک‌لحظه نیاساییم تا به خود بیاییم و بیدار شویم. این نوعی احترام به خود و خداوند است که سه دقیقه قبل‌تر تحولی را از او خواستیم و به او بگوییم که به چنین درخواستی آگاه هستیم؛ و آنگاه با همین آگاهی در تمام طول سال، ایگوی خود را تحت کنترل میدان وسیع هوشیاری درونی خود قرار دهیم تا نکند دیگر رنجی بر خود و همنوعان خود و زمین تحمیل کنیم. این است که در سال بعد دیگر به جای درخواست طوطی وار از خدا و قرائت غلیظ عربی این دعا، با زبانی ساده و فارسی، که بی شک خداوند با فهمیدن آن مشکلی ندارد، او را شکر کنیم که چنین هوشیاری و آگاهی را در ما نهادینه کرد تا بتوانیم خود را متحول کنیم. این است انقلاب واقعی، این است انقلابی واقعی، این است رهایی و آزادی حقیقی، این است تحولی صادقانه و این است دگرگونی راستین.
اهمیت آرامش درونی در رابطه با نشست‌های صلح و آتش‌بس و یا گفتگوهای سیاسی نیز به همین شکل صدق می‌کند. افرادی که در پشت میز مذاکره در مقابل هم می‌نشینند، مهارت لازم را ندارند تا در تنهایی خود در منزل و در اتاق خودشان و یا نزد اعضای خانواده خود لحظه‌ای با آرامش بنشینند، از آشفته فکری فاصله بگیرند، ذهن خود را زیر نظر گرفته و با مدیتیشن و مراقب بودن افکار خود به درون خود بنگرند و در زیبایی و آرامش لحظه حال و هوشیاری مطلق وارد شوند و در درون خود با خودشان به صلح و آرامش برسند. این‌ها چگونه خواهند توانست در پشت میز مذاکره با دیگران به صلح و آرامش دست یابند؟ اگر سیستم‌های اجتماعی جهان چنین مهارت‌هایی را

به شهروندان خود تعلیم می‌دادند، آیا اصلاً اختلافی ایجاد می‌شد و یا اصلاً جنگی درمی‌گرفت که نیاز به گفتگوهای صلح داشته باشد؟

«صلح در نبود جنگ خلاصه نمی‌شود. صلح یک کیفیت ذهنی است،

نوعی اخلاق درونی بر مبنای نیک‌خواهی، اعتماد و عدالت.»

باروخ اسپینوزا

انسان‌ها هیچ‌گاه از طریق سیستم‌های سیاسی به صلح، آرامش و عدالت دست نخواهند یافت. اگر بود، بی‌شک در طی دویست سال اخیر با توسعهٔ این سیستم‌ها و امکانات موجود در دست همه آن‌ها، این مهم به وقوع می‌پیوست. پسرفت‌های سیاسی و اجتماعی امروز در قالب ظهور مجدد سکوهای سیاسی راست افراطی، پوپولیستی، شارلاتانیزم، نا عدالتی و کج روی در اقتصاد و شکاف طبقاتی با شتاب هر چه بیشتر، جنگ‌ها و ناآرامی‌های منطقه‌ای، تهدیدهای جنگ هسته‌ای و آسیب‌های فراوان به سیاره و همچنین استمرار سیستم‌های استبدادی در جهان همه مُهر تأییدی بر این ادعاست.

در رابطه با سیستم‌های استبدادی، پاسخ این نیست که استمرار حکومت‌های استبدادی در جهان فقط مربوط به ملت‌های همان کشورهاست و اینکه ملت‌ها خود باید از مراحل دموکراسی گذر کنند و مشکل خود را حل کنند. این فقط یکی از ضرورت هاست. از نگاهی عمیق‌تر استمرار سیستم‌های خودکامه در قرن بیست و یکم، مشکل بشریت و ناآگاهی جمعی و نقصان تمدن بر روی سیاره است. پس خسارت عمر ازدست‌رفته و زندگی تلف‌شده نسل‌های پی‌درپی را چه پدیده‌ای در جهان به آن‌ها باز پس خواهد داد؟ تمامیت نوع بشر به چند هزار سال تمدن بیشتر نیاز دارد که به اوضاع سیاره سروسامان بدهد؟ نقطه شروع این ساماندهی کجاست که هنوز به‌جایی نرسیده و نسل‌ها هنوز در رنج بسر می‌برند و جوانی یا عمرشان تلف می‌شود؟

رنج ملت‌های تحت سیستم‌های استبدادی یا کشورهای فقیر می‌بایست، دغدغه انسانیت باشد. کشورها و مرزبندی‌ها واقعیت‌های موهوم سیاره ما هستند، نه حقیقتی در ابعاد عالم هستی. اینکه انسانها در یک کشور آزاد و مرفه، رنج‌های دیگر همنوعان خود را در کشورهای بلازده احساس نمی‌کنند و به آن اهمیت نمی‌دهند، با مفهوم تمدن مغایرت دارد. برای دسترسی به

چنین نگاهی عمیق کافی است که ماسک «من و منیّت» با تمام هویت‌ها از وجود حقیقی انسان، حتی به‌طور موقت لحظه‌ای کنار رود تا انسان حقیقت مسئولیت خود را در قبال همنوعان خود احساس کند. چنین درکی از انسانیت آنگاه در قالب ساختارهای جهانی آگاه اجازه نخواهد داد که انسان‌ها در هر ملیت و نژادی برای رسیدن به حق زندگی و حقوق انسانی خود، در نسل‌های پی‌درپی هزینه بپردازند و یا عمر بسوزانند. آنگاه تمامیت نوع بشر شاهد وجود سیستم‌های استبدادی و ناآگاه، پایمال شدن حقوق انسان‌ها و یا حتی فقر و گرسنگی بر روی سیاره نخواهند بود.

ما انسان‌ها در هر نقطه از جهان و در هر مملکتی که زندگی می‌کنیم، نمی‌توانیم به شرایط اسفبار انسان‌ها، به کشتار، سرکوب‌ها، بی‌خانمانی، فقر و رنج آن‌ها در دیگر نقاط جهان بی‌اعتنا باشیم؛ زیرا آن‌ها ساکنین همین سیاره‌ای هستند که ما در آن زندگی می‌کنیم و بنابراین مشکلات آن‌ها دیر یا زود به سواحل ما خواهد رسید و مستقیم یا غیرمستقیم بر متن جامعه و کیفیت زندگی همه ما تأثیر خواهد گذاشت. امروز سیل عظیم پناه‌جویان از کشورهای فقیر و بلازده به سواحل کشورهای غربی و پیشرفته، نتیجه همین بی‌تفاوتی تاریخی ملت‌های مرفه و بی‌درد در مقابل درد و رنج همنوعان خود بر روی سیاره است.

در رابطه با رنج‌های دیگر بشر نیز به همین شکل، یعنی برای حل این مشکلات نمی‌توان به سیستم‌های سیاسی امید چندانی داشت. اینکه کودکان بی‌گناه کشورهای فقیر و خشک، به دنیا می‌آیند و در ابتدای بهار زندگی خود با رنج گرسنگی از دنیا می‌روند، نه مشکل خودشان است و نه به تنهایی مشکل کشورشان. این مسئولیت بر عهده جهان متمدن و بشریت است. این کودکان به‌عنوان شهروندان سیاره حق دارند یقه سیستم‌های اجتماعی جهان متمدن و همنوعان خود را بگیرند و بگویند ما در این سیاره حق زندگی داریم و اگر این حق از ما گرفته می‌شود، دلیل آن ناکارآمدی سیستم‌های اجتماعی جهان، حرص و طمع اقلیتی بر روی سیاره و بی‌تفاوتی انسان‌های مرفه و بی‌درد است.

رنـج بشـر و مشـکلات سـیاره در درازمـدت راه‌حـل سیاسـی نـدارد. تصـور این‌کـه رنـج در پهنـه زمـین از طریـق مناسبات سیاسی پایـان یابـد و تمامیـت نـوع بشر بـه رفـاهی نسـبی، خوشـبختی، صـلح و آرامـش دسـت یابـد، بعیـد بـه نظـر می‌رسـد. انسـان امـروزی و ملت‌هـا می‌بایسـت آزادی واقعـی و صـلح را در خودآگـاهی، رهـایی از ایگـو و آرامـش درونـی خـود جسـتجو کننـد نـه در سیسـتم‌های سیاسـی؛ زیـرا ایـن آگـاهی و آرامـش درونـی انسان‌هاسـت کـه سیسـتم‌های سیاسـی و سـاختارهای اجتمـاعی سـالم و عـاری از ایگـو را بنـا خواهـد نهـاد. ایـن تغییـری اسـت بنیـادی از سـطوح پایـه بـه‌طرف رأس هـرم اجتمـاعی. تغییـری کـه از خودآگـاهی فـردی شـروع می‌شـود و بـه آگـاهی جمعـی سـیاره و سیسـتم‌های اجتماعی آن ختم خواهد شد.

۷۸

فصل ۴ – آگاهی

❖ ❖ ❖

بیداری معنوی

طبق تعلیمات خودشناسی، بیداری معنوی از چند طریق در انسان تحقق می‌یابد. اکثر این طرق با کنار زده شدن نوعی از توهم از جوهر وجودی انسان رخ می‌دهد. تصور نادرست از واقعیت‌ها، قبول بی‌قیدوشرط و عادت کردن به آنها و همچنین دیدگاه‌های دوگانه مانند جدا پنداری شرایط خوشایند و ناخوشایند زندگی، و احساس جدا بودن از عالم هستی، ازجمله این توهمات‌اند. همچنین مواردی چون هویت گرفتن از زمان و توهم آن، هویت گرفتن از گذشته بر مبنای تعریف کلاسیک علت و معلول طبق توهم زمان و جدا پنداری رخدادها، همه در قالب ماسک شخصیت هستند که جوهر وجود انسان را می‌پوشانند.

این توهماتِ حسی و تکاملی به‌ظاهر جدا هستند اما اگر به‌دقت به آن‌ها بنگریم در یک مورد مشترک‌اند و آن توهم زمان است. دلیل بیان این توهمات به‌طور جداگانه این است که نمی‌توان در یک بحث به ماهیت همه آن‌ها اشاره کرد و می‌بایست آن‌ها را جداگانه معرفی نمود تا تأثیر آن‌ها در شکل‌گیری تصورات عاری از حقیقت روشن شود. زمانی که هر یک از این توهمات شناسایی و ریشه‌یابی شدند آن‌وقت بیداری و یا درجه‌ای از بیداری میسر می‌شود و انسان به رهایی معنوی دست می‌یابد و یا به آن نزدیک می‌شود.

اما پیش‌نیاز رهایی معنوی نوعی بیداری است که انسان از طریق «آگاهی و تسلط داشتن بر افکار خود» به آن دست می‌یابد و این بیداری رابطه‌ای نزدیک با شناخت توهم زمان دارد؛ یعنی با تحت نظر گرفتن ذهن و افکار آن، انسان قادر است هرگاه که اراده کند خود را در بی‌زمانی مطلق قرار دهد؛ به عبارت دیگر، توهم زمان را کنار زده و خود را از چرخه رنج فردی خارج کند (شکل ۱، ۲ و۳). توجه شود که ذهن فقط در بُعد زمان فعال است و در بی‌زمانی، نهادی که کنترل امور انسان را به دست می‌گیرد ذهن نیست بلکه هوشیاری مطلق (Consciosness) است.

بدون چنین مهارتی، انسان‌ها همواره در بُعد موهوم زمان سیر می‌کنند. بُعدی که معمولا افکار پی‌درپی و بیهوده در آن فراوان است. این حالتی است که اکثریت انسان ها مخصوصاً در جوامع مدرن، در آن بسر می‌برند. در این حالت اگرچه انسان به‌ظاهر نخفته است اما الزاماً بیدار هم نیست. بقول کارل گوستاو یونگ [۱۶] روان‌پزشک و فیلسوف سوئیسی «آن‌کس که به بیرون می‌نگرد خواب می‌بیند و آن‌کس که به درون می‌نگرد بیدار است».

قبل از اینکه به مهارت توجه به افکار خود بپردازیم، می‌بایست فرق دو نوع فکر کردن را بدانیم:

نوع اول، اندیشه آگاهانه است. این نوع اندیشیدن برای حل مسائل، طرح و برنامه‌ریزی کارهایی که باید انجام دهیم و فکر کردن برای چگونگی انجام دادن کارهای روزمره است. اندیشیدن آگاهانه لازم است، چون نه‌تنها دارای بازده مفید است بلکه در هنگام این نوع تفکر حواس ما در لحظه حال قرارگرفته و خارج از دو بُعد توهم زمانی عمل می‌کند. افکار آگاهانه ضامن پیشرفت تکاملی انسان است؛ علم و فنّاوری که راحتی، آسایش و سلامتی برای انسان به ارمغان آورده است، نتیجه این نوع اندیشیدن است.

اما در نوع دوم فکر کردن، افکار نه‌تنها ضرورتی ندارند، بلکه بی‌فایده و مضر هم هستند. این نوع فکر کردن معمولاً در نزد خارجیان به «اضافه فکر کردن» و در نزد ما ایرانیان به «فکر و خیال» مشهور است؛ اما فقط در مواقعی متوجه فکر و خیال می‌شویم که از حد معمولی خود خارج می‌شود و به آزار ما می‌پردازد. واقعیت این است که نوع ضعیف‌تر فکر و خیال تقریباً در اکثر

انسان‌ها وجود دارد و می‌توان آن را فکر کردن ناخودآگاه خواند که رنجی پنهان را در انسان پدید می‌آورد که خود انسان نیز از آن بی‌خبر است. افکار ناخودآگاه زنجیره‌ای از افکار جداگانه در مورد مسائل و رخدادهای به‌ظاهر مهم اما در حقیقت جزئی و بی‌اهمیت‌اند که انسان امروزی به‌طور وسواس گونه در آن سیر می‌کند. این افکار همواره در مورد اتفاقاتی است که در گذشته رخ‌داده و یا نگرانی و یا هیجان در رابطه با اتفاقاتی است که در آینده ممکن است روی دهد و یا اصلاً اتفاق نخواهد افتاد. ما انسان‌ها دائماً در این نوع افکار سیر می‌کنیم. صبح‌ها درست در اولین ثانیه‌ای که چشم از خواب باز می‌کنیم ذهن ما، ما را به هر سو می‌کشد و تقریباً در بقیه ساعات روز به این کار ادامه می‌دهد، در موقع لباس پوشیدن، صبحانه خوردن، در مسیر رفتن به محل کار، در محل کار؛ هنگام نهار خوردن، برگشتن به منزل، در منزل و تا هنگامی‌که خستگی کاملاً ذهن را از کار بیندازد و آن را خلع سلاح کند و ما به خواب برویم و فرداها هم به همین شکل.

در طول روز تنها زمانی که به کاری مشغول هستیم که نیاز به تمرکز دارد و یا با دوستان و افراد در حال صحبت هستیم و یا مشغول تماشا و یا مشغول گوش دادن چیزی هستیم، معمولاً ذهن ما به افکار ناخودآگاه نمی‌پردازد. به محض بیکار نشستن و یا در طی انجام کاری که نیاز به تمرکز ندارد، ذهن دوباره زمام امور را از هوشیاری ما می‌گیرد و ما را به درون یک حالت بیهوشی غیرعلنی می‌کشاند. در هنگام این بیهوشی و در میان امواج افکار ناخودآگاه و سیر کردن در گذشته و آینده، گاه به گفتگو با خود و یا حتی با دیگران می‌پردازیم، گفتگوهایی از جنس آمادگی تمرین چه گفتن‌ها، قانع کردن دیگران و یا حتی قانع کردن خودمان، گویی که دو نفر در درون ماست؛ اما چون هنوز درجه‌ای از هوشیاری در ما زنده است، این گفتگو بی‌صداست و مواظب هستیم که کسی آن را نشنود. این درجه از هوشیاری تنها تفاوت بین انسان‌های سالم و آنان است که کاملاً تعادل روانی خود را ازدست‌داده‌اند که گاه‌گاهی در کوی و برزن به آن‌ها برمی‌خوریم. وگرنه در هر دو مورد، ذهن به‌وسیله رخدادها و افراد و مناسبات اشغال شده است.

این گفتگوهای درونی یک جنون علنی نیست، بلکه یک عادت بد است که به‌تدریج از طریق محیط و زندگی اجتماعی به انسان‌ها منتقل شده است. جنونی قابل‌قبول و متمدنانه و مدرن که انسان‌ها بدون اینکه از آن مطلع باشند، از آن رنج می‌برند. نوعی بی‌هوشی غیرعلنی در زندگی و ادامه ناآگاهانه آن است که خروجی آن به متن جامعه بازخورد می‌شود و به نوبه خود چرخه رنج زمین را کامل می‌کند. این بی‌هوشی غیرعلنی و پریشان ذهنی کاری به موقعیت اجتماعی، میزان تحصیلات، ثروت و حتی جاه و مقام ندارد. احساسات منفی، خشم وکینه و عدم تحمل هر نوع ایده مخالف فقط چند نمونه از خروجی‌های این بی‌هوشی است و با عینک خودآگاهی نه‌تنها می‌توان آن را در سطح جامعه بلکه در بالاترین سطوح اجتماعی و در پهنه زمین به‌وضوح مشاهده کرد.

افکار ناخودآگاه همواره در رابطه با گذشته و آینده است زیرا در زمان حال هیچ فکری وجود ندارد. ریشه این افکار در وابستگی‌ها و دلبستگی‌ها و بیم از دست دادن همه آن‌هاست. در اصطلاح خودشناسی به این دلبستگی‌ها «تعلقات» می‌گویند که انسان امروزی همواره در روح و روان خود به آن چنگ می‌زند و یا آن‌ها را یدک می‌کشد. افکار ناخودآگاه نه‌تنها به کیفیت زندگی ما نمی‌افزایند و یا گره‌ای از مشکلات باز نمی‌کنند، بلکه انرژی ما را تحلیل می‌برد، باعث بروز احساسات منفی در ما می‌شود، روی کیفیت آرامش در روز و خواب ما اثر می‌گذارد و در نحوه ارتباط ما با اطرافیان چه در منزل و چه در بیرون تأثیر منفی می‌گذارد؛ زیرا در بیشتر مواقع در پس هر فکر ناخودآگاه، احساسی ناخودآگاه و احتمالا عملی ناخودآگاه با درجات متفاوت از ما سر میزند؛ اما از همه مهم‌تر نتیجه این نوع افکار از دست دادن لحظه است. لحظه اکنون تنها قسمت از بُعد زمان است که حقیقی است، تنها قسمت کوچک از بُعد زمان که زندگی در آن شکفته و جاری می‌شود و تنها قسمتی از زمان که می‌توان طعم زندگی را در آن حس کرد. عادت به تفکر ناخودآگاه باعث می‌شود که به‌طور کامل زندگی نکنیم.

روزی دو سالک در مسیری ناهموار راهیِ معبدی بودند. بر سر راه آن‌ها رودخانه‌ای قرار داشت که دختر جوانی برای عبور از آن به مشکل برخورده

بود و با نگرانی از آن‌ها تقاضای کمک کرد. یکی از دو سالک علی‌رغم میل خود و برخلاف عرف و تعلیمات مسلک خود، مجبور به حمل دختر به آن‌سوی رودخانه شد تا او به راه خود ادامه دهد. دو سالک نیز به راه خود ادامه دادند. پس از ساعت‌ها پیمودن راه، سالک دوم به سالکی که دختر را بر کول خود حمل کرده بود، رو کرد و به او خاطرنشان کرد که کار او برخلاف آموزه ها بوده است. سالک اول در پاسخ به او گفت «آن دختر را می‌گویی؟ من ساعت‌هاست که او را از کول خود پیاده کرده‌ام، تو هنوز او را در ذهن خود حمل می‌کنی؟»

عقیده همگانی بر این باور است که فکر کردن عملی خودکار و اجتناب‌ناپذیر است. اگر از اکثر آدم‌ها سؤال شود که آیا می‌توانند لحظه‌ای فکر نکنند، احتمالاً جوابشان به این پرسش منفی خواهد بود. اما قرار است به این سؤال در همین‌جا پاسخ داده شود. «بله می‌توان جلوی فکر کردن را گرفت».

برای کسب این مهارت اولین قدم این است که سعی نکنید جلوی فکر کردن خود را بگیرید، زیرا این سعی کردن خود «خواستن» است و این خواستن هم به خواستن‌های دیگر که خوراکی برای افکار ناآگاهانه است، افزوده می‌شود. کلید مسئله، اشراف داشتن بر ذهن و افکار آن است. وقتی ذهن و افکار آن تحت نظر قرار گرفت، رشته افکار پی‌درپی ازهم‌گسسته می‌شود و ذهن آرام می‌شود.

بگردان ساقیا آن جام دیگر
بده جان مرا آرام دیگر
مرا در دست اندیشه به مسپار
که اندیشه است خون‌آشام دیگر
مولوی

جمله معروف دکارت «من فکر می‌کنم، پس هستم» نشان از آن دارد که این فیلسوف به «عمل اندیشیدن» پی برد، اما عامل اندیشه و وجود خود را به‌جای دو عامل، یکی دانسته و اندیشیدن را برای اثبات زیستن بکار گرفت. درحالی‌که بعدها فیلسوفان و عارفانی چند، این بیان دکارت را به چالش کشیدند. ازجمله آن‌ها شاعر سورئالیست فرانسوی ژان نیکولاس آرتور ریمباد

جملـه دکـارت را کالبدشـکافی کـرده و اعـلام می‌کنـد کـه «مـن» یکـی دیگـر اسـت» و در نامـه‌ای کـه بـه یکـی از دوسـتان خـود نوشـته بـود می‌نویسـد «بـرای چـوب متأسـفم کـه خـود را ویـولن درمی‌یابـد.» بنـابراین بایـد توجـه داشـت کـه در جملـه دکـارت، آن «مـنِ» اول عـاملی دیگـر یعنـی ذهـن اسـت و مـن دوم در گـزاره دوم وجود انسان است و ظاهراً دکارت متوجه تمایز این دو نشده بود. (۱۷)

اکهـارت تـول (۱۸) معلـم عرفـان و خودشناسـی و نویسـنده کتـاب معـروف «نیـروی حـال» هـم عامـل اندیشـیدن یعنـی ذهـن را از جـوهر وجـودی انسـان و میـدان هوشـیاری او جـدا می‌دانـد و جملـه‌ای دارد بـا مضـمون «ذهـن قسـمت بسـیار کـوچکی از میـدانی وسـیع‌تر بـه نـام هوشـیاری اسـت.» بنـابراین وجـود درونـی انسـان می‌توانـد ذهـن را کـه عامـل اندیشـیدن اسـت، تحـت نظـر بگیـرد و بـه تماشـای آن بنشـیند. لغـت مدیتیشـن دارای ریشـه‌های متعـددی اسـت ازجملـه ملاحظـه کـردن، تحـت نظـر گـرفتن و مراقـب بـودن و اتفاقـاً کلمـه متـرادف فارسـی آن یعنـی مراقبـه نیـز بـه‌خوبی ایـن معنـی را می‌رسـاند. در حالـت مراقبـه جـوهر وجـود انسـان مراقـب ذهـن اسـت و یـا حتـی بـه تماشـای ذهـن و افکـار آن می‌نشـیند و بدین‌وسیله این افکار را به حداقل رسانده و یا به‌طور کامل متوقف می‌کند.

تـاکنون چنـدین بـار بـه میـدان هوشـیاری اشـاره کـردیم. در ایـن مـورد بیشـتر سـخن خـواهیم گفـت. ولـی بـرای درک سـاده‌تر و یـا شـکلی سـاده‌تر از «هوشـیاری» بایـد گفـت کـه حالـت هوشـیاری یعنـی آگـاه بـودن بـه ذهـن و افکـار آن و ورود بـه ایـن حالـت هوشـیاری یعنـی ورود بـه لحظـه و زمـان حـال اسـت، بـدون هـیچ بُعـدی یعنـی بـدون گذشـته و آینـده. در هنگـام فعالیت‌هـای روزمـره، مـا از حـالتی این‌چنـین بی‌خبـر هسـتیم، چـون ذهـن ایـن را بـه مـا می‌قبولانـد کـه هـر چـه در ماسـت غیـر از او یعنـی ذهـن نیسـت و ذهـن در قـانع کـردن مـا موفـق اسـت، چـون میـدان هوشـیاری مـا قـبلاً و بـه مـرور زمـان بـا یکـی از لایـه‌هایی ماسـک شخصیت یعنی توهم زمان از ما پوشانده شده است.

حـال قـرار اسـت بـا تمرینـی بـه جـدایی ذهـن از جـوهر وجـود پـی بـرده و آن را ثابـت کنـیم و بـه عـالم بیـداری پـای نهـیم. بـرای ایـن کـار بـه عمـل نفـس کشـیدن خـود توجـه کنیـد و تـا چنـد تـنفس، بـه تماشـای هـر دم و بـازدم بنشـینید. در ایـن هنگـام می‌توانیـد بـه هـر چیـز در اطرافتـان نگـاه کنیـد، مـثلاً بـه فـرش زیـر پـا، صـندلی یـا

حتـی بـه دسـت‌ها و لباسـتان. پـس از چنـد لحظـه و یـا چنـد تـنفس کامـل در دلتـان از خـود سـؤال کنیـد «در ایـن لحظـه بـه چـه فکـر مـی‌کنم» بـه‌محض اینکـه ایـن سـؤال را از خـود بپرسـید، متوجـه خواهیـد شـد کـه هـیچ فکـری در ذهنتـان نیسـت و اگـر فکـری هـم باشـد نـه‌تنها بسـیار ضـعیف اسـت، بلکـه شـما بـا هوشـیاری تمـام شـاهد آن هسـتید. حـال همـان‌طور کـه بـه نفـس کشـیدن ادامـه می‌دهیـد و بـه یـک نقطـه یـا بـه اطـراف نگـاه می‌کنیـد عمـداً بخواهیـد کـه بـه چیـزی فکـر کنیـد، بـه مـوردی خوشـایند یـا بـه ناخوشـایندترین چیـزی کـه ایـن روزهـا ممکـن اسـت شـمارا ناراحـت کنـد و سـعی کنیـد از درون بـه تماشـای چنـین فکـری بنشـینید. خواهیـد دیـد کـه نتیجـه بسـیار جالـب اسـت چـون هنگامی‌کـه مراقـب چنـین فکـری هسـتید ممکـن اسـت سـه چیـز اتفـاق بیفتـد یکـی اینکـه اصلاً هـیچ فکـری بـه ذهنتـان نمی‌آیـد و یـا اینکـه ایـن فکـر بسـیار ضـعیف و کوتـاه اسـت و سـوم اینکـه قـدرت آزار شما را ندارد.

بنـابراین در ایـن تمـرین ثابـت کرده‌ایـد کـه ذهـن شـما جـدای از وجـود شـما عمـل می‌کنـد. اگـر وجـود شـما و ذهـن یکـی بـود همـان‌طور کـه چشـم نمی‌توانـد خـود را ببینـد، ذهـن شـما نیـز به‌هیچ‌وجـه نمی‌توانسـت بـه تماشـای خـود و افکـار آن بنشینید. درواقع هرگز متوجه فکر کردن یا نکردن آن نمی‌شدید.

ایـن تمـرین کوچـک قـدمی بـزرگ در راه بیـداری بـود. شـما توانسـتید ذهـن خـود را زیـر نظـر بگیریـد و از افکـار آن جلـوگیری و یـا چنـین افکـاری را تضـعیف کنیـد. حـالتی را کـه در طـول آن مراقـب ذهـن و افکـار آن بودیـد، حالـت هوشـیاری مطلـق یـا هوشـیاری محـض گوینـد. ایـن حالـت خـارج از تـوهم بُعـد زمـان اسـت. زمـان حـال و اکنـون، لحظـه‌ای واحـد و تنهـا لحظـه‌ای اسـت کـه جـاری عـالم هسـتی بـه شـکل‌های مختلـف همـواره در آن محقـق می‌شـود. ایـن حالـت همچنـین حالـت بی‌زمـانی مطلـق اسـت. در ایـن رابطـه بیشـتر توضـیح خـواهیم داد؛ امـا مـایلیم بـدانیم چـرا ذهـن از فکـر کـردن و یـا از اتصـال افکـار بـه یکـدیگر عـاجز شـده بـود. چـون در حالت‌هـای معمـولی روزانـه همـواره یـک فکـر بـه فکـر دیگـر منتهـی می‌شـود و رشـته‌های ناگسسـتنی افکـار یـک لحظـه انسـان را بـه حـال خـود نمی‌گـذارد. بنـده ایـن خاصـیت ذهـن را کـه وقتـی بـه آن توجـه داریـم و او از فکـر کـردن بـاز می‌ایسـتد، «خجالـت ذهـن» نـام نهـاده‌ام؛ یعنـی ذهـن خجـالتی اسـت،

درست مثل یک کودک. احتمالاً همه ما شاهد چنین حالت خجالتی در کودکان بوده‌ایم. گاهی اتفاق می‌افتد که کودکی در عالم خود آواز می‌خواند، می‌رقصد و یا با عروسک خود حرف می‌زند. او فقط تا مادامی به این کار ادامه می‌دهد که یک بزرگ‌تر به عالم کوچک او وارد نشود؛ زیرا به‌محض اینکه از او بخواهید برای شما بلندتر آواز بخواند، به‌احتمال‌قوی فعلاً از خواندن خودداری می‌کند. ذهن هم به همان اندازه خجالتی است. ذهن به‌عنوان ابزاری بسیار لازم و قوی برای هوشمندی انسان و توسعه بشریت در ما نهادینه شده است و بنابراین مانند یک ابزار مفید باید از آن استفاده کرد. هنگامی که کارمان با چنین ابزاری تمام شد آن را به کناری بگذاریم و به عالم درون خود بازگردیم، به میدان هوشیاری، به منزل وجود. ذهن نباید با سایر اعضای بدن تفاوت داشته باشد. هنگامی که کارمان با خوردن تمام شود دیگر از دندان‌ها استفاده نمی‌شود.

با هر ورود به منزل وجود، شما به عالم بیداری وارد می‌شوید و با هر خروج ناخودآگاه و سیر در دو بُعد موهوم زمان یعنی گذشته و آینده و افکار پی‌درپی از حالت بیداری خارج و به خوابی غیرعلنی وارد می‌شوید. خوابی که اکثریت انسان‌ها در پهنه زمین غالباً بی‌خبر در آن فرو می‌روند و به چرخه رنج زمین و مصائب بشر که امروزه شاهد آن هستیم دامن می‌زنند. مولوی در ابیات زیر زمان گذشته و آینده را مانند گره‌های کور در نی می‌داند که جلو صدای زیبای آن را می‌گیرد و به ما می‌گوید که این دو، یعنی گذشته و آینده مانند پرده‌هایی هستند که روی حقیقت را پوشانده و انسان را از حقیقت دور نگه می‌دارد و پیشنهاد می‌کند که آینده و گذشته را باید سوزاند.

ماضی و مستقبلت پردهٔ خدا

آتش اندر زن بهر دو، تا به کی

پر گره باشی ازین هر دو چو نی

تا گره با نی بود همراز نیست

هم‌نشین آن لب و آواز نیست

پس، وارد شدن به حالت هوشیاری محض یعنی وارد شدن در لحظه اکنون. انسان‌ها به‌طور عادت گونه‌ای از لحظه گریزان‌اند؛ زیرا به دلیل خطای حسی، امر مهمی در آن نمی‌یابند. معمولاً برای فرار از لحظه چون با آن آشنایی ندارند و نمی‌توانند از آن خوب استفاده ببرند، خود را مشغول کاری می‌سازند مثلاً خوردن، یا تماشای تلویزیون و از این قبیل. پس از بیداری معنوی، انسان با لحظه خو می‌گیرد. در لحظه همواره حداقل دو پدیده عالم هستی جاری است و هر دو زیبا هستند. یکی عمل نفس کشیدن در انسان، یعنی اصلی‌ترین پدیده حیات و دومی سکوت که بدون آن صدایی وجود نخواهد داشت. پس از بیداری، با استفاده از این دو پدیده عالم هستی، شرایط ناخوشایند بیرونی قدرت چندانی برای تحمیل رنج ذهنی بر انسان ندارد. در بخش مربوط به مدیتیشن یا مراقبه به هر دوی این جلوه‌های طبیعی زندگی خواهیم پرداخت.

بیداری معنوی؛ ورود در لحظه و حالت هوشیاری و خلاصه مهار ذهن صرفاً برای کسب مهارت آن نیست، بلکه از این توانایی می‌توان در کاهش و یا پایان دادن به تأثیرات آزاردهنده روحی و روانی و درگیری‌های ذهنی که محصول مشکلات و ناملایمات زندگی‌اند، استفاده کرد. هنگامی‌که فکری براثر یکی یا چند از مشکلات زندگی دائماً به ذهن شما خطور می‌کند، می‌توانید با ورود و پناه گرفتن در لحظه اکنون و حالت هوشیاری از آزار روحی آن در امان بمانید. ناگفته پیداست که با بکار گیری این مهارت مشکل یا وضعیت ناخوشایند زندگی حل نمی‌شود و یا از بین نمی‌رود اما فکر کردن در مورد آن‌ها نیز، آن مشکلات را حل نمی‌کند و یا آن را از بین نخواهد برد؛ اما در لحظه بودن باعث می‌شود که از رنج ذهنی و تأثیر مخرب فکر و خیال در مورد اوضاع نامطلوب در امان بمانید.

تحت نظر گرفتن افکار موضوع بی‌اهمیتی نیست، بلکه مهارتی بس مهم است. با چنین مهارتی شما در واقع به توهم زمان پایان داده و با برداشتن این توهم که در تمام چرخه‌های رنج جای دارد، می‌توانید دایره رنج را از هم گسسته و خود را از چرخه رنج فردی خارج کنید. چرخه‌های رنج فردی شامل همه

احساسات منفی انسان مانند افسردگی، اندوه، عصبانیت و استرس است که به آن‌ها خواهیم پرداخت و چرخه رنج آن‌ها را نشان خواهیم داد. (شکل ۱ و ۳).
بیداری معنوی دری است به دنیای درون، دری به بینهایت وجود و یک تولد دوباره. این بیداری ما را برای سفر به یک زندگی جدید آماده می‌کند، نوعی از زندگی که قبل از بیداری کاملاً از آن بی‌خبر بودیم.

❖ ❖ ❖

هوشیار زیستن

این نصیحت به گوشمان آشناست که زندگی کوتاه است. البته همه ما فکر می‌کنیم آن را خوب درک می‌کنیم و برای همین هر از چند گاهی گوش به آن می‌سپاریم و سعی می‌کنیم زندگی را سخت نگیریم و ساعاتی یا روزهایی چند از آن خوب استفاده کنیم؛ اما به‌زودی حقیقت آن از یادمان می‌رود و از زندگی بهره کامل نمی‌گیریم؛ اما حقیقت این است که بیش از آنکه بتوان تصور کرد، زندگی کوتاه است. نه اینکه کافی نیست، چون اگر سال‌های زندگی به‌مراتب بیشتر از دوران متوسط زندگی آدمی بود، چنین دوران درازی از حوصله انسان خارج می‌شد. فقط لحظه‌ای را می‌توان تصور کرد که انسان عمری جاودانه داشت، چنین پدیده‌ای تا چه حد می‌توانست ترسناک باشد.
در حالت طبیعی، مدت‌زمانی متوسط به انسان اهدا شده که در طول آن بتواند تا حدودی با اراده آزاد خود در محدوده‌ای که محیط و شرایط اجتماعی آن را شکل می‌دهد و یا حتی یک سیستم جبری آن را تعیین می‌کند، راه‌هایی را انتخاب کند و زندگی خود را آن‌طور که می‌خواهد بسازد. مشکل آنجاست که در بیشتر موارد انسان‌ها سخت می‌کوشند تا زندگی بهتری برای خود بسازند اما از یادشان می‌رود که در دوران این ساختن‌ها که یک روند طولانی نیز است، لااقل به زندگی کردن هم مشغول شوند. بسیاری از انسان‌ها در سال‌های آخر عمر خود متوجه چنین غفلتی می‌شوند و اگر خوش‌شانس باشند شاید براثر یک رویداد یا در طی یک‌روند یا اتفاقی ناگهانی به این حقیقت زندگی پی ببرند. در این مرحله است که انسان درمی‌یابد که از زندگی خود به‌طور کامل سود نبرده است، بسیاری از کارها و آمال به انجام

نرسانده است. این است که گاهی به این می‌اندیشد که اگر زمان برگردد، رویکرد متفاوتی در مقابل زندگی می‌داشت، تصمیمات متفاوتی می‌گرفت و بهتر زندگی می‌کرد.

اگر چنین چیزی برای ما هم اتفاق بیفتد و ما هم به این نتیجه برسیم که خوب زندگی نکردیم دلیل آن کم‌کاری و قصور از طرف ما نیست زیرا هیچ انسانی فراتر از ذهن خود که محصولی شکل یافته از مناسبات محیط و اجتماع است، عمل نمی‌کند و متأسفانه در اکثر جوامع در هیچ مدرسه‌ای و در هیچ دانشگاهی هنر چگونه زیست به انسان آموخته نمی‌شود. ناهنجاری‌های فردی و اجتماعی و مشکلاتی که بشر امروز در دنیا با آن دست‌به‌گریبان است، گواه این حقیقت تلخ است.

نکته دوم اینکه زمان را هم نمی‌توان به عقب برگرداند، اما می‌توان شروعی نو داشت و بقیه هر ازآنچه از عمرمان باقیمانده است را در کمال آگاهی و خوشبختی زندگی کرد، حتی اگر سال‌هایی چند از عمرمان باقی نمانده باشد. انسان اگر هنر زیستن را بیاموزد، آخرین سال‌ها، ماه‌ها و حتی آخرین روزهای زندگی او نه‌تنها بهترین دوران زندگی بلکه بسنده هم خواهد بود؛ بنابراین از لحظه‌ای که انسان به بیداری و درک زندگی آگاهانه رسید، چه بهتر در جوانی و یا در سنین میان‌سالی وگرنه حتی در کهن‌سالی باید زندگی کند و لحظه‌ای را از دست ندهد.

به‌هرحال برای شروع یک زندگی آگاهانه لازم است تمام دیدگاه‌ها و رویکردهایی که ما را به زندگی ناآگاهانه سوق می‌دهد، شناسایی نمود. پس از مرحله بیداری و خودآگاهی وقتی به رویکردهای گذشته بنگریم، به بی‌اهمیت بودن و غیرضروری بودن همه آن‌ها پی می‌بریم. موارد و رویکردهایی چون عدم شناخت و حس لحظه اکنون، ازنظر فکری درگذشته و آینده زندگی کردن، فکر و خیال و نگرانی درباره موارد موقتی زندگی، خواستن‌های غیرضروری برای بهتر شدن اوضاع، انتظار آن را داشتن که دیگران با ما بهتر رفتار کنند، خواستن‌ها برای اینکه چیزها حتماً بر وقف مراد ما باشد، همه غیرضروری‌اند.

در بند خواستن‌ها، فقط خواستن‌ها را می‌بینی
رها از خواستن‌ها، ظرافت‌ها را
در بند آرزوها، فقط آرزوها را می‌بینی
رها از آرزوها، رمز و راز و عرفان را
لائوزای

اغلب اوقات، سعی در متقاعد کردن دیگران که حق با ماست و آن‌ها در اشتباه‌اند، از ناآگاهی ناشی می‌شود و این حقیقت وجود انسان نیست که نیاز به ثابت کردن خود دارد بلکه این ایگو و ماسک شخصیت است که از احساس غرور تغذیه می‌کند.

دلیل اینکه همه رودها به دریا می‌ریزند،
پایین‌دستی دریاست، قدرت او در فروتنی ست،
اگر می‌خواهی مردم را مدیریت کنی،
باید خود را پایین‌تر از آن‌ها قرار دهی
اگر می‌خواهی مردم را رهبری کنی
باید یاد بگیری به حرفشان گوش دهی
تواضع رمز پیروزی است
وقتی خم شدی، نشکسته خواهی ماند
انعطاف رمز راست‌قامتی است
خالی بودن شرط پر شدن
آنکه کم دارد، ظرفیت دریافت او زیاد است
و آنکه زیاده در دست است، سردرگم
لائوزای

حقیقت نیازی به پیروزی ندارد، بلکه این باطل است که همواره برای بقای خود نیاز به پیروزی دارد.

روزی سالکی در حال مدیتیشن بود و جاهلی از راه رسیده و از سالک پرسید در هرسال چند فصل وجود دارد؟ سالک جواب داد، چهار فصل. جاهل با او به مجادله پرداخت که هرسال فقط سه فصل در خود دارد. پس از مدتی

بحث‌وجدل قرار شد که مسئله خود را به نزد عارف دانایی برده و از او سؤال کنند، اما به این شرط که بازندهٔ بحث، برنده آن را در مسیری بر کول خود حمل کند. سالک که شاگرد عارفی دانا بود، با اطمینان خاطر سؤال را نزد استاد مطرح کرد. ولی استاد با شگفتی تمام به نفع جاهل رأی داده و پاسخ داد که در هر سال فقط سه فصل است. سالک به رأی استاد ارج نهاده و به‌ناچار مسیری را به جاهل سواری داد. روز بعد اما با احترام از استاد دلیل رأی او را پرسید که چرا او را در پیش جاهلی که تعداد فصل‌های سال را نمی‌داند، خجل کرده است. استاد پاسخ داد که این تنبیه تو بوده زیرا هنگامی‌که به عمق جهالت جاهل پی بردی، می‌بایست از مباحثه با او حذر می‌کردی و مقطعی ارزشمند از زندگی خود را در چنین بی‌خبری و به بیهودگی سپری نمی‌کردی.

ایگو در انسان همواره تلاش می‌کند خود را در مقابل دیگران پیروز جلوه دهد. این رفتار تقریباً در تمام دنیا به چشم می‌خورد، اما در جامعه و فرهنگ ما پررنگ‌تر است. عباراتی چون «جوابش را خوب دادی» یا «خوب شستمش گذاشتم کنار» و یا فخرفروشی‌ها و حرف پراندن‌های دور همی برای همه آشناست. این رفتار فقط در سطح عامیانه جامعه رایج نیست. امروزه می‌توان چنین رفتارهایی را به‌راحتی در بحث‌های بین-روشنفکری، سیاستمداران و در سطح فضای مجازی و یا رسانه‌ها هم شاهد بود. عامل چنین نیازی برای پیروز میدان شدن، حقیقت درون انسان نیست بلکه ماسک شخصیت و ایگو است که روی آن حقیقت را پوشانده است. ای‌کاش به ما یاد می‌دادند که از مولوی بیاموزیم:

به صدف مانم، خندم چو مرا در شکنند
کار خامان بود از فتح و ظفر خندیدن

سخن گفتن‌های غیرضروری که نه‌تنها با نگفتن آن فرق نمی‌کند، بلکه اوضاع را بدتر نیز می‌کند، گله و شکایت در مورد وضعی که باب طبعمان نیست اما مطرح کردن آن‌هم آن وضع را عوض نمی‌کند، با هوشیار زیستن فاصله دارد. دائماً به دنبال عاملی بودن که ما را شاد کند، به‌عبارت‌دیگر شادی خود را در

عامل دیگری جستجو کردن، فرار از خود و عدم توانایی تحمل خود و عدم احساس بی‌نیازی، همه نوعی از ناآگاهانه زیستن است. در تنهایی گمانه‌زنی‌ها و قضاوت در مورد دیگران رنجی پنهان در روند زیستن است؛ و خلاصه عدم توجه به اطراف، طبیعت، جلوه‌های زندگی و امکاناتی که از آن برخوردار هستیم و شکر آن را به‌جای نمی‌آوریم، همه نشانه‌های یک زندگی ناآگاهانه است.

همان‌طور که هر غذایی نیاز به مواد لازم برای تهیه آن دارد، موارد و رویکردهای فوق هم همه مواد لازمی هستند که زندگی ناآگاهانه انسان‌ها را طبخ می‌کنند. غذایی که اگرچه ناسالم است اما با طبع و ذائقه انسان‌ها طوری عجین شده که بی‌مزگی و حتی تلخی آن معمولاً و تا حدود زیادی احساس نمی‌شود.

از موارد فوق به افکار غیرضروری و پریشان‌خیالی در بخش قبل پرداختیم و اکنون می‌دانیم چگونه با ورود به لحظه و زمان حال مراقب ذهن و افکار آن بوده و به‌عبارت‌دیگر از دو بُعد موهوم زمان یعنی گذشته و آینده خود را خارج کنیم. در لحظه بودن یعنی جزئیات زندگی را در آن یافتن. توجه به همه این جزئیات ضروری است. نفس کشیدن، حس عمیق مزه غذا در هنگام خوردن، آشامیدن و به‌آرامی نوشیدن، توجه به جزئیاتی که در میدان حواس ما قرار می‌گیرد، مواردی از قبیل با دقت نگاه کردن، گوش کردن به صدا حتی سکوت، لمس و حس آبی که دستمان را می‌شوید، توجه به رایحه مواد شوینده، تمرکز حواس در هنگام لباس پوشیدن، در هنگام تهیه غذا و بسیاری از کارهای روزمره دیگر.

مادرها یا هرکسی که در خانه غذا می‌پزند، چند ساعت را وقت این کار می‌کنند، سفره با عشق و علاقه چیده می‌شود، اما غذا در عرض پنج دقیقه و یا حتی کمتر خورده می‌شود و در هنگام خوردن تمام حواس به کاری است که قرار است بعد از خوردن انجام شود و وقتی به آن کار هم می‌رسند به همان شکل مضطرب در فکر کار بعدی یا حتی بیکاری بعدی هستند. اکثر کارهای انسان‌های امروزی به همین شکل است. رانندگی به محل کار و برگشتن هر دو باعجله صورت می‌گیرند ولی دلیل آن زیاد مشخص نیست

چون محل کار که معمولاً مکان مطلوبی نیست و در منزل هم آرام و قرار نیست. هنگام ایستادن در هر نوع صف انتظار که بماند.
این بدان معنی است که انسان پرمشغله امروزی عادت گونه از زمان حال گریزان است. لحظه اکنون هیچگاه برایش کافی نیست و او را شاد نمی‌کند. سال‌های متمادی عمر انسان‌ها مخصوصاً در محیط‌های شهری به همین نحو می‌گذرد. این نچشیدن طعم زندگی است. این به عاریت زیستن است. این نا «راحتی» درونی همیشه در انسان است. انسان امروزی آرام و قرار ندارد. احساسات منفی و اعمالی که از آن حاصل می‌شود هم نتیجه عدم شناخت لحظه اکنون است. عصبانیت یکی از احساسات مخرب است که از حادثه‌ای که در گذشته اتفاق افتاده بروز می‌کند و یا میل به چیزی که قرار است در آینده اتفاق بیافتد و انسان بیم آن دارد که چنین نشود. هیچ‌یک از احساسات منفی، عصبانیت، استرس و افسردگی در زمان اکنون نمی‌گنجد. انسان به رخدادی که علی‌رغم میل او در گذشته اتفاق افتاده، فکر می‌کند و داستانی از آن در ذهن خود خلق می‌کند و این داستان، خشم او را برمی‌انگیزد. حال خوب می‌دانیم عملی که از چنین خشمی سر می‌زند، خلق یک اثر هنری، یک لبخند زیبا و یک عمل مهربانانه نیست، بلکه صحنه‌ای است ناخوشایند شامل جروبحث، فریاد، توهین و دشنام و خشونت فیزیکی. ناهنجاری‌های رفتاری در جوامع درست است که به عدم سفت و سختی قانون و اجرای آن است اما بیشتر ریشه در عدم مهارت‌های لازم برای تحت نظر گرفتن ذهن و افکار آن دارد. افکار ناخودآگاه مربوط به توهم زمان و جزئی از زندگی ناآگاهانه است؛ اما درنهایت مقصر واقعی این ناهنجاری‌ها سیستم‌های اجتماعی و آموزشی‌اند.
توجه به لحظهٔ حال و پناه گرفتن در آن می‌تواند انسان را از گزند افکار مبتنی برگذشته و آینده در امان نگه بدارد و به او آرامش بدهد، زیرا در لحظه اکنون هیچ فکر و احساسی به‌جز احساس آرامش وجود ندارد. ذهن فقط در بُعد زمان فعال است و باعث آزار روحی انسان می‌شود و همان‌طور که قبلاً دیدیم در لحظه اکنون، ذهن کودکی است خجالتی.

«در لحظه پناه گرفتن» به معنی بازماندن از کار وزندگی نیست. به گذشته نیندیشیدن به معنی از آن درس نگرفتن نیست. به آینده نیندیشیدن به معنی غافل بودن از برنامه‌ریزی برای ساماندهی به زندگی نیست. در لحظه بودن یعنی بازگشت به منزل درون پس از هر بار ارتباط با دنیای بیرون و مناسبات آن. برای انجام امور مهم و مفید، برنامه‌ریزی برای آینده، برای انجام وظیفه، کار و تولید و به دست آوردن روزی در حد اعتدال، خلاقیت هنری، اعمال نیکو و رساندن خیر به همنوع به اندیشیدن نیازمند است اما این نوع اندیشیدن ارادی و هوشیارانه است. پس از انجام هر یک از این فعالیت‌ها به منزل درون بازگشتن و در لحظه پناه گرفتن و نیندیشیدن به آن‌ها و آنچه گذشت، کلید هوشیار زیستن و یک زندگی آگاهانه است. سناریوسازی از رخدادهای گذشته و نگرانی‌ها و حسرت‌های آینده در ذهن و روح و روان، معجون یک زندگی ناآگاهانه است.

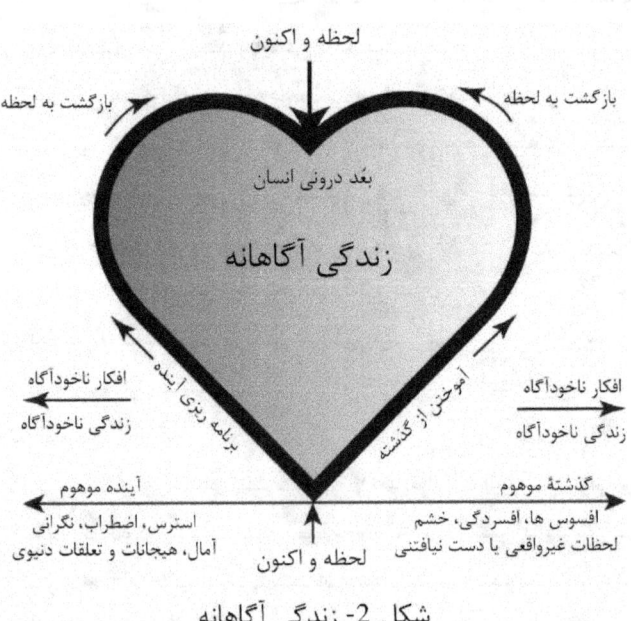

شکل 2- زندگی آگاهانه

زندگی همین‌جا و در همین لحظه و به همین شکلی است که به سراغ ما می‌آید. هنگامی‌که انسان به زندگی آگاهانه روی بیاورد، از زندگی استفاده کامل برده و در سال‌های آخر زندگی پشیمان از دست دادن آن نیست، چون به‌طور کامل زندگی کرده است، هیچ کاری ناتمام نمانده و هنگامی‌که مرگ فرارسید، آماده است، درست مثل آماده بودن برای خواب، پس از پایان یک روز پرثمر.

آنگاه‌که به سرچشمه وجود خود پی بردید
همه‌چیز قابل‌تحمل است
از عهده سختی‌های زندگی برمی‌آیید
و وقتی مرگ فرارسید، آماده‌اید
لائوزای

❖ ❖ ❖

ساده زیستن

ساده زیستی از پایه‌های زندگی آگاهانه و عامل رضایت خاطر و خوشبختی حقیقی انسان است. امروزه ساده زیستی رفته‌رفته جای خود را به پیچیدگی‌های زندگی مدرن داده است. این پیچیدگی‌ها بر مبنای تصوری نادرست است که بنا به آن همواره چیزی در زندگی ما کم است، چیزهایی که گویی با به دست آوردن، تهیه؛ خریداری، خوردن، بکار گیری و یا نگه‌داشتن آن‌ها زندگی ما کامل‌تر می‌شود و بر رضایت ما می‌افزاید. بعضی از این پیچیدگی‌ها مستقیماً به نحوه برداشت نادرست ما از زندگی مدرن و به‌کارگیری فنّاوری و فراورده‌های آن مربوط می‌شود که آرامش یک زندگی ساده را از ما می‌رباید و به‌جای آن سردرگمی، احساسات منفی، اضطراب، استرس و بی‌خوابی را برایمان با ارمغان می‌آورد. این‌ها فرم‌هایی از رنجی جدید هستند که به روح و روان انسان مدرن اضافه‌شده‌اند، رنجی که در بیشتر مواقع انسان امروزی از وجود آن بی‌اطلاع و یا آن را جزء واقعیات زندگی می‌پندارد.

پیچیدگی‌های امروزی در فرهنگ‌ها و در نزد ملت‌های مختلف در مواردی متفاوت و در مواردی مشابه و به هم نزدیک‌اند. مثلاً در هر دو جوامع غربی و کشورهای درحال‌توسعه مانند کشورمان، پیچیدگی‌های امروزی شامل استفاده بی‌رویه از اینترنت، شبکه‌های اجتماعی و گوشی همراه، پیچیدگی‌های مربوط به نحوه تغذیه و تا حدودی مصرف‌گرایی و جمع‌آوری اثاثیه و وسایل زندگی است. مورد اخیر در ایران بهتر از کشورهای غربی است؛ اما در مواردی دیگر مثلاً نحوه رسیدگی افراط گونه به وضع ظاهری در مقطعی از لایه‌های اجتماعی، تعارفات دست‌وپا گیر و فخرفروشی‌های لفظی و ظاهری که به‌گونه‌ای شدید در ایران رایج است، تقریباً در کشورهای غربی وجود ندارد. یکی دیگر از موارد پیچیدگی‌های زندگی مرسومات دست‌وپا گیر ازدواج برای جوانان است که تقریباً در همه‌جا به شکلی رایج است ولی در ایران شدیدتر، دست‌وپا گیرتر و نفس‌گیرتر است.

ازآنجایی‌که هدف یک کتاب خودشناسی می‌بایست آشکار ساختن و نشان دادن مواردی باشد که به چرخه‌های رنج فردی و اجتماعی دامن می‌زند، بنابراین به‌طور مختصر به موارد فوق که زندگی انسان امروزی را به پیچیدگی کشانده و آرامش طبیعی را از او سلب کرده است، طبق مشاهدات خود خواهم پرداخت. با شناسایی پیچیدگی‌ها در نحوه زندگی می‌توان تا حد امکان از آن‌ها فاصله گرفت و در حدی معتدل که در یک جامعه مدرن امکان آن وجود دارد به ساده زیستی روی آورد زیرا ساده زیستی با رضایت خاطر و آرامش خیال نسبت مستقیم دارد.

فنّاوری درزمینهٔ ارتباطات، اطلاعات و اینترنت در سال‌های اخیر در جهان پیشرفت چشمگیری داشته است. اینترنت یکی از بزرگ‌ترین ابداعات بشر است. تاکنون هیچ سیستم ارتباطی به‌اندازه اینترنت تا این حد مؤثر و مفید نبوده است. این فناوری که امکان ارسال و دریافت اطلاعات را به‌صورت نوشته، صدا و تصویر در کوتاه‌ترین زمان ممکن به وجود آورده است در بسیاری از صحنه‌های زندگی مدرن مانند علوم، اقتصاد، امور مالی و بانکی، مدیریت، مهندسی، ادبیات، هنر و اطلاع‌رسانی و ارتباطات کاربرد دارد. اینترنت قابلیت آن را دارد که همه انسان‌های دنیا را از داخل خانه‌ها و

محل‌های کار آن‌ها با یکدیگر مرتبط سازد. امروزه تقریباً اطلاعاتی وجود ندارد که از طریق اینترنت در اندک زمانی کوتاه نتوان به آن دسترسی پیدا کرد. چنین پدیده‌ای توانسته سرعت بی‌سابقه‌ای به روند آموزش و تحقیق در همه زمینه‌ها بدهد و بسیاری از کاربران از کارایی این فنّاوری در جهت پیشرفت‌های علمی و اجتماعی استفاده بهینه می‌کنند؛ اما از طرف دیگر این فنّاوری یا به‌صورت میدانی برای ناهنجاری‌های اجتماعی و یا خلافکاری مورد سوءاستفاده قرار می‌گیرد و یا بر مبنای تصوری نادرست از فنّاوری به‌گونه‌ای افراطی به عرصه‌ای از سرگرمی‌های تمام‌نشدنی، خودنمایی‌ها و بگومگوهای غیرضروری و وابستگی‌ها و منشأ تشویش‌های نوظهور تبدیل‌شده است و همه این‌ها به پیچیدگی‌های زندگی جدید افزوده‌شده‌اند.

مورد اول به امنیت اینترنت مربوط می‌شود. از طرفی بیشتر امورات زندگی امروزی مانند امور بانکی، امور شرکت‌هایی که خدمات عمومی ارائه می‌دهند مانند خطوط هوایی، حمل‌ونقل، مدیریت‌های دولتی، پست الکترونیکی و اطلاعات، عمیقاً با کاربرد کامپیوتر و اینترنت گره‌خورده است. وقفه، قطع و یا از بین رفتن اطلاعات ذخیره‌شده بر روی کامپیوترهای شخصی و سرورها می‌تواند نتایج جبران‌ناپذیری برای شرکت‌ها و کاربران به بار بیاورد و از طرف دیگر همه این اطلاعات همواره از سوی بزهکاران نرم‌افزاری در معرض تهدید هستند. حمله‌ها و رخنه به سیستم‌ها، ویروس‌ها، باج افزارها و کدهای مخرب ازجمله این تهدیدها هستند. ترور شخصیت و آزار انسان‌ها از طریق این رسانه واقعیت تلخ و وحشتناکی است که ملت‌های دنیا با آن دست‌به‌گریبان‌اند.

مورد دوم یعنی وابستگی و استفاده معتاد گونه از اینترنت است. حضور در یک یا دو شبکه اجتماعی جهت شرکت داشتن در عرصه اطلاعات ضرر چندانی ندارد و می‌تواند مفید هم باشد اما داشتن حساب کاربری در ده‌ها شبکه اجتماعی و به اشتراک گذاشتن اطلاعات شخصی از همه نوع مخصوصاً عکس‌های فراوان خود و خانواده در هر محل، موقعیت و مناسبت، مخصوصاً در سیستمی که همه دنیا به آن دسترسی دارند، می‌تواند عواقب جبران‌ناپذیری برای کاربران در برداشته باشد.

مشکل دیگر خاصیت اعتیاد گونه اینترنت و شبکه‌های اجتماعی آن مخصوصاً در جوانان است. این جوانان بیشتر وقت خود را در اینترنت می‌گذرانند و از فعالیت‌های سالم و ارتباط با اجتماع، خود را دور می‌سازند. نوجوانان در اتاقی دربسته در انزوا می‌نشینند و از تجربیات سالم که لازمه رشد اجتماعی آن‌هاست محروم می‌شوند. مسئله دیگر اینکه این جوانان همواره شاهد تصویری ظاهری از زندگی دیگران‌اند و وقتی خود و امکانات زندگی خود را با دیگران مقایسه می‌کنند، دچار نوعی یاس و افسردگی می‌شوند.

البته قسمتی از این مشکل بزرگ به عدم توجه والدین نسل امروز به اهمیت ارتباط مؤثر با فرزندان برمی‌گردد. در این نسل چون والدین خود درگیر مشغله‌های متعدد هستند و از طرف دیگر چون امکانات مالی آن‌ها اجازه می‌دهد، ترجیح می‌دهند که به‌جای گذراندن وقت با فرزندان خود مخصوصاً در سنین کودکی و نوجوانی برای آن‌ها انواع وسایل دیجیتال از قبیل دستگاه‌های بازی کامپیوتری یا کامپیوتر خریداری کنند. حتی در ابتدا، از اینکه می‌بینند فرزندانشان در سن کم در بکارگیری کامپیوتر مهارت پیداکرده‌اند، خشنود می‌شوند، به آن افتخار می‌کنند و به دوست و آشنا می‌گویند که فرزندشان کارهای خارق‌العاده‌ای با کامپیوتر انجام می‌دهد که نگو و نپرس و حتماً هم این جمله به گوشتان آشناست. درصورتی‌که به حال خود گذاشتن فرزندان از سن کودکی و نوجوانی و تمرکز دادن آن‌ها بر روی کامپیوتر اگر بزرگ‌ترین اشتباه والدین نباشد، لااقل نتیجه آن اعتیاد کودکان به کامپیوتر است. ولی منظور از اشتباه بزرگ صدمه‌های شدیدتر روحی و عدم رشد و توسعه طبیعی کودکان و نوجوانان است. راه درست‌تر این است که کودکان و نوجوانان ساعت‌های زیادی از زندگی خود را صرف بازی‌های دیگر با دوستان کنند، با والدین خود به گردش بروند و یا از آپارتمان و شلوغی شهر خارج شوند و به جلوه‌های زندگی و طبیعت توجه کنند. همچنین بد نیست فرزندان بچه‌ها در منزل در کارهایی چون غذا پختن یا لباس دوختن و یا تعمیر یا خراب کردن وسایل خانگی به پدر و مادر کمک کنند. کمی هم از درودیوار و درخت بالا بروند. این یک رشد طبیعی است.

مورد دیگرِ پیچیدگی در زندگی امروزی، تعداد بی‌شمار عکس‌ها و ویدئوهاست. ضبط لحظات به‌منظور به‌کارگیری حافظه تاریخی و مسیر زندگی انسان اگر به تعداد و به‌گونه‌ای متعادل انجام شود، شاید مفید باشد، اما ضبط لحظات به‌طور وسواس گونه، گذشته از پیچیده کردن زندگی و غفلت از ساده زیستی دو خاصیت منفی بزرگ دارد. عکس و ویدئو گرفتن بیش‌ازحد از لحظاتی خوشایند مانند سفر، میهمانی، طبیعت و حتی کنسرت‌های موسیقی به این معنی است که ما لذت از لحظات واقعی این رخدادها در زندگی را با ضبط غیرواقعی آن‌ها مبادله می‌کنیم و آن‌ها را از دست می‌دهیم. برای مثال، مدت‌ها برای یک کنسرت موسیقی صبر و برای آن هزینه می‌کنیم تا آن را به‌طور زنده تماشا کنیم؛ اما می‌بینیم افراد به‌جای لذت بردن از کنسرت زنده در قسمتی یا تمام طول کنسرت مشغول ویدئو گرفتن هستند. به‌عبارت‌دیگر کنسرت زنده را از دست می‌دهند تا ویدئو آن را بعدها ببینند؛ و خاصیت منفی دوم اینکه قرار است در زمانی در آینده لحظات واقعی زندگی را از دست بدهند تا به تماشای صحنه‌های غیرواقعی کنسرتی در گذشته بپردازند. عکس و ویدئو گرفتن از لحظات واقعی زندگی در موارد دیگر نیز به همین شکل است از دست دادن حقیقت زمان حال، برای ایجاد لحظات غیرحقیقی در آینده.

مصرف‌گرایی، اسراف و دور ریختن بی‌رویه مخصوصاً در کشورهای غربی دست‌به‌دست تولید محصولات غیرضروری کشورهایی که تنها هدفشان رشد اقتصادی است، نه‌تنها ساده زیستی را از زندگی انسان گرفته است بلکه قسمت‌های زیادی از سطح زمین و اقیانوس‌ها را به زباله‌دان مصرف و حرص انسان تبدیل کرده است. تولید صنعتی و مصرف‌گرایی و آلوده کردن زمین و هوا سالانه مسئول مرگ بیش از ۵/۵ میلیون نفر و هزینه مالی معادل ۵ تریلیون دلار ضرر نیروی کار و هزینه خدمات درمان است. درحالی‌که در مقابل چنین میزان از مصرف و اسراف نزد کشورهای ثروتمند، میلیون‌ها کودک دیگر در کشورهای فقیر از ابتدایی‌ترین ضروریات زندگی، یعنی غذا، آب و آموزش محروم هستند.

ما انسان‌ها می‌بایست به درجه‌ای از خودآگاهی برسیم که بدانیم داشتن‌ها و مصرف‌گرایی متضمن خوشبختی نیست درصورتی‌که هرقدر ساده‌تر زندگی کنیم به همان نسبت زندگی‌مان سالم‌تر، آرام‌تر و شادتر خواهد بود. هرقدر انسان ساده‌تر زندگی کند به همان نسبت به حقیقت وجود خود و به عالم هستی نزدیک‌تر است.

❖ ❖ ❖

شاد زیستن و رضایت خاطر

تعریف خوشبختی آن‌طور که بیشتر انسان‌ها به آن عقیده دارند دور از ذهن نیست. معمولاً می‌توان آن را در قالب امکاناتی در نظر گرفت که شامل یک زندگی راحت و مرفه با رویدادهایی شادی‌آور، سلامت جسمانی، احساس رضایت از ظاهر فیزیکی و همچنین زیستن به‌دوراز ناملایمات زندگی برای فرد و اعضای خانواده است. اگر به این عوامل در قالب خوشبختی دقت کنیم دو ویژگی در آن‌هاست. ویژگی اول نسبی بودن همه آن‌هاست به این معنی که اولاً کیفیت و کمیت این پارامترها نمی‌تواند ثابت باشد و سطح مطلوب آن‌ها ازنظر افراد مختلف یکسان نیست.

ویژگی دوم موقتی بودن همه این عوامل است. هیچ تضمینی برای دائمی بودن آن‌ها نیست. هر اوضاعی می‌تواند شرایط را عوض کند و از کیفیت و کمیت عوامل خوشبختی بکاهد و بعلاوه بیم از دست دادن هر یک از آن‌ها همواره در ذهن انسان جای دارد. حتی اگر مدت‌ها هیچ تغییری در کیفیت و کمیت بیشتر عوامل این نوع از خوشبختی پدید نیاید، امکان بیماری همیشه با انسان است و می‌تواند عوامل دیگری را پیش روی انسان بی‌ارزش کرده و یا امکان لذت از آن‌ها را از او بگیرد؛ و خلاصه اینکه هیچ انسانی از رنج پیری و مرگ مستثنا نیست و این دو در خانه همه را خواهد زد.

قبل از پرداختن به ادامه موضوع باید اذعان کرد که محرومیت کامل و یا در سطحی غیرقابل‌قبول از برخی از عوامل خوشبختی که از آن‌ها یاد شد را نمی‌توان با داشتن هر مهارت درونی مانند خودآگاهی تبدیل به شادی نمود و یا با آن تظاهر به خوشبختی نمود؛ اما نبود برخی از امکانات برای انسان‌ها خود ریشه در ناآگاهی و یا زیاده‌خواهیِ جمعی، یعنی انسان‌های دیگر دارد که

این ناآگاهیِ جمعی چرخه رنج زمین و انسان‌ها را شکل می‌دهد. فقدان برخی دیگر مانند سلامتی و وضعیت قابل‌قبول جسمانی مربوط به عوامل جبری و تقدیری است که از حوزه انتخاب و اختیار انسان خارج است. اما همان‌طور که قبلاً به آن اشاره شد، موضوع خودشناسی و آگاهی و تعلیمات آن حول عملکرد ناخودآگاهانه انسان‌ها در سطح فردی و جمعی است.

حال بنا به دو ویژگی عوامل خوشبختی که برشمردیم یعنی «نسبی بودن و موقتی بودن آن‌ها» می‌توان آن‌ها را عوامل ظاهری و موقتی خوشبختی دانست و چون عوامل چنین نوع خوشبختی ظاهری و موقتی‌اند، بنابرین خود این نوع خوشبختی ظاهری و موقتی است و بشدت به عوامل دنیای بیرون وابسته است و با فقدان چنین عوامل موقتی، متزلزل و به شوربختی منجر شده و به رنج انسان منتهی می‌شود. این نوع رنج همواره در انسان وجود داشته است. این رنج که تقریباً در تمام دوران زندگی ناآگاهانه بشر چه به‌صورت علنی و چه غیرعلنی با اوست، از جنس وابستگی و دل‌بستگی به عوامل بیرونی خوشبختی و بیم از دست دادن آن‌هاست.

در حالی که عوامل خوشحالی های ظاهری موقتی هستند، شاد بودن و رضایت خاطر اما یک انتخاب است، یعنی شاد بودن در لحظه بدون اتکا به شرایط زندگی. این یک شادی و رضایت دائمی است.

بیداری معنوی و خودآگاهی به انسان یاد می‌دهد که پایه‌های خوشبختی خود را بر روی عوامل بیرونی بنا ننهد و احساس خوشحالی خود را در عوامل موقتی نجوید که چنین احساس شادی، خوشحالی واقعی نیست، بلکه هیجانی زودگذر است و پس از پایان یافتن عوامل خوشحالی این هیجان هم از بین خواهد رفت و یا حتی چنین احساسی به یاس، ناامیدی و حزن تبدیل خواهد شد.

در اینجاست که فرق بین هیجان موقت، با احساس رضایت و شادی دائمی مشخص می‌شود. احساس رضایت یا قانع بودن مهارتی است که انسان را به ارزش آنچه دارد و آن گونه که است، آگاه می‌کند. انسان می‌تواند تا آنجایی که در اختیار اوست تلاش کند و به کیفیت و کمیت آنچه است و آنچه دارد، بیفزاید اما اولاً این تلاش نباید باعث آن شود که دوران زندگی فعلی را از

دست بدهد و دوم اینکه اگر بهتر کردن اوضاع از اختیار او خارج است، به بار ذهنی خود نیفزاید و خون‌دل نخورد.

در بسیاری از سیستم‌های دینی، فکری و فلسفی شرق و غرب به احساس رضایت و قناعت اشاره‌شده است؛ اما نمونه جالبی از آن را می‌توان در زندگی دیوژن (۱۹) فیلسوف یونانی قرن پنجم قبل از میلاد یافت. می‌گویند این فیلسوف باوجود موقعیت فراوانی که برای به دست آوردن امکانات مادی زندگی داشت، ترجیح می‌داد که احساس خوشبختی خود را به آن امکانات وابسته نکند. غذای او بسیار ساده بود و در گوشه‌ای از شهر زیر پناهگاهی زندگی می‌کرد و از بابت نصایح، راهنمایی‌ها و تعلیمات فلسفی که به مردم می‌داد، پولی بسیار ناچیز از آن‌ها می‌گرفت و بقیه اوقات خود را به نوشتن، نقاشی و دراز کشیدن زیر آفتاب می‌گذراند. در یکی از روایات می‌گویند که روزی یکی دیگر از فلاسفه هم‌سطح دیوژن که در دربار شاه کار می‌کرد، دیوژن را دید که مشغول خوردن عدسی است. آن فیلسوف رو به دیوژن کرد و به او گفت «اگر یاد بگیری که چه طور در خدمت دربار باشی مجبور نیستی به عدس پخته قانع باشی». دیوژن هم در پاسخ به آن فیلسوف گفت «اگر تو هم یاد بگیری که به عدس پخته راضی باشی، مجبور نیستی در خدمت دربار باشی.» این دو جمله که بین دو فیلسوف ردوبدل شده، بسیار مشابه‌اند اما یکی از آن‌ها نماد دنیای بیرون یک انسان است و دیگری نماد دنیای درون انسانی دیگر.

همچنین نقل‌شده است که روزی اسکندر مقدونی که آوازه نحوه زندگی، پندها و سخنان دیوژن به او هم رسیده بود، در سفر خود به شهر، از سربازان محافظ خود خواست که او را پیش دیوژن ببرند. وقتی اسکندر به محل دیوژن رسید، او را دید که با آرامش کامل زیر آفتاب دراز کشیده است. اسکندر که در مقابل او ایستاده بود، خطاب به او گفت، از من چیزی بخواه و من به تو خواهم داد. دیوژن گفت بسیار خوب، از تو می‌خواهم که کنار بروی و جلوی آفتاب مرا نگیری، چیزی که من از قبل دارم و به آن قانع هستم و تو فعلاً آن را از من گرفته‌ای. سربازان اسکندر از این رک‌گویی دیوژن برآشفته شدند و

۱۰۲

خواستند او را تنبیه کنند که اسکندر جلو آن‌ها را گرفت و ظاهراً گفته بود «اگر اسکندر نبودم، دلم می‌خواست که دیوژن باشم».

در ضمن می‌گویند که این فیلسوف از ناآگاهی، حرص و آز و دورویی انسان در دوره خود گله‌مند بوده است و برای آگاه کردن مردم روزها چراغی در دست می‌گرفت و در کوی و خیابان راه می‌رفت و وقتی از او پرسیده می‌شد که در روز روشن با چراغ به جستجوی چیست، می‌گفت در جستجوی انسان صادق. می‌گویند که این بیت مولوی روایتی است از شرح و حال این فیلسوف.

دی شیخ با چراغ همی‌گشت گرد شهر

کز دیو و دد ملولم و انسانم آرزوست

گفتند یافت می‌نشود جسته‌ایم ما

گفت آنکه یافت می‌نشود آنم آرزوست

حال چرا و چگونه یک فیلسوف تا به این اندازه از سادگی و بی‌چیزی قانع بوده است، اولاً ممکن است برای ما انسان‌های امروزی و در ساختارهای اجتماعی مدرن چندان قابل‌درک نباشد و ثانیاً توصیه و عمل به آن هم ممکن است معقول نباشد؛ اما در جمله‌ای که اسکندر مقدونی بیان کرد، جای تعمق است که امپراتوری آرزو می‌کند جای این فیلسوف خالص و بی‌چیز و قانع باشد؛ اما پی بردن به دلیل چنین آرزویی از جانب پادشاه در حوزه خودآگاهی و خودشناسی دشوار نیست. روشن است که او چند لحظه حسرت زندگی دیوژن را خورده و دوست داشته است به‌جای او باشد و دلیل آن واضح است و آن اینکه او از درون شاد و راضی نبوده است و تعجبی هم در آن نیست. او در تمام دوران عمر کوتاه خود لحظه‌ای از دغدغه ذهنی برای کشورگشایی در آرامش نبوده است. تمام عمر او در نگرانی و تشویش و در جنگ‌ها و کشتارها و آتش زدن‌ها به عاریت سپری شد و فتوحات، افتخارات، امکانات مادی و قدرت او شادی واقعی و رضایت خاطر او را فراهم نکرده بود و در انتها، در راه بازگشت به وطن خود به پایان زندگی ناآرام و پر از تشویش خود رسید.

یکی دیگر از فلاسفه یونان باستان که معتقد بود، خوشبختی حقیقی از طریق معیارهای دنیای بیرون میسر نیست، پلوتینوس [20] فیلسوف قرن سوم

۱۰۳

میلادی بود. وی عقیده داشت شادی درونی فقط از طریق هوشیاری محض میسر است و اینکه اولاً خوشبختی حقیقی از طریق نمودهای مادی و فیزیکی قابل‌دسترس نیست و ثانیاً با از دست دادن چنین نمودهای مادی نیز از بین نمی‌رود. سیستم‌های فلسفی خاور دور نیز آموزه‌هایی مشابه دارند.

مولوی در «فیه ما فیه» خود به همین موضوع اشاره‌کرده است. او همه خواستن‌ها و حسرت‌های تمام‌نشدنی بشر را در عشق دنیوی خلاصه می‌کند و به‌راستی‌که در حوزه بیداری معنوی و دست‌یابی به بی‌نیازی و رضایت خاطر، کلام را واضح‌تر از این نمی‌توان بیان کرد.

« در آدمی عشقی و دردی و خواستن و تقاضایی هست که اگر صد هزار عالم ملک او شود که نیاساید و آرام نیابد ... زیرا آنچه مقصود است به دست نیامده است آخر معشوق را دلارام میگویند یعنی که دل به وی آرام گیرد پس به غیر چون آرام و قرار گیرد این جمله خوشی‌ها و مقصودها چون نردبانی است و چون پایه‌های نردبان جای اقامت و باش نیست از بهر گذشتن است. خنک او را که زودتر بیدار و واقف گردد تا راه دراز بروکوته شود و بر روی پایه‌های نردبان عمر خود را ضایع نکند.»

اما در اینجا نیاز است پرانتزی باز کرد و رضایت خاطر و قانع بودن و بی‌نیازی را در زندگی امروزی تعریف کرد. بیداری معنوی درگذشته و حتی امروزه ممکن است برای مردان خِرَد، معلمان معنویت، سالکان حقیقت و فیلسوفانی چون دیوژن بی‌نیازی مطلق به ارمغان آورده باشد، اما چنین بی‌نیازی مطلق و زندگی در کمال بی‌چیزی ممکن است با واقعیت‌های زندگی امروز همخوانی نداشته و یا حتی غیرمعقول باشد. به نظر می‌رسد که رویکردی معتدل بین بی‌نیازی، قناعت و رضایت خاطر و کار و تلاش برای فراهم آوردن یک رفاه نسبی برای خود و خانواده بهترین گزینه در زندگی امروزی باشد. طوری که یک کلید فرضی خاموش - روشن بر روی قانع بودن انسان نصب شود. هنگامی‌که انسان از مرز یک رفاه نسبی گذشت، کلید قناعت روشن شود و او را به هر آنچه در اوست، هر آنچه است و هر چه که دارد، قانع و راضی کند تا انسان به آن‌سوی مرز رضایت یعنی حرص و طمع قدم نگذارد. چون در آن‌سوی زیاده‌خواهی نه‌تنها جز استرس، ناآرامی، بی‌اخلاقی و تلخ‌کامی و از

دست دادن لحظه در زندگی نصیب انسان نمی‌شود، بلکه بی‌اخلاقی‌های او حق همنوعان او را نیز پایمال می‌کند و حتی در دیدی عمیق‌تر به زمین نیز آسیب خواهد رساند. همان‌گونه که چنین ناآگاهی در چرخه رنج زمین مشهود است؛ و از همین روی، کلید رضایت و بی‌نیازی باید در مورد جوانی که تن به کار و تلاش و علم‌آموزی نمی‌دهد، باید خاموش شود یعنی به زندگی بسیار آهسته خود قانع نباشد، چون چنین عدم کار و تلاش، او را در اجتماعی که بیشتر انسان‌ها حتی با کار و زحمت در زیرخط فقر زندگی می‌کنند، از داشتن یک رفاه نسبی محروم می‌کند. رویکرد منطقی و آگاهانه، حرکت هماهنگ انسان با جاری عالم هستی است. شتاب‌زدگی و حرکتی سریع‌تر از جاری عالم هستی به حرص و آزمندی و استرس و تلخ‌کامی و رنج برای خود و همنوعان دیگر منجر می‌شود و حرکتی آهسته‌تر از جاری عالم هستی او را از یک زندگی پرثمر و رفاه نسبی و خدمت به خود، خانواده و همنوعان خود بازمی‌دارد و به زیر خط فقر و لایه‌های پایین اجتماع می‌کشاند. در فصل پنجم تحت عنوان «جاری عالم هستی و توهم زمان» به توضیح جاری عالم هستی به‌گونه‌ای منطقی و استدلالی خواهیم پرداخت.

❖ ❖ ❖

جسم یکی، مغز یکی، امانتی برای زیستن

انسان دارای فقط یک جسم است. جسم انسان مانند وسیله نقلیه‌ای است که در پروسه آفرینش به او تحویل داده‌شده است تا آگاهانه در راه حقیقت زندگی، انسان‌وار از این وسیله استفاده کند و با آن از خوشی‌های سالم هم بهره جوید؛ اما فرق جسم با امکانات مادی زندگی در آن است که می‌توان یک خانه را دوباره ساخت و یا عوض کرد و یا یک اتومبیل را تعمیر و یا نو آن را خرید، اما چنین امکانی برای جسم نیست. برخلاف برخی از تفسیرهای معنوی که جسم انسان ارزشی کمتر از روح انسان دارد، در حوزه خودشناسی مترقی جسم امانتی مقدس است که می‌بایست از آن مراقبت کرد زیرا با جسمی سالم و شاداب، بهتر می‌توان به آرامش روحی رسید. مبنای بُعد

فیزیکی فلسفه یوگا بر همین امر استوار است. این فلسفه در ابتدا فقط شامل بُعد معنوی و تعلیمات خودشناسی بود. متعاقباً بزرگان این فلسفه به این نتیجه رسیدند که انسان با جسمی سالم‌تر بهتر می‌تواند به خودآگاهی معنوی و حقیقت دست بیابد. انواع مختلف تمرینات فیزیکی یوگا که امروزه در کشورهای شرقی و غربی رایج و مورد استقبال نسل امروزی است، بُعد فیزیکی فلسفه یوگا است. در قسمت دوم کتاب به فلسفه یوگا خواهیم پرداخت.

بنابراین، انسان تا آنجا که ممکن است، می‌بایست از جسم خود مراقبت کند و آن را سالم و شاداب نگه دارد. مگر آنکه فقدان چنین سلامت و شادابی از عهده و اراده انسان خارج و یا یک مشکل جسمی نتیجه جبر و تقدیر باشد. مراقبت از جسم و مغز در راستای یک زندگی سالم است و زندگی سالم در تغذیه سالم، فعالیت جسمی و دوری جستن از مواد مضر و عدم اعتیاد به هر نوع عناصر تحریک‌کننده مغز و اعصاب مانند الکل و دخانیات، مواد مخدر و روان‌گردان‌هاست.

تقریباً تمام ادیان و تعلیمات معنوی غالباً انسان را به‌اعتدال در خوردن سفارش می‌کنند که انسان باید فقط هنگامی که گرسنه است غذا بخورد و نه از روی بیکاری و بی‌حوصلگی و از روی تفنن. اگرچه مواد غذایی برای رشد و سلامت انسان ضروری است اما درعین‌حال می‌تواند به یکی از خطرناک‌ترین دشمنان سلامت انسان تبدیل شود. پرخوری و عادت به غذاهای ناسالم دلیل اصلی بیماری‌های قلب و عروقی، چاقی مفرط، بیماری قند، کلسترول و فشارخون بالا و پیری زودرس است.

خوردن برای سرگرمی و تکیه بی‌رویه بر مزه غذا و عدم توجه به ارزش غذایی مواد، خوردن غذاهای فراورده‌ای، غذاهای هله‌هوله‌ای شیرین و شور و فست فود، نوشابه‌های گازدار که در هر بطری آن تقریباً دوازده قاشق مرباخوری شکر است، خوردن قند فراوان با چای و یا چای فراوان با قند، خوردن شیرینی و کیک‌های خوشمزه مملو از تخم‌مرغ، شکر و وانیل و آرد سفید و روغن جامد به هر بهانه و مناسبتی (که چنین بهانه‌ها و مناسبات در کشورمان کم نیستند) و غذاهای چرب ... بدن انسان را به کیسه‌ای تنبل

تبدیل می‌کند. چنین بی‌توجهی نه‌تنها سلامت جسم را به خطر می‌اندازد و از توانایی و قدرت آن می‌کاهد، بلکه انسان را به موجودی ضعیف تبدیل کرده که در مقابل سختی‌های زندگی تاب مقاومت را نخواهد داشت و از طرف دیگر هیچگاه رنج گرسنگی همنوعان بشر را درک نخواهد کرد.

در مورد فواید ورزش و فعالیت‌های جسمی زیاد شنیده‌ایم، فعالیت‌های جسمی مستمر و سوزاندن کالری غذاهایی که وارد بدن می‌شوند، تأثیر به سزایی در سلامت، مقاومت و وزن مناسب انسان دارد. ورزش مستمر و دندان‌های سالم در زندگی می‌توانند در سنین بالای میان‌سالی و سالمندی تا بیست‌وپنج سال فرد را جوان‌تر نشان دهد. جدای وضع ظاهری جسم، اندام‌های درون مانند اعضای داخلی و مغز بیش از قسمت بیرونی جسم حساس هستند و سوءاستفاده و عدم توجه به سلامت آن‌ها می‌توانند نتایج زیانباری را برای افراد داشته باشد.

یقیناً افراد معتاد به دخانیات از زیان این مواد و تأثیر منفی آن بر بدن اطلاع کافی دارند اما با رجوع دادن به موارد افسانه‌ای چون «پدربزرگی تا سن نودسالگی سیگار می‌کشید و همیشه سالم بود» خود را قانع به ادامه مصرف آن می‌کنند. شاید یکی از دلایل آن این است که صبر اندام‌هایی چون دهان، ریه و قلب بیش از تحمل اندام‌های دیگر مانند معده است. شکی نیست کسانی که سیگار می‌کشند، میوه و سبزی را به‌دقت می‌شویند و یا از خوردن غذاهای مانده و یا خارج از تاریخ‌مصرف خودداری می‌کنند و دلیل آن این است که معدهٔ انسان تحمل سوءاستفاده را ندارد و فوراً درسی جانانه به فرد می‌دهد؛ اما ریه‌ها و قلب همان موقع به‌حساب فرد خاطی نمی‌رسند و اگر در آینده برسند، بی‌شک فرد به‌آسانی عادت خود را ترک خواهد کرد و خدا کند که دیر نشده باشد. امروزه می‌توان به‌آسانی فرق شکل و شمایل ریه‌های یک فرد سیگاری و یک فرد غیر سیگاری را در اینترنت دید و اگر افراد سیگاری ریخت یک جفت ریه سوءاستفاده شده را ببینند، در می یابند که ریه‌هایشان دل‌خوشی چندانی از آن‌ها ندارند.

مصرف مواد مخدر و اعتیاد، وابستگی به الکل و حتی پرخوری در بیشتر مواقع ریشه در کم حوصلگی انسان، فرار از خود و نداشتن مهارتهای لازم برای شاد بودن و آرام کردن ذهن دارد.

در حالت مدیتیشن یا مراقبه انسان بامهارتی که کسب می‌کند، می‌تواند ذهن خود را تحت نظارت گرفته و آن را آرام کند. سپس با حضور در لحظه از دو بُعد موهوم زمان یعنی گذشته و آینده خارج شده و از این طریق از افکاری که در حالت‌های معمولی یک‌لحظه او را رها نمی‌کند فاصله می‌گیرد و در حالتی غوطه‌ور می‌شود که آن را هوشیاری محض می‌نامند. چنین آرامشی برای استراحت جسم، مغز و ذهن مفید است. تحقیقات پزشکی امروزه مؤید این واقعیت است که عمل مدیتیشن به‌طور فیزیکی بر روی بافت‌های مغز نتیجه مثبت دارد.

بهرحال با داشتن این مهارت ها معمولا نیاز به هیچ تسکین‌دهنده ای نیست. انسانی که به بیداری معنوی رسیده و آرامش و شادی را در درون خود می‌یابد، نیازی به مواد آرامش‌بخش ندارد. همان‌طور که مولوی پس از رسیدن به بیداری معنوی به می طعنه می‌زند:

ای می بترم از تو من باده ترم از تو

پر جوش ترم از تو آهسته که سرمستم

و در جای دیگر:

باده غمگینان خورند و ما ز می خوش‌دل‌تریم

رو به محبوسان غم ده ساقیا افیون خویش

در اشعار فوق البته پیام اصلی مسئله خوردن و یا نخوردن می نیست. این ابیات دارای پیامی عمیق‌تر بوده و ازلحاظ خودشناسی به کامل بودن و بی‌نیازی انسان اشاره دارد. در اینجا هر وابستگی بیرونی دیگر می‌تواند به‌جای «می، باده و افیون» بنشیند. این به این معنی است که وقتی انسان شادی و آرامش را در درون خود یافت، به هیچ عامل بیرونی از هر جنس و نوع وابسته نخواهد بود. چون همه عوامل بیرونی موقتی‌اند و تضمینی برای دوام آن‌ها نیست و بنابراین انسانی که شادی او به این عوامل موقتی وابسته نیست با از دست دادن آنها شادی خود را نیز از دست نخواهد داد.

فصل ۵ - توهّمات و احساسات منفی، محصول ناخودآگاهی

❖ ❖ ❖

جاری عالم هستی و توهم زمان

تاکنون چندین بار به اهمیت زمان حال اشاره کردیم و ازاین‌پس نیز بسیار با اهمیت لحظه اکنون و توهم زمان سروکار خواهیم داشت. به همین دلیل شاید بهتر باشد در این بخش منظور از تأکید این عناوین به‌تفصیل توضیح داده شود. زمان حال تنها قسمتی از بُعد زمان است که دارای حقیقت است و گفتیم که هر دو بُعد گذشته و آینده توهمی است که به‌مرورزمان در ذهن نوع بشر شکل‌گرفته است. کتاب‌ها و تئوری‌های فراوان اعم از علمی و عرفانی در ارتباط با توهم زمان نوشته‌شده است. توهم زمان نقشی اساسی در تخریب روح و روان و رفتار انسان بازی می‌کند و از این طریق یکی از عوامل اصلی رنج انسان هم به‌صورت انفرادی و جمعی بر روی زمین است.

در شکل ۱ می‌بینیم که چگونه توهم زمان باعث زندگی ناآگاهانه انسان و رنج بر روی زمین می‌شود و در شکل ۳ پس از پایان این بحث خواهیم دید که ایگو و ماسک شخصیت دست در دست این توهم باعث بروز احساسات منفی و واکنش‌های ناسالم و یا غم و اندوه می‌شوند. این احساسات خود به وضعیت دشوار زندگی می‌افزاید و چرخه رنج فردی را تداوم می‌دهد. این است که پی بردن به توهم زمان برای آرامش انسان و زندگی آگاهانه او بسیار اهمیت دارد.

آلبرت اینشتین در تئوری نسبیت عام به این نتیجه رسید که بُعد زمان یک بُعد مستقل از متن عالم هستی نیست بلکه به‌عنوان بُعد چهارم در تاروپود سه بُعد مکان تنیده شده است و پس‌ازآن ابعاد زمان و مکان را باهم فضا-زمان نامید. در قسمت سوم کتاب به این تاروپود فضای لایتناهی بیشتر خواهیم پرداخت؛ اما امروزه گروهی از فیزیکدانان بر این عقیده‌اند که به‌طور کل بُعد زمان در عالم هستی وجود ندارد؛ اما درعین‌حال دیدگاه این فیزیکدانان در رابطه با زمان حال این است که رخدادها به‌صورت قطعه‌قطعه در لحظه به وقوع می‌پیوندد و زمان لحظه‌به‌لحظه با این رخدادهای مقطعی به جلو پیش می‌رود و اینکه در هر قطعه اطلاعات و تغییرات در عالم هستی وجود دارد و این اطلاعات توسط این قطعات به گذشته منتقل می‌شود؛ اما این دیدگاه هم یک نوع تئوری است که هنوز صحت آن ثابت نشده است.

فیلسوف و عارف مسیحی قرن چهاردهم میلادی مایستر اکهارت تعریفی از زمان برجای گذاشته است که با موشکافی آن می‌توان آن را درست‌ترین نظریه در رابطه با تعریف زمان دانست. این فیلسوف می‌گوید:

«زمان حال تنها مقطعی از زمان است که از ازل بوده و تا ابد خواهد بود. پدیده‌ای به اسم دیروز و امروز وجود ندارد. هر چه هست اکنون است.»

درک زمان حال با قوه ادراک و تفکر یعنی ذهن تا حدودی دشوار است، زیرا در بیشتر مواقع ذهن خود درگیر بُعد زمان است؛ اما انسان می‌تواند به‌جای فهمیدن، آن را حس کند. بنده کتاب‌ها و مقالات زیادی را در پی این راز جستجو کردم که منظور از واقعیت زمان حال را به‌عنوان تنها مقطع زمان درک کنم اما آن را فقط در یک لحظه و هنگام سخنرانی یکی از معلمان عرفان حس کردم. حس حقیقت زمان حال، حالتی بسیار فوق‌العاده در انسان به وجود می‌آورد گویی که پرده تاریکی از روی وجود انسان کنار می‌رود و این حالت بسیار زیباست. سپس مدت‌ها طول کشید که راهی برای توضیح توهم زمان و شرح «لحظه اکنون و زمان حال» پیدا کنم؛ بنابراین امیدوارم که شرح زیر، به درک آسان چنین پدیده‌ای که از وجود حقیقی انسان پنهان مانده کمک کند.

ابتدا تعریفی مختصر در مورد زمان حال یا لحظه اکنون: پس گفتیم زمان بُعدی موهوم است و عاری از حقیقت: در عالم هستی پدیده‌ای به‌عنوان زمان و گذشت زمان وجود ندارد. تنها پدیده‌ای که دارای حقیقت است زمان حال، لحظه و اکنون است. این پدیده را حتی نمی‌توان با عنوان مقطعی از زمان عنوان کرد زیرا هر مقطعی دارای ابعاد است و هر بُعدی دارای اندازه‌ای است و هر اندازه‌ای را می‌توان با واحدی از سنجش اندازه گرفت مانند واحد طول یا مسافت و یا واحد وزن و واحد زمان به ثانیه؛ اما لحظه و زمان حال کاملاً بدون بُعد است. توجه شود که لحظهٔ اکنون فقط یکی، و واحد است یعنی جمع لحظه یا لحظات، ممکن است درست نباشد. البته استفاده از واژه لحظات فقط جنبه عادت دارد. شاید خوانندگان تاکنون متوجه یک ویژگی برای بیان زمان حال در طول این کتاب شده‌اند و آن بکار گیری عمدی عبارت «لحظه» است؛ و دلیل آن فقط یک امر است و آن اینکه هیچ لحظه‌ای به‌جز این «لحظه» وجود ندارد. عالم هستی همواره در این لحظه جاری می‌شود و تغییرات آن هم در همین لحظه رخ می‌دهد.

این لحظه را می‌توان مانند چشمه‌ای تصور کرد که آب از آن می‌تراود. خود «سرچشمه» این لحظه است و آب جریان عالم هستی است که چاره‌ای به‌جز اینکه از سرچشمه پا به عرصه وجود بگذارد، ندارد. تا آنجایی که به یک رهگذر که در کنار چشمه نشسته است، مربوط می‌شود، آب قبل از تراوش از سرچشمه وجود خارجی ندارد و حقیقتی در آن نیست یعنی گذشته آب برای رهگذر عاری از حقیقت است و همین‌طور دست این رهگذر به آبی که قرار است ده‌ها و یا صدها متر از چشمه دور شود، نمی‌رسد؛ بنابراین چنین آبی یعنی آینده آب هم برای رهگذر عاری از حقیقت است. حقیقت آب فقط در سرچشمه است. اگر هم فرصتی پیش بیاید و دست این رهگذر به آینده آب برسد این دسترسی در آیندهٔ رهگذر اتفاق نمی‌افتد بلکه در زمان حال و در یگانه «لحظه» او اتفاق می‌افتد.

عالم هستی نیز مانند چشمه مذکور عمل می‌کند. این عملکرد را می‌توان «جاری عالم هستی» [۹] خواند. جاری عالم هستی زنده‌بودن جهان و حرکت ازلی-ابدی آن است؛ یعنی عالم هستی ایستا نیست و همواره در حال جاری

شدن است. این جاری عالم هستی با حرکت خود تغییر به همراه دارد و خود را تغییر می‌دهد. از یک شکل به شکل دیگر و از یک فرم به فرم دیگر. این پدیده را می‌توان «تغییرات عالم هستی» [۲۱] نامید. از تغییراتی که ما انسان‌ها از آن‌ها باخبر هستیم، انبساط جهان و دور شدن کهکشان‌ها از یکدیگر، چرخش بازوان حلزونی شکل کهکشان‌ها به دور هسته مرکزی و حفره سیاه و یا چرخش منظومه شمسی به دور خورشید و چرخش سیاره‌مان زمین به دور خود را می‌توان نام برد. این تغییرات کلی تغییراتی جزئی‌تر را باعث می‌شوند. مثلاً، پدید آمدن فصول سال و روز و شب. این‌ها تغییرات طبیعی خارج از دست انسان است؛ اما ازآنجایی‌که خود انسان هم قسمتی از وجود عالم هستی و موجودی متحرک است، در سطحی جزئی‌تر دست به تغییرات در عالم هستی می‌زند. انسان مثلاً تغییرات بر روی کره زمین را از طریق تغییرات در محیط و ساخت‌وسازها به وجود می‌آورد. از تغییر در شکل ظاهری جنگل‌ها تا آلوده کردن زمین همه ازجمله این تغییرات در جریان عالم هستی‌اند؛ اگرچه بعداً خواهیم دید که در جهت مخالف جریان عالم هستی، اما فعلاً آن را به‌عنوان یک تغییر به حساب می آوریم.

اما نکته مهم برای حس بی‌زمانی در این است که همه این تغییرات در زمان حال به وقوع می‌پیوندد. لحظه و زمان حال یکی است و این تغییرات است که به سراغ آن می‌آیند. به‌عبارت‌دیگر عالم هستی همواره در این لحظه جاری می‌شود. شب و روز در همین لحظه‌ای که اکنون در آن هستید و این سطور را می‌خوانید، جاری می‌شود. فصول سال، بهار، تابستان، پاییز و زمستان تک‌تک به سراغ همین لحظه واحد می‌آیند. میتوان گفت که تاریخ درگذشته به وقوع نپیوسته است بلکه در همین لحظه اتفاق افتاده و از خود رد پا گذاشته است. آیندگان و نسل‌های بعدی در سال‌ها و قرن‌های آینده به دنیا نخواهند آمد بلکه در همین یک‌لحظه واحدی که من و شما اکنون در آن نفس می‌کشیم، به دنیا می‌آیند، خواهند زیست و دنیا را ترک خواهند کرد؛ زیرا در عالم هستی لحظه‌ای دیگر وجود ندارد. آیا شما می‌توانید از این لحظه خارج شوید؟

حال مایلیم بدانیم که چگونه است که چنین توهمی به نام زمان و گذشت آن و دو بُعد گذشته و آینده آن در روح و روان ما شکل‌گرفته است؟

جواب این سؤال در دو ویژگی تکاملی انسان است. ویژگی اول حافظه و هوشمندی انسان است و ویژگی دوم در اختراع واحد زمان، به‌کارگیری اجتناب‌ناپذیر آن در عرصه زندگی مدرن و هویت گرفتن روزافزون از آن است.

واحد زمان یک واحد اندازه‌گیری است مانند بقیه واحدهای سنجش، همان طور که واحد طول برای اندازه‌گیری مسافت و واحد وزن برای اندازه‌گیری جرم و وزن اختراع‌شده است، واحد زمان ثانیه است و برای اندازه‌گیری بین دو نقطه تغییر عالم هستی است که به آن «مدت‌زمان» هم می‌توان گفت. این واحد ابتدا با تقسیم تغییرات پدید آمده به‌وسیله چرخش زمین به دور خود و مدت یک دور به دور خورشید محاسبه شد یعنی یک ثانیه تقریبا برابر است با ۱/۸۶۴۰۰ یک روز خورشیدی. امروزه یک ثانیه را با استفاده از سیستمی دقیق‌تر اندازه می‌گیرند و آن ساعت اتمی است. به‌هرحال مقصود از اختراع ساعت و واحد زمان، اندازه‌گیری «بین دو تغییر از تغییرات عالم هستی» بوده است. این واحد اندازه‌گیری زمان، موردنیاز انسان است و اکنون از آن برای اندازه‌گیری مقدار تغییر و یا در علوم و فناوری و دستگاه‌های مکانیکی و الکترونیکی استفاده می‌شود.

انسان تغییرات را مشاهده می‌کند، یعنی شاهد تغییرات عالم هستی است. مثلاً تغییرات در فصل‌ها، روز و شب و یا تغییر در طبیعت، درختان و میوه دادن آن‌ها در تابستان و یا بنا شدن یک ساختمان همه نمونه‌هایی از این تغییرات‌اند؛ اما حقیقت این است که هر تغییری نسبت به تغییر دیگر به واقعیت تبدیل می‌شود. هیچ تغییری به‌خودی‌خود واقعیت ندارد و ما انسان‌ها می‌توانیم این تغییرات را نسبت به تغییرات دیگر حس و درک کنیم و نه با گذشت زمان؛ زیرا زمان توهم است و نمی‌گذرد. یک درخت هیچ درکی از تقویم ندارد که در مردادماه میوه دهد. میوه دادن تغییری است نسبت به چرخش زمین و تغییر هوا. باردهی یک درخت مطابق با تغییرات دیگر عالم هستی است نه تقویم و یا تیک‌تیک ساعت.

حال انسان شاهد تغییری می‌شود و آن را در حافظه خود ثبت می‌کند؛ اما ثبت آن تغییر و یا رخداد در حافظه، نسبت به واحد زمان یعنی روز و ماه و سال نیست بلکه مطابق با رخدادی دیگر است که تغییری دیگر را باعث شده است؛ یعنی سیبی که در تابستان گذشته از درخت کنده‌ایم و خورده‌ایم در سال گذشته نبوده بلکه در همین لحظه اتفاق افتاده است. دلیل اینکه فکر می‌کنیم، این کار یک سال پیش اتفاق افتاده، این است که حافظه ما کندن و خوردن سیب را با تغییری دیگر مثل گرمای هوا، رفتن به باغ و رخدادی که در آن نزدیکی اتفاق افتاده بود، همه را نسبت به یکدیگر و باهم ثبت می‌کند. (به افعال جملات توجه نکنید. استفاده از افعال در زمان‌های مختلف اجتناب‌ناپذیر است). پس از آن واقعه خوردن سیب هم، تغییرات متعدد دیگری از عالم هستی به سراغ این لحظه واحد آمده است و ما شاهد آن‌ها بوده‌ایم و آن‌ها را نیز در حافظه خود ثبت کرده‌ایم و به‌این‌ترتیب بُعدی رخدادی و تدریجی از این تغییرات پشت سر هم در ذهن ایجاد می‌شود که از طریق آن، گذشت زمان را در حافظه تداعی می‌کند.

تغییرات جسمی در انسان نیز مطابق تغییرات عالم هستی‌اند. انسان از کودکی رشد می‌کند و از دوران نوجوانی به جوانی و سپس میان‌سالی عبور می‌کند و به کهن‌سالی می‌رسد. این تغییرات به دلیل فرسایش سلول‌های بدن است و این سلول‌ها هیچ درکی از گذشت زمان یعنی ساعت و تقویم و تاریخ ندارند. فرسودگی آن‌ها طبق تغییرات دیگر عالم هستی است این سلول‌ها به هوشمندی سیاره متصل‌اند و هماهنگ با تغییرات آن فرسوده می‌شوند. آن‌ها در جاری عالم هستی جاری و شناور هستند و یا جاری عالم هستی در آن‌ها به وقوع می‌پیوندد. حرکت و چرخش الکترون‌های اتم‌های سلول‌های بدنمان به دور هسته مرکزی آن‌ها، قسمتی از حرکت و جاری عالم است.

فرض کنیم که جاری عالم هستی برای مدتی کاملاً متوقف شود؛ یعنی جهان کاملاً از حرکت بایستد. زمین هم از چرخش بازایستد و جسم ما به همراه فعل‌وانفعالات بیولوژیکی که جزئی از جاری عالم هستی است، متوقف شود. به‌عبارت‌دیگر، در این وضعیت فرضی، هیچ تغییری وارد این لحظه نمی‌شود یا از آن عبور نمی‌کند. در ضمن فرض کنیم که در این حالت تنها وسیله‌ای که

به کـار خـود ادامـه بدهـد، سـاعت‌ها و موبایل‌هایمـان باشـد، اگـر سـاعت‌هایمان، ساعت‌هـا بـه جلـو برونـد و تقویم‌هـای موبایـل هـم فرضـاً پیشـرفت کـرده و چنـد دهـه بـه کـار خـود ادامـه دهنـد، مثـلاً صدسـال. چـه تغییـری در جهـان رخ می‌دهـد؟ آیـا تغییـر در فصـول و طبیعـت رخ خواهـد داد؟ آیـا مـا در ایـن صدسـالی کـه سـاعت و تقویـم گذشـت آن را نشـان می‌دهنـد، سـالمند خواهیـم شـد؟ جـواب روشـن اسـت خیـر؛ زیـرا همـه سـلول‌های بدنمـان بـه تاروپـود عالـم هسـتی متصـل اسـت. اگـر عالـم هسـتی از حرکـت بایسـتد، سـلول‌های بـدن نیـز از حرکـت بازایسـتاده و رو بـه فرسودگی نمی‌روند.

حـال فـرض کنیـم بعدازایـن کـه سـاعت‌ها و تقویم‌هـای الکترونیکـی صدسـال واحـد زمـان را انـدازه گرفتنـد، ناگهـان جهـان مجـدداً جـاری شـود و بـه حرکـت خـود ادامـه دهـد. تغییـرات دوبـاره بـه وقـوع می‌پیوندنـد و جسـم مـا مجـدداً به‌سـوی سـالمندی پیـش خواهـد رفـت. ایـن بـه ایـن معنـی اسـت کـه اختـراع و طراحـی سـاعت‌ها و تقویم‌هـا به‌منظـور گـردش عقربه‌هـا و گذشـت روزهـای مـاه و پیشـروی اعـداد آن نبـوده، بلکـه ایـن واحـد زمـان و دسـتگاه آن بـرای نشـان دادن تغییـرات بیـن دو تغییـر در عالـم هسـتی اختراع‌شـده‌اند و کارایـی دارنـد؛ و چـون در صدسـال کارکـرد فرضـی در فرضیـه فـوق نتوانسـتند، تغییـری را اندازه‌گیـری کننـد کارکردشـان کامـلاً بی‌معنـی و بی‌ارزش بـوده اسـت و از ایـن طریـق تـوهم زمـان تـا حدودی ثابت‌شده است.

حـال بایـد دیـد کـه تـوهم زمـان چـه ربطـی بـه خودشناسـی، آگـاه زیسـتن و پایـان رنـج انسـان دارد. کتاب‌هـای مشـهور خودشناسـی و معنویـت بـه حقیقـت لحظـه اکنـون و تـوهم گذشـته و آینـده می‌پردازنـد، امـا کامـلاً روشـن نمی‌کننـد کـه درک تـوهم زمـان و حـس لحظـه چگونـه بـه رنـج انسـان‌ها پایـان می‌دهـد. ایـن اسـت کـه در ایـن متـن هـم تـوهم زمـان و حقیقـت لحظـه توضیـح داده شـده اسـت و هـم رابطـه آن‌هـا در گسسـتن چرخه‌هـای رنـج. از ایـن رو چنیـن ارتباطـی در سـه شـکل ۱ و ۲ و ۳ نشـان داده شـده اسـت. شـکل‌های ۱ و ۳، چرخـهٔ رنـج فـردی و جمعـی انسـان و سـیاره را نشـان می‌دهنـد کـه چگونـه یکـی از عناصـر تکمیـل ایـن چرخـه تـوهم زمـان اسـت. شـکل ۲ بازگشـت بـه لحظـه پـس از هـر ارتبـاط بـا دنیـای بیـرون بـر مبنـای زمـان را نشـان می‌دهـد کـه ایـن بازگشـت، یعنـی بازگشـت بـه منـزل

۱۱۵

درون، زندگی آگاهانه انسان را رقم می‌زند. توجه شود که وقتی می‌گوییم «بازگشت» منظور «بازگشت ذهن یا بازگشت ذهنی» است

با درک توهم زمان و کنار زدن آن از روح و روان خود، انسان می‌تواند دایره رنج فردی (شکل ۳) و احساسات منفی را از هم گسسته کند و از چرخه آن خارج شود؛ و شکل ۱ نشان می‌دهد که اگر همه انسان‌ها توهم زمان را از حقیقت وجود خود کنار بزنند، دایره رنج زمین گسسته و به رنج در پهنه زمین پایان داده خواهد شد. فراموش نشود منظور از رنج جمعی فقط طیف اختیاری زندگی است و نه طیف فراگیر جبری عالم هستی؛ اما همگان بر این امر واقف هستیم که رنجی که از طریق طیف جبری عالم هستی، تقدیر و سهم انسان‌هاست هیچگاه به‌اندازه حجم رنجی که از طیف اختیاری انسان‌ها بر آن‌ها تحمیل می‌شود، نمی‌رسد. رنجی که از حوادث طبیعی مانند زلزله، آتش‌فشان و سیل و طوفان بر موجودات زمین وارد آمده حتی در مقیاس کمیت به‌پای رنج‌های بشر از طریق جنگ‌ها و پاکسازی‌های قومی نمی‌رسد. ناگفته نماند که بیداری انسان‌ها در پهنه زمین حتی می‌تواند از رنج‌های بخش جبری یعنی حوادث طبیعی نیز بکاهد. بدین معنی که مثلاً زلزله‌ای در کشوری قانونمند، با نظارت بر استانداردسازی و پیمانکاران باوجدان (آگاه) می‌تواند خسارت‌های مالی و جانی و رنج کمتری برای مردم آن کشور داشته باشد و زلزله‌ای مشابه در کشوری دیگر با معیارهای غیرمسئولانه و پیمانکاران سودجو، مصائب و رنج به‌مراتب بیشتری به مردم آن وارد کند.

حال به چگونگی ارتباط درک توهم زمان با آگاهی و پایان رنج انسان می‌پردازیم. بهتر است که به این سؤال در دو قسمت پاسخ داده شود. قسمت اول اینکه انسان تنها موجودی است که عمیقاً خود را درگیر توهم زمان می‌کند و تنها شکلی از حیات است که از نظر ذهنی در گذشته و آینده سیر می‌کند. هیچ شکلی از حیات بر روی زمین مانند گیاهان، جانوران و آبزیان کاری با گذشت زمان ندارند. موجودات دیگر در بی‌زمانی مطلق بسر می‌برند. آن‌ها همواره در این لحظه‌اند. این موجودات با جاری عالم هستی جاری می‌شوند و هماهنگ با این جریان درحرکت‌اند. آن‌ها درکی از مفاهیمی چون گذشت زمان، ارزش وقت و یا هدر رفتن وقت ندارند.

آشکال دیگر حیات و ازجمله کودکان درکی از روز، ماه و سال ندارند و اهمیتی هم برای ساعت و تقویم قائل نیستند. آن‌ها مانند ما انسان‌ها و بزرگسالان در گذشته و آینده سیر نمی‌کنند و بنابراین اتفاقات گذشته و آینده تأثیری بر آن‌ها ندارد. احساسات مخصوصاً منفی مانند پشیمانی، اندوه، انتقام، خشم، اضطراب و استرس که همه محصول اتفاقات گذشته و آینده است، جایی در وجود موجودات بی‌زمان ندارند. آن‌ها صبور و آرام‌اند و در آرامش بسر می‌برند زیرا که در لحظه و در بی‌زمانی مطلق زندگی می‌کنند. قبل از ادامه بحث، به آن «نگاه عاقلانه ...» کودکان که در ابتدای فصل ۲ به آن اشاره شد برمی‌گردیم. بله، دلیل آن نگاه عاقلانه همین بی‌زمانی مطلق آن‌هاست که به والدین می‌گوید «فردا دیگر چه بلایی است؟»

قسمت دوم پاسخ در حافظه انسان است که اتفاقات ناخوشایند گذشته در او نوعی ترس روحی و روانی ایجاد می‌کند و زندگی را که در این لحظه به سراغ او می‌آید، تلخ می‌کند؛ اما حافظه انسان محل ثبت دانش‌ها و مناسبات اکتسابی نیز است. یکی از این مناسبات رایج درک قانون کلاسیک علت و معلول است. از دیدگاه کلاسیکی این نظریه، جهت پیکان علت و معلول از گذشته به آینده است؛ یعنی مطابق با آن، دلیل هر رخدادی معلول رخدادی در گذشته است. آلن واتس این نظریه کلاسیک را به چالش می‌کشد و در فلسفه او جهت پیکان علت و معلول از گذشته به آینده نیست، زیرا هم گذشته و هم آینده توهمی بیش نیستند و در عوض، پیکان علت و معلول همواره از زمان حال شروع می‌شود و از خود رد پا بجا می‌گذارد. این ادراک تکاملی انسان است که از طریق آن هنگامی‌که به آثار تغییرات می‌نگرد، تصور می‌کند که این رد پا در زمان گذشته اتفاق افتاده است. انسان می‌تواند از این رد پا و اثر بیاموزد اما نه‌تنها از این رد پا تاریخ می‌سازد بلکه خود را با چنین تاریخی تعریف هم می‌کند. یعنی خود را محصول و زندانی گذشته و اتفاقات آن می‌پندارد.

می‌توان این دیدگاه فلسفی علت و معلول را در قالب چهار مثال زیر روشن‌تر بیان نمود (مثال اول متعلق به آلن واتس و مثال سوم آمیخته‌ای از شعری از

خیام ترجمه ادوارد فیتزجرالد و جلسه تدریسی از آلن واتس است و مثال دوم و چهارم الهام گرفته از این دو مثال و متعلق به نویسنده است).

مثال اول: قایقی را در نظر بگیرید که همواره در این لحظه سینه دریا را می‌شکافد و به جلو می‌رود. عمل حرکت همواره در این لحظه و از کشتی شروع می‌شود و شکافتن آب در لحظه (علت)، موجی را از جلو کشتی به وجود آورده و این موج به پشت کشتی خطی از موج را مانند رد پای کشتی به وجود می‌آورد (معلول). این رد پا تا ده‌ها متر در پشت کشتی دیده می‌شود و سپس از قوت آن کاسته شده و محو می‌شود. موجی که ده‌ها متر در پشت کشتی دیده می‌شود علت موجی که در جلو کشتی ایجاد می‌شود نیست بلکه برعکس است؛ یعنی جهت پیکان علت و معلول و حتی جهت پیکان زمان از این لحظه به گذشته است و نه از گذشته به آینده.

مثال دوم: این بار که شاهد عبور یک هواپیما در یک آسمان آبی هستید، توجه کنید. خطوط ابر مانند (که درواقع بخار آب است) از موتورهای هواپیما شروع می‌شود و تا کیلومترها در مسیر هواپیما و در پشت سر آن تداوم دارد و سپس محو می‌شود. کدام سمت این خط سفید علت طرف دیگراست. کدام طرف علت و کدام طرف معلول است؟ آیا طرفی که از هواپیما همواره در زمان حال تولیدشده علت طرف دیگر آن نیست که گویی در گذشته وجود دارد؟ در اینجا می‌بینیم که همه‌چیز همواره در زمان حال وارد عالم هستی می‌شود و از خود رد پایی می‌گذارد که مغز انسان براثر سیر تکاملی خود از این رد پا گذشته‌ای می‌سازد. در این پدیده می‌توانیم زمان حال و حدودی از رد پای تغییرات در آن را به‌طور کامل در زمان حال مشاهده کنیم. آنچه از مشاهده ما خارج است تغییراتی است که به‌وسیله تغییرات دیگر پاک شده است وگرنه همه این پدیده در یک رخداد کلی قابل‌مشاهده بود.

مثال سوم می‌تواند قلمی باشد که در دستتان قرار می‌گیرد و با آن می‌نویسید. جوهری که از قلم جاری است در این لحظه بر روی کاغذ می‌نشیند و از خود اثر بر جای می‌گذارد. اگر جمله‌ای را که بر روی یک کاغذ می‌نویسید در نظر بگیرید این کلمه اول نیست که جمله را کامل می‌کند و یا حتی به آن معنی می‌دهد بلکه آخرین کلمه و یا کلمات است که جمله را

کامل کرده و به آن معنی می‌دهد؛ بنابراین کمالِ جمله، معلولِ گذشتهٔ جمله نیست، بلکه لحظه حال است که علت کمالِ آن است.

مثال چهارم: انسان در هر سنی که باشد هنگامی‌که در مقابل آینه قرار گرفت می‌تواند نگاهی به تغییرات در خود بیندازد مثلاً تار مویی سفید و یا چروکی بر روی پوست. سؤال این است: کدام‌یک از این تغییرات خارج از یگانه لحظه‌ای که ما همواره در آن قرار داریم، اتفاق می‌افتد؟ آنچه ما در آینه می‌بینیم تغییرات هستند اما تک‌تک این تغییرات در زمان حال و لحظه اتفاق افتاده است. این تغییرات رد پای جاری عالم هستی هستند که همواره در ما و در همین لحظه در ما جاری می‌شود و از ما عبور می‌کند. این رد پا فقط در جسم ما نیست بلکه در ذهن ما نیز به‌جای مانده است؛ اما درست مانند مثال فوق، کمال جسمی و عقلی‌مان معلول گذشته نیست بلکه همواره این لحظه حال است که علت است و کمال ما در آن به حقیقت تبدیل می‌شود. در ضمن تصویر ما در آینه تمامیت تغییرات عالم هستی و رد پای این تغییرات را در ما به‌طور کامل در زمان حال به ما نشان می‌دهد.

چنین دیدگاه فلسفی در رابطه با علت و معلول در زندگی بشر نیز صادق است، یعنی اینکه انسان محصول گذشته خود نیست و اگر ما انسان‌ها چنین تصور می‌کنیم این یک توهم است. رفتار انسان امروزی از وجود خالص او سرچشمه نمی‌گیرد بلکه از میان لایه‌های ماسک شخصیت که ریشه در گذشته‌ای موهوم دارد می‌تراود. انسان امروزی خود را در گذشته تعریف می‌کند و زندگی را در آینده می‌جوید. هویت خود را از گذشته می‌گیرد و رفتار او در عالی‌ترین شکل خود در قالب غرور فردی، غرور ملی، افتخار به نژاد، و از رخدادها و اعمال گذشتگان بروز می‌کند و در ناگوارترین حالت روحی و رفتاری در قالب احساسات منفی مانند اضطراب و افسردگی و نگرانی در او ظاهر می‌شود. انسان افسرده و غمگین تا هنگامی‌که خود را محصول گذشته می‌داند یعنی علت خود را در گذشته می‌یابد، نمی‌تواند از چرخه افسردگی خود را برهاند. رفتارهای متمدنانه ما در زندگی شهری عمیقاً از تجربیات گذشته است. رنج انباشته انسان از گذشته‌ای است که هیچ قدرتی در این لحظه ندارد؛ اما توهم زمان در انسان به او می‌قبولاند که او محصول

گذشته است و باید بر اساس آنچه بر او گذشته رفتار کند. در لحظه و در زمان حال واحد، هیچ علتی وجود ندارد که ما معلول آن باشیم. در لحظه فقط زندگی جاری است، آرام، خالص و بدون آلودگی، درست مثل چشمه‌ای که قبلاً به آن اشاره شد.

نتیجه اینکه، انسان آگاه همواره می‌بایست فرق بین زمان و واحد زمان را درک کند. زمان یک توهم است اما واحد زمان یک واحد اندازه‌گیری قراردادی است. ما در زندگی مدرن با واحد زمان سروکار داریم. ما از واحد زمان برای مسئولیت‌های اجتماعی و تقسیم‌بندی مدت انجام کارهای روزمره استفاده می‌کنیم. واحد زمان در علوم و فنّاوری نیاز است؛ اما توهم زمان و تصور گذشت زمان باری روحی به وجود انسان تحمیل می‌کند که حاصل آن تکمیل چرخه‌های رنج است. چرخه‌های رنج شامل احساسات منفی‌اند. درک صحیح از توهم زمان و زیستن در لحظه کلید رهایی از چرخه‌های رنج است.

پس از خواندن این پاراگراف، کتاب را کنار بگذارید؛ و به اطراف خود بنگرید مخصوصاً بهتر است شاهد حرکتی باشد. حرکت یک پرنده و یا حرکت یک انسان، دوست، افراد خانواده و یا یک رهگذر. توجه کنید که شما در این لحظه قرار دارید نه‌تنها نمی‌توانید از این لحظه خارج شوید بلکه لحظه نمی‌گذرد و همواره با شماست و شما در آن هستید. ساعت شما هرقدر که بخواهد می‌تواند بگذرد و واحد زمان را اندازه بگیرد، اما شما و ساعت همواره در همین لحظه هستید. تمام ثانیه‌های ساعت چاره‌ای ندارند جز اینکه در همین لحظه وارد شوند. هر حرکتی و هر تغییری که شاهد آن هستید وارد همین لحظه می‌شوند. حال به هر حرکتی که در اطرافتان می‌گذرد توجه کنید و ببینید که همه این حرکات و رخدادها فرمی از تغییر هستند که به سراغ همین لحظه ازلی و ابدی می‌آیند.

جهان هستی همواره به سراغ همین یک لحظه واحد می‌آید، در آن جاری‌شده و در آن به واقعیت تبدیل می‌شوند و از خود رد پایی به‌جا می‌گذارند که ما آن را گذشته می‌پنداریم؛ مانند چشمه‌ای که در دهانه چشمه به واقعیت تبدیل می‌شود؛ مانند قایقی که موج را در لحظه واحد به وجود می‌آورد و نشانه این موج در دوردست محو می‌شود؛ مانند اثری که از

موتورهای هواپیما شروع و در فاصله‌ای دوردست محو می‌شود؛ مانند ستارگانی که شب‌ها در آسمان رد پای تغییرات کیهانی را به ما نشان می‌دهد که در همین لحظه به وقوع پیوسته‌اند؛ مانند مرزهای انتهایی عالم هستی قابل رصد که در فاصله سیزده میلیارد سال نوری قرار دارند و نور ماورای آن مانند موج پشت قایق از چشم تلسکوپ‌های ما محو شده‌اند. تا بوده همین لحظه بوده از پیدایش جهان هستی تا ابدیت همه‌چیز در همین یک لحظه اتفاق افتاده و خواهد افتاد. این لحظه گذشتنی نیست. همه آنچه ما آن را گذشته می‌پنداریم، در این لحظه شکل‌گرفته و ابدیت نیز در این لحظه ادامه خواهد داشت. این است حقیقت لحظهٔ اکنون و توهم گذشت زمان. این است کنار زده شدن نقاب این توهم از حقیقت وجود شما و من و حس این حقیقت بسیار زیباست.

❖ ❖ ❖

چرخه رنج فردی

همان‌طور که در شکل زیر ملاحظه می‌کنید، عوامل متعددی در تشکیل و تداوم چرخه رنج فردی دخالت دارند. شکل زیر نشان می‌دهد که ناخودآگاهی انسان، رنج انباشته یا زخم عاطفی و توهمات مختلف، توهم زمان، پریشان ذهنی و مقاومت در مقابل واقعیت‌های زندگی باعث نحوه زندگی ناآگاهانه‌ای می‌شود که محصول آن تصمیمات و واکنش‌های نادرست و یا کم‌حوصلگی و ناامیدی و کم‌کاری است. این زندگی ناآگاهانه، خود به ناملایمات زندگی می‌افزاید. ناملایمات مضاعف، این بار با قدرت بیشتری به روح و روان و ناخودآگاهی انسان ضربه می‌زند و چرخه رنج را تداوم می‌بخشد.

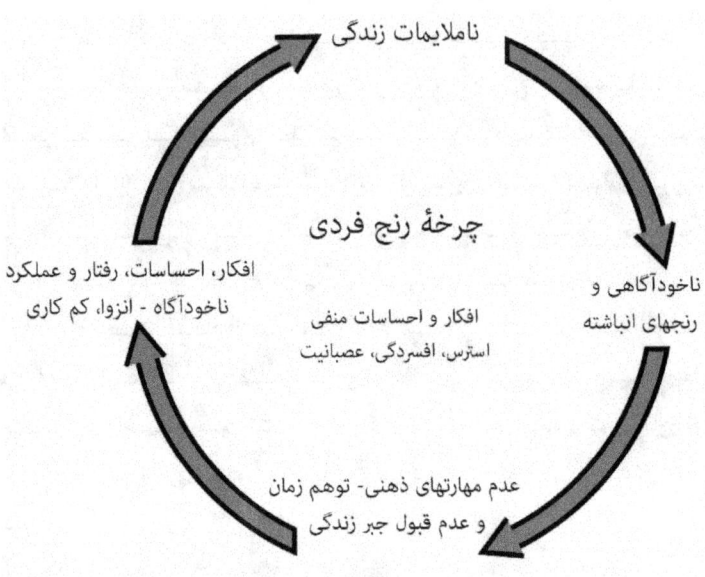

شکل 3 - چرخهٔ رنج فردی

حال برای خارج شدن از این چرخه رنج چه باید کرد؟ یک نقطه از دایره فوق باید برداشته شود و دایره ازهم‌گسسته شود. این نقطه نمی‌تواند ناملایمات زندگی باشد چون این عامل معمولاً از دست ما خارج است. ناخودآگاهی‌ها بر روی دایره به‌یکباره به خودآگاهی تبدیل نمی‌شود؛ اما با پی بردن به ماهیت توهمات، می‌توان آن‌ها را از حقیقت وجود کنار زد. با علم به توهم زمان انسان از توهم زمان خارج شده و به بی‌زمانی وارد می‌شود. در حالت بی‌زمانی رنجی وجود ندارد. قبلاً اشاره شد که «رنج» به معنی درد فیزیکی و یا وضعیت نامطلوب زندگی نیست بلکه رنج همواره در «پرداختن ذهنی» به درد و وضعیت نامطلوب زندگی و ناملایمات است. در حالت بی‌زمانی و لحظه از وضعیت نامطلوب زندگی کم نمی‌شود اما به آن افزوده هم نمی‌شود؛ اما زیستن ذهنی در بُعد موهوم زمان به ناملایمات زندگی می‌افزاید. هنگامی‌که انسان در لحظه و در بی‌زمانی پناه گرفت، اوضاع نامطلوب زندگی و حتی تا حدودی درد فیزیکی قدرت آن را ندارند که در این پناهگاه امن، رنجی بر انسان تحمیل کنند؛ و به‌این‌ترتیب چرخه و دایره رنج ازهم‌گسسته شده و به رهایی انسان می‌انجامد.

ما در بخش مربوط به بیداری معنوی و زیر نظر گرفتن ذهن تا حدودی به فنون ورود به بی‌زمانی آشنا شدیم؛ اما در بخش مراقبه یا مدیتیشن به چنین مهارتی بیشتر و روشن‌تر می‌پردازیم. در ضمن علاوه بر مهارت ورود به لحظه و بی‌زمانی پس از شناسایی احساسات منفی مانند استرس و افسردگی، به مهارت‌های درونی دیگری برای هشیار زیستن خواهیم پرداخت.

❖ ❖ ❖

استرس

ساده‌ترین نوع استرس ریشه در بقای تکاملی ما انسان‌ها دارد و این هنگامی بود که انسان برای دفاع، یا فرار از خطراتی که در طبیعت متوجه او می‌شد، دست به واکنش می‌زد تا از خطر محفوظ بماند. شاید در اینجاست که می‌بایست از ایگو که امروزه بازیگر نقش بد است، تشکر کرد. البته هنوز در مواقعی این ایگو است که با ایجاد استرسی خفیف در واکنش به احساس خطر، از ما محافظت می‌کند. مثلاً با نزدیک شدن یک اتومبیل به ما، این ایگو است که ما را به سمت امن خیابان هدایت می‌کند.

اما آن‌طور که عوامل استرس‌زا درگذشته‌های دور و اکنون فقط در مواقعی، خطرساز بودند و هستند، در زندگی امروزی چنین نیستند. بیشترین عوامل استرس امروزه جان انسان را تهدید نمی‌کند، بلکه اولاً ناشی از نوعی توهم ذهنی است و ثانیاً ریشه استرس در زندگی مدرن به عواملی چون مسائل اجتماعی، شغلی، مالی و حیثیتی و بیم از دست دادن داشته‌ها و یا تغییرات ناخواسته در آن‌ها بستگی دارد؛ اما حقیقت آن است که این عوامل از طریق کسب واقعیت‌ها و مناسبات و دانسته‌ها در محیط و سیستم‌های اجتماعی در ما به وجود آمده و مربوط به ماسک شخصیت و ایگو است و نه حقیقت وجود و دنیای درون ما. این عوامل استرس‌زا فقط قادرند در دنیای بیرون ما و مناسبات آن تأثیر بگذارند و اگر آگاهانه به ماهیت آن‌ها توجه کنیم، می‌بینیم که کمترین توان لازم برای در هم ریختن و حتی تأثیر در دنیای درون ما را ندارند.

انسان‌ها در زندگی امروزی ممکن است هر هنگام و به هر دلیلی حتی بی‌اهمیت دچار استرس شوند و تعداد بروز انواع استرس‌ها از این چند آن‌قدر زیاد شده که برای آدم‌ها مخصوصاً در زندگی شهری تا حدودی عادی شده‌اند و متوجه آن نیستند. به‌طور کل استرس هنگامی رخ می‌دهد که انسان در حال انجام کاری است که می‌خواهد هر چه زودتر آن را تمام کرده و به کار دیگر بپردازد و یا اصلاً از کار اول راحت شود. این شکل ساده و بسیار رایج استرس است. به زبان خیلی ساده یعنی فرد در اینجا و این لحظه قرار دارد، اما می‌خواهد هرچه زودتر به آنجا و به آینده وارد شود. ممکن است چنین تعریفی بسیار پیش و پا افتاده باشد، اما اکثر استرس‌ها در این چهارچوب و این تعریف ساده جای دارند. مثلاً استرس در هنگام رانندگی و مقاومت درونی در شلوغی ترافیک مصداق چنین تعریفی است. ولی ازآنجایی‌که ذهن این تصور غلط را در ما ایجاد می‌کند که موجبات نگرانی همواره مهم‌اند، ما هم فکر می‌کنیم که استرس گره‌ای از مشکل را باز می‌کند و یا اینکه چنین تشویشی اجتناب‌ناپذیر است و بنابراین احساس استرس در ما دوام بیشتری پیدا می‌کند.

یکی از مکان‌ها و مواقعی که می‌توان به‌راحتی شاهد استرس افراد بود، در سطح خیابان‌ها و در شلوغی ترافیک است. اکثر رانندگانی که در خیابان‌ها مخصوصاً در ساعات پررفت‌وآمد در حال رانندگی‌اند در استرس بسر می‌برند. چون ذهن به فرد فشار می‌آورد که نکند دیر به مقصد برسد و یا اینکه وقت وی در حال تلف شدن است؛ اما این فشار ذهنی هیچ گره‌ای از مشکل اصلی یعنی حرکت آهسته در ترافیک باز نمی‌کند. فرد چه نگران باشد و چه نباشد حرکت اتومبیل او به شلوغی ترافیک و جبر آن بستگی دارد؛ اما بااین‌حال راننده‌ها ناخودآگاه زودتر و بیشتر بر پدال گاز و ترمز پا می‌گذارند و اگر یکی از صد راننده با آگاهی این کار را نکند با بوق زدن‌ها و بدرفتاری راننده پشت‌سری مواجه می‌شود. راننده‌های پشت‌سری ناخودآگاه میل دارند با سرعت بیشتری به چند متر جلوتر برسند، با شدت بیشتری ترمز کنند، بنزین بیشتری بسوزانند، با دور موتور بالاتری برانند و به موتور خود آسیب برسانند، دی‌اکسید و منواکسید بیشتری وارد هوا کنند، لنت ترمزهای خود را زودتر

عوض کنند، احتمال تصادف را بالا ببرند و بااین‌همه بازهم حتی پنج دقیقه زودتر به مقصد نرسند. این نوع استرس در همه کشورها وجود دارد، میزان آن در ایران بسیار بالا و در کشورهای غربی تا حدودی کمتر است. رفتارهایی این‌چنین همواره محصول استرس است و استرس محصول ناخودآگاهی و ناخودآگاهی محصول ذهن است و ذهن با توهم زمان ارتباط نزدیک دارد (شکل ۳).

اما آنچه درون اتومبیل در حال اتفاق افتادن است حائز اهمیت است و آن شامل دو چیز است که راننده از آن بی‌خبر است. اول تأثیر استرس بر جسم و روان وی که به‌آسانی می‌تواند وجود نداشته باشد و انسان راحت و آرام از بودن و نفس کشیدن در اتومبیل و ترافیک راضی باشد و آن را قبول کند. چون پرواضح است که مقاومت با آن، او را زودتر به مقصد نمی‌رساند و اتفاق دوم از دست دادن زندگی است که همواره در لحظه او جاری می‌شود، نفس کشیدن، یا کنار اعضای خانواده خود و یا دوستی بودن، مزیت توانایی دیدن اطراف، درختان و یا مناظر دیگر. چنین جلوه‌های زندگی که در لحظه به سراغ او می‌آیند او را نمی‌یابند او در منزل درون نیست و این جلوه‌ها ممکن است هیچ‌وقت درست با همین شکل و حس دیگر به سراغ او نیایند.

در آمریکای شمالی مخصوصاً ایالات‌متحده، مردم همواره در حال عجله در ترافیک هستند؛ و دیگر اینکه طبق عادت معمول همواره در حسرت، مرخصی، تعطیلات و ساحل و آفتاب و تفریح و از این قبیل‌اند. البته این‌ها هرسال چند بار به آرزویشان می‌رسند ولی باز همیشه حسرت‌به‌دل هستند. گاهی پشت اتومبیل خود می‌نویسند، «میل دارم الآن در تعطیلات باشم» یا «میل دارم الآن در زمین گلف باشم». یکی از معلمان عرفان برای طعنه زدن به این نوشته‌ها پشت اتومبیل خود این جمله را نوشته بود «میل دارم الآن همین‌جا باشم». منظور این معلم این بود که همین‌جا و همین حالا به‌اندازه کافی خوب است و هیچ کم و کسری ندارد، حتی در اتومبیل و پشت ترافیک هم زندگی جاری است و می‌توان با آرامش از آن استفاده کرد.

حال باید پرسید چند درصد از ما انسان‌ها، چقدر از این لحظات زندگی و جلوه‌های آن را هنگامی‌که به سراغ ما آمدند متوجه آن‌ها نشدیم. مگر آنکه

سرسختانه جواب دهیم که آن لحظات مهم نبوده، آزاردهنده بوده‌اند و یا ارزشی نداشتند، اما حقیقت این است این ما بودیم که آن لحظات را غیر مهم، آزاردهنده و بی‌ارزش کرده‌ایم و همین لحظات در سال‌های پایانی عمر مهم‌ترین، زیباترین و باارزش‌ترین‌ها جلوه خواهند کرد که دیگر به آن‌ها دسترسی نخواهیم داشت.

استرس به شکل‌های دیگر هم به سراغ ما انسان‌ها می‌آید و یکی از آن‌ها در مواردی است که در یکی از ابعاد زندگی مشکل یا وضعیتی به‌ظاهر جدی و یا ناخوشایند رخ می‌دهد. در بیشتر این مواقع آنچه باعث آزار ما می‌شود خود وضعیت ناخوشایند نیست بلکه فکر کردن در مورد آن است. ذهن نه‌تنها دائماً به آن می‌پردازد، بلکه داستانی هم سر هم کرده و تحویل ما می‌دهد. مثلاً «چرا چنین اتفاقی باید فقط برای من اتفاق بیفتد و یا آنکه قرار بود این کار را بکنم ولی الآن باید نگران این وضعیت باشم. یا اینکه این مسئله وقت من را گرفته است». برای این نوع استرس مثال‌ها فراوان‌اند مثلاً در هنگام بیماری، در اکثر موارد این خود بیماری و یا درد جسمی نیست که به آزار ما می‌پردازد بلکه فکر کردن در مورد آن است. در اینجا تفاوتی بزرگ بین درد و رنج است. درد، ناملایمات زندگی است و رنج فکر کردن در مورد آن ناملایمات.

اکثر ما شاهد مجروح شدن و یا مجروح بودن جانوری مانند پرنده و یا یک سگ بوده‌ایم. حیوانات با اینکه درد را مثل انسان‌ها حس می‌کنند و در مواردی از آن رنج هم می‌برند اما آن‌ها در مقابل آنچه اتفاق افتاده مقاومت نمی‌کنند و چون در بی‌زمانی کامل زندگی می‌کنند، نتایج و یا عواقب آن جراحت، تقریباً برای آن‌ها بی‌معنی است، زیرا که ذهن آن‌ها از آن درد و رنج و مشکلات ناشی از آن، داستانی سر هم نمی‌کند و غذایی تلخ برای روح و روان آن‌ها نمی‌شود و این هم به خاطر بی‌زمانی آن‌هاست. توهم زمان در جانوران وجود ندارد. حال اگر نمونه‌ای از همان جراحت یا بیماری برای انسان رخ دهد آنچه بیشتر او را می‌آزارد درد بیماری نیست بلکه ازآنجایی‌که قرار است مدت‌زمانی از کار و زندگی باز بماند، چنین مشکل جسمی موجب رنج او می‌شود.

در حالت‌های مشابه استرس، چون ذهن دائماً به این‌سو و آن‌سو می‌رود به دلیل همین عدم تمرکز، از کیفیت کاری که برای حل مسئله انجام می‌شود به‌مراتب کاسته می‌شود. بهترین راه‌حل برای از بین بردن استرس، این است که مهارت خود را در تحت نظر گرفتن ذهن بکار ببرید و چنین حضور ذهن و ورود به لحظه به کمکتان خواهد آمد. بدین‌صورت خود را از زمان آینده بریده و به‌هیچ‌وجه به عواقب وضعیت نامطلوب که معمولاً قرار است در آینده باشد فکر نمی‌کنید و متعاقباً به‌تدریج برای وضعیت نامطلوب چاره‌جویی کرده و خواهید دید که نه‌تنها راه‌حل مناسبی برای آن پیداکرده بلکه به‌زودی متوجه می‌شوید که وضعیت مذکور آن‌طور که نگران آن بودید بد نبوده است.

وقتی در اوج دشواری و یا وضعیتی نامطلوب قرار دارید، همواره از خود بپرسید که حقیقت واقعی در چیست؟ در وضعیت نامطلوب و یا در وجود خودتان، کدام‌یک حقیقی‌تر است؟ چون در بیشتر مواقع مسئله‌ای که امروز شما را دچار استرس می‌کند، ممکن است یک سال، یک ماه، یک هفته دیگر و حتی روز بعد اصلاً در میان نباشد. این خاصیت اکثر مشکلات و وضعیت‌های نامطلوب زندگی است و به همین دلیل از نظر تعلیمات خودشناسی حقیقتی در آن‌ها نیست. آنچه مشکلات دنیای بیرون را در مقابل ما جدی جلوه می‌دهد، حقیقتاً ضعیف‌تر از آن هستند که در دنیای درون انسانی که به بیداری معنوی رسیده نفوذ کند.

❖ ❖ ❖

افسردگی

ازآنجایی‌که افسردگی از نوع حاد آن یک بیماری است و نیاز به درمان تحت نظر پزشک متخصص دارد، این نوع افسردگی از محدوده تخصصی این کتاب خارج است؛ اما افسردگی و احساس یاس و ناامیدی که در زندگی مدرن بخصوص در طیف سنی جوان‌ترها رایج است، بیشتر به دلیل عدم خودآگاهی و درواقع احساسی ساخته ذهن است.

همان‌طور که قبلاً هم به آن اشاره شد، فعالیت ذهن در بُعد زمان و طبق واقعیت‌هایی است که خود خلق می‌کند. چنین واقعیت‌هایی نه‌تنها ممکن

است از حقیقت فاصله زیادی داشته باشند، بلکه بسیاری از آن‌ها با انواع توهمات شکل می‌گیرند. این توهمات شامل هویت گرفتن از گذشته، کمبود امکانات مادی و رفاهی، هویت گرفتن از وضع جسمی و ظاهر که بیشتر در جوانان رایج است، وضعیت نامطلوب زندگی و یا بیماری و عدم توانایی مقابله با آن‌ها، مشکلات خانوادگی و زناشویی و از این قبیل‌اند. با عدم خودآگاهی و عدم مهارت‌های خودشناسی، ذهن به فرد می‌قبولاند که وی از بقیه دنیا جداست و چنین اوضاع ناخوشایندی فقط برای او اتفاق می‌افتد و اینکه دیگران و یا حداقل هم‌رده‌ای‌های او از او خوشبخت‌تر هستند. در این حالت، زنجیره‌ای از افکار پی‌درپی در رابطه با وضعیت زندگی او باعث بروز احساسات منفی در شخص می‌شود. احساساتی از قبیل یاس و نومیدی، کناره‌گیری از اطرافیان و اجتماع، بدبینی، اضطراب، عدم اعتماد به همه، عصبانیت، کم‌خوابی و یا پرخوابی، کم‌اشتهایی و یا پرخوری و عدم علاقه به کار و فعالیت در حد معمول و یا احساس نارضایتی شغلی از این جمله هستند. همه این احساسات منفی که خود زائیده وضعیت نامطلوب زندگی است، کیفیت زندگی او را بدتر می‌کند و چنین افت کیفیت به وضعیت نامطلوب زندگی افزوده و درواقع شخص افسرده را در چرخه‌ای باطل، ولی خودساخته نگه می‌دارد (شکل ۳). گاهی حتی افراد خود ترجیح می‌دهند در چنین چرخه‌ای باقی بمانند و در چنین چرخه‌ای مانند یک دایره امن احساس امنیت بیشتری می‌کنند. چون یا بیم آن دارند که خارج شدن از آن ممکن است به بدتر شدن اوضاع بیانجامد و یا اینکه بر این باورند که علی‌رغم هرگونه سعی و تلاشی که می‌کنند، راه برون‌رفتی در پیش روی‌شان نخواهد بود.

درصورتی‌که این احساس بیم، خود ناشی از ناخودآگاهی و توهم است زیرا چرخهٔ همه احساسات منفی ازجمله افسردگی گسستنی است و با کمی مهارت کسب شده از طریق خودشناسی می‌توان از آن خارج شد. مثلاً اگر به (شکل ۳) نگاه کنید این چرخه را می‌توان در نقاط مختلف آن از هم گسست و از آن خارج شد؛ اما به نظر می‌رسد که بهترین نقطه بر روی چرخه که می‌توان آن را گسست قسمتی است که توهمات، افکار پی‌درپی و عدم قبول

وضعیت زندگی، قرار دارد. با کسب مهارت‌های خودشناسی می‌توان چرخه رنج را در همین نقطه گسست و از آن خارج شد.
تا به اینجا با مهارت تحت نظر گرفتن ذهن، ورود به لحظه که خود کلید شکستن توهم زمان است، آشنا شده‌ایم. با چنین مهارتی می‌توان به آنچه در لحظه می‌گذرد، توجه نمود و با آنچه در لحظه می‌گذرد، زندگی کرد، خالص، آرام و بدون رنج، زیرا رنج فقط در فکر کردن است و ذهن فقط در بُعد زمان کار می‌کند. فرد می‌تواند به آنچه است، آنچه دارد و آنچه زندگی در لحظه برای او می‌آورد تمرکز کرده و خود را از رنج گذشته و آینده برهاند. تا همین مرحله هم همین مهارت ساده می‌تواند فرد را از چرخه افسردگی خارج کند؛ اما قرار نیست که به مهارت خودشناسی برای شکستن احساسات منفی مانند افسردگی فقط تا این حد بسنده شود.
گفتیم که یکی از دلایل گرفتار شدن در چرخه افسردگی، تصوری نادرست از احساس جدایی از دنیا و یا بهتر بگوییم عالم هستی است. انسان تنها موجودی است که خود را از عالم هستی جدا می‌پندارد. گیاهان، پرندگان، آبزیان و مورچگان خود را جزئی از عالم هستی می‌دانند. بعداً در این رابطه توضیح خواهیم داد. حتی همه اعضای درون جسم انسان خود را متصل به عالم هستی می‌دانند. تنها قسمتی از انسان که خود را جدا از عالم هستی می‌داند و یا به انسان می‌قبولاند که او از عالم هستی جداست، ذهن انسان است؛ زیرا همه اعضای بدن از درجه‌ای از هوشمندی برخوردارند. مثلاً سیستم تنفسی ما یعنی شش‌ها که به‌طور خودکار به کار دریافت اکسیژن برای تمام اندام‌ها مشغول‌اند، خود را متصل به هوا و اتمسفری می‌دانند که اطراف زمین را احاطه کرده است. سیستم گوارشی ما که آب را به تمام سلول‌های بدن می‌رساند احتمالاً خود را به آب‌های روی سیاره متصل می‌داند. این اندام هوشمند طوری طراحی‌شده‌اند که هرگونه جدایی از آب‌های کره زمین، او و بقیه اندام‌های بدن را از حیات ساقط می‌کند؛ اما ذهن به انسان می‌قبولاند که از عالم هستی جداست شاید به این دلیل که انسان آزادانه بر روی زمین حرکت می‌کند و نه اینکه مانند یک درخت پای در این سیاره حیات‌بخش دارد و از آن زندگی می‌گیرد. در قسمت دوم کتاب به بُعد عرفانی وحدت

انسان با عالم هستی اشاره شد و در قسمت سوم در مبحث فیزیک کوانتوم، بُعد علمی وحدت انسان با عالم هستی را موردبررسی قرار خواهیم داد.

پس گفتیم آنچه به آزار و رنج انسان ختم می‌شود فکر کردن درباره وضع ناخوشایند است و نه خود وضع ناخوشایند. درست است که تحت نظر گرفتن ذهن، مهارت ورود به لحظه و فکر نکردن به گذشته و آینده وضع نامطلوب را از بین نمی‌برد، اما چنین مهارتی می‌تواند فرد را از رنج ذهنی خارج کند، طوری که دیگر چنین رنجی به وضع نامطلوب زندگی اضافه نشود. هنگامی‌که فرد خود را از چرخه رنج بیرون کشید، آنگاه می‌تواند با درونی آرام به چاره‌جویی بپردازد و شاید بتواند راه‌حلی برای وضع موجود پیدا کند و اگر نتوانست وضع موجود را قبول کند.

در مواقعی که افسردگی ریشه در وضع جسمی و یا ظاهری فرد دارد شاید بهتر باشد که فرد افسرده کندوکاوی در زندگی افراد سرشناس با معلولیت‌های جسمی در طی تاریخ داشته باشد. نام‌آورانی چون هلن کلر [۲۲] که باوجود معلولیت بینایی، شنوایی و گویایی توانست پله‌های ترقی اجتماعی را یک‌به‌یک بپیماید و دلیلی برای افسردگی نبیند؛ و یا شاید فیزیکدان پرآوازه انگلیسی استیون هاوکینگ [۲۳] نمونه دیگری از وجودی خودآگاه است که محدودیت جسمی بسیار شدید او نتوانست سد راه او برای ادامه زندگی و تبدیل شدن او به یکی از بزرگ‌ترین دانشمندان فیزیک در قرن حاضر شود. باوجود انسان‌هایی با درجه‌ای از محدودیتی این‌چنین، ولی درعین‌حال با چنین درجه‌ای از خودآگاهی، گمان نمی‌رود که دلیل یا بهانه‌ای برای افسردگی بتوان یافت.

یکی دیگر از دلایل مشغله ذهنی و بروز احساسات منفی ازجمله افسردگی، ریشه در آرزو ها و آمال انسان دارد. انتظار بهتر بودن و یا حتی بی‌نقص بودن. این امیال خود ریشه در توهّمات تکاملی انسان دارد. انسان تنها موجودی است که هیچ‌گاه از خود راضی نیست و همواره در پی بهتر بودن و کامل بودن ورای آنچه در اختیار اوست به صورتی غیرعلنی افسوس می‌خورد. هیچ موجودی نیاز به بهتر بودن ندارد. یک ماهی هیچ‌وقت افسوس نمی‌خورد که چرا مثل ماهی‌های دیگر نیست و اگر دقایقی به یک درخت خیره شوید

خواهید دریافت که او نیز نیازی به بهتر بودن ندارد و از اینکه شبیه درخت دیگری نیست افسوس نمی‌خورد. و درعین‌حال وقتی برگ‌های آن می‌ریزد، شاخه‌اش شکسته می‌شود و یا تیشه به ساقه او می‌خورد و آن را نقش زمین می‌کند باآنکه همه این‌ها را حس می‌کند اما رنج نمی‌برد. چون خود را و حتی بریده و شکسته خود را نیز از عالم هستی جدا نمی‌داند.

پس برای آنکه انسان خود را در مقامی بالاتر از سایر موجودات بداند باید از یک درجه خودآگاهی و هوشیاری بالاتری برخوردار باشد و اگر در طول رشد تکاملی، محیطی و اجتماعی چنین درجه آگاهی و هوشیاری را از دست داده است و به خوابی غیرعلنی فرورفته، باید به‌سوی بیداری، آگاهی و هوشیاری گام بردارد و مقامی را که در پروسه آفرینش به او واگذارشده، باز پس گیرد.

در رابطه با افسردگی و ناخودآگاهی، خود را جدا از عالم هستی دانستن چیزی جز وارد کردن فشار ذهنی بر روح و روان خود نیست. بهتر بودن، بهتر شدن، بی‌نقص بودن، کامل بودن، مثل دیگران بودن، رقابت کردن، همه نوعی فشار روانی است. کلمه مترادف «رقابت» در زبان انگلیسی «کانتست»[۲۴] است و کلمه لاتین آن «آگون» است که دوباره کلمه آگونی به زبان انگلیسی از آن ریشه می‌گیرد. آگونی به معنی رنج و عذاب است، این یک رقابت مفید نیست یک بار ذهنی است که انسان همواره با خود می‌کشد.

انسان می‌تواند با بیداری معنوی خود را از هرگونه رنج ذهنی که یکی از آن‌ها افسردگی است، برهاند. البته گاهی انسان از طریق یک وضعیت بسیار پیچیده و ناگوار زندگی مثلاً یک بیماری لاعلاج هم بی بیداری دست پیدا می‌کند و در آن هنگام فوراً تمام نشانه‌های افسردگی در او ناپدید می‌گردند. این روند بسیار قابل‌تأمل است به‌این‌ترتیب که ارگانیزم بدن انسان و تمام اعضای او دارای یک هوشمندی ذاتی‌اند که این هوشمندی را ذاتاً از هوشمندی سیاره و حتی عالم هستی کسب کرده‌اند، زیرا بدن انسان جزئی از سیاره و عالم هستی است. همان‌طور که هنگام هجوم میکروب به بدن، درجه حرارت بدن یکی دو درجه به‌صورت تب بالا می‌رود که میکروب‌ها را تضعیف کند، به همین صورت بدن با هر عاملی که باعث آزار او شود، مقابله می‌کند. گاهی این مقابل نوعی مقابله منفی است. عامل افسردگی اگر به درازا بکشد، بدن ممکن

است واکنش نشان داده و برای خاتمه آن دست به هر کاری بزند. مواردی وجود داشته که در آن فردی که به افسردگی دچار است با یک بیماری جدی مواجه می‌شود. ممکن است این از هوشمندی جسم و راه‌حلی برای خاتمه افسردگی باشد. به‌عبارت‌دیگر جسم از این بار ذهنی خسته شده و به صاحب خود می‌گوید، «دیگر بس است.» زیرا درست پس از پی بردن به چنین بیماری به‌احتمال‌قوی فرد فوراً از حالت افسردگی خارج می‌شود؛ زیرا حالا مشکلی به‌مراتب جدی‌تر در زندگی وی نمایان شده است که همه مشکلات قبلی و عوامل افسردگی را تحت‌الشعاع خود قرار می‌دهد. در این هنگام ایگو که آینده‌ای برای خود نمی‌بیند، شخص را به حال خود رها کرده و او را از اسارت افسردگی می‌رهاند. این خاصیت ایگو است که در بُعد زمان عمل می‌کند. در بعضی از مواقع افراد بلافاصله پس از شنیدن خبر بیماری لاعلاج خود، به طرز چشمگیری به آرامش می‌رسند.

ناگفته نماند که حتی پس از بیداری معنوی یا در طی آن، ممکن است انسان هنوز افکار و احساسات منفی در درون خود داشته باشد. اما یکی از دستاورد های بیداری معنوی آگاهی داشتن به افکار و احساسات خود است.

رودخانه ای را در نظر بگیرید که در کنار آن ایستاده اید. شما به وجود این رودخانه واقف هستید؛ به جریان آبی که با سرعت از مقابل چشمان شما عبور می کند، به واقعیت آن، خطر آن، و به طبیعت و رفتار آن آگاهی دارید. همین سطح از آگاهی کافیست که بدانید نباید در آن شنا کنید، نباید از وسط آن عبور کنید و بالاخره نباید خود را به آن بسپارید و گرنه جریان آب شما را با خود خواهد برد.

افکار و احساسات، و در نتیجه رفتار و عملکرد ناشی از آنها را نیز می توان با آنچه در مورد رودخانه گفتیم، مقایسه کرد. چنین افکار و احساساتی در ما وجود دارند و حتی انواع منفی آنها در انسان کاملا طبیعی است. اگر در باره موارد مطلوب زندگی باشند، به صورت افکار خوب و احساس شادی در ما بروز می کنند و اگر معلول ناملایمات زندگی باشند، در قالب افکار و احساست بد مانند اندوه و خشم در ما ایجاد می شوند. آنچه مهم است اینکه می بایست به

وجـود ایـن افکـار و احساسـات آگـاهی داشـت، دلیـل آنهـا را دانسـت و شـاهد و نـاظر آنها بود.

مـثلا؛ «مـن بـرای ایـن موضـوع غمگـین هسـتم؛ مـن از ایـن موضـوع عصـبانی هسـتم؛ مـن غـم یـا خشـم خـود را مـی بیـنم و دلیـل آن را هـم مـی دانـم، امـا چـون از وجـود آنهـا در درون خـود آگـاهم، مـی تـوانم خروجـی آنهـا را کنتـرل کـنم. و همچنـین می دانم این احساسات موقتی اند و قرار نیست که تا ابد با من باشند.»

بـا ایـن سـطح از آگـاهی، چنـین افکـاری قـادر نیسـتند ماننـد جریـان رودخانـه شـما را در یـک حالـت ناخودآگـاه بـا خـود ببـرد و رنجـی بـر شـما تحمیـل کننـد. چنـین افکـاری قـدرت خـود را در مقابـل خودآگـاهی شـما از دسـت خواهنـد داد، و در نتیجـه رفتـار و عملکـرد ناشـی از افکـار و احساسـات منفـی نیـز در کنتـرل شماسـت. غـم و انـدوه فقـط زمـانی بـه رنـج، افسـردگی و مشـکلات روحـی روانـی تبـدیل مـی شـوند کـه از وجـود آنهـا آگـاه نباشـیم. خشـم فقـط در صـورتی بـه نفـرت، و نفـرت فقـط در صـورتی تبـدیل بـه خشـونت مـی شـود کـه نـاظر و شـاهد آن در وجـود خـود نباشـیم. زیـرا عـدم آگـاهی از واقعیـت ایـن افکـار و احساسـات منفـی، بـه مثابـه ایـن اسـت کـه خـود را بـی اختیـار بـه آنهـا سـپرده ایـم و آنهـا درسـت ماننـد جریـان تنـد همـان رودخانـه ای کـه مثـال زدیـم، مـا را بـا همـراه خـود خواهنـد کشید و عواقب آن نیز به زیان ما خواهد بود.

بهـر حـال پـس از بیـداری معنـوی انسـان بـه اهمیـت آنچـه اسـت و آنچـه دارد، پـی بـرده و بـه رضـایت خـاطر می‌رسـد. چنـین رضـایت خـاطری نـه‌تنها بـه افسـردگی پایـان می‌دهـد بلکـه دری را در مقابـل او می‌گشـاید کـه بـه بیهایـت وجـود او بـاز می‌شـود. راهـی به‌سـوی حقیقـت، بـدون توهمـات اکتسـابی از سیسـتم‌های اجتمـاعی، رهـایی از قیدوبنـدها و دل‌بسـتگی‌ها و نیازهـا؛ و ایـن نهایـت رهـایی انسان است.

❖ ❖ ❖

فصل ۶ - مهارت‌های درونی

❖ ❖ ❖
تحمل شرایط و قبول زندگی

در اکثر فرهنگ‌ها عبارت «دنیا به آخر نرسیده»، حقیقتی ژرف در خود دارد، زیرا هیچ وضعیت دشواری در زندگی و با هر میزان و شدتی که باشد، پایان راه نیست و همواره دری در جلوی انسان گشوده می‌شود. از طرف دیگر، انسان چاره‌ای ندارد به‌جز آنکه با جریان زندگی پیش برود. مقاومت بیهوده در مقابل واقعیت‌ها فقط تأثیری منفی بر روان انسان داشته و باری ذهنی و رنجی بیهوده بر او تحمیل می‌کند. هنگامی‌که انسان واقعیت‌ها را قبول کرد و به جلو رفت، نه‌تنها از بار ذهنی و رنج خود می‌کاهد، بلکه گاهی هم اوضاع به روال عادی برمی‌گردند و یا از اهمیت مشکلات کاسته می‌شود و یا حتی چنین مشکلاتی خودبه‌خود حل می‌شوند و به کنار می‌روند و یا کمرنگ می‌شوند. دلیل چنین گشایشی این است که همان هوشمندی عالم هستی که کار جهان را پیش می‌برد، همان انرژی که جاری عالم هستی و گردش کهکشان‌ها را باعث می‌شود و سیاره ما را به دور خورشید می‌گرداند و همه اشکال حیات و جلوه‌های زندگی بر روی آن را ساماندهی می‌کند، همان هوشمندی عالم هستی، انسان را در حالت استیصال رها نمی‌کند. همان هوشمندی سیاره و عالم هستی که سازوکار هوشمندی پرواز را در پرندگان مهاجر نهادینه کرده و با آن‌ها هشیارانه در ارتباط است و آن‌ها را در سفرهای بین‌قاره‌ای هدایت می‌کند، چرا نباید برای هدایت انسان در زندگی میسر نباشد؟

این نوعی خوش‌باوری نیست بلکه نه‌تنها ازنظر فلسفی و عرفانی موردقبول است، بلکه ازنظر علمی انسان جزئی از سیاره است، درست مثل دریاها و اقیانوس‌ها، پرندگان و گیاهان و کل اکوسیستم زمین که خود جزئی از یک ارگانیسم بزرگ‌تر یعنی منظومه شمسی و کهکشان راه شیری و تمامی عالم هستی است. همه موجودات و شکل‌های حیات به این امر واقف‌اند ولی انسان چنین حسی را به‌مرورزمان، در پروسه تکاملی، مناسبات اجتماعی و با لایه‌های ماسک شخصیت ازدست‌داده است و خود را از چنین ارگانیزمی جدا می‌داند.

ما به دنیا نمی‌آییم، ما وارد این دنیا نمی‌شویم، ما از آن بیرون می‌آییم، ما از زمین می‌روییم، همان‌طور که برگ، گل و میوه از درختان می‌رویند و آن‌طور که درختان از زمین.

آلن واتس

یکایک اتم‌هایی که بدن ما از آن‌ها ساخته‌شده‌اند، میلیاردها سال پیش از ذره‌های انفجار اولیه کیهانی جداشده‌اند. این اتم‌ها به اتم‌های منظومه شمسی و کل عالم هستی متصل‌اند و عالم هستی بنا به هوشمندی خود از وجود تک‌تک آن‌ها باخبر است و بنابراین آن‌ها را جزئی از مجموعه خود می‌داند. در قسمت سوم کتاب و در بحث فیزیک کوانتوم به نوعی از هوشیاری اتم‌ها و ذرات تمام عالم هستی خواهیم پرداخت تا ارتباط زبان عرفانی بحث در طول کتاب با زبان علمی مشخص شود.

آدم‌ها معمولاً از پس مشکلات ساده روزمره برمی‌آیند. چون ذهن و نهاد هوشمندی در انسان اغلب در مواقع معمولی و در مواجهه با مسائل ساده با تجربیات خود، راه بهتر را به ما نشان می‌دهد و ما با فکری تقریباً متمرکز راه‌حلی برای مسئله پیدا و مسئله را حل و یا با آن برخورد می‌کنیم. مشکل زمانی بروز می‌کند که وضع موجود پیچیده‌تر و حل آن دشوارتر به نظر رسد. ازجمله این موارد می‌توان مثلاً به یک بیماری که سلامتی ما یا اعضای خانواده‌مان را تهدید می‌کند اشاره کرد. عواملی که تعلقات مادی و دل‌بستگی‌های ما را به خطر می‌اندازند و یا مواردی که روابط خانوادگی را دچار مشکل می‌کند و حل آن نیز سخت به نظر می‌رسد، ازجمله اوضاع

دشوار هستند. همه این موارد را می‌توان در چهارچوب ناملایمات زندگی جای داد. طوری که ما با چنین مسائل نسبتاً جدی برخورد می‌کنیم، معمولاً در افراد مختلف یکسان نیست اما عموماً می‌توان گفت که ذهن انسان را به آن‌ها مشغول می‌کند و باعث رنج او می‌شود. بیداری معنوی و خودشناسی می‌تواند تأثیر بسزایی در چگونگی برخورد با این مسائل داشته باشد.

یکی از هسته‌های مرکزی تعلیمات ادیان ابراهیمی و ادیان و سیستم‌های عقیدتی خاور دور قبول واقعیت‌های زندگی است. مثلاً در مسیحیت خود مسیح نماد بردباری، صبر و قبول واقعیت‌های زندگی و یا خواست آفریدگار است. در سیستم فلسفی بودائیسم، گل نیلوفر آبی نماد صبر و بردباری و قبول واقعیت زندگی یعنی مدارا کردن با محیط خود است که تغییر آن از دست او خارج است. این گل در وسط آب گل‌آلود رشد می‌کند هر شب گلبرگ‌های خود را می‌بندد و با صبوری به زیر آب فرو می‌رود و صبح سر از آب گل‌آلود برآورده و گلبرگ‌های خود را باز می‌کند و زیباتر از همیشه ظاهرشده و به زندگی ادامه می‌دهد، بدون توجه و مقابله با محیط و بدون تحمیل کردن رنج مضاعف بر خود. خود اسلام از کلمه تسلیم گرفته‌شده یعنی تسلیم در مقابل واقعیت‌های جبری زندگی که حل آن‌ها از دست ما خارج است، تسلیم در برابر تقدیر و تسلیم به خواست آفریدگار.

اهمیت سلامت روح و روان مخصوصاً در زندگی مدرن امروز نه‌تنها کمتر از اهمیت سلامت جسم نیست، بلکه کیفیت آن بر روی متن اجتماع و تمام سیاره تأثیر می‌گذارد. در اینجاست که خداباوری در طول هزاران سال پناهگاهی در مقابل مشکلات دنیای بیرون و ناآرامی‌های درونی ناشی از آن‌ها برای انسان بوده است. همه ما جملاتی مانند «هرچه خدا بخواهد»، «راضی هستم به رضای خدا» در زندگی خود شنیده‌ایم. این جملات علاوه بر طبیعتی عقیدتی، دارای بار عمیق فلسفی نیز هستند. این جملات زمانی بکار می‌روند که انسان خود را در مقابل ناملایمات و وضعیت دشوار زندگی می‌بینند. دشواری‌هایی، مانند ابتلا به بیماری، از دست دادن عزیزان، از دست دادن محصول زراعی حاصل یک سال زحمت و از بین رفتن تمام تلاش و امید به ثمره آن، و یا دیگر واقعیت‌های ناگوار زندگی که حل آن از عهده او

خارج است. در اینجا انسان دو انتخاب دارد، یکی عدم قبول واقعیت و یک مقابله روحی بیهوده با آن و تحمیل رنج به روح و روان خود و انتخاب دوم تسلیم و قبول واقعیت زندگی، تسلیم به بخش جبری عالم هستی و پناه گرفتن در پناهگاه خواست آفریدگار و سپردن همه‌چیز به او و سبک کردن خود از بار ذهنی. حال برای شخصی که وضعی چنین دشوار به او ضربه زده ساعت‌ها روان‌درمانی در مجلل‌ترین ساختمان‌های یکی از پیشرفته‌ترین شهرهای دنیا اگر هم مفید باشد در انتهای جلسه، نتیجه معادل این است «هرچه خدا بخواهد».

انسان با تسلیمی از این جنس خود را از توهم زمان و بار ذهنی مبتنی به زمان، از زحمتی که درگذشته برای دل‌بستگی خود کشیده و آنچه را که ازدست‌داده و یا در آینده از دست خواهد داد رها می‌کند و به آن فکر نمی‌کند. در لحظه ورود می‌کند و خود را به خدای خود می‌سپارد، این یک «پناه‌گاه امن و آرام ایمان» است، این یک خودآگاهی است، یک هوشیاری محض؛ و این به بُعد درونی انسان مربوط است، بُعدی که خداناباوران برای درک آن مشکل دارند. آن‌ها برای سیستم‌های عقیدتی و خداباورانه یا خواهان شواهد و اثبات علمی‌اند و یا وجود آن را مردود دانسته و منطقی بودن آن را زیر سؤال می‌برند.

وقتی ماتریالیسم و اتئیسم به انسان امروزی مخصوصاً به قشری از تحصیل‌کرده‌ها، آموخت که وجود هر پدیده‌ای را خارج از محدوده «شواهد علمی و اثبات آزمایشگاهی» قبول نکند و یا ایمانی این‌چنین بی‌فایده است، آن «پناه‌گاه امن و آرام ایمان» و آن بی‌زمانی که در پاراگراف قبل به آن اشاره شد، باید با انواع قرص‌های خواب و ضد استرس عوض شود، یعنی پناهگاهی با «شواهد علمی و اثبات در آزمایشگاه‌های علمی»!

بهر جهت ناملایمات و اوضاع نامطلوب زندگی و ناخواسته‌های آن به دو شکل به سراغ انسان می‌آیند. در شکل اول حل آن‌ها کاملاً از عهده انسان خارج است؛ مانند بیماری‌های لاعلاج، محدودیت‌های جسمی، و یا از دست دادن عزیزان. در اینجا تسلیم و قبولِ چنین واقعیتی عاقلانه‌ترین و منطقی‌ترین راه است؛ اما اوضاع ناخوشایند از نوعی دیگر نیز همواره به سراغ انسان می‌آیند

مثلاً یک بیماری معمولی، یک مشکل خانوادگی، یک وضعیت ناخوشایند مالی، یا از دست دادن قسمتی از دارایی در حادثه‌ای.

در این موارد نیز، اولین اقدام انسان در مقابل چنین دشواری‌ها، باید تسلیم باشد. این تسلیم یک انفعال نیست، بلکه فقط جنبه درونی دارد، این نوعی قبول موقت واقعیت و اتفاقات زندگی و یا قبول وضعیت ناخوشایند است. این نوعی برداشتن مقاومت ذهنی از معادلهٔ مواجهه با واقعیات زندگی است. با چنین تسلیمی انسان از بُعد موهوم زمان که همواره نتیجه آن افسوس‌ها و نگرانی از عواقب آن است، خارج‌شده و به لحظه وارد می‌شود و با این رویکرد چرخه رنج ناشی از وضع موجود را می‌شکند. اقدام دوم چاره‌جویی برای راه‌حل و یا تلاش برای ساختن مجدد خرابی‌هاست. در اینجا چون ذهن قبلاً واقعیت را قبول کرده و چون آرام است می‌تواند بهتر و متمرکزتر کار کند و نتیجهٔ کار بهتر خواهد بود. در پی این دو اقدام تنها چیزی که انسان از دست می‌دهد، رنج و بار سنگین ذهنی است. مقاومت ذهنی در مقابل ناملایمات زندگی ثمره‌ای جز رنج نداشته و رنج جایی در تسلیم و قبول ندارد.

عالم هستی میدانی از ارتعاشات کیهانی است که زندگی و تمام ابعاد آن، چه فیزیکی و چه روحی را در برمی‌گیرد. این ارتعاشات بخش جبری حیات را شکل می‌دهد و در محدوده این سیستم جبری، به انسان اختیار و حق انتخاب هم داده شده است که به زندگی خود سامان بدهد و به همنوعان خود و در صورت امکان به تمام اشکال حیات بر روی زمین خدمت کند و یا لااقل ضرر نرساند؛ اما بخش جبری آن به همراه قسمتی از بخش اختیاری از اختیار انسان خارج است. آن قسمت از بخش اختیاری مربوط به تأثیرات محیط و سیستم‌های اجتماعی است که بر روی زندگی انسان تأثیر می‌گذارد مانند فقر و یا نا عدالتی‌های دیگر که راه‌حلی کوتاه‌مدت برای آن‌ها وجود ندارد. مقاومت ذهنی برای تغییر بخش جبری نیز که محصول همان میدان ارتعاش عالم هستی و محیط است، ثمره‌ای به‌جز رنج ندارد. درست مثل سیم یک ساز زهی که با ارتعاشی مناسب نُتی را می‌نوازد. دست زدن بر روی این سیم و دخالت در ارتعاش آن صدای زیبای تار را به اعوجاج تبدیل و آن را گوش‌خراش می‌کند. آبی را که متلاطم است نمی‌توان با کف دست آرام کرد،

این کار باعث تلاطم بیشتر آن می‌شود. باید آن را به حال خود گذاشت پس از مدتی صبر، تلاطم آن به آرامش تبدیل خواهد شد. میدان ارتعاش عالم هستی نه‌تنها باید به حال خود رها شود، بلکه انسان باید به آن ارتعاش بپیوندد. چرخش زیبای هر آنچه در عالم هستی است از ستارگان و کهکشان‌ها گرفته تا الکترون‌ها به دور هر یک از هسته‌های مرکزی اتم‌های جسممان، هماهنگ و یکنواخت به رقصی زیبا مشغول‌اند. انسان باید به این رقص عرفانی جمعی بپیوندد و با آن برقص درآید، همان‌طور که خود مولوی و سماع آوران مسلک او همواره هماهنگ با چرخ کائنات چرخ زده‌اند. حتی اگر ارتعاش در عالم هستی به وضعیتی به‌ظاهر ناگوار بینجامد، باید آن را قبول کرد و اگر کسانی که فقط به جز نتیجه علمی پدیده‌ها برایشان قابل‌قبول نیست، راه حلی داشتند تاکنون ارائه می‌دادند و در آن صورت رنج حاصل از احساسات منفی شامل، استرس، افسردگی، عصبانیت و ناهنجاری‌های فردی و اجتماعی تاکنون از پهنه زمین محو می‌شد.

باغبانا رعد مطرب ابر ساقی گشت و شد

باغ مست و راغ مست و غنچه مست و خار مست

آسمانا چند گردی گردش عنصر ببین

آب مست و باد مست و خاک مست و نار مست

گر تو را کوبی رسد از رفتن مستان مرنج

با چنین ساقی و مطرب کی رود هموار مست

در این ابیات مولوی ابتدا از گردش مستانه عالم هستی و رقص عرفانی شکل‌های حیات و جلوه‌های زندگی می‌گوید و در بیت آخر به ناملایمات و دشواری‌ها و ناخواسته‌های زندگی اشاره می‌کند و انسان را تسکین می‌دهد.
نه اینکه می‌توان به‌سادگی بر رنج‌های بشر ناشی از بخش جبری عالم هستی چشم پوشید. از ناملایماتی که گاه ناآگاهی جمعی در آن‌ها دخیل است و گاه در آن دخالتی ندارد. از فقر مطلقی که کودکان گوشه و کنار جهان را از ابتدایی‌ترین احتیاجات زندگی یعنی غذا، آب و آموزش محروم کرده است تا محدودیت فیزیکی و بیماری‌های لاعلاج و مرگ زودرس برای بسیاری از

انسان‌ها، بلایای طبیعی و خلاصه تقسیم نامتناسب رفاه و رنج در سراسر گیتی، همه ناگوارند. در این روند نابرابر، قبول نگاه سنتی به این نوع از رنج‌های بشر که می‌گوید این رنج‌ها برای آزمایش میزان ایمان آن‌هاست، برای نسل امروز دشوار است؛ اما می‌توان چنین سؤالی را در کنار بسیاری از سؤالات دیگر که جزئی از اسرار عالم هستی هستند، قرارداد که به قول خیام هرگز جواب آن را نخواهیم دانست و به هر آنچه از چنین میدان ارتعاش عالم هستی برای ما رقم می‌خورد رضایت داشت و در آرامش زیست، زیرا ستیز با چنین ناخواسته‌های جبری نیز مشکلی را حل نمی‌کند. به نظر می‌رسد این‌چنین راه تسلیم و قبول واقعیت‌ها، راهی است که مردان خِرَد مانند مولوی در ابیات فوق و لائوزای در خطوط زیر آن را برگزیده‌اند.

دیگران پرسروصدا و پرمشغله
من ساکت و آرام، بی‌هیچ نشان و علامتی
مانند کودکی که هنوز به چهره لبخند نگشوده است.
دیگران پر از تعلقات و من بی‌چیز
دیگران در فکرِ کردوکار و راه خویش
اما در من فکری نیست، هیچ نمی‌دانم
دیگران قضاوت می‌کنند،
من همه‌چیز را یکسان و آرام می‌بینم
دیگران به دنبال هدفی، ولی من شناورم،
خود را به جاری عالم هستی سپرده‌ام
بی‌شکل، بی تکاپو و آرام مانند اقیانوس
مانند کودکی در آغوش مادر
لائوزای

میدان ارتعاش عالم هستی میدان جلوه‌های متنوع است، تاروپود این تنوع شامل جلوه‌های آشکار و رمز و رازهای پنهان است. طبیعت سرشار است از هماهنگی‌ها و تناقض‌ها، نظم‌ها و بی‌نظمی‌ها و پدیده‌های اتفاقی که دلیل آن‌ها برای طبیعت و شاید حتی برای تمام شکل‌های حیات به‌جز انسان

قابل‌درک باشد و یا سایر اشکال حیات حداقل با آن‌ها کنار آمده و مشکلی با آن‌ها نداشته باشند. همان‌طور که قبلاً در بحث چرخه رنج فردی و احساسات منفی ازجمله افسردگی اشاره شد، انسان تنها موجودی است که با چنین تنوعی مشکل دارد و برخی از آن‌ها ازنظر او در تناقض‌اند و این ریشه در توهم تکاملی وی دارد. باید توجه داشت که روند تکاملی انسان با روند تکاملی سایر اشکال حیات دارای یک تفاوت عمده است و آن دست‌نخورده ماندن طبیعت درونی آن موجودات و تغییرات کلان در طبیعت درونی انسان‌ها است. این تغییرات عمده به‌واسطه تأثیر هوشمندی و برتری برخی از توانایی‌های انسان مانند تکلم و در نتیجه علم، و مخصوصاً صنعتی شدن در چند قرن اخیر صورت گرفته است.

چنین تغییرات کلان در طبیعت درونی انسان ممکن است در کنار مزیت‌های بسیار، توهّماتی را نیز به قوه ادراک او افزوده باشد. یکی از این توهّمات، جدا پنداری بین انواع است، به صورتی که نوعی را منفی و نخواستنی و نوع دیگر را مثبت و خواستنی تلقی می‌کنند، مثلاً تنوع رنگ‌ها، سیاه و سفید، (مگر حس نژادپرستی در انسان چیزی به‌جز چنین نوعی از توهم یعنی تمایز رنگ‌ها در پروسه تکاملی اوست؟) صدا و سکوت، زیبایی و نا زیبایی و دیگر دوگانگی‌ها.

این نوع رویکردِ جدا پنداری انواع را در تعلیمات فلسفی و معنویت دوگانگی می‌نامند که قبلاً در بخش پیشگفتار هم به آن اشاره شد. انسان همواره خواستار بی‌نقصی و کمال، به تعریف خود است و همواره در جستجو و در آرزوی بهترین‌هاست. بی‌نقصی و کمال نه‌تنها در هیچ سیستم طبیعی وجود ندارد، بلکه در هیچ سیستم مصنوعی که ساخته دست انسان نیز است وجود ندارد. برای مثال در همه سیستم‌های صنعتی کنترل ساخته بشر رسیدن به بی‌نقصی و کمال غیرممکن است و سیستم‌های کنترل فقط تا درجه‌ای از عملکرد «قابل‌قبول» می‌توانند طراحی شوند و عمل کنند. مثلاً سیستم‌های کنترل ناوبری خودکار هواپیما و یا کشتی که در مسیرهایی و تحت شرایطی می‌توانند بدون دخالت خلبان و یا ناخدا مسیری را دنبال کنند، هیچ‌کدام با دقت عمل «کامل» عمل نمی‌کنند.

اما مثال ساده‌تر از یک سیستم کنترل، یک ترموستات ساده است که در بسیاری از سیستم‌ها مانند اتومبیل، دستگاه‌های حرارتی و تهویه مطبوع ساختمان‌ها و خاموش و روشن کردن سیستم حرارتی بکار می‌رود. مثلاً برای یک حرارت مطبوع در ساختمان درجه ترموستات را روی ۲۴ درجه سانتی‌گراد تنظیم می‌کنیم که دمایی مناسب است. هنگامی‌که هوای اتاق براثر نفوذ سرما به داخل ساختمان مقداری از ۲۴ درجه کمتر شود ترموستات روشن می‌شود و سیستم حرارتی را روشن می‌کند تا گرمای تولید شده، درجه حرارت اتاق را به ۲۴ درجه برساند. وقتی دمای اتاق به ۲۴ درجه رسید و یا مقداری از آن بیشتر شد، ترموستات خاموش و سیستم حرارتی را خاموش می‌کند تا دمای اتاق کمی از ۲۴ درجه پایین بیاید. اگر به این سیستم ساده توجه کنید متوجه خواهید شد که دمای اتاق هرگز نمی‌تواند بر روی درجه دلخواه و بی‌نقص ۲۴ درجه باقی بماند، شاید فقط برای چند ثانیه. در بقیه موارد یا کمی به زیر ۲۴ درجه است و یا کمی بیشتر. این تفاوت پایین و بالای درجه دلخواه یعنی به‌طور نمونه ۱ درجه بین ۲۳/۵ تا ۲۴/۵ در اصطلاح فنی «آستانه تحمل» سیستم کنترل نام دارد که برای کارکرد دستگاه لازم است و بدون آن دستگاه نمی‌تواند، عمل کند و یا خراب می‌شود. چون اگر این محدوده تحمل در داخل سیستم طراحی نشود و یا اینکه بنا به وسواس انسان‌ها چنین محدوده تحمل مساوی با صفر تنظیم شود، ترموستات باید هر چند ثانیه خاموش و روشن شود و سیستم حرارت مرکزی توان این تعداد خاموش و روشن شدن را ندارد و از کار می‌افتد.

در برخورد با طبیعت و واقعیت‌های زندگی، بی‌نقصی و کمال و درجه دلخواه آن‌طور که انسان می‌پندارد، عملی نیست. طبیعت به این شکل عمل نمی‌کند زیرا بی‌نقصی و کمال و درجه دلخواه در انسان‌های مختلف یکی نیست مثلاً اگر قرار بود آفریدگار به حرف همه انسان‌ها گوش کند، باید همه آن‌ها را یک‌شکل می‌آفرید. انسان‌ها هیچ‌گاه راضی نخواهند بود؛ اما همان‌طور که پافشاری برای بی‌نقصی و عدم وجود آستانه تحمل در ترموستات، سیستم حرارت مرکزی را از کار می‌اندازد، خواستن‌های مداوم و انتظار یک زندگی

بی‌نقص و عدم تحمل و قبول واقعیت‌های زندگی، ثمره‌ای ندارد به‌جز از کار انداختن سیستم انسان؛ سیستم جسم و روان او.

مدیتیشن یا مراقبه

منابع زیادی برای آموزش مدیتیشن هم به‌صورت کتاب و هم در اینترنت در قالب متن یا ویدئو موجود است؛ بنابراین احتمالاً خوانندگان برای یافتن منابع دقیق و تخصصی مشکلی نخواهند داشت. آن‌هایی که در مورد مدیتیشن شنیده‌اند و یا فردی را درحالی‌که در مکانی خلوت، بی‌حرکت و با چشمان بسته، نشسته دیده‌اند، می‌دانند منظور از مدیتیشن چیست. اما ممکن است تصور شود که فردی که در حال مدیتیشن است در حال تفکر است و یا گاهی می‌شنویم و می‌خوانیم که کلمه مدیتیشن و تفکر اشتباهاً به‌جای هم بکار گرفته می‌شود. درصورتی‌که مدیتیشن و تفکر کاملاً در مقابل یکدیگر قرار دارند. هدف مدیتیشن درنهایت عدم تفکر است. ما قبلاً در بخش بیداری به تحت نظر گرفتن ذهن پرداختیم و یافتیم که وجود درونی انسان میدان وسیعی از هوشیاری است و با شناخت چنین هوشیاری و با ورود به آن توانستیم ذهن را تحت نظر قرار بدهیم و متوجه افکار خود باشیم. این تحت نظر گرفتن ذهن و افکار آن، مراقب بودن ذهن و مراقب بودن افکار، مبنای مدیتیشن و مراقبه است. درواقع واژه مراقبه در فارسی به‌جای مدیتیشن درست انتخاب‌شده است. در حالت مراقبه شخص مراقب است، او مراقب افکار خود است. در اینجا برای آشنا شدن با مراقبه به چهار جزء آن می‌پردازیم. این‌ها عبارت‌اند از تعریف مراقبه، تمرین مراقبه، در خود زیستن و تنفس:

تعریف مراقبه

واژه انگلیسی مدیتیشن ریشه در کلمه مدیتاری دارد «مِد» به معنی مطالعه و شناخت، ملاحظه کردن، اکتشاف و یا واسطه است و این واسطه، واسطه بین انسان و آفریدگار است؛ اما جدا از ریشه‌یابی زبان‌شناسی آن، مدیتیشن کشف دنیای درون است و حالتی که هوشیاری مطلق نام دارد. هوشیاری مطلق حالتی است عاری از افکار و اندیشه‌ها، خواستن‌ها، هویت‌های اجتماعی،

حالتی بدون ایگو و حالتی در بی‌زمانی مطلق. توجه شود که این حالت نوعی بی‌خویشی است که گاه با عبارت «از خود بی‌خود شدن» تعریف می‌شود؛ اما این «از خود بی‌خود شدن» در مدیتیشن به معنی از حال رفتن نیست. در این حالت شخص از خود بی‌خود می‌شود اما «خود» دوم در جمله برابر است با ایگو و نفس و همه تعلقات قراردادی و هویت‌های اجتماعی که انسان از خود می‌زداید. این حالت نوعی آگاهی و هوشیاری محض است. گاه واژه خلسه در این رابطه بکار گرفته می‌شود؛ اما خلسه خود به دو نوع است نوع اول خلسه همان حالت آگاهی و هوشیاری فوق است که در حالت مدیتیشن به دست می‌آید. نوع دوم خلسه که آن را ترانس (Trance) می‌نامند، حالت نیمه هشیار است که معمولاً در تمرینات دیگر مانند ذکرگویی و سماع درویشان، به تمرین کنندگان دست می‌دهد که نباید با نوع اولی که در حالت مدیتیشن رخ می‌دهد، اشتباه شود.

در ضمن عبادت‌های دینی خود نوعی مدیتیشن و یا نتیجه‌ای مشابه با مدیتیشن دارند. البته به شرطی که عابد بر روی عبادت تمرکز مطلق داشته باشد و نه اینکه با ذهن خود به هر سو برود. هم در مسیحیت و هم در اسلام عمل تسبیح زدن در (هنگام عبادت و نه بازی با تسبیح) عابد را از وابستگی‌های دنیا و بیم از دست دادن آن‌ها و فشار ذهنی و افکار در مورد آن‌ها که فقط در دو بُعد موهوم زمان عملکرد دارد، رها می‌کند. عابد در پناهگاه آفریدگار پناه می‌گیرد و از این طریق ذهن خود را آرام می‌کند و به حالت بی‌زمانی و بدون ایگو که هوشیاری مطلق است، وارد می‌شود و به آرامش می‌رسد؛ و باز باید تأکید کرد که اگر عبادت درست انجام شود که ذهن مشغول موردی نباشد به‌جز یاد خدا. در غیر این صورت تسبیح زدن و درعین‌حال ذهن را به‌حساب و کتاب مشغول داشتن بیشتر چرتکه زدن است. همان‌طور که اگر کسی به فلسفه مراقبه آشنا نباشد یا نداند چگونه آن را انجام دهد و در حالت مراقبه بنشیند، چشمان خود را ببندد و شروع کند به فکر کردن با زنجیره‌ای از افکار پی‌درپی، سفر ذهنی به گذشته و آینده، این کار مدیتیشن و یا مراقبه نیست، بلکه رنج ذهنی است.

تمرین مدیتیشن یا مراقبه

تمرینات مراقبه ممکن است در انواع و اقسام و با راه‌هایی متفاوت از یکدیگر، پیشنهاد شود. روشی که در اینجا آورده‌ام، روشی بسیار ساده و نظر شخصی نویسنده است. بنابراین ممکن است با روش‌های رسمی‌تر مراقبه در اجرا کمی متفاوت باشد؛ اما معمولاً نتیجه یکسان و آن‌هم تسکین ذهن و رسیدن به آرامش است. درواقع چون انسان باید در همه حال از فکر و خیال دوری جوید و به کاری که انجام می‌دهد و یا به آنچه در اطراف او می‌گذرد، توجه داشته باشد، بنابراین حتماً لازم نیست که به تمرین اختصاصی و نشستن در حالت مراقبه بپردازد؛ اما چون در ابتدای روند خودشناسی فرد با اصول حضور ذهن آشنایی ندارد، شاید بد نباشد که یک سری دستورالعمل را به‌عنوان تمرین اجرا کند.

برای شروع مراقبه وقت معینی را برای این کار اختصاص دهید مثلاً حدود یک ربع یا نیم ساعت. بهتر است محیطتان آرام و بی‌صدا و مرتب و بدون ریخت‌وپاش باشد. محل مراقبه اگر در کنار طبیعت مثل یک پارک و یا جای خلوت بیرون از منزل باشد، بهتر است و اما اگر چنین محیطی میسر نبود، مانعی ندارد. نحوه نشستن، راحت نشستن است و نیازی هم به بستن چشم‌ها نیست. اولین رویکرد در مراقبه باید عدم انتظار برای به دست آوردن نتیجه کار باشد، حتی نتیجه مثبت مراقبه؛ بنابراین هیچ انتظاری از نتیجه کار نداشته باشید و هیچ‌چیز نخواهید. قرار نیست بعد از یک جلسه یا حتی هزار جلسه مراقبه به بیداری و رهایی معنوی برسید. رویکرد انتظار و خواستن با طبیعت مراقبه و بیداری معنوی در تضاد است.

حال به هر صدایی که می‌شنوید، توجه کنید. هر صدایی فقط صداست نه کم نه زیاد، نه خوشایند و نه ناخوشایند. چه صدای پرنده‌ها و چه صدای موتور اتومبیل‌ها و یا بوق در خیابان مجاور. همان‌طور که به صداها گوش می‌دهید توجه خود را به هر چه که در میدان دیدتان است، بسپارید، به فرش زیر پا، به صندلی که روی آن نشسته‌اید، به دست‌های خودتان و یا به لباستان و اگر در بیرون از منزل هستید، به چمن‌ها، به گیاهان و درختان اطراف و به آسمان آبی و یا ابرها. حال چیزی را لمس کنید مثلاً صندلی، نیمکت، یک

برگ درخت یا حتی دست‌هایتان و یا پارچه لباستان. حال به نفس‌هایتان توجه کنید به دم‌ها و بازدم‌ها. اگر تاکنون به همه این چهار مرحله یعنی گوش دادن، نگاه کردن، لمس کردن و تنفس ارادی با دقت عمل کرده باشید قاعدتاً نباید هیچ فکری به ذهن شما خطور کرده باشد؛ اما ازآنجایی‌که انسان کامل نیست و ازآنجایی‌که یک‌عمر عادت به فکر کردن در چند لحظه اصلاح نمی‌شود، مرحله پنجم زیر نظر گرفتن ذهن است بنابراین پس از چند تنفس ارادی از خود به‌طور غیرعلنی بپرسید «اکنون به چه فکر می‌کنم؟» خواهید دید که یا به چیزی فکر نمی‌کنید و یا اگر به چیزی فکر می‌کردید، آن فکر کاملاً متوقف خواهد شد. از حالا به بعد در بقیه مراقبه فقط به نفس‌های خود توجه کنید. توجه خواهید کرد که این اولین باری است که به همه حواس خود یکجا توجه داشته‌اید. حواسی که اگرچه بارها از آن‌ها استفاده کرده‌اید اما به آن‌ها بی‌توجه بوده‌اید. این به این دلیل است که در حالت عادی و یا «نُرمال» زندگی، عملکرد حواس برایتان اهمیتی نداشته است و ثانیاً کار دیگری برایتان مهم بوده است و آن کار مهم غالباً فکر کردن در رابطه با آینده و گذشته است.

همان‌طور که در بخش بیداری و تحت نظر گرفتن ذهن اشاره شد، با تمرین مراقبه نیز مخصوصاً اگر درست انجام شود و شخص به افکار و رویدادهای گذشته و نگرانی‌ها و یا هیجانات آینده علاقه‌ای نشان ندهد در یک حالت بی‌زمانی وارد می‌شود و متوجه بُعدی از وجود خود می‌شود که قبلاً از وجود آن بی‌اطلاع بود. این بُعد وجودی، بُعد درونی اوست که در اصطلاح خودشناسی آن را هوشیاری محض می‌گویند. در حالت هوشیاری محض، انسان به خود تعلق دارد و نه به تعلقات دنیوی، نه به قوانین و هنجارهای اجتماعی و نه به بایدها و نبایدهای حرفه‌ای و شغلی. در حالت‌های معمولی انسان به اسم، به شهرت، به مقام، به مسئولیت‌های کاری (نه انسانی)، به سنت‌ها، به ملیت و به سیستم‌های اجتماعی تعلق دارد نه به خود. درصورتی‌که انسان به وجود درونی خود تعلق دارد و وجود درونی او به سیاره بی‌دریغ زمین، به منظومه شمسی، به کهکشان راه شیری و درنهایت به عالم هستی قابل رصد و به ماورای آن و به بی‌نهایت هستی متعلق است. این انسان

است، این معنی انسانیت است و قرار بود چنین باشد. قرار بود انسان چنین آرام باشد، در چنین آرامشی زندگی کند و به خود و همنوعان خود خدمت کند. ولی می‌بینیم که چنین نشد و کج آموزی‌های محیط و ناآگاهی‌ها در متن سیستم‌های اجتماعی و کم آموزی‌های سیستم‌های آموزشی او را از نیستان عالم هستی که به آن تعلق داشت برید.

کز نیستان تا مرا ببریده‌اند

در نفیرم مرد و زن نالیده‌اند

بی‌زمانی

یکی از مهم‌ترین مقاصد مراقبه شکستن توهم زمان و ورود به بی‌زمانی مطلق یعنی زمان حال مطلق بدون گذشته و آینده است. در بخش پیشین تحت عنوان جاری عالم هستی و توهم زمان توضیح دادیم که چرا و چگونه زمان یک توهم است. همچنین دیدیم که در انواع رنج‌ها توهم زمان نقشی اساسی ایفا می‌کند؛ بنابراین با تشخیص توهم زمان و ورود به حالت بی‌زمانی می‌توان به بسیاری از رنج‌های کوچک و بزرگ فائق آمد. در اینجا برای شکست توهم زمان و ورود به حالت بی‌زمانی پنج راه پیشنهاد می‌شود. البته همه ما اوقاتی چند از بیداری را ناخودآگاه در این حالت‌ها بسر می‌بریم، اما از اهمیت آن‌ها بی‌خبریم

۱- تنفس ارادی یا لااقل توجه به دم و بازدم

۲- تحت نظر گرفتن ذهن و افکار آن

۳- توجه به حواس پنج‌گانه - بینایی، شنوایی، چشایی، بویایی و لامسه - یعنی در مواقع استفاده از هر یک از این حواس باید به آن توجه کنیم. مثلاً توجه کامل به طعم غذا هنگام خوردن.

۴- توجه به محیط اطراف و طبیعت

۵- توجه به نیروی جاذبه زمین - یعنی توجه کردن به جسم خود و رها کردن عضلات.

هرکدام از راه‌های فوق دری است که در یک‌سوی آن توهم زمان است و سوی دیگر آن به بی‌زمانی باز می‌شود. حتی در بخش بعدی تحت عنوان خواب و بی‌خوابی از سه حالت از پنج حالت فوق یعنی تنفس، توجه به ذهن و قوه جاذبه برای فائق آمدن به بی‌خوابی استفاده خواهیم کرد.

در خود زیستن

توانایی، زیبایی و آرامش در خود زیستن در تنهایی کشف می‌شود و گاه هم در تنهایی آسان‌تر است. اما در خود زیستن نوعی تنهایی نیست و نه‌تنها با تنهایی تفاوت دارد، بلکه پس از کسب چنین مهارتی یعنی مهارت در خود زیستن می‌توان آن را در پرمشغله‌ترین مناسبات زندگی و اجتماع بکار برد. تنهایی که سهراب سپهری از آن نام می‌برد از جنس آگاهی به آرامش در خود زیستن است.

به سراغ من اگر می‌آیید نرم و آهسته بیایید
مبادا که ترک بردارد چینی نازک تنهایی من

امروزه در جوامع مدرن، آدم‌ها بسیار به دنیای بیرون وابسته‌اند. این یک نوع ترس از تنهایی است. البته واضح است که وقتی انسان خود را نشناسد و به هنر در خود زیستن آشنایی نداشته باشد، تنهاست. در چنین تنهایی انسان مجبور است از خود بگریزد. کم‌حوصلگی، وابسته بودن به تلویزیون یا اینترنت، خوردن برای رفع کم‌حوصلگی، دوست‌یابی و دوست بازی و دورهم جمع شدن‌ها و مکالمه‌های تلفنی بیش‌ازاندازه، همه نشانه تنهایی واقعی انسان است. پس توجه شود، او که می‌تواند در تنهایی خود شاد باشد، تنها نیست بلکه او که نمی‌تواند، تنهاست.

اما گفتیم در خود زیستن در خلوت آسان‌تر است و برای همین است که تمرین مراقبه در خلوت و سکوت مؤثرتر است. دلیل آن این است که در خلوت بهتر می‌توان خود را کشف کرد، بهتر می‌توان آن دری را یافت که به بی‌نهایت وجود و عالم هستی منتهی می‌شود؛ بدون نام و نشان و ماسک شخصیت. بنابراین در خلوت بهتر می‌دانید که کیستید، اما وقتی در میان

دیگران هستید و یا در مناسبات و مشغله‌های اجتماعی گام می‌نهید، معمولاً دیگران، محیط، اجتماع و قوانین به شما دائماً به‌طور غیرمستقیم یادآوری می‌کنند که شما چه کسی هستید. نامتان چیست، شغلتان چیست، ملیتتان چیست و یادتان باشد که چگونه رفتار کنید و چگونه رفتار نکنید و باید نگران چه چیزهایی باشید یا نباشید؛ و این نام و نشان و شغل و موقعیت اجتماعی و فهرستی از بایدها و نبایدها را دائماً مانند متن قراردادی که آن را امضاء کرده‌اید در مقابل چشمان شما قرار می‌دهند که مبادا مفاد آن یک‌لحظه از یادتان برود.

از طرف دیگر در خود زیستن یعنی آگاهی انسان به این حقیقت که هیچ‌چیز در وجود او کم و کسر نیست. چنین رویکردی نه‌تنها با انزوا و تنهایی فرق دارد بلکه فقط پس از کسب چنین آگاهی است که انسان بهتر می‌تواند با دیگران در ارتباط باشد و بهتر می‌تواند درصحنه‌های اجتماعی ظاهر شود. کیفیت چنین ارتباطی به‌مراتب بیشتر از کیفیت ارتباطی است که بدون آگاهی از هنر در خود زیستن با دیگران برقرار می‌شود.

توجه شود که واژه‌ای به نام درون‌گرایی وجود دارد که هنر در خود زیستن در آن تعریف می‌شود. درون‌گرایی قسمتی از معنویت، خِرَد و حکمت است. متأسفانه در کشورمان در برخی مواقع می‌شنویم که این واژه زیبا و پرمعنی را برای تشریح حالت افسردگی و گوشه‌گیری افراد یا نوجوانان بکار می‌برند.

تنفس ارادی

یکی از پایه‌های مراقبه یا مدیتیشن، خودشناسی، و زندگی آگاهانه، توجه به تنفس است. تمام دستگاه‌های بدن مانند دستگاه گردش خون، گوارش و همچنین دستگاه تنفس ما عملکردی خودکار و غیرارادی دارند و به‌واسطه دستگاه عصبی کنترل می‌شوند و بدون دخالت ما در طول روزها و شب‌ها در هنگام خواب به کار خود به‌خوبی واردند و آن را ادامه می‌دهند. باید برای خودکار بودن این سیستم‌ها خدا را شکر کرد، چون اگر قرار بود خود انسان مسئول وظایف این دستگاه‌ها باشد، با این پریشان ذهنی‌ها و مشغله‌های زندگی و درگیری با همنوعان خود و سایر عادت‌های بد دیگر، در طول روز

چندین هزار بار از کار این دستگاه‌ها غافل می‌ماند و احتمالاً این غفلت آخر و عاقبت خوبی هم نداشت.

اما از میان این پنج یا شش دستگاه داخلی که اخیراً به تعدادشان چند تا هم اضافه‌شده، دستگاه تنفس تنها دستگاهی است که می‌توان تا حدودی کنترل آن را به دست گرفت و عملکرد آن را از غیرارادی به ارادی تغییر داد. شاید آفریدگار و هوشمندی عالم هستی این یک ویژگی را در بشر نهادینه و طراحی کرد تا وسیله‌ای باشد برای بیداری معنوی او از خواب غفلت او در هنگام بیداری فیزیکی.

کنترل ارادی تنفس دارای انواع و اقسام و مناسبات مختلف است که همگی مجموعه‌ای را تشکیل می‌دهند که آن را تنفس رفتاری می‌گویند که در اینجا با بیشتر آن‌ها سروکاری نیست؛ اما یک نوع از آن که به تنفس دیافراگمی مشهور است نوعی تنفس است که می‌توان از آن به‌منظور توجه به عمل نفس کشیدن استفاده کرد. در این نوع تنفس دم‌ها کمی عمیق‌ترند و طوری که انسان متوجه پر شدن هوا در ریه‌ها و انبساط قفسه سینه می‌شود. این نوع تنفس در حالت مراقبه و یا هرگاه که می‌توانیم آن را به یاد بیاوریم مفید است، گذشته از اینکه اکسیژن بیشتری به بدن می‌رسد، توجه ما را به لحظه جلب می‌کند و افکار در لحظه به حداقل خود خواهند رسید.

تنفس یکی از زیباترین و لذت‌بخش‌ترین عملکرد بدن انسان است که همواره برای او میسر است. خوردن بستنی و شکلات را نمی‌توان در تمام طول روز ادامه داد، اما تنفس را می‌توان. انسان اهمیت این هدیه آفرینش را از یاد برده است و آن را امری پیش و پا افتاده می‌داند که نیازی ندارد به آن توجه کند. این هم یکی از توهمات انسان مدرن است.

«هر نفسی که فرو می‌رود ممدّ حیات است و چون برمی‌آید مفرّح ذات، پس در هر نفسی دو نعمت موجود است و بر هر نعمتی شکری واجب»

اهمیت نفس کشیدن آن‌قدر زیاد است که سعدی برای هر سیکل آن دو شکر توصیه می‌کند. کاش سیستم‌های آموزشی‌مان در مدارس قدری بیشتر در اهمیت بیان سعدی ورای اهمیت دستوری آن به دانش آموزان توضیح می‌دادند و یا اگر خود نمی‌دانند، اندکی در اهمیت تنفس به‌عنوان وسیله‌ای

برای خودشناسی و زندگی آگاهانه در سیستم‌های فلسفی دیگر به تحقیق می‌پرداختند.

توجه به تنفس کلید زندگی آگاهانه است، کلید ساکت کردن ذهن و تحت نظر گرفتن افکار آن، افکاری بیهوده و اضافه، افکاری که انسان را از زندگی آگاهانه دور می‌کنند، افکاری که از آن احساسات منفی عصبیت‌ها، خودمحوری‌ها، خودخواهی‌ها می‌تراود، افکاری که رنج خود انسان و رنج همنوعان او را سبب می‌شود و درنهایت چرخه رنج زمین را محکم‌تر از همیشه تداوم می بخشد.

اگر در مدارس دنیا هفته‌ای فقط چند ساعت نوجوانان را متوجه تنفس خود کنند و چگونگی عملکرد ذهن را به آن‌ها بیاموزند و یاد بدهند که چگونه مراقب افکار خود باشند، به‌مرور در روند تکامل اجتماعی از احساسات منفی و سوء رفتارها کاسته خواهد شد. خروجی پریشان ذهنی همواره به‌صورت استرس‌ها، عصبیت‌ها، افسردگی‌ها، اعتیاد، جرم و جنایت، مشکلات خانوادگی و طلاق، نزاع‌های خیابانی، در زندگی فردی و اجتماعی خود را نشان می‌دهد. اگر در مدارس نوجوانان را به ایگو و ماسک شخصیت و چگونگی تشکیل و عملکرد آن آشنا کنند، اگر به آن‌ها توهمات تکاملی ازجمله توهم زمان و دوگانگی را آموزش دهند تا به قدرت لحظه و زیستن در زمان حال پی ببرند، خودخواهی‌ها، حرص و طمع، دزدی‌های جزئی و کلان، کینه‌توزی و انتقام‌جویی، عدم تحمل مخالف، قدرت‌طلبی در زندگی فردی و اجتماعی از بین می‌رود و یا به حداقل خود خواهد رسید. سوء رفتارهای سبک و عادت‌های زشت در اجتماع جای خود را به عشق و دوستی به همنوع خواهد داد. فقط برای نمونه اینکه، دیگر پدری در منزل جوک‌های قومیتی تعریف نمی‌کند که فرزند او هم در آینده، این بی‌خبری را به فرزند خود منتقل کند، چون همین کج‌اخلاقی، بی‌خبری، پریشان ذهنی و خواب‌آلودگی و بی‌هوشی غیرعلنی گسترده در قشرهایی از جامعه است که مردم را به روزمرگی و بی‌تفاوتی مشغول می‌کند تا زرنگ‌ترها با رفتاری ریاکارانه ولی جدی‌تر، سال‌ها مسندهای کلیدی را درو کنند و هست و نیست ملت را جلوی چشم این خفتگان به تاراج ببرند.

به‌هرحال برای خاتمه بحث مدیتیشن و یا مراقبه لازم به ذکر مجدد است که نتایج علمی و تخصصی تحقیقات نورولوژیست‌ها در رابطه با مدیتیشن، گویای آن است که مدیتیشن به‌طور مستقیم بر بافت‌های مغز تأثیر مثبت دارد و مغز را به‌طور فیزیکی تغییر می‌دهد. ازآنجایی‌که منابع بسیاری در اینترنت وجود دارد که این ادعا را تائید می‌کند، بنابراین نیازی نیست که در اینجا به جزئیات آن بپردازیم.

❖ ❖ ❖
خواب و بی‌خوابی

خواب

در اینجا شاید لازم به تأکید باشد که در این بحث منظور از خوابیدن، نوع معمول آن یعنی خوابیدن فیزیکی است، زیرا تاکنون منظور از خواب بیشتر خواب ناخودآگاهی در حالت بیداری فیزیکی بود.

خوابیدن یکی از پدیده‌های عجیب و بی‌شک یکی از اسرار حل‌نشده عالم هستی است. اگرچه تئوری‌های علمی فراوانی موجود است که توضیح می‌دهند درواقع چه فعل‌وانفعالات بیوشیمیایی در مغز و بدن در حالت خواب رخ می‌دهد، اما هیچ‌کدام از آن‌ها جوابی برای این سؤال که اصلاً چرا ما انسان‌ها و بسیاری از موجودات دیگر می‌خوابیم و چرا خواب باید به این صورتی که است باشد، ندارند. راز آلودگی خواب بیشتر در این است که ما در حالت خواب کاملاً از هوشیاری خارج نیستیم و یکی از نشانه‌های آن این است که ما خواب می‌بینیم و در هنگام خواب دیدن، اگرچه به‌طور غیرواقعی، ولی با محیط، اشیاء و افراد ارتباط برقرار می‌کنیم، حرف می‌زنیم و بنا به آموخته‌ها و تجربیات خود تصمیم هم می‌گیریم. این ویژگی‌های خواب نشان‌دهنده آن است که اگرچه ما از حالت هوشیاری معمول بیداری برخوردار نیستیم، اما به حالتی دیگر یا به‌اصطلاح حالتی تغییریافته از هوشیاری وارد می‌شویم که با حالت هوشیاری در زمان بیداری متفاوت است اما چون در روند خواب دیدن شاهد وقوع اتفاقات هستیم، آن اتفاقات خود نوعی واقعیت است. لازم به یادآوری است منظور از واقعیت، حقیقت نیست.

اما بـه‌خودی‌خود خوابیـدن یکـی از زیبـاترین نعمـاتی است کـه بـه انسـان داده‌شـده اسـت. جـدا از ویژگی‌هـای مفیـدی کـه یافتـه‌های علمـی بـه مـا می‌گوینـد، خودمـان هـم پـس از خـواب کـافی و یـا بی‌خـوابی متوجـه تغییـرات مثبتـی در جسـم و روان خـود می‌شـویم. تغییراتـی ماننـد تـرمیم ماهیچـه‌ها، عملکـرد بهتـر ذهـن و غیـره. در ضـمن خوابیـدن لـذت‌بخش اسـت. معمـولاً وقتـی می‌خـوابیم تـا زمـانی کـه به‌انـدازه کـافی نخوابیـده باشـیم، دلمـان نمی‌خواهـد کـه بیـدار شـویم. شـاید یکـی از دلایـل خوشـایندی خوابیـدن، بی‌زمـانی آن اسـت کـه در آن فکـر و خیـال انسـان را بـه حـال خـود می‌گـذارد و در حـالتی کـه فکـر و خیـال نباشـد رنـج هـم نیسـت. (منظـور از حالـت خوشـایند خوابیـدن، به‌شـرط خـواب ندیـدن اسـت، یعنـی خوابیـدن بـدون خواب دیدن)

بنـا بـر برخـی از سیسـتم‌های فلسـفی هنگامی‌کـه می‌خـوابیم نـوعی انـرژی کیهـانی بـه مـا منتقـل می‌شـود و ایـن نظریـه زیـاد هـم دور از ذهـن نیسـت و یـا لااقـل علـم خـلاف آن را ثابـت نکـرده اسـت. بهـر جهـت، بایـد خاصـیتی در خوابیـدن وجـود داشـته باشـد، زیـرا کـه مقـدار انـرژی کـه انسـان از طریـق خـواب بـه دسـت مـی‌آورد بـا سـازوکارهای فیزیکـی و جسـمی میسـر نیسـت. بـرای مثـال سـاعت‌ها ماسـاژ حرفـه‌ای بـر روی ماهیچـه‌های خسـته یـک ورزشـکار نمی‌توانـد به‌انـدازه چنـد ساعت خواب راحت مؤثر باشد.

شـاید هـم هوشـمندی سـیاره و عـالم هسـتی بـا نهادینـه شـدن خـواب در انسـان بی‌ارتبـاط نباشـد و سـیاره بـرای طـول بقـا و امنیـت خـود در طراحـی خـواب در انسـان، نقـش داشـته اسـت. تصـور کنیـد اگـر انسـان‌ها هرگـز نمی‌خوابیدنـد، وضـعیت سـیاره چقـدر می‌توانسـت از این‌کـه اسـت، آشـفته‌تر باشـد. اگـر بشـر نمی‌خوابیـد، مقـدار مصـرف غـذا بیشـتر، اضـافه‌وزن‌ها بیشـتر، تمـام بیسـت‌وچهار سـاعت شـبانه‌روز وقـت بیشـتری بـرای خیال‌بـافی، احساسـات منفـی، خودخواهی‌هـا، بـداخلاقی‌ها، اختلاف‌هـا و غیـره می‌داشـت. انسـان‌ها بـدون ویژگـی خوابیـدن وقـت بیشـتری بـرای آلـوده کـردن زمـین، ناشـی از مصـرف منـابع زیرزمینـی و سـوخت‌های فسـیلی و خشـکاندن جنگل‌هـا و ریخـتن زبالـه و پلاسـتیک در آب‌هـای رودخانـه‌ها، دریاهـا و اقیانوس‌هـا داشـتند و لابـد گرمـای زمـین چنـدین درجـه بیشـتر ازآنچـه اسـت، می‌شـد و زمـین زودتـر بـه سرنوشـت

ناخوشایندی که در انتظار اوست نزدیک می‌شد. به همین دلیل، بنا به تصمیم هوشمندی عالم هستی قرار شد بشر به مدت یک‌سوم طول عمر خود خوابانده شود تا از تأثیرات ناشی از ناآرامی‌های او بر روی سیاره کاسته شود. الآن مادرها را بهتر درک می‌کنم که دوران کودکی ما، اصرار داشتند ما بعدازظهرها یکی دو ساعات بخوابیم.

اما اگر به مزایای خواب برگردیم در حالت خواب و مخصوصاً خوابیدن بدون خواب دیدن، انسان بیشتر به وحدت عالم هستی پیوند می‌خورد، گویی که در گهواره عالم هستی آرام گرفته است. در حالت خواب همه انسان‌ها باهم برابرند، عدالتی که در حالت بیداری از آن خبری نیست. در حالت خواب انسان‌ها چه فقیر چه غنی، چه با مقامی عالی و چه درویش، چه در کاخ و چه در کوخ، چه بدون مشکلات و چه با خروارها دشواری و اوضاع ناخوشایند زندگی، همه به اصل خود بازمی‌گردند، یعنی به جوهر وجود و طبیعت حقیقی انسانیت، بدون نشانه‌ها و برچسب‌های اجتماعی، خالص و آزاد. به‌طور خلاصه می‌توان گفت که در حالت خواب از رنج خبری نیست.

بی‌خوابی

اما استفاده از این‌همه مزایای خواب هنگامی میسر است که انسان بتواند از آن سود ببرد یعنی بتواند به‌راحتی بخواب برود و خوابی مداوم و پیوسته و کافی در طی شبانه‌روز داشته باشد. بی‌خوابی یکی از معضلات دنیای مدرن است. کیفیت خواب نسبت به رویکرد و نحوه زندگی، محیط و موقعیت اجتماعی در انسان‌ها متفاوت است. خواب بسیاری بهتر و راحت‌تر از بسیاری دیگر است. معمولاً، البته نه الزاماً، افرادی که نگاهی سطحی به زندگی و جامعه دارند و یا احساس مسئولیت در آن‌ها کمتر است و یا نحوه زندگی‌شان سنتی‌تر و قشری‌تر است و به روزمرگی می‌گذرد، خوابشان بهتر است. همچنین آن‌هایی که نگرانی کمتری در مورد اعضای خانواده مانند فرزندان خود دارند، به مسائل دنیا آشنایی کمتر دارند و یا به آن بی‌اهمیت‌اند و از تجزیه‌وتحلیل آنچه در محیط و اجتماع می‌گذرد ناتوان و یا به دورند و یا زندگی‌شان به‌دوراز زندگی شهری است و مشغله فکری کمتری دارند،

راحت‌تر می‌خوابند. کیفیت خواب در مؤمنان به دین خود نیز بهتر از ناباوران و دیرباوران است؛ و تقریباً می‌شود گفت که انسان‌هایی که نحوه زندگی آن‌ها در هرکدام از موارد فوق تقریباً برعکس است، مشغله‌های ذهنی آن‌ها بیشتر و درنتیجه کیفیت خوابشان هم کمتر است.

بی‌خوابی یکی از ویژگی‌های زندگی مدرن و جوامع مدرن، هم در کشورهای توسعه‌یافته و هم در کشورهای درحال‌توسعه است. به‌عنوان‌مثال طبق آمار در کشوری مانند آمریکا هفتاد میلیون نفر از بی‌خوابی رنج می‌برند و یا در مرحله‌ای از زندگی خود آن را تجربه کرده‌اند؛ بنابراین احتمالاً چنین آمار و درصدی مشابه در رابطه با کشورهای دیگر نیز ممکن است صدق کند.

بی‌خوابی یا به‌صورت مشکل به‌آسانی به خواب رفتن در ابتدای ساعات اولیه خواب است، و یا بیدار شدن پس از چند ساعت خواب در ساعات اولیه شب. مشکل اول معمولاً در رده‌های سنی جوان‌تر و مشکل دوم در رده‌های میان‌سال‌تر مشهود است. مشکل بی‌خوابی اگر به پیچیدگی‌ها و یا نارسایی‌های جسمی مربوط باشد باید از طریق مشورت پزشک درمان شود، بنابراین، این نوع بی‌خوابی از حوزه تخصصی این کتاب خارج است؛ اما بی‌خوابی در زندگی مدرن بیشتر به فعالیت و مشغله‌های ذهنی مربوط می‌شود. در این قسمت بنا بر نتیجه مطالعات در تعلیمات فلسفی و خودشناسی و تجربه شخصی نویسنده، به راهکاری بسیار ساده اشاره می‌شود که ممکن است در حل بی‌خوابی برای خوانندگان بکار آید.

مشغله‌های ذهنی محصول مشغله‌های ناشی از اوضاع زندگی، مسائل کاری، مسائل مالی، مسائل خانوادگی، مسائل عاطفی - احساسی، نگرانی‌ها و مشکلات سلامت، یا حتی هیجانات و خواستن‌های دنیوی است، مانند فکر و خیال در رابطه با کاری و یا برای بهبود کاری یا به دست آوردن موردی در زندگی. ساعاتی که قرار است برای خواب اختصاص داده شود که معمولاً شب‌هاست و انسان به کاری مشغول نیست، ذهن از این موقعیت استفاده کرده و دائماً از یک موضوع به موضوع دیگر می‌پرد و انسان را به دو بُعد موهوم زمان یعنی گذشته و آینده و اتفاقاتی که در آن گذشت و یا انتظار آن می‌رود، متصل می‌کند. حتی گاهی سناریوی خود را از موضوعات می‌سازد.

سناریویی که اصلاً اتفاق هم نیفتاده و نخواهد افتاد. چنین شاخه به شاخه پریدن ذهن است که دلیل اصلی بی‌خوابی است. تمرکز این بحث بر روی فکر و خیال و آرامش ذهن است وگرنه همه می‌دانیم که شرایط دیگری نیز برای یک خواب راحت لازم است مانند پر نبودن معده و اینکه می‌بایست حداقل سه ساعت قبل از خواب به هرگونه خوردن و آشامیدن پایان داده شود.

اگر در ابتدای شب جسم بسیار خسته باشد، زود بخواب می‌رود و چون خواب در سیکل‌های متعدد است، پس از دو یا سه سیکل که معادل ۴ تا پنج ساعت است و گاهی هم پس از یکی دو ساعت ممکن است فرد بیدار شود و ذهن همان ثانیه اول به فعالیت خود ادامه می‌دهد. البته لازم به ذکر است که در این مقطع یعنی پس از چند ساعت خواب، کارایی ذهن در حداکثر خود است. بسیاری از دانشمندان، محققین و نویسندگان و هنرمندان در این مقطع از ساعات، به جواب سؤالی که در طول روز پاسخی برای آن نداشتند، می‌رسند و گاهی آن را یادداشت می‌کنند؛ اما در پی این بیداری موقت که پس از چند ساعت خواب رخ می‌دهد، اگر هم برای مثلاً نیم ساعت به هر کاری که می‌رسید مثلاً عبادت یا هر کار دیگر، باید بتوان به‌راحتی به خواب رفت چون بنا به نعمت زندگی مدرن قرار است که صبح خانه را ترک و به محل کار برویم و تا بعد از ساعات کاری که در بعضی از کشورها تا ساعت پنج عصر ادامه دارد، از چرت زدن خبری نیست. در اینجاست که ذهن به مشغله‌هایی که از آن‌ها نام برده شد، مشغول شده و تا چندساعتی و یا گاهی تا صبح خواب انسان را می‌دزدد. شاید بیدار شدن پس از چند ساعت از نسل‌های گذشته به ما منتقل‌شده که در آن دوران، آن‌ها شب‌ها زود می‌خوابیدند، در ساعات اولیه روز به کار، مغازه و یا کشاورزی خود می‌پرداختند و یا در گذشته‌های بسیار دور به شکار مشغول می‌شدند. اما در طول روز مجال آن را داشتند که یکی دو ساعت بخوابند و دوباره به کار روزانه خود ادامه بدهند؛ بنابراین شاید جسم ما امروزه از این موضوع آگاه نباشد که زمانه تغییر کرده است و باید برای هفت تا هشت ساعت خواب پی‌درپی با انسان همکاری کند.

بهر جهت به نظر می‌رسد اگر بتوان فعالیت ذهن را متوقف کرد، می‌توان به‌راحتی بخواب رفت و یا مجدداً پس از یک یا چند سیکل دوباره خوابید.

تاکنون در دو قسمت به چگونگی مهار ذهن اشاره شد، یکی در بحث بیداری معنوی و دوم در بخش مراقبه یا مدیتیشن. پس خواننده باید تاکنون با تحت نظر گرفتن ذهن تا حدودی آشنا باشد؛ اما در ساعاتی که اختصاص به خواب دارد؛ یعنی معمولاً شب‌ها، مهار ذهن تا حدودی دشوارتر است، چون ما به کاری مشغول نیستیم و بنابراین ذهن برای شاخه به شاخه پریدن‌های خود راحت‌تر عمل می‌کند. برای آرام کردن ذهن در شب می‌توان از همان مهارت‌های بخش بیداری و مدیتیشن استفاده شود، اما در اینجا راهکار مشابه ولی ساده‌تری ارائه می‌شود.

برای این کار اولین رویکرد این است که اصلاً مشتاق خوابیدن نباشید. صبور بودن اولین شرط به خواب رفتن است. نتیجه این تمرین را مراقبه و آرام کردن ذهن بدانید و نه خوابیدن. بعد روشی را که می‌توان آن را ۳+۱ نام نهاد بکار برد. این روش شامل سه سیکل تنفس است و در پایان سیکل سوم، یک‌بار مشاهده ذهن. نوع نفس‌ها مانند روش مراقبه، اگر کمی عمیق‌تر و آهسته‌تر باشد بهتر است و یا حتی بطور معمول و هر طور که راحت هستید تنفس کنید. آنچه مهم است توجه به دم و بازدم است. هنگامی‌که هوا را از ریه‌ها خارج می‌کنید، همه بافت‌های بدن خود را رها کنید و به جاذبه زمین بسپارید. بعد نفس دوم به همین شکل و در پایانِ نفس سوم به‌طور غیرعلنی از خود سؤال کنید «الآن به چه فکر می‌کنم؟» با این سؤال درونی، ذهن به هر فکری که مشغول باشد، آن را متوقف می‌کند و بعد سه نفس دیگر، آرام و بدون توقع. به نفس‌های خود توجه کنید، به پر شدن هوا به داخل ریه‌ها و اینکه هیچ‌چیز در همان لحظه کم و کسر نیست. همان‌طور که بارها اشاره شد در لحظه مطلق هیچ‌چیز وجود ندارد جز وجود انسان متصل به عالم هستی. در طول تنفس جسم خود را کاملاً رها کنید و به قوه جاذبه زمین بسپارید به گهواره عالم هستی. اگر این چند دستور ساده و آسان را به‌درستی انجام دهید و درعین‌حال بدن شما به خواب احتیاج داشته باشد یعنی در بیست‌وچهار ساعت گذشته از هفت‌تا هشت ساعت کمتر خوابیده‌اید، تقریباً غیرممکن است که پس از چند تنفس، یا حداکثر پس از ده دقیقه به خواب نروید.

باید در تمرین خود با خودتان صادق باشید که آن را به‌درستی انجام می‌دهید. چون عاملی که باعث می‌شود این تمرین به‌درستی انجام نشود فقط یک‌چیز است «علاقه نشان دادن به موضوعات افکار». اگر موضوعات افکار چه خوشایند چه ناخوشایند برایتان جالب باشد، تمرین‌هایی این‌چنین، تأثیر چندانی نخواهند داشت.

❖ ❖ ❖

عشق واقعی و زندگی مشترک آگاهانه

آمار و نرخ جدایی و طلاق در دنیای امروز بسیار بالاست. کشورهای پیشرفته در این ناهنجاری اجتماعی جلوترند. در برخی از کشورهای اروپایی نرخ طلاق به ۷۱٪ و در آمریکای شمالی این نرخ به ۵۰٪ می‌رسد. معضل ازدواج‌های ناموفق اما امروزه به کشورهای توسعه‌یافته محدود نمی‌شود، بلکه در کشورهای درحال‌توسعه و حتی فرهنگ‌هایی که در آن‌ها طلاق نکوهیده است، رواجی رو به گسترش را نشان می‌دهد. در بیشتر این موارد زندگی‌های ناموفق مانند بسیاری از رنج‌های بشر ریشه در ناکارآمدی سیستم‌های اجتماعی و کم آموزی های سیستم های آموزشی دارند.

این بخش به پنج بخش کوچک‌تر تقسیم‌شده است که عبارت‌اند از: *عشق پایدار، پیش‌نیاز درونی برای زندگی، زندگی مشترک آگاهانه، مدیریت بحران در جدایی و طلاق و سخنی با جوانان.*

در این پنج بخش سعی بنده این است که با استفاده از آموزه‌هایی از معلمان بزرگ خودشناسی و معنویت و تا حدودی مشاهدات شخصی، به مبحثی بپردازم که به یکی از مهم‌ترین ابعاد زندگی انسان مربوط می‌شود. بُعدی که معمولاً از چشم سیستم‌های اجتماعی حاکم در تمام دنیا یا پوشیده است و یا در ناکارآمدی و بی‌توجهی آن‌ها رهاشده است. به این امید که با ارائه این آموزه‌ها، زوج‌های جوان‌تر از آن برای یک زندگی آگاهانه، شاد و بدون ماجراجویی بهره ببرند.

عشق پایدار

گفتیم هدف خودشناسی زندگی آگاهانه است و یکی از پایه‌های زندگی آگاهانه روابط سازنده و پایدار در خانواده و در روابط زناشویی است. هنگامی که صحبت از ارکان زندگی مشترک می‌شود، گاهی عشق به‌عنوان احساسی انسانی نقش مهمی را به خود اختصاص می‌دهد؛ بنابراین شاید بتوان نتیجه گرفت که اگر زن و مرد شناخت کافی از عشق داشته باشند، این رکن زندگی مشترک از پایداری و دوام بیشتری برخوردار خواهد بود. نوع عشقی که در آغاز یک زندگی مشترک نقش دارد معمولاً از نوع عشق رمانتیکی است. عشق رمانتیکی در برخی موارد می‌تواند زیبا، صادقانه و دیرپا باشد. اما بیشتر به عوامل، اوضاع و شرایط دنیای بیرون وابسته است. در ضمن، چیزی که ما به‌عنوان عشق رمانتیکی می‌شناسیم ممکن است به‌سادگی با نیازهای عاطفی و جسمی اشتباه گرفته شود. این‌یک نوع خواستن است و عاملی که در انسان می‌خواهد، ایگو است و نه وجود حقیقی انسان. این حس خواستن در طرفین بستگی به نقاط قوت طرفین دارد. مثلاً شکل ظاهری و جسمانی، توانایی‌های مالی؛ میزان تحصیلات و موقعیت اجتماعی، موقعیت خانوادگی، عادات رفتاری، موقعیت شغلی و نظیر آن. وجود این عوامل در دو طرف تعادلی برقرار می‌کند و این تعادل به‌عنوان توافقی موردقبول طرفین قرار می‌گیرد که نتیجه آن می‌تواند به‌صورت عشق رمانتیکی و یا ازدواجی متعارف، دو طرف را در یک زندگی شریک کند. تا اینجای کار، اشکال زیادی در آن نیست. در مواردی بسیار زیاد این نوع پیوندها با موفقیت و خوشی و یا حتی کج دار و مریز ادامه می‌یابد و گاهی عاقبت‌به‌خیر هم می‌شوند.

اما ازآنجایی‌که همه این عوامل، بیرونی یا به‌اصطلاح دنیوی‌اند، می‌توانند موقتی هم باشند و بنابراین تضمینی در تداوم این عوامل نیست. در اینجاست که تغییر و یا فقدان یک یا چند تا از چنین عواملی از هر طرف، احتمالاً تعادل پایه‌های عشق رمانتیکی و یا زندگی زناشویی را به هم می‌زند، عشق رمانتیکی کمرنگ شده و یا در مواردی به تنفر تبدیل می‌شود و زندگی مشترک یا با تلخ‌کامی ادامه پیدا می‌کند و یا به جدایی کشیده می‌شود.

اما نوعی عشق است که از عمق عالم درون و خودآگاهی انسان برمی‌آید. این نوع عشق ارتباطی به نیاز، وابستگی، خودخواهی و کنترل طرف مقابل ندارد. این عشق با نوعی احساس کامل بودن و حتی عدم وابستگی به‌طرف مقابل همراه است. به نوعی آمادگی مجهز است که می‌تواند با هرگونه تغییر وضعیت، حتی از دست دادن طرف مقابل، کنار بیاید و از کیفیت آن کم نشود و یا لااقل به رنج تبدیل نشود. تحقق و آگاهی از چنین عشقی ستون‌های یک زندگی مشترک پایدار را می‌سازد.

گر چه من خود ز عدم دلخوش و خندان زادم

عشق آموخت مرا شکل دگر خندیدن

مولوی

اینکه چرا این نوع عشق پایدارتر از عشق رمانتیکی است، به دلیل عنصر خودآگاهی در آن است. این عشق نوعی کنار آمدن با زندگی و ناچیز شمردن کم‌وکاستی‌های آن است. این نوع عشق فقط در معشوق خلاصه نمی‌شود، بلکه عشق به همه‌چیز است. عشقی که انتظار زیادی از زندگی و متعلقات دنیوی ندارد، به دنبال خواستن‌ها و چنگ زدن‌ها نیست. جدال، عدم تحمل و مقاومت در برابر موضوعات پیش و پا افتاده در این نوع عشق جایی ندارد و در واقع از حوصله آن خارج است؛ و آن‌طور که مولوی به ما یاد می‌دهد، در این درجه از خودآگاهی، عاشق از کلید عشق برای باز کردن درهای بسته زندگی و مناسبات موقتی دنیای بیرون استفاده می‌کند.

یک دسته‌کلید است به زیر بغل عشق

ازبهر گشاییدن ابواب رسیده

برای رسیدن به عشقی با چنین درجه‌ای از تداوم و پایداری، انسان به‌نوعی خودآگاهی و آرامش درونی نیاز دارد که او را برای یک زندگی شاد و بدون ماجراجویی‌های عاطفی آماده می‌کند.

پیش‌نیاز درونی برای زندگی

عنوان این بحث «پیش‌نیاز درونی برای زندگی» و نه الزاماً زندگی مشترک انتخاب‌شده است زیرا گاه شرایطی در زندگی ایجاد می‌شود و زندگی دوره‌ای از تنهایی را پیش روی انسان می‌گذارد. پس در این شرایط انسان می‌بایست با استفاده از مهارت‌های خودشناسی طوری زندگی کند که ذره‌ای از شادی او کاسته نشود.

بهر جهت عواملی که در ایجاد مشکلات در زندگی مشترک نقش دارند، بسیارند؛ اما بیشتر این عوامل به عدم خودآگاهی انسان امروزی مربوط می‌شود. مجموعه‌ای از عوامل که می‌توان آن را «ناهشیاری جمعی» در متن جامعه و سیستم‌های اجتماعی دانست، به طبقات زیرین جامعه، محیط، خانواده و درنهایت به زندگی مشترک راه می‌یابد و به ناخودآگاهی فردی دامن می‌زند. این ناخودآگاهی در قالب عادت‌های خودخواهی، عدم احساس کامل بودن، رنج انباشته یا زخم عاطفی و وابستگی به غیر، هویت گرفتن از مناسبات موهوم و وابستگی به تعلقات دنیوی خود را در زندگی مشترک نشان می‌دهد. همچنین احساسات منفی و عاطفی مانند عصبانیت، حسادت و سایر احساسات عادت گونه اجتماعی همگی جزئی از مواد لازم برای پایه‌ریزی یک زندگی مشترک ناآرام است.

اما عاملی که مهم‌ترین بخش ناخودآگاهی را به خود اختصاص می‌دهد، «عدم احساس کامل بودن یا کمال» است. این احساس، کمبودی موهوم در وجود انسان ناخودآگاه است؛ یعنی انسان ناخودآگاه خود را کامل نمی‌داند و کمال خود را در انسانی دیگر یا عاملی مادی جستجو می‌کند؛ اما کمال وجودی انسان مهارت در خود زیستن و عدم وابستگی به هر چیز و هر شخص در دنیای بیرون است. این کمال وجودی یعنی «من به‌عنوان یک انسان کامل و بی‌نیاز از هر عامل بیرونی، هر چیز یا شخص هستم» و این نهایت یک انسان کامل است. چنین انسانی چیزی کم و کسر ندارد. فقدان هیچ‌یک از عوامل بیرونی نمی‌تواند او را در هم بشکند. این است نقطه قوت و قدرت انسان و انسانیت، این است موفقیت واقعی.

قدرت و موفقیت حقیقی انسان نه در مقام است نه در مال و ثروت و مسلماً نه وابسته به هیچ‌چیز و هیچ‌کس. در اینجا شاید باید تأکید کرد که آگاهی و احساس کمال وجودی در انسان از شریک یابی و یا خواستار زندگی مشترک بودن کم نمی‌کند، جلوی آن را نمی‌گیرد و یا جایگزینی برای آن نیست. درواقع فقط پس از آگاهی و احساس کامل بودن و مهارت در خود زیستن است که انسان باید برای یافتن شریک زندگی اقدام کند. به‌عبارت‌دیگر قبل از پیدا کردن شریک زندگی، انسان می‌بایست ابتدا خودش را پیدا کند. پس از شروع زندگی نیز در تمام دورانِ آن می‌تواند از آگاهی‌های خودشناسی، مهارت در خود زیستن و احساس کامل بودن برای تداوم یک زندگی آرام و بی تنش استفاده کند.

کاملی گر خاک گیرد زر شود

ناقص ار زر برد خاکستر شود

مولوی

اصولاً انسان هیچ‌گاه نباید کلید خوشبختی و خوشحالی خود را به یکی دیگر بسپارد. مثالی که بتوان با آن احساس کامل بودن و مهارت در خود زیستن و بی‌نیازی به عوامل بیرونی را روشن‌تر توضیح داد را می‌توان در نحوه ابراز احساسات آتشین در عشق‌های رمانتیکی مشاهده کرد. «من بدون تو قادر به ادامه زندگی نیستم»، نمی‌دانم که این ابراز احساس برای شما آشناست یا نه. چون همین جمله و یا نظیر آن را می‌توان به‌وفور در فیلم‌ها یا داستان‌های رمانتیکی شاهد بود. «من بدون تو نمی‌توانم زندگی کنم» به نظر جمله زیبایی است و عشق از هر کلمات آن می‌بارد؛ اما این جمله حقیقتی پنهان در خود دارد، حقیقتی از ناخودآگاهی طرفی که آن را به معشوق خود بیان می‌کند. این ناخودآگاهی همان «عدم احساس کمال» است. نظایر این جملات و باور به آن‌ها مشکل‌ساز است. این جمله و مفهوم واقعی آن شروع مشکلات و دورنمایی از یک زندگی ناآرام است. طرفی که این جمله را به معشوق و یا شریک زندگی خود می‌گوید، گذشته از اینکه کلید خوشبختی خود را به طرف مقابل می‌دهد، حرف او بدین معناست که چون من نمی‌توانم بدون تو زندگی کنم، بنابراین هر کاری که در قدرت من باشد انجام می‌دهم

تا تو با من بمانی. هر کاری: از وارونه کردن حقیقت گرفته تا ماجراجویی‌های عاطفی و حتی دروغ یا پنهان کاری. و اگر شرایط به نحوی تغییر کرد، که قرار شد مرا ترک کنی من با تمام توانم جلو تو را خواهم گرفت. این معنی دقیق این جمله است «من بدون تو قادر به ادامه زندگی نیستم» آیا این عشق است؟

حال می‌خواهیم جمله دیگری را بشکافیم، جمله‌ای کاملاً برعکس. «من بدون تو هم قادر به ادامه زندگی هستم». جمله زیبایی نیست و البته قرار نیست این را به نامزدتان بگویید چون احتمالاً نتیجه چندان خوبی در انتظارتان نخواهد بود؛ اما اگر هر یک از طرفین و یا هر دو طرف به این جمله ایمان داشته باشند، این بدان معناست که من و تو به‌عنوان یک انسان کامل، اگرچه در کنار هم خوشبخت خواهیم بود، اما زیستن ما نباید وابسته به یکدیگر باشد. هرگاه شرایط به نحوی تغییر کرد که تو نخواستی با من زندگی کنی من به این تصمیم تو احترام می‌گذارم چون مالک تو نیستم، تو می‌توانی مرا ترک کنی بدون اینکه نگران من باشی. همه‌چیز برایم خوب پیش خواهد رفت، احتمالاً من یک شریک دیگر برای زندگی پیدا خواهم کرد ولی زیستن من به هیچکس وابسته نخواهد بود، چون انتخاب من شاد زیستن است و رد غم و اندوه و بدون احساس تأسف برای خود؛ اما چون هر دوی ما آگاه هستیم و زندگی ما آگاهانه است، دلیلی نمی‌بینم که مشکلی در زندگی‌مان پیش بیاید و احتمالاً در کنار هم خوشبخت خواهیم بود. آیا این رویکرد چیزی از عشق واقعی کم دارد؟

در دو جمله فوق مشکل در واژه‌ها نیست، بلکه اشکال در توهمی است که از طریق آن واقعیت‌ها شکل می‌گیرند. واقعیت‌هایی که ممکن است با حقیقت فاصله داشته باشند. واقعیت‌هایی که مناسبات در محیط و سیستم‌ها و عرف‌های اجتماعی در شکل دادن آن‌ها در ذهن انسان مدرن نقش داشته‌اند. اینجاست که می‌بینیم جمله‌ای مطلوب و حتی زیبا بیانگر تصوری است که از واقعیت به دور است و جمله‌ای ظاهراً نامطلوب بیانگر نوعی آگاهی است که به حقیقت نزدیک‌تر است. از ابتدای کتاب دائماً به توهمات تکاملی و خطای حواس انسان اشاره کردیم و مثال فوق نوعی از این توهمات است.

زندگی مشترک آگاهانه

درصورتی‌که طرفین در یک زندگی مشترک تا حدودی به یکدیگر علاقه‌مند باشند و در زندگی آن‌ها مشکل و ناسازگاری خاصی و یا موضوعی جدی و ناعادلانه وجود نداشته باشد، به‌احتمال‌زیاد سایر مسائل یا پیش و پا افتاده‌اند و یا قابل‌حل. منظور از «ناسازگاری» مسائل و مشکلات جدی هم از نظر فیزیکی و هم روحی روانی است، نه نساختن با یکدیگر. با یکدیگر نساختن مسئله‌ای جدی نیست بلکه نوعی ناآگاهی از هر دو طرف است؛ اما اگر طرفین به هم بی‌علاقه باشند و یا مشکل و ناسازگاری عمده‌ای در زندگی آن‌ها باشد، طوری که ادامه زندگی را برای هر دو و یا حتی یک طرف غیرممکن سازد، آنگاه ادامه زندگی و یا سعی در ادامه آن اشتباهی بزرگ است و طرفین می‌بایست بدون پیچیده کردن شرایط از یکدیگر جداشده و زندگی جدیدی را شروع کنند. مشکلات و ناسازگاری‌های عمده در بیشتر موارد حل‌شدنی نیستند؛ اما هنگامی‌که نیم‌نگاهی به آمار و نرخ بسیار بالای جدایی‌ها و طلاق در دنیای مدرن می‌اندازیم، با توجه به سقف نرخ هفتاددرصدی جدایی‌ها، به نظر نمی‌رسد که خداوند این‌همه زن و مرد را طبیعتاً ناسازگار با یکدیگر خلق کرده باشد، طوری که چنین ناسازگاری دائماً به زندگی پرتلاطم و جدایی آن‌ها منجر شود. پس اگر مشکلی خود را به شکل نوعی ناسازگاری می‌نمایاند، چنین ناسازگاری اکتسابی بوده و ریشه در محیط رشد، ناکارآمدی سیستم‌های اجتماعی، «ناهشیاری جمعی» در زندگی مدرن و خلاصه ناخودآگاهی‌های فردی انسان‌ها دارد. به‌خصوص اینکه ازدواج‌های سنتی و قراردادی رفته‌رفته جای خود را به انتخاب‌های آگاهانه می‌دهد و یا اینکه زن و مرد قبل از ازدواج شناخت کافی نیز از یکدیگر دارند.

پس بنا به نظریه فوق، راهکارها و راهنمایی‌ها برای یک زندگی مشترک شاد و آگاهانه، بر این فرض استوار است که هیچ مسئله‌ای عمده، ناسازگاری طبیعی (شامل عدم علاقه فیزیکی) و یا موردی غیرمنصفانه و ناعادلانه در زندگی مشترک وجود ندارد و اگر مشکلی غیر از مشکلات عمده فوق زندگی مشترک را به تلخی کشانده است، چنین مشکلاتی ناچیزند و با خودآگاهی و خودشناسی طرفین و یا حتی آگاهی یک‌طرف قابل‌حل است.

بنابراین اگر یک زندگی مشترک با عدم خودآگاهی و مهارت‌های خودشناسی، شروع‌شده، احتمالاً با نحوه‌ای از زندگی ناآگاهانه و گاه لحظات تلخ به جلو می‌رود. گاهی طرفین کاملاً به چنین تلخ‌کامی‌هایی عادت می‌کنند و از یاد می‌برند که زندگی می‌تواند ازآنچه است بسیار ساده‌تر، آرام‌تر و شادتر باشد. گاهی که دلیل این تلخ‌کامی‌ها از آن‌ها سؤال می‌شود، آن‌ها به‌نوعی «عدم درک یکدیگر» اشاره می‌کنند؛ اما اگر خوب به چنین اشاره‌ای بنگریم، خواهیم دید که حقیقتاً موردی برای درک کردن وجود ندارد. اگر طرفین و یا یک‌طرف به دنیای درون خود آگاه باشد، خواهد دید که در دنیای درون، چیزی وجود ندارد که درک شود؛ و آنچه در دنیای بیرونی وجود دارد، واقعیت‌های خودساخته‌ای است که معمولاً از حقیقت به دورند و چنین واقعیت‌هایی قدرت آن را ندارند که به دنیای درون انسان نفوذ کنند و آرامش آن را به هم بزنند؛ اما هنگامی‌که انسان از بُعد درونی خود، آگاهی نداشته باشد، از مناسبات دنیای بیرون واقعیت‌هایی خلق می‌کند که برای او مهم جلوه خواهد کرد. با مهارت‌های معنوی، انسان به بُعد درونی خود، آگاه می‌شود و مناسبات دنیای بیرون در نظر او ناچیز و بی‌اهمیت خواهد بود.

اما قبل از ادامه بحث، سؤال این است که آیا سیستم‌های اجتماعی شامل ساختارهای آموزشی و رسانه‌های جمعی نباید راه‌کارهایی برای معضلات در زندگی مشترک انسان‌ها و خانواده‌ها که مهم‌ترین ابعاد اجتماعی را شکل می‌دهند، ارائه دهند؟ آیا این ارگان‌های اجتماعی نباید قسمتی از منابع خود را به خودشناسی انسان‌ها اختصاص دهند، در رابطه با چنین مسئله مهمی تحقیق کنند و یا از وجود معلمان خودشناسی و معنویت استفاده کنند و از آن‌ها کمک بطلبند؟ اما می‌بینیم سیستم‌های آموزشی در مقاطع مختلف درگیر پرداختن به مطالب کتاب‌های درسی و امتحاناتی هستند که قسمت عمده نتیجه آن‌ها در زندگی آتی جوانان اصولاً بی‌اثر یا کم اثرند. در رسانه‌های جمعی نیز معمولاً جای زیادی برای پرداختن به امور خانواده و زندگی مشترک وجود ندارد. این رسانه‌ها، در غرب تحت کنترل کامل شرکت‌های بزرگ، پول و ثروت و برنامه‌ها و شوهای بی‌ارزش و آگهی‌های

تجاری‌اند. در کشورهای غیر غربی مانند کشور خودمان نیز مشکلات رسانه‌ها و تلویزیون به نحوی دیگر است که نیاز به کتابی جداگانه دارند.

به‌هرحال، هنگامی‌که عوامل ناخودآگاهی وارد زندگی مشترک می‌شود، مجری چنین عاملی ایگو است. ایگو همواره در قالب احساسات منفی و عاطفی، رنج‌های انباشته، خواستن‌های بی‌پایان، عدم رضایت از لحظه و جاری زندگی در آن، بی‌صبری و «حق با من است حق با تو نیست» نقش‌آفرینی می‌کند. این‌ها دیالوگ‌های مناسب برای سناریوی یک نمایش خسته‌کننده و آزاردهنده مانند بعضی از فیلم‌های سینمایی و تلویزیونی است. با این تفاوت که چنین نمایشی واقعاً در یک زندگی مشترک و یا کانون یک خانواده شب و روز در جریان است. درست مثل نمایش‌ها و فیلم‌های سینمایی که بازیگران غرق بازی در آن می‌شوند، نمایشنامه واقعی زندگی نیز چنان طرفین زندگی مشترک را به خود مشغول می‌کند که آن‌ها را در تاروپود این نمایشنامه تلخ گم می‌کند. حال هدف آموزه‌های خودشناسی این است که بازیگران این بازی زندگی را به‌جای صحنه نمایش به صندلی تماشاچیان انتقال دهد تا خود شاهد نمایش تلخ، آزاردهنده و خسته‌کننده خود باشند.

نمایش آزاردهنده در زندگی مشترک فقط تا هنگامی ادامه دارد که هر دو طرف فاقد خودآگاهی و مهارت‌های خودشناسی باشند. به این معنی که حتی اگر یکی از دو نفر، به سطحی از خودآگاهی برسد، نمایش به پایان می‌رسد زیرا طرف خودآگاه می‌تواند چنین آگاهی را به طرف دیگر منتقل کند و به این وسیله مسائل تقریباً حل می‌شوند. خودآگاهی در خود نوری غیرعلنی دارد که برای انتقال آن به طرف مقابل نیاز به تلاش و زحمت ندارد. یکی از عناصر این نور صداقت است.

خودآگاهی و مهارت‌های خودشناسی در زندگی مشترک را می‌توان به چند نکته زیر خلاصه کرد.

۱- وجود عشق از هر نوعی در زندگی مشترک باارزش است و طرفین و یا طرف مقابل می‌بایست قدر چنین عشقی را داشته باشد. عشق رمانتیکی یا عاطفی، جاودانه و تضمین‌شده نیست؛ بنابراین درصورتی‌که به آن توجه نشود، کمرنگ شده و احتمالاً از بین می‌رود. عشق مانند گل و گیاه نیاز به

مراقبت دارد، مانند تاب یک کودک برای ادامه حرکت نیاز به عمل متقابل دارد.

۲- با یکدیگر منصفانه برخورد کنید، به هم توجه کنید. درعین‌حال زندگی آگاهانه بر مبنای فضا دادن کامل به‌طرف مقابل است. در زندگی آگاهانه از چسبیدن روحی، کنترل، گیر دادن‌ها، حرف‌های پیش و پا افتاده، شمردن خوبی‌های خود و بدی‌های طرف مقابل، نیاز به جلب‌توجه طرف مقابل، ماجراجویی‌های عاطفی و سناریوسازی و حق با من است و نه با تو، خبری نیست زیرا همه این‌ها بی‌اهمیت و ساخته ایگو هستند و باوجود حقیقی انسان در تضادند.

۳- به آنچه زندگی برایتان رقم می‌زند راضی باشید و از آن استفاده کنید. عمر کوتاه است

۴- انتظار زیادی از یکدیگر نداشته باشید. درواقع هیچ انتظاری از هم نداشته باشید. هیچ‌کدام مالک دیگری نیستید. این به این معنی نیست که در مقابل هم محبت و فداکاری به خرج ندهید. اتفاقاً محبت و فداکاری نه‌تنها به‌طور خودکار خروجی رفتاری یک انسان خودآگاه است، بلکه چنین کیفیت‌های انسانی ناشی از خودآگاهی، بی‌قیدوشرط نیز هستند.

۵- به گذشته و آینده فکر نکنید. هر آنچه در گذشته و آینده است توهمانی بیش نیستند. در لحظه زندگی کنید. به شکل ۳ توجه کنید و ببینید که چگونه توهم زمان چرخه رنج فردی و احساسات منفی را در انسان تداوم می‌دهد.

۶- از پیش فرضی و پیش قضاوتی دوری‌کنید. اگر موضوعی برایتان روشن نیست، قبل از نتیجه‌گیری، دقیقاً در مورد آن موضوع سؤال کنید تا برایتان روشن شود.

۷- هرگز مشکلات زندگی مشترکتان را با دوستان و آشنایان مطرح نکنید. عیبی اکتسابی – اجتماعی در انسان است که از این نوع مشکلات دیگران به‌طور غیرعلنی خشنود می‌شود و اطلاعات در مورد مشکلات شما اسباب تفریح آن‌ها را فراهم می‌کند. آن‌ها نه‌تنها گره‌ای از مشکلات بازنخواهند کرد، بلکه در مواقعی به پیچیدگی اوضاع می‌افزایند.

۸- در مواردی که فکر می‌کنید، حق با شماست و حق با همسرتان نیست، هیچ‌گاه سعی نکنید که او را قانع کنید. هرگونه بحثی مخصوصاً راجع به آنچه حتی مطمئن هستید حق با شماست از روی ناآگاهی خودتان است نه طرفی که در اشتباه است. چون اشتباه طرف مقابل با بحث کردن و قانع کردن برای او نمایان نخواهد شد. اقدام به قانع کردن خود عملی بس ناآگاهانه و بی‌اثر است، طرف مقابل حتی اگر در اشتباه باشد قانع نخواهد شد و اگر قبول کند دلیلش این نیست که به‌اشتباه خود پی برده بلکه دلیل آن این است که خسته شده و قبول کرده است

۹- نباید فراموش شود که هرگونه رفتار منفی و ضعف رفتاری در طرف مقابل ناشی از طبیعت حقیقی او نیست. او مقصر نیست. او دشمن شما نیست و هیچ‌کس ورای ذهن خود عمل نمی‌کند. رفتارها از ذهن و ماسک شخصیت بروز می‌کنند و این دو خمیرمایه محیط و ساختارهای اجتماعی‌اند.

۱۰- درصورتی‌که وضعیتی (منظور وضعیتی جدی، عمده، مهم یا ناعادلانه نیست – در ابتدا به چاره چنین وضعیتی پرداختیم و در بخش بعدی بیشتر به آن خواهیم پرداخت) ناشی از رفتار همسرتان آرامش شما را به هم میزند، با مهارت‌های زندگی آگاهانه، با مشغول کردن خود به کاری، تحت نظر گرفتن ذهن، فکر نکردن به گذشته و آینده و رفتارهای طرف مقابل و ورود به لحظه خود را آرام کنید و گاه با سکوت و با لبخند، با مهربانی و صداقت با او رفتار کنید. با مدیتیشن و آرامش در بُعد امن لحظه، ناخواسته‌های زندگی قدرت چندانی برای تخریب درونتان ندارد (شکل ۳ – چرخه رنج فردی). دیگر آنکه وضعیت موجود را قبول کنید. این نوعی قبول درونی است نه اینکه قرار است تا ابد با چنین وضعیتی بسازید. نور چنین تسلیمی در مقابل وضعیت غیرقابل‌قبول، دارای بازتابی عرفانی است و به طرف مقابل منتقل‌شده و تأثیر روحی مثبتی بر او داشته و او را روشن می‌کند و خواهید دید که چنان وضعیت غیرقابل قبولی خودبه‌خود از بین خواهد شد.

در یک زندگی مشترک، هنگامی‌که هر دو طرف به درجه‌ای از خودآگاهی رسیده باشند و یا نور خودآگاهی از یک طرف به طرف دیگر منتقل‌شده باشد،

آرامش و شادی به زندگی مشترک وارد می‌شود. در این محیط مسالمت‌آمیز؛ عشق حقیقی و بدون قید و شرط جایگزین خواستن‌های موقتی و معامله پایاپای می‌شود.

مدیریت بحران در روند جدایی و طلاق

به هر جهت، ما در دنیایی بدون نقص زندگی نمی‌کنیم. گاهی وضعیت در زندگی مشترک چنان گره می‌خورد که حل مسائل آن حتی از عهده تعلیمات خودشناسی نیز برنمی‌آید. گاهی ناآگاهی طرفین یا یک طرف در زندگی مشترک، لطمه و آسیب جدی خود را بر تاروپود زندگی وارد کرده است. گاهی طرف خودآگاه حتی با مهارت‌های خودشناسی نیز قادر به انتقال نور حقیقت و آرامش به طرف مقابل نیست و بقول اکهارت تول، *طرف مقابل آمادگی روشن شدن را ندارد زیرا که به تاریکی خو گرفته است و تحمل هیچ نوری را ندارد.* گاهی نوعی ناسازگاری نوظهور وارد زندگی مشترک می‌شود. گاه رفتار ناعادلانه و غیرقابل قبولی از طرف مقابل سر می‌زند که ادامه زندگی را برای طرف دیگر نامکن می‌کند. و خلاصه گاهی هم طرفی که برای جدا شدن اصرار می‌کند دچار اشتباه محاسباتی می‌شود و بیش‌ازاندازه برروی آینده حساب می کند و یا کوتاهی عمر و گذرا بودن و تغییر شرایط را در نظر نمی‌گیرد. این‌ها همه مواردی هستند که ممکن است به جدایی و طلاق بیانجامد. و امروز آمار بالای جدایی‌ها و طلاق هم در غرب و هم در کشور خودمان مؤید وجود چندی از موارد فوق در زندگی‌های مشترک است.

اما آنچه زن و مرد باید در روند اختلافاتی که به جدایی و طلاق می‌انجامد، بدانند و اینکه می‌بایست چه رویکردی داشته باشند، در غرب و در کشوری مانند ایران شاید یکسان نباشد. هر محیط به واقعیت‌های مختص به خود وابسته است. بنابراین توصیه‌های مدیریت شرایط و بحران در این روند نیز نمی‌تواند یکی و یا دارای قاعده‌ای کلی باشد که در هر دو محیط و شرایط اجتماعی به‌صورت یکسان، کاربردی مؤثر داشته باشند. در غرب جدایی‌ها و طلاق بر زندگی معیشتی طرفین تأثیر منفی چندانی نمی گذارد. می توان گفت که در ایران بازدارنده های اقتصادی، معیشتی و فرهنگی در مقابل

جدایی وجود دارند که در مواردی زمان بیشتری برای تامل و بازنگری به طرفین می دهند. شاید هم به دلیل وجود همین بازدارنده‌ها، طرفین در ایران می‌بایست رواداری و صبر بیشتری به خرج بدهند و اگر شرایط هنوز قابل‌تحمل است، کمی بیشتر به زندگی فرصت بدهند. در مواردی عامل زمان می تواند در حل یا کمرنگ شدن بعضی از مشکلات و اختلافات موثر باشد. در غرب اما، شتابی که مناسبات اجتماعی و عدم وجود بازدارنده‌ها به جدایی‌ها می‌دهند، چنین فرصتی از «زمان» نیز گرفته می‌شود (منظور از «زمان»، وقوع تغییرات در زندگی است - زیرا یکی از بحث‌های کلیدی در این کتاب توهم زمان بوده است). در نتیجه راهکارهای مشاوره‌ای در روند اختلافات، حل آن‌ها و مدیریت جدایی که در این بخش منظور شده است با اینکه تا حدودی زیادی در هر دو محیط کاربردی یکسان دارد، اما بیشتر برای زوج‌هایی است که در غرب زندگی می‌کنند.

بهر حال در این مرحله، به بحث خود در رابطه با راهکارها و مدیریت روند جدایی ادامه می‌دهیم.

پس گفتیم در شرایط غیرقابل‌ترمیم، جدایی حق طرفین است. اما در این پروسه جدایی است که وضعیت ممکن است پیچیده و بحرانی شود و وضعیتی این چنین بحرانی، نیازمند آن است که طرفین و یا یک طرف به مهارت‌های مدیریت بحران آشنا باشند. تا روند جدایی در کمال آرامش و به نحوی انجام شود که موجبات رنج و درد روحی ناشی از آن بر طرفین و فرزندان به حداقل برسد. اگر یکی از طرفین بر جدایی و طلاق اصرار بورزد، طرف دیگر بهتر است آن را قبول کند. در چنین وضعیتی جدایی واقعیتی است که قبول آن بهتر از مقاومت با آن است. مقاومت طرفی که میل به جدایی ندارد بزرگ‌ترین اشتباه و بدترین دشمن اوست و به پروسه جدایی شدت می‌دهد و آن را پیچیده‌تر می‌کند. در عوض عدم مقاومت و فضا دادن به طرف مقابل برای تصمیم او، تأثیری شگرف در تغییر تصمیم او دارد و چه‌بسا که او را از این کار منصرف کند. این عدم مقاومت، فضا دادن و به حال خود گذاشتن طرف مقابل است. چنین فضایی به طرفین فرصت می‌دهد که ذهن خود را

آرام کنند، به اشتباهات خود پی ببرند یا شاید به نتیجه‌ای مثبت دست پیدا کنند.

اگر در دوران جدایی، طرفین برای بازگشت به یک زندگی آگاهانه به نتیجه‌ای واحد دست نیافتند و یا مدت دوره جدایی به درازا انجامید، (در خارج از ایران دوران جدایی به مدت‌زمانی گفته می‌شود که طبق قانون، حداقل یک سال قبل از طلاق رسمی است) طرفین باید آماده شوند بدون ماجراجویی و ایجاد پیچیدگی‌های عاطفی بیشتر، برای همیشه از یکدیگر جدا شوند. به‌هرحال زندگی باید ادامه پیدا کند. اختلاف زناشویی و روند جدایی و طلاق به‌مانند طوفانی است که خرابی ببار آورده است، پس از طوفان می‌بایست برخاست و ویرانی‌ها را جبران کرد و خرابی‌ها را ساخت. اتفاقاً این بار باید زندگی را طوری محکم ساخت که دیگر آسیب‌پذیر نباشد، زیرا زندگی به پایان نرسیده است.

در ضمن نکته‌ای که بسیار حائز اهمیت است اینکه، اگر جدایی یا طلاقی با پیچیدگی و آسیب‌های فراوان روحی برای طرفین همراه بود، فکر برگشت برای پیوند مجدد بزرگ‌ترین اشتباه طرفین است.

گاهی روند جدایی پیچیده‌تر است و پس از طلاق نیاز به مدیریت بحران بیشتری دارد. سازوکار چنین مدیریتی در خودشناسی و مهارت‌های آن است. این مدیریت کار آسانی نیست اما رنج و مشکلات روند جدایی و دوران پس‌ازآن را می‌توان با مهارت‌های خودشناسی به حداقل رساند. زندگی را از لحظه شروع کنید، بدون اینکه به گذشته فکر کنید. به ترمیم خرابی‌ها بپردازید و خواهید دید که درها یکی پس از دیگری در مقابلتان گشوده خواهند شد. همان هوشمندی که عالم هستی را به جلو می‌راند شمارا نیز در زندگی به جلو هدایت خواهد کرد.

در زندگی جدیدتان هم، هیچ‌گاه به گذشته فکر نکنید. اگر پدر هستید و فرزندان با شما زندگی می‌کنند، هرگز جلوی فرزندانتان از مادرشان بدگویی نکنید و اگر مادر هستید و فرزندتان با شما زندگی می‌کند به همین شکل، نزدشان از پدرشان بد نگویید. این کار نه‌تنها بسیار ناآگاهانه است، بلکه اثرات مخرب بر روح و روان فرزندان دارد؛ و معنی دیگر آن این است که هنوز خود

را از زندان ذهن که در بُعد موهوم زمان گذشته فعال است، آزاد نکرده‌اید؛ اما اکنون به‌عنوان یک انسان خودآگاه بهتر می‌دانید که واقعیتی درگذشته نیست. کینه‌توزی و انتقام مربوط به انسان‌های خفته، ناآگاه و پریشان ذهنی آن‌ها است. به زندگی خودتان بپردازید، خوب و سالم زندگی کنید. با تغذیه سالم و متعادل و با ورزش منظم و متناسب، جسم خود را سالم و جوان نگه‌دارید و با مهارت‌های خودشناسی، مدیتیشن و ورزش یوگا روح و روان خود را.

ناگفته پیداست که مهارت‌های فوق به معنی تشویق و تسهیل جدایی و طلاق نیست و نباید به‌عنوان ابزاری برای خودمحوری و تصورات غلط به کار گرفته شود، بلکه فقط برای زمانی است که جدایی و طلاق اجتناب‌ناپذیر می‌شود و یا علی‌رغم میل شما بوده است. در این صورت است که ناخودآگاهی و مقاومت در مقابل آن، روند آن را پیچیده‌تر می‌کند و به صدمات روحی شما و خانواده می‌افزاید. وگرنه مهارت‌های خودآگاهی که در پاراگراف‌های قبل به آن‌ها اشاره شد، به‌طور واضح شرح می‌دهد که نور آگاهی حتی در یکی از طرفین به زندگی هشیارانه و به‌دوراز ماجراجویی‌های عاطفی، تداوم می‌دهد و آن را به‌سوی سعادت و خوشبختی پیش می‌برد؛ بنابراین زوج‌هایی که هنوز از زندگی مشترک برخوردارند، باید با مهارت‌های خودآگاهی آن را حفظ کنند و از آن بهره ببرند و آن‌هایی که در روند یک جدایی اجتناب‌ناپذیر قرار دارند و یا دوران پس از جدایی و طلاق را سپری می‌کنند، هم با مهارت‌های خودآگاهی مخصوص به آن، باید آن را بپذیرند، زندگی جدیدی را شروع کنند و به زندگی آگاهانه و شاد خود ادامه دهند.

بهر جهت می‌توان گفت که زوج‌های جوان بیشتر به این توصیه‌ها نیاز دارند، زوج‌هایی که از میان‌سالی عبور کرده‌اند باتجربه‌ای که به دست می‌آورند و با کمرنگ شدن ایگو و خودمحوری، زندگی‌شان تا حدودی آگاهانه است و از ماجراجویی‌های رمانتیکی بیرون آمده‌اند. البته هستند زوج‌هایی که تا پایان به زندگی مشترک ناخودآگاهانه خود ادامه می‌دهند.

سخنی با جوانان

گـاه در شـبکه‌های اجتمـاعی می‌تـوان بـه مـواردی برخـورد کـه در آن جـوانی پـس از بـه هـم خـوردن یـک آشـنایی، نـامزدی و یـا ازدواج کـاملاً به‌هم‌ریختـه و ناامیـد اسـت. درصـورتی‌که در بُعـد آگـاهی و آگاهانـه زیسـتن ناامیـدی جـایی نـدارد. عاشـقانه‌های لیلـی و مجنـون متعلـق بـه دوران قبـل از پیشـرفت‌های اجتمـاعی و ارتباطـات مـدرن و مربـوط بـه کوچـه‌های باریـک و گِلـی بـود کـه شـانس لیلـی و مجنـون بـرای یـافتن مجنـون و لیلـی دیگـر بسـیار کـم بـود. غصـه‌های عاشـقانه نـه‌تنها مخـرب اسـت بلکـه از حوصـله زنـدگی امـروزی نیـز خـارج اسـت. دوران سـیگار کشـیدن‌ها، بـه‌جایی خیـره شـدن‌ها و موسـیقی انـدوه‌بار هـم تقریبـاً سپری‌شده است. این‌ها احساس تأسف کردن برای خویشتن است.

بـه خودتـان تکیـه کنیـد. شـادی خـود را در درون خـود جسـتجو کنیـد کـه ایـن شـادی در بُعـد درونـی شماسـت نـه در دنیـای بیـرون. همـه مناسـبات دنیـای بیـرون موقتی‌انـد، فقـدان هرکـدام از آن‌هـا کـه شـادی مـوقتی شـما را سـبب می‌شـوند، آن شـادی را از شـما خواهنـد گرفـت. پرنـده‌ای کـه روی یـک شـاخه نـازک و شکسـته می‌نشـیند، تکیـه و امیـد او در اسـتحکام آن شـاخه نیسـت. او از شکسـتن شـاخه بـاکی نـدارد، اعتمـاد او در بال‌هـای خـودش اسـت کـه بـرای هـر شـرایطی آمـاده است حتی شکستن آن شاخه. او همواره آماده پرواز است.

البتـه اگـر غـم و انـدوه رمـانتیکی مشـکلی را حـل می‌کـرد ایـرادی بـر آن نبـود امـا حیـف از سـال‌های جـوانی اسـت کـه از آن اسـتفاده نشـود. یـک جـوان کـه از یـک شکسـت عشـقی بیـرون می‌آیـد و یـا هنـوز شـریک زنـدگی خـود را نیافتـه و بـه تصـور خـود کمـی از زنـدگی دلخـواه خـود عقب‌افتـاده، بایـد بدانـد کـه او محصـول گذشـته نیسـت او بـه زمـان حـال تعلـق دارد و ایـن زمـان حـال و زنـدگی در آن اسـت کـه گذشـته‌ها را بـه وجـود مـی‌آورد و نـه بـرعکس. در هـر کمبـود و شکسـتی کـه بـه سـراغتان می‌آیـد غـم را بـه درون خـود راه ندهیـد، حوصـله غـم و انـدوه را نداشـته باشـید، آن را رد کنیـد و بگذاریـد بـرود. شـاد بـودن یـک انتخـاب اسـت، همـان‌طور عـدم قبـول غـم، و آن‌کـس کـه بایـد انتخـاب کنـد خـود فـرد اسـت. داشـته‌هایی کـه هنـوز در زنـدگی از آن برخـوردار هسـتید یکـی و دوتـا نیسـتند. هـزاران دلیـل بـرای

شادی شما جوانان وجود دارد که نیازی نیست آن‌ها را برشمرد ولی از میان این هزار دلیل خود سال‌های جوانی و ارزش آن است.

برای شاد بودن و زندگی کردن نباید در انتظار فرداهای بهتر نشست که امروز نمی‌خواهم شادباشم، امروز نمی‌خواهم زندگی کنم، هنوز آمادگی شاد بودن را ندارم، منتظرم که فردا تغییری در زندگی‌ام پیش بیاید و فردا شاد باشم و فردا زندگی کنم. این رویکرد جوانانی است که از زندگی خود ناراضی‌اند؛ اما حتی اگر فردا شرایط کاملاً تغییر کند و بر وفق مراد شود، تضمینی در تداوم شرایط نیست و یا ممکن است ناملایماتی دیگر به زندگی اضافه شود که امروز از آن خبری نیست. همچنین جوانی که شادی خود را درگرو یافتن نفری می‌داند که از راه برسد و زندگی او را تغییر دهد، باید بداند که آن نفر کسی به‌جز خودش نیست.

شاد بودن و قبول زندگی برای تلقین و فریب دادن خود نیست. شادی درونی شما بر محیطتان و بر کسانی را که زندگی بر سر راهتان قرار می‌دهد، تأثیر می‌گذارد. آن‌ها در شما آگاهی و بی‌نیازی می‌بینند و به‌سوی شما جذب می‌شوند. وقتی به زندگی آگاهانه خود ادامه می‌دهید، در جاده آگاهی تنها نخواهید ماند و هستند کسانی که به شما ملحق خواهند شد، به این دلیل که سفر شما وابسته به هیچ‌چیز و هیچ‌کس نیست. برای عشق ورزیدن نیاز است که ابتدا به خودتان عشق بورزید. نشستن و غم به خود راه دادن نوعی ناآگاهی است. این یک توهم است.

در همه حال و در تمام شرایط وقت حرکت است وقت برخاستن. دنیا زمین‌بازی شماست. وقت پرواز است آسمان را انتخاب کنید نه قفس را. همان‌طور که تقریباً در تمام جهان این نیم بیت مولوی شناخته‌شده است: «*اگر مرغ هوایی، تو را با این قفس چیست*». شاد بودن یک انتخاب است و درنهایت انتخاب با شما است.

❖ ❖ ❖

فصل ۷ – یکی شدن با سیاره و عالم هستی

❖ ❖ ❖

ایگو و سیاره

تاریخ سیاره ما نشان می‌دهد که سن زمین به چهار و نیم میلیارد سال می‌رسد. طبق تئوری‌های علمی و تکامل از ۳/۸ میلیارد سال پیش زندگی با موجودات تک‌سلولی بر روی آن شروع شد. زندگی گیاهی و جنگل‌ها از پانصد میلیون سال پیش، بر روی زمین شکل گرفت و زندگی انسان نوین از گونه هوموساپین از دویست هزار سال پیش شروع شد. البته امروزه مدارکی در دست است که نمونه اولیه گونه‌های انسانی، از سیصد هزار سال پیش بر روی زمین پدید آمدند؛ بنابراین نسبت مدت‌زمانی که انسان بر روی زمین ظاهرشده به تمام عمر کره زمین کمتر از ۰/۰۰۴٪ است. حتی تا در دو قرن پیش زمین زیبایی خود را حفظ کرده بود. به نظر می‌رسد که انسان فقط پس از انقلاب صنعتی، سطح کره زمین و وضعیت طبیعی آن را به طرز عمده‌ای تغییر داده است.

گذشته از ساخت‌وسازها، از دیگر انواع این تغییرات، تولید مصنوعی دی‌اکسید کربن حاصل از سوخت‌های فسیلی است. دی‌اکسید کربن با سایر گازهای صنعتی که گازهای گلخانه‌ای را در جو ایجاد می‌کنند، تعادل ورودی و خروجی حرارت حاصل از نور خورشید و تشعشعات حرارتی از سطح زمین را در درون جو به هم می‌زنند و حرارت اضافی را در جو زمین محبوس می‌کنند. این پدیده که گرمایش زمین نام دارد، همواره باعث افزایش دمای سطح زمین می‌شود. گرمایش زمین اثراتی تدریجی و مخرب بر روی زمین و در آینده، در کیفیت حیات خواهد داشت. گرمای بی‌سابقه در گوشه و کنار جهان ازجمله در استان‌های جنوبی کشور خودمان، طوفان‌ها و سیلاب‌های ویرانگر در نقاط دنیا، افزایش دما در دو قطب زمین و جدا شدن و آب شدن

کوه‌های عظیم یخی که در آینده تمام شهرهای ساحلی دنیا را تهدید می‌کند، از اثرات گرمایش زمین است. دانشمندان گرمایش زمین را ناشی از بی‌اخلاقی‌های صنعتی و اقتصادی کشورها می‌دانند. تغییران اقلیمی ناشی از گرمایش زمین آن‌قدر جدی است که در بسیاری از نقاط جهان که امروزه گرما از پنجاه درجه بیشتر می‌شود، در آینده زندگی کردن غیرممکن خواهد بود.

بداخلاقی و حرص و طمع بشر بر روی زمین فقط به گرمایش زمین ختم نمی‌شود. یکی دیگر از خرابکاری‌های بشر نامهربانی با آب‌های سطح زمین است که ماهیگیری بی‌رویه و آلوده کردن آب‌های جهان با زباله‌های صنعتی و پلاستیک ازجمله آن‌هاست. سالانه میلیون‌ها تُن پلاستیک در آب‌های سطح زمین و اقیانوس‌ها وارد می‌شود. اکنون دانشمندان نفوذ ذرات پلاستیکی را در چرخه غذای آبزیان ثابت کرده‌اند که بدن انسان از این ماده سمی بی‌نصیب نخواهد ماند.

درختان و جنگل‌ها هم از رفتار بد بشر در امان نیستند. قطع درختان و بهره‌برداری بی‌رویه از جنگل‌ها ازجمله این بدرفتاری‌هاست. درختزارهای روی سطح زمین که اکنون سی در صد از سطح زمین را پوشانده‌اند و قسمتی از آن‌ها به جنگل‌های بارانی شهرت دارند، رو به نابودی تدریجی پیش می‌روند. تخمین‌های آماری نشان می‌دهد که اگر انسان دست از ناآگاهی خود برندارد، در صدسال آینده تمام جنگل‌های بارانی از بین خواهند رفت و این فاجعه‌ای دیگر برای زمین است. آنچه دردآور است اینکه، سود چنین بهره‌برداری بی‌رویه فقط متوجه بخش کوچکی از جمعیت زمین و کشورهای ثروتمند می‌شود و عواقب مخرب آن به‌صورت آلودگی هوا، زمین و دریا، سیلاب‌ها، خشک‌سالی‌ها نصیب بقیه جمعیت جهان خواهد شد. گویی که زمین و منابع آن فقط برای کسری کوچک از جمعیت آن است.

غول‌های اقتصادی جهان با رویکردی جنون‌آمیز تحت عنوان رشد اقتصادی به منابع زمین دستبرد می‌زنند و سطح و جو زمین را آلوده می‌کنند. قسمتی عمده از رشد اقتصادی مربوط است به تولید لوازم غیرضروری از اسباب‌بازی یک‌دلاری گرفته تا اتومبیل‌های سیصد هزار دلاری و جنگ‌افزارهای پیشرفته

چند صد میلیون دلاری. درحالی‌که رفاه و راحتی زندگی مدرن، برق، وسایل خانگی، خدمات هوایی، کشاورزی صنعتی، غذای بیشتر روی میز، مصرف و اسراف غیرقابل‌تصور فقط برای در صد کمی از انسان‌ها بر روی زمین است، سهم ملت‌های فقیر جهان آلودگی، فقر و محرومیت از ابتدایی‌ترین‌های نیازهای زندگی مانند غذا، آب، آموزش و بهداشت و درمان است.

در گوشه‌هایی از سیاره هرچند ثانیه یک کودک از گرسنگی و سوءتغذیه می‌میرد و در قسمتی دیگر بر روی همان سیاره به نحوی دیگر می‌میرند ولی از پرخوری و چاقی مفرط. اگر نوع بشر نکته عجیبی در چنین عدم توازن نمی‌بینید، شکی نیست که اگر روزی موجوداتی فضایی برای تحقیق به سیاره ما سفر کنند شوک زده می‌شوند و خواهند پرسید «چه کسی مسئول کتاب‌های درسی در سیستم‌های آموزشی این سیاره است؟ پس چه چیز در مدارس آموزش داده می‌شود؟ چه کسانی بر روی زمین حکم می‌رانند؟»

حیوانات روی زمین نیز از آسیب ناآگاهی‌های انسان در امان نیستند. برای مثال کرگدن‌ها میلیون‌ها سال قبل از ظهور انسان مدرن با خیال راحت بر روی زمین می‌زیستند. اکنون در چشم این موجودات بی‌آزار از هنگامی‌که موجوداتی پیشرفته به نام انسان زمام امور سیاره را به دست گرفتند، نسل آن‌ها در حال انقراض است. آن‌ها را برای شاخ کوچکشان می‌کشند و از آفریقا به کشوری دور قاچاق می‌کنند و مردمانی خرافه‌ای آن را پودر کرده و برای جلوگیری از سرماخوردگی مصرف می‌کنند.

وضعیت فیل‌ها از کرگدن‌ها بهتر نیست. اگر وضعیت به همین منوال پیش برود نسل آن‌ها هم از پهنه زمین منقرض می‌شود. آن‌ها را به‌گونه‌ای وحشیانه می‌کشند و عاج آن‌ها را از آفریقا برای همان کشورها و یا کشورهای دیگر قاچاق می‌کنند تا مزین مغازه‌ها و خانه‌های ناآگاهان و خفتگانی دیگر بر روی سیاره باشد.

دشمنان زمین و اکوسیستم همه‌جا هستند. در کشور خودمان شکار حیات‌وحش نسل چند نوع از گربه‌سانان کمیاب را از میان برداشته است. شکار پرندگان در شمال کشور با تفنگ‌های ساچمه‌ای و زخمی کردن سینه مرغابی‌ها کافی نبود، در سال‌های اخیر در شبکه‌های اجتماعی تصاویر

رقت‌انگیز تورهای هوایی برای صید پرندگان مهاجر که از اروپا به مهمانی خزر می‌آیند، هر انسان آگاهی را نگران و وحشت‌زده می‌کند. درحالی‌که در بعضی از کشورهای دنیا پرندگان و مخصوصاً غازهای وحشی اغلب در محوطه شهرها، خیابان‌ها و حتی در حیاط خانه‌ها به زمین می‌نشینند و در کمال امنیت آب یا غذایی پیدا می‌کنند، خستگی را از بال‌های خود می‌زدایند و به پرواز خود ادامه می‌دهند. بارها شده این پرندگان زیبا از خیابانی با جوجه‌های خود به آهستگی در حال گذشتن هستند و اتومبیل‌ها با صبر و حوصله در دو طرف متوقف‌شده تا آسیبی به این میهمانان نرسد. جای تعجب است که انسان از این‌همه مرغ و گوشتی که در شرایط رقت‌انگیز محل رشد این حیوانات پرورش می‌دهد و آن‌ها را مصرف می‌کند، از چند پرنده مهاجر هم که راه درازی را پیموده و وارد اکوسیستم ما شده، نگذرد و سود دو روز عمر خود را در نابودی آن‌ها ببیند.

ایگو و بی‌خبری انسان گاهی در دانش، تکنولوژی و کج آموزی او نیز جای دارد. در یک قرن اخیر ایگوی نوع بشر به حدی توسعه یافته است که بر این باور است که برای دفاع و یا هژمونی خود بر سایر کشورها باید مجهز به سلاحی باشد که می‌توان با آن طی یک ساعت چندین شهر و یا کشوری را با خاک یکسان کرد. در تمام تاریخ پیدایش حیات بر روی زمین و ظهور انسان بر روی آن، هیچ‌گاه انسان به چنین قدرت خطرناکی مجهز نبوده است. اکنون اذهان پریشان سلاح‌هایی ساخته و در اختیار دارند که مجموع آن‌ها می‌تواند سیاره، حیات نباتی و جانوران و آبزیان را نابود و جو زمین را از ابر ناشی از زمستانی اتمی بپوشاند که هیچ موجودی بر روی آن زنده نباشد و نداند که چه وقت دوباره نور خورشید به زمین خواهد رسید و یا یک ماهی کوچک در آب‌های آن شنا خواهد کرد. تا همین‌جا هم از خوش‌شانسی انسان بوده که براثر اشتباهی، نیمی از زمین نابود نشده است.

هنگامی‌که انسان در جاری جهان هستی، دخالت می‌کند

آسمان آلوده می‌شود، منابع زمین به تاراج می‌روند

توازن به هم می‌خورد و موجودات منقرض می‌شوند

لائوزای

رشد جمعیت در دنیا یکی دیگر از عواملی است که زندگی روی زمین را تهدید می‌کند. فقط در طول قرن بیستم جمعیت کره زمین از ۱/۶ میلیارد به ۶/۵ میلیارد رسیده است. در سال ۱۹۷۰ یعنی فقط ۴۸ سال پیش از نگارش این سطور، جمعیت دنیا نصف جمعیت کنونی زمین بود و با چنین نرخ رشد، در دویست سال دیگر یک‌بار دیگر دو برابر خواهد شد. البته مطالعات جدید نشان می‌دهد که این رشد در کشورهای توسعه‌یافته در حال نزول ولی در کشورهای کمتر توسعه‌یافته رو به بالا است. اما به‌هرحال، حتی با چنین جمعیتی عدم توازنی شدید در تقسیم عادلانه مواد غذایی و آب و سازوکار ابتدای زندگی برای تمام انسان‌ها به چشم می‌خورد. رشد جمعیت همواره با نقصان منابع و افزایش آلودگی نسبت مستقیم دارد. معلوم نیست چرا کشورها از کیفیت متفاوت زندگی ملت‌های پرجمعیت و کم‌جمعیت نمی‌آموزند. اصولاً نه‌تنها میزان رفاه نسبی و سطح زندگی، بلکه آرامش، شادی و تعادل روحی و روانی ملت‌ها همواره با تراکم جمعیت در کشورهای آن‌ها نسبت عکس دارد. امروزه دشوار نیست که تفاوت‌های دو کشور پرجمعیت و کم‌جمعیت را در دقایقی چند مشاهده کرد. فقط کافی است با نقشه یاب گوگل به گشت‌وگذاری در اماکن و خیابان‌های کشورهای کم‌جمعیت بپردازید تا شاهد آرامش، زیبایی، پاکیزگی اماکن، پارک‌ها، مکان‌های طبیعی و خیابان‌های این کشورها باشید و متعاقباً چنین آرامش و زیبایی را با کشوری پرجمعیت و اماکن، خیابان‌ها و مراکز عمومی آن مقایسه کنید. امروزه ساکنین شهرهای بزرگ کشورهای پرجمعیت مشکلات شهر خود را به‌خوبی شاهد هستند. کلان‌شهرها بیشتر شبیه به هیولا هستند تا شهر. آلودگی هوا، ترافیک سنگین، ساختمان‌های مسکونی و تجاری درهم‌پیچیده، کمبود مسکن، کمبود فضای سبز و پارک و محرومیت از حق تنفس، همه محصول ازدیاد جمعیت در این کشورهاست. این نابسامانی‌ها علاوه بر اینکه تهدیدی بالقوه بر سلامت جسمی ساکنین این شهرهاست، بلکه ساینده‌ای پنهان بر روح و روان همان جمعیت است.

سخن نیکویی از سرخپوستان قاره آمریکا بجای مانده که می‌گوید «زمین از پیشینیان به ما به ارث نرسیده، بلکه ما آن را از نسل آینده موقتاً امانت

می‌گیریم. زمین به فرزندان ما نیز تعلق ندارد چون هر نسلی فقط امانت‌دار نسل بعدی است.»

رویکرد خصمانه انسان با زمین که اکنون شاهد آن هستیم راه درست امانت‌داری نیست. این رویکرد ناشی از دو نوع توهم انسان است. توهم اول اینکه که زمین را از وجود خود جدا می‌پندارد. قبلاً اشاره شد که هیچ نوع از اشکال حیات دارای چنین توهمی نیستند. به همین دلیل هیچ موجودی بر روی زمین به زمین آسیب نمی‌رساند. تک‌تک موجودات به ازای نفعی که از زمین می‌برند، سودی هم به آن می‌رسانند و اکوسیستم زمین را کامل می‌کنند، به‌جز انسان که در بیشتر موارد به سیاره آسیب می‌رساند.

در توهم دوم انسان سیاره زمین را کره‌ای ایستا و غیرهوشمند تلقی می‌کند. درحالی‌که زمین نه‌تنها سیاره‌ای پویا است بلکه زنده و هوشمند نیز است و همه‌چیز، مخصوصاً بشر را زیر نظر دارد. این سیاره یک ارگانیزم کامل است که ما انسان‌ها خود قسمتی از چنین ارگانیزم هستیم. چطور می‌توان تصور کرد که همه اجزایی که از زمین پدید آمده و رشد و نمو کرده‌اند از گیاهان تا آبزیان و از جانوران تا خود انسان از درجه‌ای از هوشمندی برخوردار باشند و خود زمین از چنین قوه هوشمندی بی‌نصیب باشد؟ چنین تصوری توهمی بیش نیست. در قسمت سوم کتاب، هوشمندی زمین را به‌عنوان بخشی از هوشمندی عالم هستی از دیدگاهی عقلانی، منطقی و استدلالی موردبحث قرار خواهیم داد.

احتمالاً و آنچه شواهد نشان می‌دهد زمین از انسان‌ها دل‌خوشی ندارد. در حال حاضر شاهد نمونه‌هایی از این ناخرسندی زمین هستیم. گرمایش زمین، آب شدن یخ‌های قطبی، طوفان‌ها، سیلاب‌ها، خشک‌سالی‌ها و بلایای طبیعی و مقاومت میکروب‌ها در مقابل آنتی‌بیوتیک‌ها و هر از چند گاه بیماری‌های جدید و ویروس‌ها سمج نشان از آن دارد که زمین از انسان راضی نیست. بالا رفتن سطح آب دریاها و فروبردن شهرهای ساحلی و گسترش کویر در نقاط کم آب نظیر کشور خودمان، آن‌طور که دانشمندان آن را پیش‌بینی می‌کنند هم در فهرست ناخوشنودی سیاره از انسان‌هاست. نه اینکه نشانه‌های چنین عدم رضایت زمین از روی کینه سیاره باشد بلکه زمین به‌عنوان ارگانیزمی

هوشمند برای بقای خود و حیات واکنش نشان می‌دهد. بشر نیز باید با چنین نشانه‌هایی از سوی زمین، برای بقای خود، آن‌ها را جدی بگیرد، اما ظاهراً گوش شنوایی نیست. شاید شعر احمد شاملو درباره زمین در چنین مقطعی از زمان بشدت مصداق داشته باشد.

پس آنگاه زمین به سخن درآمد
و آدمی، خسته و تنها و اندیشناک بر سر سنگی نشسته بود،
پشیمان از کرد و کار خویش...

❖ ❖ ❖

پیوستن به ابدیت

زندگی هدیه‌ای زیباست که به انسان ارزانی شده و تا حدودی هم در توان انسان است که آن را زیباتر کند و تا آخرین نفس زندگی کند. منطقی‌ترین راه این است که گذشته از آنچه زندگی با خود برایمان به ارمغان می‌آورد آن را بپذیریم و به مقابله‌ای ذهنی با آن برنیاییم که در این صورت زندگی با آرامشی بیشتر همراه است.

ناگفته پیداست که زندگی همواره بهتر از مرگ است، اما هنگامی‌که وقت آن فرارسید و قرار شد مرگ به سراغ انسان بیاید و کاری از دست انسان برنیاید، باید آن را پذیرفت. چنین تسلیم و قبول در مقابل یکی از طبیعی‌ترین رو از دو روی سکه زندگی، مستلزم شناختی است که از طریق آن انسان را برای پیوستن به ابدیت آماده می‌کند.

طبیعی است که ما انسان‌ها معمولاً هر یک از اوضاع خوشایند زندگی را به وضعیت مقابل آن یعنی ناخوشایندی‌هایش ترجیح می‌دهیم. مثلاً حوادث خوب در مقابل حوادث بد و بی‌شک زندگی در مقابل مرگ. بعضی از این ناخوشایندی‌ها بسیار برایمان ناگوار است و بی‌شک مرگ یکی از آن‌هاست. یکی از دلایل این احساس، دیدگاه دوگانه به واقعیت‌های زندگی است. همان‌طور که قبلاً هم اشاره شد ما خوب و بد را از یکدیگر جدا می‌دانیم، همان‌طور سیاه و سفید، اجسام فیزیکی و خلأ، خالی و پر، صدا و سکوت؛ زیبایی و نازیبایی، کمال و نقص و خلاصه تولد و مرگ را.

شاید به‌سختی بتوان توهم موجود در دید دوگانه جلوه‌های هستی را قبول کرد، اما اگر خوب به موارد بالا توجه کنیم خواهیم دید که هرکدام در معنی طرف مقابل معنی دارد اما ما انسان‌ها آن روی مقابل را بیشتر متضاد روی اول می‌بینیم و آن را ناخوشایند، یا نخواستنی می‌دانیم. گاهی هم از وجود آن کاملاً بی‌خبریم مثلاً بدون سکوت، صدایی وجود ندارد، بدون خلأ و فضای خالی، شکل فیزیکی اجسام بی‌معنی و غیرممکن است. آنچه به تصور ما زیباست فقط زمانی واقعیت دارد که نازیبایی (منظور از نازیبایی شکلی متفاوت از ظاهر است وگرنه نازیبایی خود یک توهم تکاملی است) در کنار آن باشد و بدون مرگ زندگی معنی خود را از دست می‌دهد و حتی غیرممکن خواهد بود، هم از دیدگاه فلسفی و هم علمی.

از دیگر دلایل بیم از پدیده مرگ، طبیعت ناشناخته آن است و گذشته از آموزه‌های سیستم‌های عقیدتی و دینی و با هر درجه ایمانی، کمتر انسانی است که به چنین پدیده ناشناخته‌ای کاملاً آشنا بوده، به آن فکر نکرده و از آن بیمی در دل نداشته باشد. همه ما انسانیم و تا حدودی از درون یکدیگر باخبر.

طبیعت ناشناخته مرگ، ما را از سرنوشتی نه‌تنها نامعلوم بلکه درد و رنج احتمالی که شاید پس از مرگ در انتظار ماست بیمناک می‌کند و اگر چنین است باید خود به این سؤال پاسخ دهیم که آیا آن‌سوی تولد، درد و رنجی متوجه ما بود؟ با عقل جور درنمی‌آید که هوشمند و هوشمندی عالم هستی بخواهد انسان‌ها را بدون میل خود چند گاهی به دنیا بیاورد و پس از مرگ، درد و رنج بر او تحمیل کند، چون خود انسان قسمتی از عالم هستی است مانند برگ زرد پاییزی که از درخت جدا می‌شود و یا یک قطره که در قعر اقیانوس قرار می‌گیرد.

هنگامی که والدینی کودک خود را برای واکسن یا آمپول می‌برند، کودک از واکسن شناختی ندارد و فقط از درد سوزن می‌ترسد و اگر کمی بزرگ‌تر باشد شاید مقاومت هم بکند اما مادر و یا پدر کودک شناخت کافی از واکسن دارد و می‌داند که درد سوزن زودگذر است و اتفاق بدی برای کودکشان نمی‌افتد.

درواقع درد سوزن و سلامتی کودک از هم جدا نیستند بلکه هر دو باهم و در یک بسته معنی پیدا می‌کنند.

درست همین مفهوم را می‌توان در واقعیت‌های زندگی مشاهده کرد، وضعیت خوشایند و ناخوشایند، درد و سلامتی و خلاصه مرگ و زندگی، هر جفت دو روی یک سکه‌اند و در کنار هم معتبرند. اگر در هوشمندی عالم هستی پدیده‌های تولد، زندگی و مرگ جبراً گنجانده‌شده است آیا منطقی به نظر نمی‌رسد که همان‌طور که عالم هستی قبل از تولد رنجی بر انسان‌ها روا نداشته پس از مرگ هم‌چنین بوده و نیازی نباشد که نگران آن باشیم؟

یکی دیگر از دلایل هراس انسان از مرگ ریشه در توهم زمان دارد. بنا به چنین توهمی، انسان زندگی خود را نسبتاً طولانی می‌داند که در اوضاع عادی به چند دهه می‌رسد؛ اما از دید عالم هستی که هوشمند است، طول عمر انسان بسیار کوتاه و ناچیز است از طرف دیگر انسان و دوران زندگی او در بافت عالم هستی گره‌خورده است مانند برگی بر روی یکی از شاخه‌های یک درخت پربرگ و تنومند و یا مانند قطره‌ای در اقیانوس. اگر بتوان از آن برگ پرسید که آیا بیم آن دارد که روزی زرد شده و از شاخه فروافتد، چه نوع پاسخی را از آن برگ می‌توان انتظار داشت؟ به‌جز این است که با تعجب بگوید چه بیمی؟ من به آغوش زمین خواهم رفت و جزئی از تاروپود زمین و عالم هستی خواهم بود.

اگر بتوان از قطره‌ای که شاید در تمام عمر خود فقط چند ثانیه بر تارک موج به اوج می‌نشیند و نور خورشید را تجربه می‌کند، پرسید که آیا نگران آن نیست که بزودی در عمق اقیانوس فرو خواهد رفت، پاسخ چه خواهد بود؟ آیا غیر از آن است که به ما بگوید چه ترسی؟ من بازهم در اقیانوسم، بازهم جزئی از اقیانوسم چرا نگران باشم؟ من خود اقیانوسم.

در ره او بی‌سر و پا می‌روم
بی تبرا و تولا می‌روم
ایمن از توحید و از شرک آمدم
فارغ از امروز و فردا می‌روم
نه من و نه ما شناسم ذره‌ای

زان که دائم بی من و ما می‌روم

سالک مطلق شدم چون آفتاب

لاجرم از سایه تنها می‌روم

مرغ عشقم هرزمانی صد جهان

بی‌پر و بی‌بال زیبا می‌روم

چون همه دانم ولیکن هیچ دان

لاجرم نادان و دانا می‌روم

قطره‌ای بودم ز دریا آمده

این زمان در قعر دریا می‌روم

عطار

تک‌تک برگ‌های درختان و قطره‌های آب‌های همه اقیانوس‌ها خود را از عالم هستی جدا نمی‌دانند. این تنها انسان است که درگیر چنین توهمی است. توهمی که ریشه در توسعه تکاملی و مناسبات اجتماعی دارد. اینکه انسان از دریچه این توهم یعنی جدایی از عالم هستی بین خود و یک برگ و یا یک قطره فرق می‌گذارد، خود ریشه در توهمی دیگر دارد و نتیجه آن رنجی است که همواره به دوش می‌کشد. از دید عالم هستی به این عظمت در ابعاد زمان و مکان، فرق زیادی بین یک انسان و یک قطره و یک برگ درخت نیست.

از نگاه عالم هستی هیچ‌چیز فنا شدنی نیست. هیچ‌یک از اتم‌های بدن ما از نیستی نیامده و به نیستی نمی‌روند. چیزی که اکنون به‌صورت کالبد در خود می‌بینیم، واسط نقلیه برای این اتم‌هایی است که همواره می‌زیستند و خواهند زیست. هستی همواره خواهد زیست و هیچ‌گاه به نیستی نمی‌رود؛ و این زیبایی هستی است که تک‌تک اتم‌های این کالبد به بافت عالم هستی می‌پیوندند و تا ابدیت در سماع کیهانی آن خواهند چرخید. بشر همواره قسمتی از بینهایت عالم هستی بوده است، اما ماسک شخصیت روی حقیقت او را پوشاند؛ اما این ماسک برداشته خواهد شد و او با بیداری دوباره به آن بینهایت خواهد پیوست.

شاد آمدم شاد آمدم ازجمله آزاد آمدم

چندین هزاران سال شد تا من به گفتار آمدم

آنجا روم آنجا روم بالا بدم بالا روم
بازم رهان بازم رهان که اینجا به زنهار آمدم
مولوی

قبلاً در بخش آگاهی به توضیح آلن واتس در رابطه با ماسک پرسونا یا ماسک شخصیت اشاره شد. آلن واتس در همان بخش از کتاب «تابوی شناخت خود» ادامه می‌دهد که در آستانه مرگ، همه وابستگی‌ها و دل‌بستگی‌های دنیای خارج تحلیل می‌رود، ماسک پرسونا برداشته می‌شود و بازی و نقش بازیگر به پایان می‌رسد و انسان به بیداری عمیقی دست می‌یابد. او می‌گوید در مقابل شکوه چنین بیداری، شایسته است که اطرافیان او که به دور بالین وی جمع می‌شوند، با شادمانی به او تبریک بگویند. درست مثل زمانی که بازیگران تئاتر یونان باستان پس از اتمام نمایش و برداشتن ماسک پرسونا از صورتشان از طرف خانواده و دوستان مورد استقبال قرار می‌گرفتند و به آن‌ها برای اتمام بازی تبریک گفته می‌شد.

شاید لحظه بزرگ بیداری است که دلیل آرامش عمیق در چهره انسانی است که در آستانه مرگ است. درحالی‌که اطرافیان او معمولاً بی‌قرار، منقلب و پر از حزن و اندوه هستند، در بسیاری از موارد بنا به گزارش اطرافیان بر بالین افرادی که در آستانه مرگ هستند، آن اشخاص تبسمی آرام بر چهره دارند. شاید آن‌ها در آن حالت طعم رهایی را می‌چشند، ماسک پرسونا را پس از یک بازی طولانی و خسته‌کننده برداشته‌اند و از همه‌چیز گسسته‌اند و همه‌چیز را رها کرده‌اند. چنین «رها کردن» حالتی است بسیار فوق‌العاده و غیرقابل‌شرح که فقط در لحظه مرگ در انسان رخ نمی‌دهد بلکه در مواردی دیگر هم گزارش‌شده است این رها کردن، گاهی در یک وضعیت بسیار دشوار در انسان اتفاق می‌افتد و یا در عارفی در حین یک مراقبه. این مرگ ایگو است.

بمیرید بمیرید در این عشق بمیرید
در این عشق چو مردید همه روح پذیرید
بمیرید بمیرید و زین مرگ مترسید
کز این خاک برآیید سماوات بگیرید

بمیرید بمیرید و زین نَفْس ببرید
که این نَفْس چو بندست و شما همچو اسیرید
یکی تیشه بگیرید پی حفره زندان
چو زندان بشکستید همه شاه و امیرید
مولوی

این حالت یک بیداری ناگهانی است که در بسیاری از سیستم‌های فلسفی و عرفانی به آن اشاره‌شده است. در سیستم فلسفی ذن به آن «ساتوری»، در فلسفه بودائی «نیروانا»، در فلسفه هندوها «موکشا» و در تصوف به آن «فنا» می‌گویند. شاید هم نظیر همان «حقیقتی» باشد که منصور حلاج آن را تجربه کرده بود و گاه می‌گفت که نمی‌داند چیست و یا مشابه همان «عشق» ی که مولوی همواره از آن حرف می‌زند که وقتی در او رخداده بود از ماهیت آن می‌پرسید.

دوش دیوانه شدم عشق مرا دید و بگفت
آمدم نعره مزن جامه مدر هیچ مگو
گفتم ای عشق من از چیز دگر می‌ترسم
گفت آن چیز دگر نیست دگر هیچ مگو
من به گوش تو سخن‌های نهان خواهم گفت
سر بجنبان که بلی جز که به سر هیچ مگو
گفتم این روی فرشته است عجب یا بشر است
گفت این غیر فرشته است و بشر هیچ مگو
گفتم این چیست بگو زیر و زبر خواهم شد
گفت می‌باش چنین زیر و زبر هیچ مگو

گفتیم که چنین بیداری گاهی در شرایط بسیار دشوار و اتفاقی بس ویرانگر در زندگی انسان پیش می‌آید. آن زمانی است که آنچه انسان سخت به آن وابسته بود، امید داشت و بر آن چنگ می‌زد از دست او خارج می‌شود. بیماری‌های لاعلاج، از دست دادن همه‌چیز در یک اتفاق طبیعی مانند زلزله

مثال‌هایی از این نوع هستند. حتی درد فیزیکی و رنج روحی اگر از حدومرزی عبور کند دیگر احساس نمی‌شود. گاه‌گاهی شنیده‌ایم از بعضی از کسانی که تحت شکنجه قرارگرفته‌اند، ظاهراً هنگامی‌که درد فیزیکی از آستانه‌ای گذشت، نه‌تنها دیگر احساس نمی‌شود بلکه قربانی به حالتی خلسه مانند و عرفانی پا می‌نهد. دلیل همه این موارد ممکن است این باشد که معمولاً رنج روحی انسان محصول ذهن اوست اما ذهن در بزرگنمایی دردهای فیزیکی نیز نقش دارد. ذهن و ایگو هر دو فقط در واحد زمان فعال می‌شوند. به همین دلیل در شرایطی که درد و رنج از آستانه چاره یابی می‌گذرند، همه‌چیزهایی که ایگو روی آن‌ها حساب بازکرده است و بر آن‌ها چنگ می‌زد واقعیت خود را از دست می‌دهد و ایگو که آینده‌ای برای خود نمی‌بیند از توهم زمان خارج شده و به‌ناچار انسان را رها می‌کند و آرامشی بس عمیق انسان را احاطه می‌کند. البته این شرایط در تمام انسان‌ها به مرگ ایگو نمی‌انجامد، اما مشاهده چنین مواردی به‌دوراز انتظار نیست و در موارد بسیاری گزارش شده است.

در این نمونه‌ها، خود جای تأمل است و وسعت خرابی روح و روان انسان در قفس ایگو را در حالت عادی نشان می‌دهد که یکی از مقدمات رسیدن به چنین آرامشی باید شرایطی بس دشوار باشد که به مرگ ایگو بیانجامد، آرامشی عمیق از پس گسستن و رها کردن همه وابستگی‌ها و دل‌بستگی‌ها. رهایی و آرامشی از چنین نوعی از گسستن، اگر در طول عمر انسان تجربه نشود در بیشتر انسان‌ها در ماه‌ها و یا روزهای آخر زندگی به وقوع می‌پیوندد. در آن دوران پایانی نیز، ایگو که عملکرد آن تابع زمان است، آینده‌ای برای خود نمی‌بیند و انسان را به حال خود می‌گذارد. یعنی مرگ ایگو قبل از مرگ جسم به وقوع می‌پیوندد، توهمات به پایان می‌رسند و آنگاه انسان بدون ایگو، در بی‌زمانی محض وارد نوع دیگر از حالت هوشیاری شده که در آن از خواستن‌ها و نگرانی‌ها خبری نیست و بنابراین بدون رنج دنیا، به اقیانوس بینهایت هستی وارد می‌شود و در گهواره عالم هستی آرام می‌گیرد، در آغوش دوست و عشق ابدی و آن‌طور که عطار نیشابوری به تصویر می‌کشد، بی‌نام‌ونشان، بی‌خویش یعنی بدون ایگو و مانند کودکی در شکم مادر، نفس

خواهد زد و آنگاه‌که با دوست نشست، اسرار خواهد شنید و آن اسرار را در گوش نوع بشر نجوا خواهد کرد.

دست بر دامن جان خواهم زد
پای بر فرق جهان خواهم زد
اسب بر جسم و جهت خواهم تاخت
بانگ بر کان و مکان خواهم زد
وانگه آن دم که میان من و اوست
از همه خلق نهان خواهم زد
چون مرا نام و نشان نیست پدید
دم ز بی‌نام‌ونشان خواهم زد
هان مبر ظن که من سوخته دل
آن دم از کام و زبان خواهم زد
در شکم چون زند آن طفل نفس
من بی‌خویش چنان خواهم زد
از دلم مشعله‌ای خواهم ساخت
نفس شعله فشان خواهم زد

قسمت دوم

عرفان و معلمان خودآگاهی

ز خاک من اگر گندم برآید
از آن گر نان پزی، مستی فزاید
خمیر و نانبا دیوانه گردد
تنورش بیت مستانه سراید
مرا حق از می عشق آفریده است
همان عشقم، اگر مرگم بساید
منم مستی و اصل من می عشق
بگو از می به جز مستی چه آید

مولوی

❖ ❖ ❖

مقدمه

در حوزه‌های غیررسمی آموزشی و تخصصی در غرب روشی وجود دارد که در آن تقریباً برای همه مقوله‌های علمی و تخصصی، تشریحی بسیار مختصر و ساده بکار گرفته می‌شود تا افراد علاقه‌مند به آن موضوعات در هر رشته تخصصی و در هر سطحی که در آن قرار دارند از آن‌ها سود ببرند و با آن آشنا شوند. تا قبل از رواج اینترنت این روشِ معرفی مختصر و سادهٔ مقوله‌های تخصصی از طریق نشر کتاب‌هایی کم‌حجم و با روش ساده‌نویسی در اختیار علاقه‌مندان قرار می‌گرفت؛ اما اکنون اینترنت سهم بیشتری در این زمینه به خود اختصاص داده است. اکنون می‌توان برای آشنایی با هر موضوع تخصصی آن را در اینترنت جستجو کرد و واژه «به‌طور ساده و یا با زبان ساده» را به موضوع اضافه کرد. مزیت این روش این است که پیچیدگی و جزئیات مقوله‌های تخصصی، باعث دلسردی افراد علاقه‌مند به آن موضوعات نشود و یا اینکه مقوله‌های تخصصی از این قبیل فقط در انحصار کارشناسان آن موضوعات قرار نمی‌گیرند.

حال اگر با چنین نگاهی به مقوله «عرفان و معنویت» نیز بنگریم، خواهیم دید که پیچیدگی‌های تخصصی، تنوع، قرائت‌های مختلف و انحصار آن در دست کارشناسان این رشته، قشر تحصیل‌کرده امروز را که در رشته‌هایی غیر از علوم انسانی تخصص دارند، از چنین مقوله زیبا و مفیدی به دور نگه‌داشته است.

مباحث مربوط به فلسفه، عرفانِ و معنویت اگر پیچیده و بسیار تخصصی باشند، خارج از حوصله زندگی امروز خواهند شد؛ اما ابعاد کاربردی آن مانند خودشناسی، آرامش درونی، اندیشیدن و احساس نزدیکی به عالم هستی و احدیت و بُعد زیباشناسی آن ممکن است در زندگی امروز لازم و حتی دارای جذابیت باشد؛ و دیگر اینکه در حوزه تخصصی عرفان و معنویت، گاه شاهد مجادله اندیشه‌ها هستیم. درحالی‌که طبق اصول اولیه عرفان هرگونه مجادله خود غذای نَفْس و ایگو است و با روح عرفان و معنویت مغایرت دارد. مجادله در هر موضوعی یعنی حق با «من» است و حق با تو نیست. آن «من» که در

جمله است، جوهر وجودی انسان نیست بلکه ایگو و ماسک شخصیت است که تاکنون مفصلاً به آن پرداخته‌ایم. در ضمن به نظر نمی‌رسد که نسل تحصیل‌کرده امروزی که خود با مشغله‌های فراوان درگیر است، علاقه‌ای به پیچیدگی‌های عرفان و معنویت و درگیری‌های میدان‌های مجادله در این رشته‌های تخصصی داشته باشند.

با توجه به این مقدمه، در این قسمت از کتاب بنا است که چکیده‌ای از عرفان و معنویت به زبان ساده و در وسع آموخته‌های نویسنده با خوانندگان به اشتراک گذاشته شود. از این طریق خواننده به نکاتی که قبلاً با آن‌ها آشنایی نداشته آشنا شود و درعین‌حال با استقلال فکری خود نکاتی را که از عرفا و مردان خِرَد به او منتقل می‌شود، دست‌چین کرده و در راه بهبود زندگی خود بکار ببرد؛ و اگر کاربردی در این نکات نیافت همه آن‌ها را در قالب زیباشناسی تلقی کند که عرفان و معنویت و فلسفه خود نوعی زیباشناسی و زبان آن در بیشتر موارد با زبان شعر، موسیقی و نقاشی تفاوت چندانی ندارد.

این قسمت شامل معرفی مکاتب فکری، فلسفی، معنوی و عرفانی شرق مانند فلسفه یوگا مربوط به آیین هندو، فلسفه بودائی، عرفان تائو، عرفان تصوف، مختصری در باب فلسفه اسپینوزا و چند کلمه در باب عرفان مسیحیت است. در فصل انتهایی نیز به معرفی چند عارف و مردان خِرَد و زنان آگاه و مشهور در حوزه معنویت خواهیم پرداخت. همه موضوعات در این قسمت فقط جنبه اطلاعاتی دارند و بیان آن‌ها الزاماً به معنی تائید و یا پیروی از این مکاتب نیست. از طرف دیگر اگر به آموزه‌های این مکاتب فکری به‌خوبی دقت کنیم درمی‌یابیم که مقصد همه آن‌ها یکی است و آن حق و حقیقت است، اگرچه راه و روش در آن‌ها ممکن است متفاوت باشد. دانش و کسب اطلاعات از دیگر ادیان و سیستم‌های فکری، اندیشه‌های فلسفی و عرفانی از ایمان انسان نمی‌کاهد بلکه به آن افزوده و شخص را به اندیشه وامی‌دارد.

در اینجا رجوع دادن خواننده به این شعر زیبای سهراب سپهری احتمالا بی ارتباط نخواهد بود

من مسلمانم

قبله‌ام یک گل سرخ

جانمازم چشمه، مُهرم نور

دشت سجاده‌ی من ...

***

فصل ۸ - عرفان به زبان ساده

❖ ❖ ❖
مقدمه

چو غلام آفتابم هم از آفتاب گویم
نه شبم نه شب پرستم که حدیث خواب گویم
چو رسول آفتابم به طریق ترجمانی
پنهان از او بپرسم به شما جواب گویم

مولوی

عرفان با معادل انگلیسی آن میستیسیزم (Mysticism)، بُعد درونی برخی از مکاتب فکری و عقیدتی است. عرفان را می‌توان در فلسفه شرق ازجمله فلسفه یوگا، فلسفه بودائی و تائوئیسم و در ادیان ابراهیمی مانند تصوف در اسلام، کابالا در یهودیت و عرفان مسیحیت یافت. مکاتب عرفانی اگرچه ممکن است ریشه در دین اصلی خود داشته و به تمام اصول آن‌ها پایبند باشند، اما بر روی مواردی چون خودشناسی، خودآگاهی، دوری جستن از تعلقات دنیوی، تمرین حضور ذهن، زیستن در لحظه و مراقبه تمرکز دارند. مکاتب عرفانی و آموزه‌های آن‌ها همچنین به فلسفه شناخت عالم هستی و یکی شدن با آن می‌پردازند. عرفان به مواردی چون اتصال درونی به خداوند و در ضمن به‌جای ترس از خدا بیشتر به عشق به خدا تأکید می‌کند.

واژه انگلیسی میستیسیزم از کلمه میستیکو یونانی به معنی «رازگونه» گرفته‌شده است. این لغت همچنین به معنی آغاز کردن و معرفی کردن است.

عرفان دانش وحدت با عالم هستی است و رسیدن به آفریدگار، و عارف با کسب این دانش به مقامی می‌رسد که خود را جزئی جدایی‌ناپذیر از عالم هستی درمی‌یابد و به درجه‌ای می‌رسد که در تمام جلوه‌های زندگی و طبیعت و آفرینش، وجود خدا را حس می‌کند.

رسد آدمی به جایی که به جز خدا نبیند
بنگر که تا چه حد است مکان آدمیت

سعدی

عرفان هم مانند هر نوع دانشی قابل تدریس و تحصیل است و می‌توان آن را از استادی عارف فراگرفت؛ اما برخلاف سایر علوم که حواس پنج‌گانه برای کسب آن‌ها کافی است، اگرچه این حواس در مسلک معرفت لازم‌اند، اما کافی نیستند. طریق عرفان طریق حقیقت است و نه طریق واقعیت‌هایی که تنها با حواس پنج‌گانه در انسان شکل می‌گیرد. در بخش‌های پیشین چندین بار به فرق بین حقیقت و واقعیت پرداختیم. هر محیط و هر دوره زمانی واقعیت‌های ویژه خود را دارد. آن چیز که در یک محیط اجتماعی در این‌سوی زمین واقعیتی را تعریف می‌کند، ممکن است در محیطی دیگر و در آن‌سوی دیگر زمین دور از واقعیت باشد. به همین شکل آنچه دو هزار سال پیش به‌عنوان واقعیتی تعریف می‌شد ممکن است با واقعیت‌های این زمان متفاوت باشد. در ضمن واقعیت‌ها ارتباط نزدیکی با حواس پنج‌گانه انسان، روند تکاملی بشر و ترجمه‌ای دارد که مغز انسان آن را در اختیار او می‌گذارد. این واقعیت‌ها ممکن است به حقیقت نزدیک باشند و یا از آن دور؛ اما حقیقت همواره یکی است و برای تمام اشکال حیات ازجمله گیاهان، جانوران و انسان‌ها یکسان است. از خواص دیگر حقیقت این است که ممکن است خود را به تمام اشکال حیات مخصوصاً انسان نشان ندهد. حقایق بسیاری در عالم هستی وجود دارند که انسان‌ها از آن بی‌اطلاع هستند. این ویژگی حقیقت است که به آن ماهیتی رازگونه می‌بخشد و این رازگونگی همان میستیکو در زبان یونانی، میستیسیزم در زبان انگلیسی و عرفان در زبان فارسی است؛ بنابراین این شوق کشف حقیقت است که در درون میستیک و یا عارف جای می‌گیرد و عارف برای کشف حقیقت در جاده بیداری معنوی پای می‌نهد؛ اما در این راه

نیاز به سازوکاری دارد که با سازوکار کشف علوم طبیعی و تجربی متفاوت است. عارف نیاز به حسی ورای حواس پنج‌گانه دارد. این حس گاهی با عنوان حس ششم بیان می‌شود؛ و باز اینکه چون واژه «حس ششم» قبلاً در بیشتر زبان‌ها و فرهنگ‌ها به‌غلط و برای موضوعات غیرواقعی به هدر رفته است در همین‌جا این واژه را نیز برای استفاده آن موارد موهوم کنار می‌گذاریم و به دنبال واژه و تعریفی دیگر می‌گردیم. شاید بهترین واژه «چشم دل» باشد. چشم دل پنجره‌ای است که از منزل درون به بیرون گشوده می‌شود. منزلی که انسان مدرن مدت‌هاست آن را ترک کرده و ایگو و نَفْس در آن ساکن شده است.

بهر جهت در مسلک حقیقت اولین کار سالک کشف منزل درون و بازگشت به منزل درون است. سالکان و عارفان در پی کشف منزل درون، خود را از مناسبات زندگی مادی دنیای بیرون جدا می‌کنند. منزل درون را از «خود و خویشتن و من و نَفْس و ایگو» پاک می‌کنند و از خود تهی می‌شوند، این همان «بی‌خویشی و بی‌خودی» است. این هشیارترین حالت یک انسان است و این معنی صحیح «بی‌خود شدن» در عارفان است یعنی هوشیاری مطلق. در حالت خلسه انسان پا در میدان هوشیاری محض می‌گذارد و به هوشیاری عالم هستی می‌پیوندد. در این حالت از عشق به آفریدگار و آفرینش لبریز شده و این عشق به‌صورت شعر، هنرهای زیبا و شطحیات از او بیرون می‌جوشد.

اما قبل از اینکه به ادامه حال و هوای عرفا و مردان حقیقت و مسلک‌های عرفانی بپردازیم در اینجا پرانتزی بازکنیم و آن اینکه در زندگی انسان امروزی بازگشت به منزل وجود نمی‌تواند ترک کامل دنیای مادی باشد. ما به‌عنوان انسان‌های جامعه مدرن (منظور از جامعه مدرن جوامعِ همه کشورهای دنیا است نه کشورهای پیشرفته) نیاز داریم که خود را با مناسبات زندگی امروز وقف دهیم وگرنه اگر از گرسنگی نمیریم، حداقل جایگاه اجتماعی ما زیر خط فقر خواهد بود؛ اما بحث بر این است که آیا حالت‌های عرفانی یا حداقل گوشه‌ای از آن برای انسان مدرن که درگیر زندگی مدرن است قابل‌دسترسی است؟ جواب مثبت است. انسان می‌تواند به همه وظایف اجتماعی خود

بپردازد و درعین‌حال آگاهی اندکی از منزل درون نیز داشته باشد. حالت هوشیاری مطلق با تمرین‌های مراقبه قابل‌دسترسی است و انسان با هراندازه مشغله روزمره می‌تواند لذت حضور ذهن را تجربه کند. در بخش اول کتاب ما به بسیاری از جنبه‌های خودآگاهی و چگونگی دستیابی به آن پرداختیم. این توضیح ازآن‌جهت داده شد که تصور نشود که عرفا با انسان‌های معمولی فرق دارند و یا اینکه حالت‌هایی را که تجربه می‌کنند غیرحقیقی بدانیم. هنگامی‌که عارفان به بیان تجربیاتی این‌چنین می‌پردازند این حالات و بیانات ممکن است دور از ذهن و یا واقعیت باشد و نه دور از حقیقت؛ زیرا در طول کتاب بارها یادآور شدیم که عملکرد ذهن چگونه است و واقعیت‌ها چگونه شکل می‌گیرند؛ بنابراین اگر عارفی در طبیعت و در جلوه‌های آن اشاراتی مشاهده می‌کند، او دروغ نمی‌گوید و دیوانه نشده است، بلکه این مشاهدات از هوشیاری مطلق او سرچشمه می‌گیرند. درواقع ما انسان‌های «نُرمال» هستیم که محدود به کم‌وکاست‌های درونی هستیم.

«هرگاه دیدید عده‌ای در دوردست در حال حرکت دادن دست و پای خود هستند،

نپندارید که آن‌ها دیوانه‌اند،

آن‌ها با صدای موسیقی می‌رقصند که شما آن را نمی‌شنوید. مشکل از شماست»

منسوب به نیچه

همین‌طور حتی واقعیت‌های روزمره‌ای که از طریق حواس پنج‌گانه و مغز شکل می‌گیرند، ممکن است از حقایق آن‌ها فاصله داشته باشند. برای مثال اگر صفحه کاغذی را در نظر بگیریم آنچه حس بینایی و لامسه تحویل مغز می‌دهند و مغز واقعیتی از آن می‌سازد «یک صفحه دو بعُدی صاف» است؛ اما همین صفحه کاغذ در زیر میکروسکوپ داستانی دیگر دارد که به حقیقت نزدیک‌تر است. این صفحه کاغذ در زیر یک میکروسکوپ نوری، از ذره‌های سه بعُدی تشکیل‌شده و سطح آن مانند زمینی ناهموار است. همین صفحه در زیر یک میکروسکوپ اتمی از میلیاردها اتم تشکیل‌شده که الکترون‌های آن‌ها در فضایی ابر مانند به دوره هسته مرکزی آن اتم‌ها در حال چرخیدن‌اند؛ و از طرف دیگر این اتم‌ها و حتی خود کاغذ فضایی تقریباً خالی و خلأ ای بیش

نیستند. ما در بخش جهان میکروسکوپی و ساختمان اتم به فضای خالی اتم‌ها خواهیم پرداخت.

از طرف دیگر عرفان خِرَد است و درواقع عرفا انسان‌هایی عالم هستند و جزء فلاسفه، شعرا، نویسندگان بوده و صاحب آثار علمی و ادبی فراوان‌اند. عطار، مولوی، حافظ و ده‌ها فیلسوف ایرانی و خارجی ازجمله عارفان تاریخ بشریت هستند. در ضمن هستند تعداد زیادی از دانشمندان، فیزیکدانان تئوری، فلاسفه و نویسندگان که از روحیه معنوی و دانش عرفانی برخوردار هستند.

برگ درختان سبز پیش خداوند هوش

هر ورقی دفتریست معرفت کردگار

سعدی

در بخش سوم کتاب خواهیم دید که یک برگ درخت میلیاردها بایت اطلاعات طبیعی را در خود جای می‌دهد و به چگونگی کاربرد این اطلاعات در هوشمندی مکانیسم رشد گیاه خواهیم پرداخت. پرواضح است که یک شاعر قرن سیزدهم (میلادی) مانند سعدی از ویژگی‌های علمی، بیولوژیکی و فیزیکی طبیعت اطلاع چندانی ندارد. اجزای طبیعی و فیزیکی مانند سلول‌ها، کروموزوم‌ها، دی ان ای و اتم‌ها در یک برگ درخت از علم آن زمان پوشیده بود؛ اما اهمیت سخنان مردان خِرَد در آن زمان در درجه توجه آن‌ها به محیط اطراف و مشاهده متفاوت آن‌هاست و اینکه چگونه اسرار طبیعت را دقیق‌تر و واضح‌تر از مردمان زمان خود و حتی از بسیاری از انسان‌های امروزی می‌دیدند.

ما انسان‌های عادی شب‌ها به آسمان و ستارگان می‌نگریم اما مشاهدات ما با آنچه مولوی‌ها در آسمان می‌بینند، متفاوت است.

در هر فلکی مردمکی می‌بینم

هر مردمکش را فلکی می‌بینم

ای احوال، اگر یکی دو می‌بینی تو

برعکس تو من دو را یکی می‌بینم

اگر گذارتان به پارکی افتاد و روی نیمکتی دور از مشغله‌های روزمره، لحظه‌ای آرام و قرار پیدا کنید و در ضمن مهارت آن را داشتید که ذهن خود را آرام کنید و به‌دقت به محیط اطراف خود نگاه کنید: به درختان، چمن، پرنده‌ها و آسمان و لطافت نسیم بر روی پوستتان. متوجه خواهید شد که همه‌چیز متفاوت است. تجربه‌ای متفاوت با تجربه‌های قبل که در آن‌ها ذهنتان مشغول رخدادهای گذشته و یا افکار غیرواقعی در آینده بوده است. مناظر اطراف چنان واضح و پررنگ به نظر می‌رسند گویی که یک شخص آستیگمات و یا نزدیک‌بین برای اولین بار از عینک‌سازی عینک خود را تحویل گرفته و به چشم زده است.

صوفی از پرتو می راز نهانی دانست

حافظ

بسیار خوب، بحث فوق بیشتر برای قانع کردن نسل امروزی و قشر تحصیل‌کرده و سکولارهای فلسفی بود که معمولاً خارج از چهارچوب علمی، تجربی و تکنولوژیکی نمی‌اندیشند و هیچ‌چیز را خارج از این محدوده نمی‌پذیرند. درصورتی‌که حقایقی وجود دارد که انسان مدرن به آن‌ها توجهی ندارد و اینکه عدم مشاهده چنین حقایقی دلیل عدم وجود آن‌ها نیست.

اما عارفان، مردان (و البته زنان هم) خودآگاهی، معنویت و خِرَد و مردان حق و حقیقت، همواره در طول تاریخ و حتی در این زمان نیز با چالش‌ها و اتهاماتی چند از نوعی دیگر روبه‌رو بوده و هستند؛ و این چالش و انگ زنی‌ها از سوی خدا باوران به‌سوی آن‌ها نشانه گرفته می‌شود. چالشی بس دشوارتر از چالش‌هایی که از سوی ماتریالیست‌ها و خداناباوران متوجه آن‌هاست. تاریخ نشان می‌دهد که معمولاً خطرناک‌ترین دشمنان یک خداباور، در بین خدا باوران دیگرند. دشواری‌ها در زندگی حلاج‌ها، سهروردی‌ها، مایستر اکهارت ها مهر تأییدی بر این گفته است.

عرفان بُعد درونی ادیان است. طبق آموزه‌های عرفانی، عارفان به اصول دینی که پیرو آن هستند کاملاً معتقدند. تنها تفاوت عرفان طریقه متفاوت رسیدن به حق و حقیقت است. مقصد یکی است.

پیش ما سوختگان، مسجد و میخانه یکیست
حرم و دیر یکی، سبحه و پیمانه یکی است
این‌همه جنگ و جدل حاصل کوته‌نظریست
گر نظر پاک کنی، کعبه و بتخانه یکیست
هرکسی قصه شوقش به زبانی گوید
چون نکو می‌نگرم، حاصل افسانه یکیست
این‌همه قصه ز سودای گرفتارانست
ورنه از روز ازل، دام یکی، دانه یکیست
هیچ غم نیست که نسبت به جنونم دادند
بهر این یک دو نفس، عاقل و فرزانه یکیست

عماد خراسانی

در عرفان، عارف از طریق مهارت‌های معنوی و مراقبه و سکوت ذهن راهی دیگر به‌سوی حق و حقیقت باز می‌کند و وجود حق را در همه جلوه‌های عالم هستی و حتی حقیقت درون خود که جزئی از عالم هستی است تجربه می‌کند؛ و یا اینکه مبنای نزدیکی او به خداوند نه از روی ترس از خداست، بلکه عشق به آفریدگار و تمام جلوه‌های آفرینش است.

پرواضح است که خداوند بی‌نیاز است. او نه‌تنها نیازی به عبادت خلایق ندارد بلکه راه‌های فراوان و متفاوتی برای ارتباط با خود در پیش پای انسان گشوده است. تنوع ادیان خود مهر تأییدی است بر این امر وگرنه او قدرت آن را دارد که همه را جزء یک ملت و آیین کند.

(قران در آیه ۴۸ سوره مائده به‌روشنی به این نوع رواداری اشاره کرده است).

«... ما برای هر قومی از شما شریعت و طریقه‌ای مقرّر داشتیم، و اگر خدا می‌خواست همه شما را یک امت می‌گردانید..»

خداوند کامل است و «کمال» نیازی به نحوه عبادت و ارتباط مخلوق ندارد. همه نیازها در مخلوق است. همان خدایی که در مسجد و کلیسا است، خدایی است که در منزل، خیابان و بیابان نیز حضور دارد و انسان می‌تواند در هر حالتی به او نزدیک شود و به یاد او باشد. آنچه مهم است سکوت ذهن و تمرکز هوشیاری به‌سوی اوست.

با تو به خرابات اگر گویم راز
به زانکه به محراب کنم بی تو نماز
ای اول و ای آخر خلقان همه تو
خواهی تو مرا بسوز و خواهی بنواز
خیام

داستان مشهور موسی و شبان درس خوبی است که همگان باید از آن بیاموزیم. در جهان پرتلاطم امروز و در پیچ‌وخم‌های ناخودآگاهی انسان‌ها و سیستم‌های سیاسی منگ، یک جرقه کوچک تفرقه می‌تواند عواقب خطرناکی متوجه انسان و سیاره کند. شاید در این مقطع لازم باشد که منظومه موسی و شبان در سردر مراکز بین‌المللی مانند سازمان ملل نوشته شود. تحمل تنوع ادیان و اخلاق رواداری امروزه تنها راه‌حل منجلابی است که انسانیت و زمین در آن گیر است و هرلحظه به غلظت و شدت آن افزوده می‌شود. وقت است که انسان با این ابیات بیدار شود.

هرکسی را سیرتی بنهاده‌ام
هرکسی را اصطلاحی داده‌ام
ما بری از پاک و ناپاکی همه
از گرانجانی و چالاکی همه
من نکردم امر تا سودی کنم
بلکه تا بر بندگان جودی کنم
هندوان را اصطلاح هند مدح
سندیان را اصطلاح سند مدح
من نگردم پاک از تسبیحشان
پاک هم ایشان شوند و درفشان
ما زبان را ننگریم و قال را
ما روان را بنگریم و حال را

در تاریخ یکتاپرستی، زمانی نبوده که کثرت فصل شدگان و شکاکان مخصوصاً در قشر جوان جوامع تا به این حد امروز رسیده باشد و این به دلیل عدم

تحمل و رواداری پیروان ادیان نسبت به هم نوعان خود و کم‌کاری و سکوت رهبران دینی است. این مجامع بین‌المللی و تصمیم‌گیرندگان سیاسی و رهبران مذهبی هستند که باید باصداقت، نگران و بی‌قرار، مانند موسی سر به بیابان ناآگاهی زمین گذارند و اعلام کنند که انسان‌ها از هر راهی که بخواهند می‌توانند به خدا نزدیک شوند و به آن‌ها درس تحمل و رواداری بدهند. به آن‌ها مژده دهند که خداوند بی‌نیاز از آداب و ترتیب است و اینکه انسان‌ها برای ارتباط با خالق خود آزادند و در امنیت کامل. این است راه وصل مجدد فصل شدگان در دنیای مدرن کنونی. این هم بقیه حماسه پرهیبتی که مولوی در بیابان به تصویر می‌کشد.

چون که موسی این عتاب از حق شنید
در بیابان در پی چوپان دوید
بر نشانِ پای آن سرگشته راند
گرد از پرهٔ بیابان بر فشاند
گاه چون موجی بر افرازان عَلَم
گاه چون ماهی روانه بر شکم
گاه بر خاکی نبشته حال خود
همچو رمالی که رملی بر زند
عاقبت دریافت او را و بدید
گفت مژده ده که دستوری رسید
هیچ آدابی و ترتیبی مجو
هرچه می‌خواهد دل تنگت بگو
کفر تو دینست و دینت نور جان
آمنی وز تو جهانی در امان

❖ ❖ ❖

فصل ۹ – ابعاد عرفانی

همان‌طور که قبلاً اشاره شد، این فصل شامل معرفی مکاتب فکری، فلسفی و عرفانی شرق مانند فلسفه یوگا مربوط به آیین هندو، فلسفه بودائی، عرفان تائو، همچنین تصوف در اسلام، مختصری در باب فلسفه اسپونیزا و چند کلمه در باب عرفان مسیحیت است.

❖ ❖ ❖

فلسفه یوگا

فلسفه یوگا بعُد عرفانی آیین هندو است. و بعضی از استادان یوگا بیشتر آم را یک متدولوژی می دانند تا فلسفه. قدمت هندوئیسم به پیش از قرن پانزدهم تا پنجم قبل از میلاد می‌رسد و پیروان آن که اکثراً در هندوستان و سایر نقاط آسیا سکونت دارند، حدوداً به یک میلیارد می‌رسند. آیین هندو در یک مجموعه وسیع فلسفی بسط دارد. آموزه‌ها و روش‌های آیین هندو بیشتر جنبه فلسفی و راه و رسم زندگی را به پیروان خود می‌آموزد تا اینکه جنبه دینی داشته باشد. این آموزه‌ها شامل اخلاق، وظایف انسان، نیکبختی و کار، رهایی معنوی، «*کارما*» و قصد و نیات و اعمال و عواقب آن است. البته این آیین به پدیده عقیدتی تناسخ و چگونگی آن نیز می‌پردازد. آیین هندو دستیابی به ارزش‌های فوق را از طریق آگاهی و کشف درون و طبیعت حقیقی انسان، می‌داند.

هندویسم علاوه بر ارزش‌های اخلاقی فوق به زندگی اقتصادی و معیشتی هم می‌پردازد و همچنین شامل رهایی معنوی یعنی «موکشا» و مسلک‌های چهارگانه یوگا یعنی یوگای جانا، یوگای باکتی، یوگای کارما و یوگای هاتا هم می‌شود.

کتاب‌های مهم تعلیمات آیین هندو شامل چهار نوشته می‌شوند که مهم‌ترین و معروف‌ترین آن‌ها آپانیشاد و باگاواد گیتا نام دارند. این متون راجع به خداشناسی، کیهان‌شناسی، فلسفه، مراقبه و دستورات خودشناسی با نام «یوگا» هستند. فلسفه‌ای که این کتاب‌ها بر مبنای آن هستند «ودانتا» نام دارد. خود کلمه «ودانتا» به معنی دانش و خِرَد است اما مانند تمام فلسفه‌های عرفانی، دانشی که از طریق شناخت بُعد درونی انسان کسب می‌شود و نه دانش علوم تجربی و طبیعی.

در فلسفه ودانتا، وجود خدا در بی‌نهایت تعریف می‌شود. این وجود بی‌نهایت و قادر مطلق را برهمن می‌نامند. همه موجودات و مخلوقات نیز دارای روحی ابدی و خالص‌اند و این بُعد درونی «اتمان» است. طبق فلسفه ودانتا برای پیوستن به این بی‌نهایت عالم هستی یعنی اتصال اتمان به برهمن، سالک می‌تواند بنا به روحیات شخصی خود از طریق یکی از یوگاهای چهارگانه به این درجه معنوی دست یابد.

تعاریف مختصر زیر از یوگاهای چهارگانه بر اساس محدوده درک نویسنده و دور از پیچیدگی تعاریف و شرح اصولی آن‌ها است. این چهار یوگا عبارت‌اند از:

یوگای جانا – این یوگا از طریق دانش، خِرَد، اندیشه و عبادت است. در این راه سالک با کسب دانش معنوی، پرده توهمات دنیوی را کنار می‌زند و به بعد درونی و الهی خود نزدیک‌تر می‌شود و به بیداری معنوی می‌رسد و پس از این بیداری، دسترسی به عالم هوشیاری محض برای او میسر می‌شود و با هوشیاری عالم هستی یکی می‌شود.

یوگای باکتی – این یوگا طریق عشق خدایی است که سالک در این طریق وجود خود را به خدا اختصاص می‌دهد و در این اختصاص پناه می‌گیرد. در این حالت ذهن به خدا مشغول شده و آرام می‌گیرد، نَفْس و ایگو کمرنگ شده و یا می‌میرد و سالک به رهایی و آرامش معنوی می‌رسد.

یوگای کارما– این راه ازخودگذشتگی است؛ یعنی انجام کار خیر بدون چشمداشت پاداش. در این نوع یوگا درحالی‌که سالک به کارهای روزمره خود می‌رسد، نباید در انتظار پاداش شود و یا حتی برای روزی و دستمزد خود در

خود هیجان ایجاد کند و زیاده از حد روی نتیجه کار حساب باز کند. در ضمن در این نوع یوگا، چون انسان جزئی جدایی‌ناپذیر از تاروپود عالم هستی است نسبت به عملکرد و حتی افکار خود پاداش و جزای خود را دریافت می‌کند. به‌عبارت‌دیگر آنچه کاشته درو می‌کند.

به نظر می‌رسد که دلیل رویکرد فوق در یوگای کارما مشابه رویکرد پی بردن به ماهیت موقتی مناسبات و تعلقات دنیوی در عرفان‌های دیگر است. این رویکرد به معنی «خود را به تقدیر سپردن و شناور شدن با جاری عالم هستی» است. همچنین در قسمت سوم کتاب بحث مربوط به «تئوری ابر نخی» در فیزیک کوانتوم اشاره به آن دارد که انسان حتی ازنظر فیزیکی به تاروپود عالم هستی متصل است.

یوگای راجا - این مسلک، طریق مراقبه و مهارت ساکت کردن ذهن و ورود به بعد درونی انسان است. در این راه سالک به شناخت معنوی خود و هوشیاری محض دست می‌یابد.

بهر جهت از طریق چهار مسلک فوق، فلسفه یوگا به سالکین می‌آموزد که انسان دارای وجودی خالص است و این وجود خالص نه‌تنها غیرقابل تغییر بلکه بسیار آرام و شاد نیز است. آنچه حالت خالص و شاد این وجود طبیعی را به هم می‌زند وابستگی به مناسبات دنیوی و اکتسابات اجتماعی در طول یک عمر زندگی است. این مناسبات چه مطلوب و چه نامطلوب همه موقتی‌اند و این «ماهیت موقتی» است که انسان باید آن را درک کند وگرنه همه این مناسبات به ابزارهای رنج انسان تبدیل می‌شوند. تجربه همه حواس فیزیکی و احساس خوشبختی، همه موقتی هستند و وابستگی به آن باعث می‌شود که انسان در نبود آن‌ها متحمل رنج شود. طبق فلسفه یوگا همه احساسات منفی، ازجمله استرس، نگرانی، افسردگی، عصبانیت، حسادت و حرص و طمع هیچ ارتباطی باوجود خالص انسان ندارد و اینکه همه این احساسات موهوم و عاری از حقیقت‌اند.

در یوگا همه مناسبات دنیای بیرون و وابستگی به آن‌ها نوعی رنج محسوب می‌شوند، این مناسبات دنیوی را «پراکریتی» می‌نامد. همچنین بُعد درونی و خالص انسان را «پروشا» می‌نامد. هنگامی‌که پراکریتی با پروشا مواجه می‌شود

و در آرامش آن دخالت کند این دخالت باعث مشکلات روحی انسان می‌شود. فلسفه یوگا بر این باور است که انفصال دائمی پراکریتی از پروشا به رهایی و بیداری معنوی انسان و پایان رنج او می‌انجامد.

فلسفه یوگا بعُد درونی انسان و طبیعت حقیقی آن را با یک بلور چند سطحی مقایسه می‌کند. این بلور بی‌رنگ است اما هنگامی‌که نور سفیدی از آن عبور می‌کند از خود رنگ‌های متعددی نشان می‌دهد. هیچ‌کدام از این رنگ‌ها نور حقیقی بلور نیستند. طبیعت حقیقی درون انسان نیز مانند این بلور است. هیچ‌کدام از خصوصیات شخصیتی انسان ارتباطی با وجود خالص او ندارند. همه این خصوصیات از طریق محیط، جامعه و سنت مانند لایه‌های متعدد یک‌به‌یک و رفته‌رفته روی وجود حقیقی او را می‌پوشانند و به احساسات منفی مانند خشم، کینه، انتقام، خودمحوری و به‌طور کل نحوه زندگی ناآگاهانه دامن می‌زنند.

هدف یوگا شناسایی این لایه‌ها و زدودن آن‌ها از وجود حقیقی انسان و بازگرداندن طبیعت حقیقی انسان به اوست؛ اما چنین بازگشتی به وجود حقیقی را می‌توان با بازگشت یک بازیگر تئاتر یا سینما پس از پایان یک پروژه هنری مقایسه نمود. هرقدر مدت‌زمان پروژه هنری بیشتر طول بکشد، نقشی که بازیگر آن را اجرا می‌کند بر شخصیت او عمیق‌تر تأثیر می‌گذارد. اما بهر صورت زمانی می‌رسد که بازیگر آن را از یاد می‌برد و به شخصیت اصلی خود بازمی‌گردد. به همین صورت می‌توان تصور نمود که این بازگشت به وجود حقیقی پس از یک‌عمر هویت گیری از محیط و سیستم‌های اجتماعی و ناخالصی‌های دیگر چه اندازه ممکن است دشوار باشد؛ به همین دلیل است پس‌ازآنکه سالک در راه بیداری و معنویت گام گذاشت باز هم ممکن است تحت شرایطی مناسبات دنیای بیرون بر او اثر بگذارد و به‌طور موقت او را از آرامش جاده معنویت خارج کند و تحت تأثیر احساساتی منفی مثلاً خشم قرار گیرد. اما بهر حال چنین بازگشتی از طریق خودشناسی امکان‌پذیر است. انسان قادر است همانند یک گل لوتوس (نیلوفر آبی) خود را از ناخالصی‌ها برهاند و وجود حقیقی خود را آن‌چنان‌که از اول خالص و زیبا بود، بازیابد. متعاقباً در مورد گل لوتوس کمی بیشتر توضیح خواهیم داد.

یوگای هاتا یا یوگای فیزیکی یا تمرینی

آنچه امروز به‌عنوان یوگا و یا ورزش یوگا در دنیا و مخصوصاً در غرب رواج دارد، بعُد فیزیکی یا تمرینی یوگای راجا است. ظاهراً، اساتید فلسفه یوگا به این نتیجه رسیدند که با بدنی سالم، ورزیده و شاداب بهتر می‌توان آموزه‌های خودشناسی یوگا را بکار برده و به نتیجه رسید. یوگای هاتا به همین منظور طراحی شد. «هاتا» در زبان سانسکریت به معنی «قدرت» است بنابراین، این یوگا را یوگای قدرتی نیز می‌نامند. یوگا مجموعه‌ای از ارتباط بین حالت‌های بدن، کشش ماهیچه (استرچ)، کنترل تنفسی و تحت نظر گرفتن ذهن یا همان مدیتیشن است. تمرین یوگا که می‌توان آن را نوعی ورزش هم دانست انعطاف فوق‌العاده‌ای به بدن داده و حالت رلاکس و آرامشی خاص به انسان می‌دهد. تمرین یوگا همچنین تحمل انسان را در مقابل ناملایمات زندگی افزایش می‌دهد.

یکی از تصورات غلط در مورد یوگا، ساده‌انگاری این ورزش است. بسیاری گمان می‌کنند که این ورزش نیازی به قدرت بدنی ندارد. این ورزش بی‌شک یکی از سخت‌ترین ورزش‌هاست. تمرین کنندگان یوگا که آن‌ها را یوگی هم می‌توان نامید، در سطوح عالی قادرند انعطاف جسمی خارق‌العاده‌ای را به نمایش بگذارند. این قابلیت انعطاف عموماً تا سال‌های پایانی یوگی‌ها با آن‌ها همراه است؛ بنابراین مشاهده افراد بسیار مسن در حالت تمرین و حرکات غیرقابل‌تصور در آن‌ها بسیار رایج است. در ضمن یوگی‌ها در هر سن و سالی که باشند با دردهای ماهیچه‌ای، استخوانی و یا اصولاً دردهای جسمی (نه بیماری) تقریباً ناآشنا هستند.

یکی از ساده‌ترین نوع یوگا حرکت پنج‌گانه تبتی است (Five Tibetan Rites). دستورالعمل این حرکات در شبکه یوتیوب به‌وفور موجود است. امروزه ورزش یوگا در کشورهای غربی و به‌خصوص در آمریکای شمالی بسیار پرطرفدار و دارای اهمیت است. در جوامع امروزی که انسان‌ها در مشغله‌های روزمره درگیرند و جوانان معتاد گونه به اینترنت و حتی انواع مواد روان‌گردان‌ها وابسته‌اند، ورزش یوگا می‌تواند در هماهنگ کردن جسم و روح آن‌ها تأثیرگذار باشد. آموزشگاه‌های یوگا که در کشورهای غربی فراوان‌اند،

فقط به بُعد ورزشی و آرامش ذهنی در یوگا می‌پردازند و در این کلاس‌ها از آموزش آموزه‌های عقیدتی فلسفه یوگا خودداری می‌کنند؛ بنابراین یوگا مانند بسیاری از ورزش‌های شرقی مانند کاراته و تکواندو فقط برای آمادگی جسمی و آرامش درونی است.

❖ ❖ ❖

فلسفه بودائیسم

آموزه‌های بودائیسم طریق معنوی زندگی را می‌آموزد و مبنای آن بیشتر فلسفه است تا دین؛ مانند سایر سیستم‌های عقیدتی، مکتب بودائی نیز پیروان خود را دارد که تعدادشان به پانصد میلیون نفر می‌رسد که اکثر آن‌ها در کشورهای خاور دور و بقیه در سایر کشورهای جهان پراکنده‌اند.

فلسفه بودائیسم بر مبنای آموزه‌های سیدارتا گوتاما است که بعدها به بودا معروف شد. خود کلمه بودا به معنی «بیدار شده» است. در فصل بعد تحت عنوان معلمان آگاهی، در کنار مردان و زنان خِرَد مانند منصور حلاج و رابعه عَدَوِیّه، به زندگی بودا هم اشاره خواهیم کرد؛ اما در این فصل که به فلسفه‌های عرفانی اختصاص دارد، به اصول فلسفه بودائیسم می‌پردازیم.

آموزه‌های فلسفه بودائیسم بر مواردی چون اخلاق، نیات و اعمال نیکو و همچنین تصفیه ذهن (Mindfulness) تأکید می‌کند. این تصفیه ذهن نوعی تمرکز ذهن و حواس پنج‌گانه است. بودائی‌ها هم مانند هندوها به اصل تناسخ جسم عقیده دارند و طبق این اعتقاد بر این باورند که کیفیت زندگی و قالب جسمی انسان در زندگی بعدی بستگی به عملکرد انسان در زندگی قبلی دارد. ظاهراً هندوها سالیان دراز قبل از ظهور بودا بنا به همین عقیده، دست به تزکیه جسم و روح می‌زدند و طی تمرینات بسیار سخت و کشنده به ریاضت می‌نشستند و به جسم خود آسیب می‌رساندند تا به‌نوعی، گناهان خود را بشویند.

به همین دلیل بودائیسم به‌عنوان فلسفه‌ای تکمیلی آیین هندو، در پی راهی بود که بتواند بدون مخالفت با اصول تناسخ جسم و پاداش و جزای «کارما» (Karma) ، نگرانی آن را بین پیروان خود تا حدودی کاهش دهد تا پیروان

هندو طی ریاضت‌های کشنده به جسم خود آسیب نرسانند؛ بنابراین بودا اعلام کرد که اگر پیروان این آیین در همین زندگی فعلی به بیداری معنوی دست پیدا کنند، از چرخه تناسخ خارج می‌شوند و دیگر به زندگی که خود نوعی رنج است، باز نخواهند گشت و بنابراین بیداری معنوی پایان رنج انسان است. ناگفته نماند که یکی از باورهای دیگر در مکتب بودائی این است که زندگی انسان به‌طور کل دورانی از رنج‌های دنیوی است. طبق این باور حتی تجارب مطلوب زندگی و لذت‌ها هم به دلیل ناپایدار بودن آن‌ها نمونه‌ای از رنج‌اند که در تاروپود زندگی انسان تنیده شده‌اند.

بنابراین بودا با هوشمندی خود و بدون درگیر شدن با آیین هندو توانست مشکل رنج‌آور کارما و تناسخ را برای همیشه حل کند؛ و از این طریق بار سنگین «کارما» که بر روی ذهن و شانه‌های پیروان هندو سنگینی می‌کرد، بردارد. پس‌ازآن فلسفه بودائیسم اصولی را معرفی کرد که آن را «راه میانه» نام گذاشت. در این راه که بسیار معتدل‌تر از تمرینات مرتاض گونه هندویان بود، سالک می‌توانست بدون آسیب رساندن به جسم خود به بیداری معنوی برسد. بعداً خواهیم دید که خود بودا از همین روش به بیداری معنوی رسید.

راه میانه بودائیسم که از طریق آن پیروان آن به بیداری می‌رسند و به چرخه رنج تناسخ پایان می‌دهند دارای چهار فرمان اصلی است که «اصول چهارگانه» نام دارد:

۱- زندگی رنج است (نگرانی‌ها، آرزو و آمال، حرص و طمع، خوشی‌های موقتی، بیماری، پیری و مرگ)

۲- رنج زندگی بی‌دلیل نیست و دلیل آن را باید شناخت

۳- پس از شناخت دلایل رنج می‌توان راه‌حل آن را یافت

۴- بیداری معنوی پایان رنج انسان است. بیداری معنوی از طریق هشت دستور زیر تحقق می‌یابد.

هشت دستور زیر که راه میانه رسیدن به بیداری معنوی است، شامل دستورات اخلاقی و رفتاری‌اند:

۱- دیدگاه نیکو – که واقعیت‌های زندگی الزاماً حقیقی نیستند و حقیقت نیاز به ژرف‌نگری دارد.

۲- اندیشه و نیات نیکو – اندیشه و قصد انسان نباید درصدد ضایع کردن حقوق همنوع باشد و چون این نوع اندیشه‌ها از حرص و طمع انسان به تعلقات دنیوی سرچشمه می‌گیرد، انسان باید آماده باشد تا در راه بیداری معنوی از تعلقات دنیوی خود را جدا کند.

۳- سخن نیکو – خودداری از دروغ و ریا، سخنان غیراخلاقی، افترا و شایعه‌پراکنی و پشت سر گویی و حتی سخنان بی‌ربط، بی‌مورد و اضافی.

۴- عمل نیکو – عدم خشونت، خودداری از دزدی به هرگونه و بدون هرگونه توجیه و همچنین اعمال غیراخلاقی.

۵- کسب رزق و روزی نیکو – کسب درآمد برای زندگی به‌نحوی‌که راه کسب‌وکار، حقوق همنوع و حتی حیوانات را ضایع نکند.

۶- سعی نیکو – هر انسانی باید سعی کند که از خلافکاری و بی‌اخلاقی‌های اجتماعی بپرهیزد.

۷- مراقبه – زیستن در لحظه و زمان حال، اشراف داشتن بر عملکرد ذهن و استفاده بهینه و آگاهانه از ذهن

۸- تمرکز حواس – مراقبه و خودآگاهی برای رسیدن به بیداری معنوی

همان‌طور که ملاحظه می‌شود همه این دستورات، مترقی و مشابه دستورالعمل‌های ادیان و سیستم‌های عقیدتی رایج‌اند. بیشتر اصول فوق به راهکارهایی در ادیان اصلی و ابعاد عرفانی آن‌ها مانند عرفان مسیحیت و حتی تصوف در اسلام شبیه‌اند. هدف اکثر ادیان و سیستم‌های عقیدتی یکی است و آن گذاشتن انسان بر روی جاده ادب، آگاهی، نیکوکاری و حق و حقیقت. اینکه چرا انسان به این حد ناآرام است و نمی‌تواند در مسیر حقیقت، آرام و قرار داشته باشد و همواره از این جاده منحرف می‌شود به همان ایگو و نَفْس ارتباط دارد. این ایگو و نَفْس همان ماسک شخصیت است که طی یک‌عمر ارتباط با محیط و سیستم‌های اجتماعی در او شکل می‌گیرد و حقیقت وجود او را می‌پوشاند؛ و مجموعه‌ای از این ایگوها و ماسک‌های شخصیت‌اند که همواره به سیستم‌های اجتماعی بازخورد می‌شوند و چرخه‌های رنج فردی و جمعی زمین را تداوم می‌دهد.

❖ ❖ ❖

فلسفه ذن و مراقبه ذاذن

ذن یک سیستم بسیار قدیمی مراقبه و یا مدیتیشن و تمرین آن است. می‌گویند خود گوتاما بودا از طریق همین نوع مراقبه به بیداری معنوی دست‌یافت. اگرچه نوشته‌هایی در رابطه با فلسفه ذن وجود دارند، اما اهمیت ذن بیشتر به همان تمرینات مدیتیشن است.

تمرین مدیتیشن که اکنون با نام ذن شناخته‌شده است در فرهنگ‌ها و زبان‌های دیگر ممکن است با نام و یا تلفظی متفاوت عنوان شود. در زبان هندی ذایا و در چین باستان به آن چن و در ژاپن به آن ذن یا ذاذن می‌گویند. اصولاً مراقبه ذن یعنی ذاذن اهمیت دادن به لحظه و یا زمان حال و همچنین توجه به هر رخدادی است که در لحظه جاری می‌شود مانند تنفس، شنیدن، دیدن و یا حتی کار کردن و خوردن. خود مراقبه، نشستن در حالت مدیتیشن است. نوع نشستن را که معمولاً نشستن تمام لوتوس و نیم لوتوس می‌گویند می‌توان در عکس‌های تمرین این نوع مدیتیشن در کتاب‌ها و یا اینترنت مشاهده نمود. نحوه نشستن در حالت ذاذن آسان نیست اما آن‌ها که به این مراقبه می‌پردازند ظاهراً پس از مدتی به آن حالت‌ها خو می‌گیرند.

طبق آموزه‌های فلسفه ذن، در لحظه بودن فقط نباید در حالت مراقبه تحقق یابد، بلکه پس از مدتی سالکان ذن قادرند در طی انجام هر کاری حضور ذهن داشته باشند. یکی دیگر از آموزه‌های ذن این است که تمرینات ذن می‌بایست بدون چشم‌داشت برای نتایج مطلوب آن و حتی بدون انتظار برای تغییرات معنوی در خود باشد. این تغییرات پس از مدتی به‌خودی‌خود و یک‌به‌یک، خود را به سالک نشان می‌دهند. تمرین ذن مانند یوگا جنبه عقیدتی و یا دینی ندارد و هدف آن مانند ورزش‌های رزمی خاور دور تقویت جسمی و آرامش درونی شاگرد است.

اگرچه در همه سیستم‌های مدیتیشن هدف ظاهراً جلوگیری از فکر کردن است، اما ذاذن این هدف را واضح‌تر توضیح می‌دهد. در هنگام مراقبه نیاز نیست که انسان سعی کند که جلو افکار خود را بگیرد و یا در مقابل آن‌ها مقاومت کند. هدف این است که او فقط شاهد افکار خود باشد، نه اینکه این

افکار او را به این‌سو و آن‌سو ببرد. این درست مثل آن است که ناظری در کنار رودخانه‌ای نشسته و خود شاهد جریان آب رودخانه است نه اینکه خود را به رودخانه بیندازد و بگذارد که جریان آب او را با خود ببرد.

معمولاً در رابطه با مدیتیشن ذن، تأکید بر آن است که بهتر است شاگرد زیر نظر یک استاد ذاذن فنون آن را فراگیرد اما از طرف دیگر کتاب‌ها و منابع اینترنتی که تعدادشان کم نیستند، نشان می‌دهند که این نوع مدیتیشن بسیار ساده است؛ بنابراین پیشنهاد می‌شود که علاقه‌مندان به این رشته که دسترسی به استاد و یا مراکز آموزشی آن ندارند از طریق منابع موثق به جزئیات آن آشنا شوند. به‌هرحال این ورزش هم مانند ورزش‌های دیگر با جسم سروکار دارد و تمرین غیراصولی آن ممکن است مشکلات جسمی برای تمرین کننده ایجاد کند.

❖ ❖ ❖

تصوف در اسلام

تصوف بعًد عرفانی اسلام است. سالک در مسلک تصوف را صوفی می‌نامند. تصوف بر عبادت عاشقانه به‌سوی آفریننده و بر مبنای صلح و آرامش درونی و عشق به همه جلوه‌های آفرینش و فرم‌های حیات استوار است. واژه صوفی در متون مربوطه به دو صورت تعبیر می‌شود. در تعبیر اول و بسیار رایج آن صوف کلمه عربی برای پارچه، روپوش و یا لباس پشمی است که ظاهراً سالکان صوفی آن را می‌پوشیدند و از این طریق با مردم عادی در کوچه و گذر متمایز می‌شدند. در روایت دوم اینکه کلمه صوفی ممکن است از واژه یونانی سوفیا (*Sophia*) به معنی دانش و خِرَد مشتق شده باشد؛ زیرا در آن زمان مترجمانی بودند که کارهای ادبی یونانی را برای محققان اسلامی ترجمه می‌کردند. کلمه سوفیا خود قسمتی از واژه فلسفه است و فلسفه (*Philosophy*) به معنی «عشق به دانش» است. به‌هرحال ازلحاظی، تعبیر اخیر ممکن است قابل‌قبول‌تر باشد زیرا به نظر نمی‌رسد که لباس پشمی در آب‌وهوای گرم خاورمیانه پوششی راحت باشد؛ و آن‌طور که تصاویر و

نقاشی‌ها نشان می‌دهد ظاهراً لباس نخی در آن دوره مخصوصاً در بین مردان بی‌خویش رایج‌تر بوده است.

در تصوف سه تمرین عرفانی اصلی وجود دارد. اول «ذکرگویی» است که یادآوری مداوم خدا و نام اوست. دوم سماع و حرکت چرخشی با موسیقی عرفانی و سوم مراقبه و آرام کردن ذهن. از طریق این سه تمرین، صوفی به حالت هوشیاری و آگاهی محض وارد می‌شود و از طریق آن ناخالصی‌ها را از قلب و وجود خود پاک و منزل درون را برای آفریدگار مهیا، و حضور او را حس می‌کند. این پدیده عجیبی نیست زیرا خداوند در قلب همه حاضر است این انسان‌ها هستند که از او بی‌خبر می‌شوند.

«خداوند در منزل درون است این ما هستیم که از منزل خارج شده‌ایم»

مایستر اکهارت – عارف و فیلسوف مسیحی قرن چهاردهم میلادی

علاوه بر تصفیه منزل درون از ناخالصی‌ها، صوفی نَفْس و ایگوی خود را شناسایی می‌کند و کاملاً بر آن مسلط می‌شود. این نوعی مرگ ایگو یا «فنا» است که در بخش قبل به آن اشاره کردیم. همچنین در طی این تغییرات درونی صوفی خود را با عالم هستی یکی می‌بینید و خود را در همه، و همه را در خود می‌بیند. او خود را مانند قطره‌ای جداناپذیر از اقیانوس عالم هستی می‌پندارد.

قطره دریاست، اگر با دریاست

ورنه او قطره و دریا، دریاست.

انسان مانند قطره‌ای که جزئی از اقیانوس است به اقیانوس عالم هستی تعلق دارد. اگر به درجه‌ای از هوشیاری معنوی برسد که خود را جدایی‌ناپذیر از این اقیانوس احساس کند، در آن صورت با جاری عالم هستی هماهنگ شده و مشکلات و اوضاع ناخوشایند زندگی برای او ناچیز جلوه خواهد نمود. هنگامی‌که ایگو و نَفْس با ایجاد توهم، وجود حقیقی انسان را از چنین هوشیاری معنوی محروم می‌کند، انسان خود را جدا از عالم هستی احساس کرده و می‌پندارد که ناملایمات زندگی فقط برای او اتفاق می‌افتد. این جدا پنداری آستانه تحمل او را کم می‌کند و به روح و روان او آسیب می‌رساند. یگانگی و وحدت عالم هستی تنها در تصوف، عرفان شرق و یا عرفان ادیان

ابراهیمی اشاره نشده است. جمله زیر متعلق به مارکوس آئورلیوس امپراتور روم باستان قرن دوم میلادی است

«دائماً عالم هستی را به‌عنوان یک ارگانیزم زنده بپندارید که

دارای یک ماده و یک روح واحد است»

در بخش سوم کتاب تحت عنوان تئوری ابر نخی خواهیم دید که علم فیزیک پس از پی بردن به ذراتی بنیادی در هسته مرکزی اتم، بر این باور است که ذراتی حتی بنیادی‌تر به نام نخ یا رشته در بنیادی‌ترین ذرات اتم یعنی کوارک‌ها وجود دارند که ممکن است همه تاروپود عالم هستی را به هم متصل کرده باشد.

گفتیم که جدا پنداری از عالم هستی توهمی است که فقط انسان به آن دچار است و هیچ موجود طبیعی گرفتار چنین توهمی نیست. یک درخت خود را جزئی از تاروپود زمین و عالم هستی می‌داند و همچنین یک ماهی خود را از اقیانوس و عالم هستی جدا نمی‌پندارد. توهم جدا پنداری خود از عالم هستی، در انسان مصداق داستان فیل در تاریکی است که مولوی به آن پرداخته است.

پیل اندر خانهٔ تاریک بود
عرضه را آورده بودندش هنود
از برای دیدنش مردم بسی
اندر آن ظلمت همی‌شد هر کسی
دیدنش با چشم چون ممکن نبود
اندر آن تاریکیش کف می‌بسود
آن یکی را کف به خرطوم اوفتاد
گفت همچون ناودانست این نهاد
آن یکی را دست بر گوشش رسید
آن بر او چون بادبیزن شد پدید
آن یکی را کف چو بر پایش بسود
گفت شکل پیل دیدم چون عمود
آن یکی بر پشت او بنهاد دست
گفت خود این پیل چون تختی بدست

> همچنین هر یک به جزوی که رسید
> فهم آن می‌کرد هر جا می‌شنید
> در کف هر کس اگر شمعی بدی
> اختلاف از گفتشان بیرون شدی

در بخش اول کتاب به توهّماتی که انسان از طریق خطاهای حواس پنج‌گانه و افکار ناخودآگاه کسب می‌کند، اشاره شد. خطوط اولیه شعر فوق همان توهمات ما انسان‌هاست که باعث می‌شود تا نتوانیم تصویر حقیقت را به‌طور کامل ببینیم و در بیت آخر «شمع در کف دست انسان»، آگاهی و کنار زدن توهمات است که به بیداری معنوی می‌انجامد و از طریق این بیداری می‌توان تصویر حقیقت را کامل‌تر مشاهده نمود.

بهر جهت صوفی از طریق ذکرگویی رفته‌رفته خود را از تعلقات دنیوی و هویت‌های اجتماعی جدا می‌کند و خود را از عشق الهی پرکرده و دیگر «خودی» در خود نمی‌بیند و هر چه می‌بیند، وجود «او» ست.

> از لطف تو چو جان شدم وز خویشتن پنهان شدم
> ای هست تو پنهان شده در هستی پنهان من

مولوی

این «بی‌خود» شدن در طول مراقبه‌ها و طی عبادات خالص، صوفی را به حالت متفاوتی از هوشیاری وارد می‌کند. این حالت عرفانی را «تجلی» می‌گویند نوعی «کشف». صوفی در این حالت شاهد نشانه‌های حضور الهی می‌شود و به‌عبارت‌دیگر به «شهود» می‌رسد. همچنین در این حالت صوفی از عشق الهی پر می‌شود، این عشق از او لبریز شده و به‌صورت شعر، بیانات و یا هنرهای زیبا مانند آبشاری از او جاری می‌شود که این جاری به شطحیات موسوم است.

بیان عشق الهی و ارتباط نزدیک با آفریدگار در عرفان مسیحیت نیز به‌وفور به چشم می‌خورد، اما در ادبیات و اشعار فارسی بسیار پررنگ‌تر است. عارف چنان محو آفرینش و جلوه‌های زندگی و طبیعت می‌شود که وجود آفریننده را در هر نقطه آن حس می‌کند. در این هنگام است حالت درونی او به‌صورت شعر، نثر یا هنرهای زیبا به دنیای بیرون می‌تراود؛ اما برای بیان این حالات

ناچار است از واژه‌های دنیوی استفاده کند و زبان بیان این حالات به زبان‌های طبیعی محدود می‌شود. در اینجاست که واژه‌های دنیوی نقش استعاره‌ها و اشاره‌ها را به عهده می‌گیرند. به همین دلیل است که در اشعار عرفانی واژه‌های «دوست»، «یار»، «معشوق»، «نور»، «ماه»، «خورشید» برای بیان آفریدگار محفوظ می‌ماند؛ و یا واژه‌هایی مانند می و شراب به‌جای آگاهی و بیداری معنوی می‌نشینند.

ای دوست قبولم کن و جانم بستان
مستم کن و از هر دو جهانم بستان
با هرچه دلم قرار گیرد بی تو
آتش به من اندر زن و آنم بستان

مولوی

گاه در شبکه‌های اجتماعی می‌خوانیم که بیان عشق به معشوق در اشعار ایرانی الزاماً زبان اشاره و استعاره نیست و همان عشق و معشوق زمینی و شخصی است. ممکن است این نظر در بعضی موارد صدق کند. ولی مشکل بتوان قبول کرد که عارفان و شاعران بزرگ برای تعلقات دنیوی و زمینی که در بیشتر موارد برای رضایت نَفْس و ایگو کاربرد دارند، به این حد قدر بنهند. چنین برداشتی که این اشعار به عشق زمینی اشاره دارد، تقلیل دادن جایگاه شاعران بزرگی چون حافظ است. کما اینکه مقصود از چنین اشاراتی در بعضی از اشعار به‌روشنی بیان‌شده است.

مدامم مست می‌دارد نسیم جعد گیسویت
خرابم می‌کند هر دم فریب چشم جادویت
پس از چندین شکیبایی شبی یا رب توان دیدن
که شمع دیده افروزیم در محراب ابرویت
تو گر خواهی که جاویدان جهان یک سر بیارایی
صبا را گو که بردارد زمانی برقع از رویت
و گر رسم فنا خواهی که از عالم براندازی
برافشان تا فروریزد هزاران جان ز هر مویت

حافظ

حالت هوشیاری محض و شهود و احساس حضور الهی فقط مخصوص عارفان و مردان خدا و حق و حقیقت مانند مولوی‌ها، حافظ‌ها و حلاج‌ها و ابن عربی‌ها نیست. این حالات ممکن است از طرق مختلف بر شاهد تجلی کند. ممکن است یک فیزیکدان یا ریاضیدان در حین کشفی به گوشه‌ای از راز عالم هستی و طبیعت دست پیدا کند و وجود خدا را از طریق «مشاهده آن کشف» احساس کند. ممکن است یک ریاضیدان رد پای قسمتی از رمز و راز عالم هستی را در میان معادلات ریاضی و یا هندسی کشف کند. امکان دارد انسانی کاملاً معمولی با صدها نقطه‌ضعف و نقص انسانی پا در جاده خودآگاهی بگذارد و از طریق مراقبه و سکوت ذهن پدیده‌ای را در طبیعت مشاهده کند که در حالت‌های معمولی غیرقابل‌دسترس است. ممکن است او در یک پارک، دشت، کوهستان و یا جنگلی احساس کند که هیچ کم و کسری در زندگی او وجود ندارد، خود را با طبیعت و جلوه‌های آن و حتی با تمامیت عالم هستی یکی ببیند و حضور و اثر الهی را در آن زیبایی‌ها احساس کند.

مشکل اینجاست که انسان «نُرمال» در مشغله‌های روزمره، ساختارهای محیط و جامعه و بایدونبایدهای سیستم‌های مدنی آن‌قدر غوطه‌ور شده است که شهود پدیده‌های عالم هستی که جزئی از توانایی طبیعت حقیقی او است از دیده او پنهان است. به همین دلیل این پدیده‌ها برای او غیرعادی و یا غیرقابل‌قبول جلوه می‌دهند.

❖ ❖ ❖

عرفان مسیحیت

در عرفان مسیحیت هم مانند سایر مکاتب عرفانی، سالک از طریق مراقبه، پالایش بعُد درونی به حالت هوشیاری محض دست می‌یابد و در آن حالت وجود الهی را تجربه می‌کند. در دید بسیاری از محققان عرفان و عرفا، خود مسیح عارفی به تمام معنی است. بیانات و اشعاری که به مسیح نسبت داده‌شده ازنظر عرفانی بسیار غنی بوده و حتی می‌توان در آن‌ها مهارت‌های هنر چگونه زیستن را نیز به‌خوبی مشاهده کرد. بی‌دلیل نیست که مسیح در اسلام جایگاهی ویژه دارد و در نزد عرفای اسلامی مانند صوفیان، عارفی کامل

است. اگرچه در عرفان مسیحیت، جایگاه عرفانی مسیح محفوظ است و سخنان و گفته‌های او تعبیری عرفانی دارند، اما بعُد عرفانی این سخنان در نزد اصولگرایان مسیحی تحت‌اللفظی تعبیر می‌شود.

قبلاً اشاره شد که مسیح خود مانند یک بیدار معنوی، یک معلم عرفان و همچنین نماد بردباری و تواضع است. خود صلیب نماد تسلیم به تقدیر، خواست خدا و تحمل رنج و عدم مقاومت در مقابل اوضاع ناخوشایند زندگی است. صلیب و مصلوب شدن شدیدترین نوع محدودیتی است که ممکن است، در زندگی یک انسان به وقوع بپیوندد. اگر بود انسانی چون مسیح که توانست خود را به این محدودیت تسلیم کند و آن را تحمل کند، انسان‌های دیگر می‌بایست از آن درس بگیرند و در مقابل محدودیت‌های زندگی و اوضاع نامطلوب آن که به‌پای محدودیت صلیب نمی‌رسند، از خود تحمل و بردباری نشان بدهند که حاصل این تسلیم به آرامش انسان می‌انجامد.

حمل صلیب به‌وسیله خود او در روز مصلوب شدن نهایت مستأصل شدن ظالمان شد. این نوعی توپ را به زمین حریف انداختن است. این رویکرد در حوادث عرفانی و حماسی دیگر هم بچشم می‌خورد. خرامان رفتن حلاج به‌سوی چوبه دار و حمل «سیزده زنجیر گران» نوعی از همین حمل داوطلبانه صلیب است. از طریق این رویکرد اگر هم قصد این بیداران نباشد، احساس غرور و پیروزی دشمنان، ظالمان و ناآگاهان و خفتگان نیز از آن‌ها گرفته می‌شود. هنگامی‌که کاری از دست انسان ساخته نیست، چنین رویکردی همواره ماندگارتر و مؤثرتر از رویکرد مقابله و مقاومت و یا ترس و بیم و نشان دادن ضعف است.

از طرف دیگر سخنانی که به مسیح نسبت داده‌شده، سرشار از آگاهی است. مثلاً در روز حادثه به صلیب کشیدن او، این پیامبر از خدا می‌خواهد که عاملین چنین کاری را ببخشد. «آن‌ها را ببخش، آن‌ها به آنچه می‌کنند، آگاه نیستند».

در جمله فوق معنای فراوانی می‌توان یافت. اول، «آن‌ها را ببخش»، بخشش به‌عنوان، اخلاقی الهی- انسانی که انسان امروزی در بسیاری از موارد آن را در میان لایه‌های ماسک شخصیت و در مناسبات اجتماعی مدرن گم‌کرده است.

اما قسمت دوم جمله ازنظر فلسفی و معرفتی، معنی بسیار عمیقی در خود دارد. «آن‌ها به آنچه می‌کنند، آگاه نیستند». گویی که در آن روز، مسیح از بلندای هوشیاری محض، از میدان هوشیاری کیهانی، به زیر می‌نگرد و ظالمان را می‌بیند. آنچه او می‌بیند، مشتی خفتگان‌اند که در خواب غفلت راه می‌روند حرف می‌زنند و عصبانی‌اند و یا از تماشای رنج انسان لذت می برند. مسیح شاهد است، شاهد ناآگاهی انسان.

اما مسئله این است که پس از دو هزار سال، «آن‌ها» یعنی «انسان» هنوز «به آنچه می‌کند، آگاه نیست». اگر آگاه بود، باعث نابودی و رنج بیش از صد میلیون انسان در جنگ‌ها و پاک‌سازی‌های قومی و ایدئولوژیکی قرن بیستم و تحمیل سایر رنج‌ها به همنوع خود نمی‌شد. اگر انسان آگاه بود، دیکتاتوری‌ها، سیاست‌های غلط، قدرت‌طلبی‌ها و خودمحوری‌های او باعث ویرانی شهرها و خانه‌های هم نوعان او نمی‌شد. اگر آگاه بود، مخالف و منتقد خود را تحمل می‌کرد و بر او رنج تحمیل نمی‌کرد؛ و خلاصه اگر آگاه بود، حرص و طمع و خواستن‌های بی‌پایان او باعث آلودگی زمین و بر هم زدن آب‌وهوای تنها سیاره‌ای که به آن دسترسی دارد، نمی‌شد؛ مانند جاهلی که روی شاخه درختی نشسته و تیشه او طرف اشتباه شاخه را قطع می‌کند، «انسان هنوز به آنچه می‌کند، آگاه نیست».

❖ ❖ ❖

فلسفه اسپینوزا

فلسفه اسپینوزا فلسفه‌ای عقلانی است و در زمره مکاتب عرفانی به‌حساب نمی‌آید؛ اما این الزاماً به معنی آن نیست که یک فیلسوف عقلانی، مانند اسپینوزا الزاماً از تجربیات عرفانی به دور بوده است. دیدگاه متافیزیکی او در خداشناسی نمی‌توانسته فقط بر مبنای شواهد دنیای بیرون او سرچشمه گرفته باشد. احتمالاً چنین مشاهداتی از درون او نیز سرچشمه گرفته است، مخصوصاً که در فلسفه او از دو نوع دانش نام برده شده است. یکی مربوط به «بینش» که ممکن است اشاره به‌نوعی هوشیاری معنوی کند که عمیق‌تر از نوعی دیگر است که او آن را اینتلکت [۲۵] می‌نامد که همان قدرت ادراک و

ذهن است. فلسفه اسپینوزا چه تحلیلی و چه عرفانی، معرف دانشی است که اسرار عالم هستی را به گونه و با مفهومی متفاوت مطرح می‌کند. اسرار عالم هستی خمیرمایه اندیشه‌های عرفانی را شکل می‌دهد. همین نوع مشاهدات اسرار عالم هستی در عرفان تصوف به شهود معروف است.

مانند بسیاری از عرفا که اندیشه‌های آن‌ها در سیستم‌های مستقر تحمل نمی‌شود، دیدگاه‌های اسپینوزا نیز ازنظر کلیسای وقت، انحرافی تعبیر شده و مشکلاتی را در پیش روی این فیلسوف گذاشته بود.

باروخ اسپینوزا در سال ۱۶۳۲ میلادی در خانواده‌ای پرتغالی به دنیا آمد. هنگامی‌که شش سال بیشتر نداشت مادر او چشم از جهان بست و پدر او نیز در سیزده‌سالگی او درگذشت. قسمتی از زندگی اسپینوزا در این دوران در فقر سپری شد. در سال ۱۶۶۳ وی در شهر هاگ در هلند مستقر شد و به شغل عینک‌سازی مشغول شد.

کارهای فلسفی مهم او عبارت‌اند از:

- «اصول فلسفه دکارت» نقدی بر کارهای فلسفی دکارت در رابطه با مبحث دوگانگی و مبحث جبر و اختیار.

- «رساله‌ای در فلسفه دینی و سیاسی»، در این رساله اسپینوزا به نکات تمایز خداشناسی و فلسفه اشاره کرد و به انتقاد از ادیان مستقر در آن زمان در اروپا پرداخت.

و بالاخره کتاب معروف او با عنوان «اخلاق» (۲۶) در سال ۱۶۵۵ به اتمام رسید و در سال ۱۶۷۷ یعنی همان سالِ درگذشتِ او، منتشر شد.

کتاب اصول اخلاق اسپینوزا مواردی مانند خداشناسی، هستی‌شناسی، متافیزیک و طبیعت هستی را شامل می‌شود. همچنین در این کتاب او به مباحثی چون علم به خدا، طبیعت، هستی، جسم و ذهن، بروز احساسات عاطفی، تعلقات دنیوی و رهایی انسان از قیدوبندهای دنیای بیرون و خلاصه به مهارت‌های یک زندگی هشیارانه و کامل می‌پردازد.

تفسیرهای محققین مختلف در رابطه با اندیشه‌های اسپینوزا متفاوت است. برخی از محققین او را خداناباور می‌دانند، درصورتی‌که دیدگاه محققین دیگر این است که او «مست خدا» بوده است. درهرصورت هر دو گروه اهمیت و

تأثیر اسپینوزا را در علم فلسفه تصدیق می‌کنند و او را می‌ستایند. به نظر می‌رسد آن دسته از محققین که مایل‌اند اسپینوزا خداناباور باشد به دلیل آن است که خود خداناباور اند و می‌خواهند که او را به خود نزدیک‌تر بدانند. در نوشته‌های اسپینوزا موردی خدا ناباورانه مشاهده نمی‌شود و برعکس در فلسفه او، همه هستی جزئی از وجود خداست و وجود خدا وجودی بی‌نهایت است. طبق فلسفه اسپینوزا، از چنین وجود بی‌نهایتی فقط دو عنصر است که در فهم انسان می‌گنجد یکی عنصر «افکار» (شعور) Thought و دیگری عنصر «وسعت» (ابعاد مکان) Extenstion است و ماهیت‌های دیگر از وجود بی‌انتهای خداوند برای انسان ناشناخته است. آنچه در شناخت انسان می‌گنجد همین دو عنصر است: بُعد اندیشه و بُعد مکان.

خدای اسپینوزا البته خدایی نیست که در آسمان ها به نظاره انسان ها نشسته و آنها طبق اعمال شان پاداش می دهد، یا مجازات می کند. خدای اسپینوزا به انسان می گوید که هیچ ترسی از او نداشته باشد و هیچ بیمی از عواقب شادی ها و لذت های زمینی به خود راه ندهد.

در ضمن در فلسفه اسپینوزا نوعی جبر مطلق وجود دارد. طبق اندیشه‌های او اگرچه انسان دارای اختیار است اما چنین اختیاری در محدوده این جبر مطلق بوده و خارج از آن نیست. این نوع جبر مطلق در اندیشه‌های عرفانی دیگر هم به چشم می‌خورد. مثلاً در نقل‌قول‌هایی از منصور حلاج که می‌گوید.

«هنگام عبادت به او می‌گویم، خدایا، اگرچه به من اختیار عمل داده‌ای که بد را از خوب تشخیص دهم، اما همه اعمال من در اختیار توست»

سری نیسارگاداتا ماهاراج در کتاب «خود را می‌شناسم» (I am that) به همین نوع جبر مطلق اشاره می‌کند او در جواب سؤالی به شاگرد خود می‌گوید:

«تو می‌پنداری که این تو هستی که کارها به دست تو انجام می‌شود، چرا این‌طور فکر می‌کنی؟ قدرتی است که اعمال تو را تعیین می‌کند. تو فقط شاهد آن اعمال هستی، بدون آنکه بتوانی تأثیری متفاوت بر روی آن اعمال بگذاری»

ذکر اندیشه‌های فلسفی و عرفانی فوق، الزاماً به معنی صحت و یا قبول آن‌ها نیست. جدا از این اندیشه‌ها به نظر می‌رسد که در محدوده یک سیستم جبری، اختیار انسان به‌اندازه‌ای باشد که بتواند بر نحوه زندگی و کیفیت آن تأثیرگذار باشد. آنچه مسلم است سپردن همه‌چیز به دست سرنوشت منطقی نیست، اما مقاومت بیهوده در مقابل بخش جبری عالم هستی به روح و روان انسان آسیب می‌رساند و نتیجه آن به‌جز بی‌قراری و رنج نیست.

در اینجا با سخنانی از اسپینوزا، بحث مربوط به زندگی و فلسفه این فیلسوف را پایان می‌دهیم:

«عالی‌ترین مرتبه انسانیت کسب دانش و درک آن است، زیرا این درک دانش است که به رهایی انسان می‌انجامد»

«اگر ظرفیت سکوت انسان از ظرفیت سخن گفتن او بیشتر بود، جهان جای بهتر و شادتری می‌شد.»

«در مقابل اندیشه‌های غیرمعمول متحیر نشوید، رایج نبودن یک اندیشه دلیل بر عدم صحت آن نیست»

❖ ❖ ❖

فصل ۱۰ - معلمان خودآگاهی

آگاهی معنوی و بازگشت به عالم درون، اصلی‌ترین راه برای کنار زدن لایه‌های ذهنی توهم و کشف طبیعت حقیقی انسانیت است و شاید هم بتوان آن را مسیری اجتناب‌ناپذیر دانست. اجتناب‌ناپذیر از این نظر که شاید انسانیت برای نجات تمدن خود و نجات سیاره یا چاره‌ای ندارد که به بیداری معنوی برسد و یا اینکه هوشمندی سیاره او را در مسیر بیداری خواهد گذاشت و او را به این کار وادار خواهد کرد. ما در بخش اول به هوشمندی زمین به‌عنوان جزئی از عالم هستی اشاره‌ای کرده‌ایم؛ اما در «قسمت سوم - علم و هوشیاری عالم هستی»، بیشتر به آن خواهیم پرداخت.

تعلیمات خودشناسی و عرفان دانش‌های نوظهوری نیستند. قدمت عرفان به هزاران سال می‌رسد، اما آن‌طور که پیداست انسان‌هایی که به‌طور کامل به بیداری معنوی دست پیداکرده‌اند در مقایسه با جمعیت زمین تعدادشان بسیار کم است و درعین‌حال معلمان و مردان و زنان آگاه موردبحث، انسان‌های عادی‌اند. به‌هرحال انسان‌هایی که به بیداری معنوی دست‌یافته‌اند نیز تعدادشان کم نیست و نمی‌توان همه آن‌ها را در اینجا نام برد. به همین دلیل بناست که در این فصل شرح‌حال گزیده‌ای از چند انسان بیدار، نسبت به اهمیت، جذابیت آثار و تأثیر آن‌ها بر جوامع خود آورده شود. این بیداران عبارت‌اند از: لائوتسه شاعر، فیلسوف و بنیان‌گذار مکتب فلسفی و عرفانی تائو، گوتاما بودا بنیان‌گذار مکتب فلسفی و عرفان بودائیسم، منصور حلاج عارف از عرفان تصوف، محی‌الدین ابن عربی فیلسوف و عارف عرب تبار اندلس اسپانیا، مولوی شاعر و فیلسوف مسلمان و مایستر اکهارت فیلسوف و عارف مسیحی و در انتها چند عارف زن از مکاتب بودائی، مسیحی و ازجمله عارف مسلمان زن

رابعه عَدَوِیَّه و چند از عارفان زن دیگر. همان‌طور که قبلا اشاره شد مبحث عرفان و شرح و حال و معرفی مردان و زنان آگاه و آثار آن‌ها در این فصل، در فقط در حدود کتابی این‌چنین درزمینهٔ خودشناسی و علم و عالم هستی است. فصلی که در پیش رو است مبحثی تخصصی نیست بلکه برای قشر تحصیل‌کرده‌ای است که رشته تحصیلی آن‌ها جدا از علوم انسانی، ادبیات و عرفان است. بهر حال دلیل گنجاندن این دو فصل در این قسمت از کتاب ارتباط نزدیک برخی از نکات آن‌ها با نکاتی چند از مباحث بخش اول و سوم کتاب است بدین معنی که این قسمت از کتاب مانند پلی قسمت اول و سوم کتاب را به هم مرتبط می‌کند.

❖ ❖ ❖

لائوتسه معروف به لائوزای

لائوزای فیلسوف و عارف چینی قرن پنجم و یا ششم قبل از میلاد است. به نظر می‌رسد که این فیلسوف معاصر کنفوسیوس، فیلسوف چینی بوده است. لائوزای نویسنده کتاب معروف «تائو تی چینگ» (۲۷) و بنیان‌گذار مکتب فلسفی و سیستم عقیدتی تائویسم است.

به نظر می‌رسد که آنچه در این مکتب فلسفی بانام تائو بیان می‌شود اشاره به بنیان واقعیت عالم هستی و تمامیت آفرینش است. قدرتی به‌مثابه آنچه در آیین هندو، برهمن نامیده می‌شود. در این مکتب عرفانی نیز مانند بسیاری از مکاتب عرفانی دیگر، انسان می‌بایست زندگی خود را با جاری عالم هستی هماهنگ کند. کتاب تائو تی چینگ سرشار از نصایح و تعلیمات مترقی در قالب اشعاری زیباست. این اشعار هم مانند اشعار عرفانی دیگر از استعاره‌ها و اشاره‌های فراوان استفاده می‌کند که به امور زندگی انسان مرتبط می‌شود. تائو تی چینگ همچنین علاوه بر ارائه درکی عرفانی از عالم هستی، شامل تعلیمات فراوانی در رابطه با خودشناسی و خودآگاهی بوده و هنر چگونه زیستن را به مخاطبان خود ارائه می‌دهد. آموزه‌های دیگر در تائو تی چینگ، شامل مهارت صبر و تحمل در مقابل مشکلات زندگی، زندگی در لحظه و همچنین خود را به جاری عالم هستی سپردن است. در تائو تی چینگ،

لائوزای همواره به لازمه نوعی عدم دخالت و یا عدم مقاومت انسان در مقابل جریان زندگی تأکید می‌کند؛ مانند بسیاری از سیستم‌های فلسفی و عرفانی، تائویسم به «اختیار» معتقد است اما درعین‌حال عمیقاً به نوعی سیستم «جبری» در عالم هستی اشاره می‌کند. در ضمن بسیاری از اشعار لائوزای، توهمات دوگانگی را در زندگی، طبیعت و عالم هستی مطرح می‌کند. در اینجا با ترجمه‌ای شخصی از تعدادی از اشعار و گفته‌های لائوزای، به معرفی این فیلسوف و عارف بزرگ بسنده می‌کنیم.

آنکه اول بود بی‌شکل و آنکه اول بود کامل، قبل از تولد عالم هستی
آرام و بی‌نیاز، تنها و بی‌تغییر، بی حدود، حضوری بی شهود
از بُعد مکان و زمان بیرون. تا بود، بود او
هستی پدید آمد از او، بهترین نام برایش «تائو»

****

انسان همراه با زمین، زمین همراه با جهان هستی، جهان هستی همراه با او
و او تنهاست

****

آنکه آگاه از خود است، خود را به لحظه می‌سپارد
با مرگ بیگانه نیست، به تعلقی وابسته نیست
بی‌هیچ توهمی در ذهن، بی‌هیچ مقاومتی در تن
بی‌هیچ هراسی، بی‌نیاز از زندگی، آماده برای مرگ
مانند او که آماده خواب می‌شود،
پس از یک روز کاری سخت

****

از زمان و مکان بیرون او و ورای بودن و نبودن‌ها
چگونه می‌دانم؟ به درون خود می‌نگرم و می‌بینم

****

لاف‌وگزاف و مباهات بار سنگین سفرند
و سفر را کُند می‌کنند
خودشیفتگی بی‌ارزش است

کالسکه‌ای خیالی، با تصوری از تمام زرق‌وبرق و امکانات
باز کالسکه‌ای است غیرواقعی

****

آسمان بر روی همه بال می‌گشاید
کاش مانند آسمان سخی بودیم
زمین برای همه جا می‌گشاید
کاش مانند زمین بی‌دریغ بودیم

****

اگر برای رضایت خاطر به دنبال موفقیت هستی، هرگز راضی نخواهی شد
اگر برای شادی منتظر ثروت هستی، هرگز شاد نخواهی شد
اگر برای خوشبختی به دنبال کسی یا چیز هستی هرگز به خوشبختی نمی‌رسی
اگر برای آسودگی به دنبال مقام هستی هرگز آسوده نخواهی شد
قدر همان چیزی که داری، داشته باش،
وقتی به این نتیجه رسیدی که چیزی کم نداری،
هیچ کمبودی در زندگی نخواهد بود

****

باور کن، تو در مرکز جهانی
خود را از خلأ پر کن
آرامش درونی را در آغوش بگیر
ده هزار چیز در اطراف تو
بنگر که چگونه رشد می‌کنند
و به دور تو جاری می‌شوند
هرکدامشان به هستی می‌آیند
رشد می‌کنند و تغییر، و به انجام می‌رسند
و سپس به مبدأ بازمی‌گردند
هنگامی‌که تو در آرامش می‌مانی
و از مرکز می‌نگری

****

«سعی برای کنترل آینده مانند این است که بخواهی جای استاد نجار را بگیری وقتی دست به جعبه‌ابزار او بردی احتمالاً به دست‌هایت صدمه خواهی زد»

«اگر خوب به طبیعت بنگرید، خواهید دید که طبیعت در حال عجله نیست اما درعین‌حال همه کارهای خود را بامتانت به انجام می‌رساند»

«هنگامی‌که ذهنتان آرام است عالم هستی با شما هم‌قدم می‌شود»

«نگران مشغله‌های فراوان نباشید. ابتدا کارهای ساده را به انجام برسانید. سفر هزار فرسنگی، با اولین قدم شروع می‌شود.»

❖ ❖ ❖

گوتاما بودا

در دامنه کوه‌های هیمالیا، در منطقه‌ای به نام لومبینی که امروزه نپال نامیده می‌شود، در یک خانواده سلطنتی، شاهزاده‌ای به دنیا آمد که او را سیدارتا نام نهادند که بعدها به بودا به معنی بیدار معروف شد و گوتاما نام پدر او بوده است. تاریخ تولد بودا در روایت‌های مختلف متفاوت است اما به نظر می‌رسد که این تاریخ حدوداً در بین سال‌های ۶۲۳ تا ۴۸۰ قبل از میلاد بوده باشد. بر اساس متون تاریخی، ظاهراً رخدادهایی افسانه‌ای با تولد بودا به هم‌آمیخته است. دریکی از این روایت‌ها منجمان سنتی پیشگویی کردند که زندگی این شاهزاده به یکی از این سه مسیر کشانده خواهد شد که البته به تربیت و یا تقدیر او بستگی خواهد داشت. در مسیر اول او صاحب تخت و تاج پدر خواهد شد. در مسیر دوم راهبی هندو و در مسیر سوم یک معلم معنویت در ابعاد جهانی.

البته آنچه مسلم است پادشاه مانند هر پادشاهی مایل بود که فرزندش به‌عنوان ولیعهد صاحب تاج‌وتخت شود. به همین دلیل خانواده سلطنتی، نگران از دو مسیر پیش‌بینی شدهٔ دیگر، همه توان خود را بکار بردند که مبادا فرزندشان تبدیل به یک راهب و یا معلم معنویت شود. پس برای این کار تا سعی داشتند همه‌چیز را برای شادی و راحتی شاهزاده جوان در چهاردیواری

قصر فراهم آوردند تا او با خارج از مناسبات درباری سروکاری پیدا نکند. سال‌ها به‌این‌ترتیب گذشت؛ و ظاهراً شاهزاده جوان قبل از دوران بیست‌سالگی ازدواج کرده و در بیست‌ونه‌سالگی صاحب فرزندی هم شده است. در این زمان بود که سیدارتا کنجکاو شد و خواست که سفری به شهر کند تا ببیند زندگی خارج از قصر به چه صورت است، کاری که تا آن زمان انجام نداده بود.

می‌گویند که در طی چهار سفر به شهر، او متوجه چهار واقعه شد که این رویدادها عمیقاً بر روان او تأثیر گذاشتند. در اولین سفرِ خود برای اولین بار، مرد کهن‌سالی را دید که بسیار ضعیف و ناتوان است. در سفر دوم بیماری را دید که از شدت بیماری و درد رنج می‌برد و در سومین سفر خود، شاهد خانواده‌ای بود که پیکر عزیز خود را به گورستان تشییع می‌کردند. این اولین باری بود که شاهزاده سیدارتا، رنج‌های انسان را از نزدیک مشاهده می‌کرد و درمی‌یافت که سالمندی، بیماری و مرگ ازجمله رنج‌هایی هستند که با زندگی همه انسان‌ها آمیخته است. روایت شده است که در سفر چهارم به راهبی هندو برخورد که در کمال آرامش به مراقبه می‌پرداخت.

پس از مشاهده چهارم بود که سیدارتا تصمیم گرفت که زندگی خود را در مسیر معنوی تغییر دهد تا شاید بتواند راهی برای پایان رنج انسان پیدا کند. این بود که خانواده و قصر را رها کرده به گروهی از راهبان پیوست و زندگی مرتاض گونه‌ای را آغاز نمود. می‌گویند او حدود هفت سال (طبق محاسبات ممکن است این دوره کمتر از هفت سال باشد) به ریاضت پرداخت و طی این دوره، جسم او بسیار لاغر و فرسوده شد و به سلامتی او ضربه وارد شد.

ما در فصل قبل در بخش بودائیسم توضیح دادیم که طبق عقاید هندو، هندویان برای در امان ماندن عواقب «کارما» و عدم نزول کیفیت زندگی خود در تناسخ بعدی یا زندگی بعدی، دست به ریاضت‌های کشنده می‌زدند تا گناهان خود را بشویند. حال در پایان هفت سال ریاضت، بودا نه‌تنها به بیداری معنوی نرسید بلکه به‌ظاهر به پوست و استخوانی تبدیل‌شده بود. او به این نتیجه رسید که بیداری معنوی و رهایی از رنج دنیا و زندگی بعد از مرگ (تناسخ) از راه ریاضت میسر نیست. ظاهراً این نقطه عطفی در آیین هندوئیسم بوده که بودائیسم از آن برخاست.

به‌این‌ترتیب بودا تصمیم گرفت که راه میانه‌ای را برگزینند که بعدها به مسلکی به همین نام تبدیل شد.«راه میانه». بنا به روایت‌های تاریخی، او ازآن‌پس در زیر درختی تناور و کهن‌سال که گویی درخت انجیر بوده، نشست. این درخت همان موقع و یا بعدها به نام «بودهی» معروف شد که برگرفته‌شده از نام آن منطقه در قسمتی از محدوده هندوستان بوده است. بودا تصمیم گرفت که تا به بیداری معنوی نرسد از زیر این درخت برنخیزد. نقاشی‌های تاریخی نشان می‌دهد که اگرچه او در زیر درخت بودهی به مراقبه نشسته بود، اما خدمتکاران درباری کمی دورتر مراقب او بودند و به‌وقت برای او آب و غذا می‌بردند.

بر اساس متون تاریخی، بودا به مدت چهل‌ونه روز به‌طور مداوم در حالت نشسته به مدیتیشن یا مراقبه پرداخت. در این مدت هم شاهد سه رخداد عرفانی بوده است. در مشاهده اول توانست زندگی تناسخی قبل خود و تمام جزئیات آن را به یاد بیاورد. در مشاهده دوم به این یقین رسید که کیفیت زندگی بعدی، بستگی به عملکرد زندگی فعلی داشته و در مشاهده سوم به این دانش دست‌یافت که اگر بیداری معنوی در طی زندگی فعلی رخ دهد، انسان از چرخه تناسخ رهایی یافته و دیگر پس از مرگ به زندگی بازنخواهد گشت. به‌عبارت‌دیگر بیداری معنوی سبب رهایی انسان از رنج در این زندگی و همچنین پایان رنج تناسخ خواهد بود. لازم به یادآوری است که در مکتب بودائیسم خود زندگی دورانی از رنج‌های فراوان شامل بیماری، کهن‌سالی، آرزوها و هیجانات ناپایدار زندگی و چنگ زدن به تعلقات دنیوی و در انتها مرگ است.

ازآن‌پس بر سیدارتا گوتاما نام بودا گذاشتند؛ یعنی «بیدار شده». ظاهراً وی در این مرحله از زندگی خود به سن سی‌وپنج‌سالگی رسیده بود که از زیر درخت بودهی برخاست. بودا بقیه چهل‌وپنج سال زندگی خود را در مناطق اطراف ازجمله افغانستان و نپال امروزی به مسافرت و به تعلیمات عرفانی و اصول «راه میانه» خود پرداخت. او در سن هشتادسالگی درگذشت.

در این فصل و فصل قبلی تحت دو عنوان فلسفه بودائیسم و بودا به خلاصه‌ای از این فلسفه و بنیان‌گذار آن اشاره کردیم که فقط جنبه اطلاعاتی داشته

است. در اینجا قبل از پایان این مبحث به نمادی از بودا اشاره می‌کنیم و آن گل نیلوفر آبی یا لوتوس است. مجسمه بودا معمولاً به‌صورت نشسته در میان سازه‌ای از گل لوتوس ساخته می‌شود. نکاتی فلسفی و عرفانی در خصوص گل لوتوس آمده است. این گل در میان آب گل‌آلود رشد می‌کند. گلی بسیار زیبا که شب‌ها با صبر و متانت گلبرگ‌های خود را می‌بندد و حتی در میان گِل و لای غوطه‌ور می‌شود و صبح‌ها مجدداً گلبرگ‌های خود را باز می‌کند و زیباتر از همیشه خود را نشان می‌دهد: صبور، متواضع، خالص و بدون آغشته شدن به آلودگی‌های محیط.

حال با توجه به دنیای شلوغی که انسان مدرن در آن زندگی می‌کند و با توجه به همه ناخالصی‌ها و مناسبات مادی و تعلقات دنیوی و بی‌اخلاقی‌ها، خوشا به حال انسان‌هایی که بتوانند در چنین محیطی، از آلوده شدن به این ناخالصی‌ها در امان بمانند و یا چنین ناخالصی‌ها را در خود به حداقل برسانند و مانند گل لوتوس پس از هر مواجهه با دنیای بیرون به وجود خالص خود و طبیعت حقیقی خود بازگردند.

اصولاً تواضع، صبر و بردباری در بسیاری از جلوه‌های طبیعت به چشم می‌خورد که انسان می‌تواند از آن‌ها بیاموزد. یکی از این جلوه‌ها، جریان جویبارها و رودخانه‌هاست. جریان آب در مسیر خود همواره با موانعی بسیار مانند سنگ‌ها و صخره‌ها مواجه می‌شود؛ اما جریان آب با تواضع، صبر و بردباری راه خود را کج می‌کند و مسیری دیگر را می‌گزیند و آنچه بر همه ما روشن است اینکه این جریان آب است که پیروز میدان باقی می‌ماند، صخره‌ها را می‌ساید و از اطراف یا لابه‌لای آن‌ها عبور می‌کند.

نکته آخر اینکه مجسمه‌ای است که اغلب با مجسمه بودا اشتباه می‌شود. این مجسمه که بیشتر در غرب رایج است مربوط است به راهبی چینی به نام «بودای لوهان» که بودای چاق و یا بودای خندان هم به او گفته می‌شود. این شخصیت ربطی به بودا ندارد. همان‌طور که مجسمه‌های اصلی بودا او را نشان می‌دهند. خود بودا دارای پیکری نسبتاً لاغر بوده است.

چند نقل‌قول از بودا:

«سه چیز است که مدت‌زمانی مدید پنهان نمی‌ماند: ماه، خورشید و حقیقت»

«خشم مانند تکه زغالی گداخته در دست است که اگر آن را با خود نگه‌دارید، فقط خودتان خواهید سوخت»

«آرامش را در درون خود بجویید و نه در بیرون»

❖ ❖ ❖

منصور حلاج

«خدایا، تو در کدامین نقطه از زمین غایب هستی که انسان تو را در آسمان‌ها می‌جوید»

منصور حلاج

حسین منصور حلاج که درواقع منصور حلاج نام پدر او بوده، حتی در متون فرانسه و انگلیسی نیز با همان نام پدر یعنی «منصور حلاج» معروف است. حلاج در سال ۸۵۸ میلادی در روستای تور از توابع بیضای فارس در خانواده‌ای تازه مسلمان متولد شد. البته اجداد خانواده او زردشتی بوده‌اند. طبق یکی از روایات، ازآنجایی‌که پدر او به شغل پنبه‌زنی اشتغال داشت او را حلاج می‌نامیدند؛ اما بنا به شرح‌حال منصور حلاج در تذکرة الأولیاء عطار نیشابوری، روایتی عرفانی به او نسبت داده شده که ازآن‌پس او را حلاج نام نهادند.

به‌هرحال به دلیل درآمد اندک شغل پدر، دوران کودکی حسین در فقر گذشت. در آن زمان که مصادف با سده سوم پس از ظهور اسلام بود، رسم بود که کودکان با آموزش قران سوادآموزی را شروع می‌کنند. گفته می‌شود که حلاج از هوش سرشاری برخوردار بوده و در سن دوازده‌سالگی نه‌تنها قران را از بر بوده، بلکه عربی را به‌خوبی فراگرفته بود.

آنچه به نظر می‌آید اینکه زندگی حلاج پر از فراز و نشیب بوده و در طول عمر خود سفرهای زیادی کرده و صاحب آثار ادبی فراوانی بوده است. گفته می‌شود که اکثر آثار او به زبان عربی بوده و ظاهراً تعداد کتاب‌های او شامل شعر و نثر به چهل‌ونه جلد می‌رسیدند. اکثر این آثار در طول محاکمه و پس از مرگ او سوزانده شد. حتی پس از مرگ او شاگردان او نیز تحت بازجویی قرار گرفتند تا آثار فقهی و عرفانی او به آینده منتقل نشود. از میان همه آثار

حلاج فقط چهار جلد کتاب، حدود صد قطعه از اشعار وی و همچنین تعدادی تجربیات عرفانی از او باقی‌مانده و امروز موجود است.(۲۸)

حلاج بیست‌ساله بود که به بصره رفت و در آنجا ازدواج کرد. در آن زمان بصره و بغداد مرکز مطالعات و بحث‌های اسلامی بود و این دوره‌ای بود که حلاج هم خود به تحصیل مشغول بوده و هم به تدریس به دانش آموزان جوان می‌پرداخت. او همچنین سفرهایی هم به خاور دور داشته است و نه‌تنها مورد استقبال مردمان آن ناحیه ازجمله مناطقی از چین قرار گرفت، بلکه تعداد زیادی از شاگردان خود را به اسلام نیز دعوت کرد. در طی زیارت سوم حج برای دو سال در آنجا ساکن شد و به مراقبه پرداخت. در این زمان بود که طی تجربیات عرفانی و دست یافتن به بیداری معنوی، جمله معروف خود یعنی «اناالحق» را بر زبان راند. ما در بخش تصوف به این موضوع اشاره کردیم که عارف پس از مراقبه و ذکرگویی‌های فراوان چنان از خود تهی می‌شود که به‌جز خدا هیچ‌چیز نمی‌بیند و وجود خدا را در فنای خود می‌بیند. تجربه احساس حضور خدا در عرفان‌های دیگر مخصوصاً عرفان مسیحیت نیز اشاره‌شده است. به‌هرحال گفته‌های عرفانی حلاج و تعبیر عامیانه آن‌ها و اتهام به او در دست داشتن در قیام زنگیان باعث شد که مدتی را در زندان بگذراند. او سپس محکوم به تازیانه و اعدام شد و به طرز وحشیانه‌ای پس از شکنجه و قطع دست و پا به دار آویخته و یا گردن زده شد.

رخدادهای عرفانی زیادی در رابطه با زندگی حلاج، توانایی‌های او و همچنین حوادثی در طول مدت زندان وی و روز بدار آویخته شدن او و در روزهای پس‌ازآن روایت‌شده است، اما عطار نیشابوری در تذکرة الأولیاء خود حکایت به دار آویخته شدن حلاج را نقل کرده است که در اینجا به بیان خلاصه‌ای از آن بسنده می‌کنیم.

پس دیگربار حسین را ببردند تا بر دار کنند. صد هزار آدمی گرد آمدند و او چشم گرد می‌آورد و می‌گفت: حق حق حق اناالحق. نقل است که درویشی در آن میان از او پرسید که عشق چیست؟ گفت: امروز بینی، فردا بینی و پس‌فردا بینی. آن روزش بکشتند و دیگر روزش بسوختند و سوم روزش به باد بردادند. یعنی عشق این است.

پس در راه که می‌رفت می‌خرامید دست‌اندازان و عیاروار می‌رفت با سیزده بند گران. گفتند این خرامیدن چیست؟ گفت: زیرا که بنحرگاه می‌روم. چون به زیر دارش بردند به باب الطاق قبله برزد و پای بر نردبان نهاد. گفتند حال چیست؟ گفت: معراج مردان سرِ دار است. پس دستش جدا کردند. خنده بزد. گفتند خنده چیست؟ گفت: دست از آدمی بسته، باز کردن آسان است مرد آن است که دست صفات که کلاه همت از تارک عرش در می‌کشد قطع کند. پس پاهایش ببریدند. تبسمی کرد، گفت: بدین پای سفر خاکی می‌کردم، قدمی دیگر دارم که هم‌اکنون سفر هر دو عالم بکند. اگر توانید آن قدم را ببرید. پس دو دست بریده خون آلوده در روی در مالید تا هر دو ساعد و روی خون‌آلوده کرد. گفتند این چرا کردی؟ گفت: خون بسیار از من برفت و دانم که رویم زرد شده باشد. شما پندارید که زردی من از ترس است. خون در روی مالیدم تا در چشم شما سرخ‌روی باشم که گلگونهٔ مردان، خون ایشان است. گفتند اگر روی را به خون سرخ کردی، ساعد باری چرا آلودی؟ گفت: وضو می‌سازم گفتند چه وضو؟ گفت: در عشق دو رکعت است و وضو آن درست نیاید الا به خون.

پس چشم‌هایش برکندند. قیامتی از خلق برآمد، بعضی می‌گریستند و بعضی سنگ می‌انداختند. پس خواستند که زبانش ببرند، گفت: چندان صبر کنید که سخنی بگویم روی سوی آسمان کرد و گفت: الهی بدین رنج که برای تو بر من می‌برند محرومشان مگردان و از این دولتشان بی‌نصیب مکن. الحمدلله که دست و پای من ببریدند درراه تو و اگر سر از تن باز کنند در مشاهدهٔ جلال تو بر سر دار می‌کنند. پس گوش و بینی بریدند و سنگ روان کردند. پس زبانش ببریدند و نماز شام بود که سرش ببریدند و در میان سربریدن تبسمی کرد و جان بداد. پس اعضای او بسوختند و خاکستر او در دجله انداختند.

دوستان جان مرا جانب جانان آرید
بلبلي از قفسی سوي گلستان آريد
جان بیمار مرا جانب عیسی ببرید
یا قتیل غم او را ز لبش جان آرید

عندلیب دلم از خار فراق آزاد است
از کرم بلبل دل را به گلستان آرید
زنگ اغیار زدودیم ز آیینه دل
آینه تحفه بر یوسف کنعان آرید
تا چو پروانه پروبال و دل‌وجان سوزید
شمع ما را ز کرم سوی شبستان آرید
تحفه‌ای لایق آن حضرت اگر می‌طلبید
دل بریان شده و دیده گریان آرید
از تجلی جمالش چو شود موسم عید
جان مجروح حسین از پی قربان آرید

از دیوان اشعار منصور حلاج

محقـق و شرق‌شــناس فرانســوی لــویی ماســینیون ۱۹۶۲-۱۸۸۳ کنــدوکاو گســترده‌ای در زنــدگی منصــور حــلاج انجــام داده کــه حاصــل کــار خــود را در چهــار جلــد بــا عنــوان «حســین بــن منصــور حــلاج، شــهید عشــق» منتشــر ســاخته اســت. ترجمه انگلیسی این کتاب نیز تقریباً با همین نام موجود است.

در طــول تــاریخ اندیشــه‌های حــلاج از ســوی بســیاری از مــردان بــزرگ، نویســندگان، شــعرا، عرفــا و محققــین موردتوجــه قرارگرفتــه اســت. تعــداد زیــادی او را بــه‌عنوان عــارفی بــزرگ و شــهیدی درراه خــدا ســتوده و حتــی تحــت تأثیــر او قرارگرفته‌انــد. ازجملــه شــاعرانی ماننــد عطــار نیشــابوری، حافــظ و مولــوی او را ســتوده و در وصــف او اشعاری سروده‌اند.

گفت آن یار کز او گشت سر دار بلند
جرمش این بود که اسرار هویدا می‌کرد - حافظ

شاعرانی کــه در وصــف منصور حلاج ســروده‌اند فقط شــاعران گذشــته نیســتند. تعــدادی از شــاعران معاصــر ماننــد اقبــال لاهــوری و شــاعران امــروز نیــز اشــعاری در رابطــه بــا حــلاج گفته‌انــد. دکتــر شــفیعی کدکنــی شــعری زیبــا بــرای حــلاج ســروده اســت کــه خواننــدگان مــی تواننــد ابیــات کامــل آن را در اینترنــت پیــدا کننــد و بخوانند:

در آینه دوباره نمایان شد
با ابر گیسوانش در باد
باز آن سرود سرخ اناالحق ورد زبان اوست
تو در نماز عشق چه خواندی؟
که سال‌هاست...

❖ ❖ ❖

ابن عربی

قلب من مأمنی شده است برای همه
علفزاری برای غزالان، صومعه‌ای برای راهبان
خانه‌ای برای بت‌ها، کعبه‌ای برای زائران
لوح سنگی برای تورات و جلدی برای قرآن
ابن عربی - «مذهب عشق»

قبل از شروع بخش بعدی که در مورد مولانا جلالالدبن بلخی است، می‌خواهیم نگاهی به اندیشه‌های فیلسوف، محقق و عارف بزرگ عرب تبار و مسلمان اهل اندلس، اسپانیای امروز، محی‌الدین ابن عربی داشته باشیم. می‌توان گفت که ابن عربی حدوداً یک نسل قبل از مولوی به دنیا آمده و می‌زیسته است. البته این دو عارف در دوره‌ای نیز باهم معاصر بوده‌اند. هردوی این عارفان بزرگ از بسیاری ازلحاظ ازجمله فلسفه الهی، حقیقت عشق، نگاه به زندگی و رابطه انسان با خدا، دیدگاه‌های مشابه ای داشته‌اند. البته مولوی را می‌بایست در دسته شاعران صوفی و ابن عربی را بیشتر در زمره نویسندگان و فلاسفه جای داد.

محی‌الدین ابن عربی در سال ۱۱۶۵ میلادی در منطقه اندلس، اسپانیا در شهر مورسیا متولد شد و در آن زمان یعنی قرن سیزدهم که زمان شکوفایی اسلامی به شمار می‌آمد، شهر مورسیا مرکز ادیان و فرهنگ‌های متنوع بود.

این دوره یعنی قرون هشتم تا چهاردهم میلادی مصادف با عصر طلایی و شکوفایی فرهنگی و اقتصادی و علمی بوده است، ابن عربی همچنین به‌عنوان شیخ اکبر شناخته‌شده است.

بنا به گفته تاریخ نویسان، ظاهراً ابن عربی صاحب چند صد کتاب و مقاله بوده است که از این تعداد حدود صد نوشته به‌جای مانده است. این مکتوبات در سه دوره زندگی وی نوشته‌شده است. دوره نخست از زمان نوجوانی تا سن ۳۵ سالگی و اقامت او در اندلس، اسپانیا و تونس در شمال آفریقا بوده است. کتاب‌هایی از قبیل «کتاب سفر شبانه» و همچنین «درخت جهان و چهار پرنده» مربوط به این دوران است. دومین دوره زندگی شیخ زمانی بود که برای سفر حج به مکه رفته بود. او چهار سال در مکه اقامت داشت. کارهای ارزشمندی مانند «چهارستون دگرگونی معنوی» و «تاج نامه‌ها» مربوط به این دوره از زندگی وی بوده و همچنین کارهایی مانند «نگین حکمت» و «فتوحات مکه» نیز مربوط به زمانی بود که وی در ترکیه و سوریه امروز اقامت داشت. شیخ اکبر درنهایت در سال ۱۲۴۰ میلادی در سن ۷۵ سالگی به ابدیت پیوست. آرامگاه این عالم، فیلسوف و عارف مسلمان اکنون در شهر دمشق است.

فلسفه و عرفان ابن عربی، آنچه از نوشته‌های او پیدا است، به مباحث ذیل مربوط می‌شود. عشق الهی، عشق راستین، اتحاد انسان با خدا، خداوند به‌عنوان نهایت حقیقت، زیبایی خالق، زیبایی خلقت، نام‌های زیبای خداوند، ویژگی‌های زیبای خداوند، خداوند به‌عنوان تنها واقعیت رحمت، شفقت و مهربانی و آگاهی مطلق، خداوند به‌عنوان واقعیت عشق، معشوق و عاشق، ظرفیت انسان برای رسیدن به حدی از کمال و همچنین نشانه‌های خالق در همه ذرات خلقت و در وجود خود انسان. موارد موردبحث در نوشته‌های ابن عربی اغلب با تکیه‌بر آیات قران است.

از طرف دیگر نوشته‌های ابن عربی بسیار عمیق، زیبا و پراحساس است. درمجموع، نوشته‌های او بر مبنای شهود و پنداره‌ها و تجارب عرفانی اوست. بسیاری از این کشفیات از منظر نمادی و فلسفی بسیار زیبا، جالب و جذابند. در کتاب سفر شبانه، او در قامت یک سالک حقیقت به هفت افلاک سفر

می‌کند و از حیطه هفت جرم سماوی عبور می‌کند و در محدوده هرکدام با پیامبری ملاقات می‌کند. در این سفر فلکی، در حیطه ماه آدم را می‌بیند و در محدوده عطارد مسیح را ملاقات می‌کند. یوسف را در مدار زهره، حنوک را در پیرامون خورشید، هارون را در چرخه مریخ، موسی را در حدود مشتری و خلاصه ابراهیم را در مدار زحل می‌یابد. در انتهای این سفر شبانه، سالک به بُعد درونی خود می‌رسد، به وجود خالص و در قلمرو هوشیاری محض خویش. او در انتهای این تجربه عرفانی می‌نویسد:

«در این سفر شبانه، مفهوم همه نام‌های الهی را دریافتم. دریافتم که همه آن‌ها به یک منشأ اصلی می‌رسند. و این ریشه و اصل عبادت و اندیشه من بود. این منشأ در جوهر وجود من بود. این سفر به‌طور کامل در بُعد درونی من به وقوع پیوست. در این سفر دریافتم که من یک بنده هستم، بنده‌ای خالص و بدون هیچ نشانی از سروری در خویش»

ابن عربی مدعی است که نوشته‌های او از دانش انسانی او سرچشمه نمی‌گیرند، بلکه آنچه بر روی کاغذ نقش می‌بندد، نتیجه اندیشه و عبادت و ذکر است. در فتوحات مکه چنین می‌نویسد:

نویسندگان دیگر به اختیار خود می‌نویسند، به‌تناسب دانش و آموخته‌هایشان. آنچه می‌خواهند، می‌نگارند و آنچه نخواهند از قلم باز می‌نهند. اما نوشتن ما (من) نه به اختیار خود است و نه ناشی از دانسته‌های شخصی. به این طریق که دل ابتدا خود را به حلقه درگاه حضور الهی متصل می‌کند و آنگاه درنهایت بی‌چیزی و فروتنی و تهی از دانش دنیوی به انتظار باز شدن در می‌ایستد تا که شاید چیزی نصیب او شود. هر چیز که از ورای آن پرده بر او ارزانی شود، دل به تسلیم به آن می‌شتابد، خود را مطیع دستور الهی می‌کند و آنگاه بر روی کاغذ نقش می‌بندد.

ادعای فوق از ابن عربی ظاهراً گویای این واقعیت است که شهود و بیان آن از طریق عبادت و ذکر پی‌درپی حاصل می‌شود و این نوع دانش فراتر از دانش زمینی و از طریق تجلی نشانه‌های خدا در خلقت، به عارف منتقل می‌شود. این واقعیت ظاهراً با آیه ۶۵ سوره کهف قران مطابقت دارد:

«آن‌ها بنده‌ای از میان بندگان ما یافتند که مورد رحمت ما قرار گرفت و از آن طریق دانشی معین از ما به او آموخته شد»

در مقایسه با دیگر عارفان صوفی، هم قبل و هم بعد از ابن عربی که عرفان آن‌ها در محور وحدت وجود قرار داشت، فلسفه ابن عربی در رابطه با شناخت خدا از فلسفه این عارفان متفاوت بوده است. اندیشه وحدت وجود در طول تاریخ همواره مورد هجوم مسلمانان اصول‌گرا و فقیهان واقع‌شده است و صاحبان این نوع اندیشه به ارتداد متهم بوده‌اند. البته ابن عربی نیز به دلیل اندیشه‌های متفاوت با عقاید سنتی از این هجوم در امان نبوده است. اما به گفته ویلیام چیتیک فیلسوف، اسلام‌شناس و متخصص عرفان تصوف، ابن عربی هیچ‌گاه عبارت وحدت وجود را با مفهومی مشابه به آنچه عارفان صوفی دیگر در اندیشه داشتند، بکار نبرده است و اینکه ابن عربی وحدانیت خدا را در چهارچوب توحید بکار می‌برده است. درواقع به ظن ابن عربی، صفات و کیفیت‌هایی همچون رحمت، بخشش و عشق و همچنین آگاهی و هوشیاری مطلق فقط متعلق به خداست. از نگاه ابن عربی اما، انسان ظرفیت آن را دارد که در طریق کمال پا گذارد و به‌سوی کسب کیفیت‌های الهی تلاش کند تا از این طریق خود را به خدا متصل کند.

در عرفان ابن عربی و فلسفه او در رابطه با شناخت خدا سه مفهوم بسیار جالب و درعین حال زیبا به چشم می‌خورد و این مفاهیم عبارت‌اند از: عشق الهی، نشانه‌های خدا در خلقت و اتحاد یا اتصال با خداوند.

برای مثال وقتی انسان به درجه‌ای از کمال رسید که دریافت تنها عشق راستین متعلق به خدا است، چنین عشق الهی را در وجود خود کشف می‌کند و به این نتیجه می‌رسد که معشوق حقیقی خداوند است و همه نوع عشق‌های دیگر زمینی و موقت‌اند.

حال در اکثر نوشته‌ها و اشعار عرفانی مخصوصاً ادبیات تصوف، خداوند یار، دوست و یا معشوق خطاب می‌شود. یعنی عارف عاشق و خداوند معشوق است. در عرفان ابن عربی اما، خداوند نه‌تنها، معشوق راستین است، بلکه عاشق راستین نیز است. و اما معشوق خداوند خلقت اوست که انسان نیز قابلیت آن را دارد که معشوق خداوند باشد و یا لااقل به درجه‌ای از کمال

برسد که خدا او را دوست داشته باشد. منطق ابن عربی در این رابطه ظاهراً با سوره ۳ و آیه ۳۱ مرتبط است:
« بگو اگر خدا را دوست دارید از من پیروی کنید تا خدا دوستتان بدارد...»
(حب = عشق - دوست داشتن)

در رابطه با نشانه‌های الهی در خلقت که خداوند خود را از طریق آن‌ها به انسان متجلی می‌کند، مانند سایر عارفان، ابن عربی نیز مشخص می‌کند که این نشانه‌ها در همه نقاط، ذرات و گوشه‌های خلقت قابل‌رؤیت یا قابل حس‌اند و چون انسان نیز جزء خلقت است، می‌تواند نشانه‌های خدا را در خود و در آگاهی و هوشیاری خالص خود مشاهده کند:

آیه ۵۳ سوره فصلت - «نشانه‌های خود را در افق‌ها و در درجوهر وجودشان به آن‌ها نشان خواهیم داد، تا بر ایشان روشن شود که او حقیقت مطلق است.»

بخش ابن عربی را با ترجمه شعری از او به پایان می‌بریم. در این شعر هر سه مفهوم فوق در رابطه با خداوند گنجانده‌شده است. این سه مفهوم عبارت‌اند از «خداوند به‌عنوان دوست، معشوق و دوست دارنده»، «نشانه‌ها و تجلی خدا در خلقت» و «اتصال و اتحاد با خداوند».

اولین بار ترجمه انگلیسی این شعر از عربی که متعلق به هانری کوربین فیلسوف، ایران‌شناس، اسلام‌شناس فرانسوی است خواندم، بعدها با مقایسه آن با نسخه اصل عربی و با کمی تغییرات به فارسی برگرداندم. البته گفته‌ها و اشعار فوق از ابن عربی نیز ترجمه آزاد بنده از متون انگلیسی است.

بشنو، ای محبوب من
من حقیقت جهانم،
مرکز گستره بی کران عالم هستی
منم، هم جزء و هم کل
اختیار مطلق بین زمین و آسمان
ادراک در تو آفریدم که مرا درک کنی
آنگاه که مرا شناختی، خود را شناخته‌ای

اما نمی‌توانی مرا از طریق خود درک کنی
نمی‌توانی از طریق چشم‌های خود مرا ببینی
فقط می‌توانی از چشم من، هم من و هم خود را ببینی
ای عزیز
بارها تو را به‌خود خوانده‌ام
اما مرا نشنیدی
به‌دفعات خود را بر تو نمایاندم
اما مرا ندیدی
به رایحه گل‌ها
اما مرا نبوئیدی
به هزاران نعمت،
به طعم دلپذیر آنچه از زمین می‌روید،
اما مرا حس نکردی
به فرح‌بخشی آب زلال و نسیم سحر
اما مرا بیدار نشدی
برای تو، شوق درک من از همه شوق‌ها فراتر است
خوشبختی را در من بجوی که از همه خوشی‌ها فراتر است
آنگاه‌که مرا شناختی، مرا به همه‌چیز ترجیح خواهی داد
من زیبایی مطلقم
من رحمتم
مرا عاشق شو
فقط مرا
خود را عاشق شو در من
فقط در من
به من تکیه کن
هیچ‌کس و هیچ‌چیز به‌اندازه من به تو نزدیک‌تر نیست
دیگران تو را دوست دارند فقط به خاطر خود
اما من تو را برای تو

و تو از من جاری
زمانی که حس کردی به سوی من نزدیک شده‌ای
در حقیقت مرا در درون خویش یافته ای
من از تو به تو نزدیک‌تر هستم
نزدیک‌تر از وجود تو به تو
نزدیک‌تر از نفس‌های تو به تو
عشق خالق را در کدام مخلوقی خواهی یافت؟
ای عزیز
به اتحاد با من بشتاب
تا باهم جاده‌های جدایی را از میان برداریم
تا دست در دست من به حقیقت برسی
تا حقیقت شاهد ابدی این اتحاد باشد.

❖ ❖ ❖

مولوی

بشنو این نی چون شکایت می‌کند
از جدایی‌ها حکایت می‌کند
کز نیستان تا مرا ببریده‌اند
در نفیرم مرد و زن نالیده‌اند
هر کسی کو دور ماند از اصل خویش
بازجوید روزگار وصل خویش
هرکسی از ظن خود شد یار من
از درون من نجُست اسرار من

مثنوی معنوی مولوی با ابیات فوق شروع می‌شود. در مثنوی فوق دو نکته حائز اهمیت است. نکته اول اینکه ما در جای‌جای قسمت اول این کتاب به طبیعتی حقیقی در وجود انسان اشاره کردیم؛ و گفتیم که چگونه این حقیقت

درون که جزئی از عالم هستی و آفرینش است، در طول روند تکاملی با کسب عادات و ارزش‌های اجتماعی پوشانده شده است، مانند آن نی که از نیستان جداشده و از اصل خویش به دور مانده است؛ و می‌بینیم که ظاهراً مولوی در ابیات فوق به آن اشاره می‌کند.

نکته دوم در بیت آخر است که در بسیاری از اشعار مولوی مقصود وی ممکن است برای خواننده، مترجم و حتی محققین هم کاملاً روشن نباشد. بقول کلمن بارک مترجم آمریکایی، «مولوی مترجمین زیادی را به خود مشغول کرده است»؛ و در وب‌سایت‌های فارسی نیز مشاهده می‌کنیم که گاه‌گاهی متخصصان ادبیات فارسی و اهل‌فن نیز ممکن است بر روی معنی یک بیت باهم چندان در توافق نباشند.

شعر مولوی به زیبایی ابیات آن خلاصه نمی‌شود، بلکه دارای درون‌مایه‌ای است که به کار خودشناسی و هنر هشیار زیستن می‌آید. ابیات در اشعار مولوی مانند گلبرگ‌های یک غنچه یک‌به‌یک باز می‌شوند، هر بیت کمالی به بیت قبل می‌بخشد و در انتها در تمامیت یک گل خود را ظاهر می‌کنند و معنی خود را به نمایش می‌گذارد؛ اما درعین‌حال در بیشتر مواقع هم می‌توان از یک مصراع به‌طور جداگانه درسی گرفت. این یکی از جذابیت‌های اشعار مولوی در غرب است. گاه یک بیت و حتی یک مصراع از اعماق مثنوی‌ها و یا غزل‌های مولوی بیرون کشیده می‌شود، نیم سطری بسیار زیبا به زبان انگلیسی از آن ساخته می‌شود و روح و روان یک غیرفارسی‌زبان را نوازش می‌دهد. از دیگر جذابیت‌های اشعار مولوی تازگی و شادابی آن‌ها و همچنین سازگاری معانی آن‌ها با آموزه‌های معنویت در دیگر سیستم‌های فکری جهان است. مثلاً توهم زمان و بی‌زمانی در اشعار مولوی همان است که در عرفان شرق، غرب و آموزه‌های معنوی مترقی و امروزی به آن برمی‌خوریم.

از طرف دیگر مولوی مانند پلی است که انسان امروزی را از لابه‌لای زندگی پرمشغله و پیچیدگی‌های تکنولوژی دنیای مدرن به بعُد درونی او متصل می‌کند. او از عشق، شفقت، صبر، بردباری و تواضع می‌گوید، کیفیت‌های درونی انسانی که کمبود و یا فراموش‌شدن آن‌ها مصائب و رنج‌های فراوانی را دامن‌گیر انسان امروزی و سیاره‌مان کرده است.

از میان معلمان آگاهی، داستان مولوی داستانی متفاوت است. تحول مولوی و رسیدن او به بیداری معنوی اگرچه به‌عنوان یک جهش درونی در بین بیداران معنوی دیگر نامرسوم نیست، اما زیبایی این جهش یعنی تبدیل‌شدن یک مدرس علوم دینی به یک شاعر و عارف عاشق، خود داستانی منحصربه‌فرد و شگفت‌انگیز است.

جلال‌الدین محمد در سال ۱۲۰۷ میلادی در شهر بلخ یکی از شهرهای افغانستان کنونی به دنیا آمد. به همین دلیل او را جلال‌الدین محمد بلخی نیز می‌گویند. در بعضی کشورها او را مولانا و مولوی هم می‌خوانند؛ اما لقب رومی که به همین نام هم در دنیا مشهور است، تنها پس از مهاجرت او به مناطق غربی یعنی شهر حلب در سوریه و قونیه در ترکیه بر او گذاشته شد. جلال‌الدین محمد در خانواده‌ای فارسی‌زبان به دنیا آمد. پدر وی یکی از عارفان و معلمان دروس دینی بوده و با عارفان و شاعران بزرگی مانند عطار نیشابوری آشنایی داشته است؛ بنابراین محمد تحت تأثیر معلومات و دانش پدر قرار داشت. می‌گویند که از کودکی دارای روحیه‌ای کنجکاو بوده و در رابطه با جلوه‌های طبیعی مانند طبیعت روی زمین و در آسمان، چشمی تیزبین داشته است. جلال‌الدین سیزده‌ساله بود که پدر او همراه با خانواده و تعدادی از شاگردان جهت مهاجرت از بلخ به‌طرف مناطق غربی حرکت کردند. دلیل این مهاجرت نارضایتی پدر از والی وقت در آن منطقه و پیش‌بینی اوضاع منطقه تحت اشغال خارجیان بوده است. در مسیر حرکت از خراسان و شهر نیشابور دیداری با عطار نیشابوری داشتند. در این دیدار بود که عطار به پدر جلال‌الدین خاطرنشان کرد که فرزند نوجوان او دارای استعدادی است که از طریق آن در آینده خواهد درخشید. او همچنین کتاب اسرارنامه خود را به جلال‌الدین هدیه داد. خانواده از آنجا جهت زیارت خانه کعبه به مکه رفتند.

در آن زمان اگرچه مناطق و نواحی مختلف بر روی زمین تحت تسلط و کنترل شاهان و والیان مختلف منطقه‌ای بود اما کشورها به‌نحوی‌که امروز رایج است دارای مرزهای سیاسی نبودند؛ بنابراین نیازی به گذرنامه و ویزا هم نبوده و مردمان می‌توانستند به هر منطقه‌ای که بخواهند برای سیاحت یا

زندگی پا بگذارند. خانواده جلال‌الدین پس از پایان حج به دعوت کیقباد حاکم قونیه به آن شهر عزیمت کردند.

پس از چند سالی، پدر که به تدریس علوم دینی و فقه می‌پرداخت و پانصد شاگرد داشت درگذشت. در آن زمان به جلال‌الدین محمد که بیست‌وپنج سال داشت پیشنهاد شد که به‌جای پدر بنشیند و تدریس او را ادامه دهد. در این دوران او چند سالی را هم برای تکمیل تحصیلات علوم دینی در شهر حلب در سوریه گذراند و پس از پایان این دوره مجدداً به قونیه بازگشت و تدریس علوم دینی را در آن شهر ادامه داد. تا این مرحله، زندگی محمد بسیار عادی می‌گذشت و درواقع اگر او در این مسیر ادامه می‌داد نه به مولوی تبدیل می‌شد و نه امروز کسی از او خبر داشت چه رسد به شهرت جهانی او.

آشنایی جلال‌الدین محمد با شمس تبریزی بود که نقطه عطفی در زندگی او پدید آورد. ماجرای برخورد این دو و اینکه چه سخنانی بین آن‌ها ردوبدل شد، به‌صورت چند روایت متفاوت نقل‌شده است. ما در اینجا به یکی از این روایت‌ها که ساده‌تر به نظر می‌رسد، بسنده می‌کنیم.

می‌گویند در غروب چهاردهم و یا پانزدهم نوامبر سال ۱۲۴۴ میلادی، هنگامی‌که جلال‌الدین از کوچه یا بازاری می‌گذشت متوجه شد که درویشی خطاب به او سؤالی را مطرح کرد. این درویش کسی نبود جز شمس تبریزی. سؤال به مقایسه بین ظرفیت درونی دو انسان مربوط می‌شد، مقایسه ظرفیت درونی یک عارف و صوفی در مقابل پیامبر؛ که ظرفیت درونی کدام‌یک از این دو با دانش خدا زودتر پر می‌شود. ظاهراً مولوی ابتدا از این مقایسه نامتناسب برآشفت اما درنهایت به آن پاسخ داد و یا گذاشت که خود شمس به آن جواب بدهد. به‌هرحال جواب این بوده که عارف صوفی به دلیل محدودیت ظرفیت درونی خود در مقابل وسعت ظرفیت درونی پیامبر، احساس می‌کند که از این دانش زودتر پرشده است.

می‌گویند که سخنان بیشتری بین آن‌ها ردوبدل شد و مولوی از این لحظه شیفته فرزانگی شمس شد و از شمس خواسته که بیشتر به او بیاموزد. اولین مواردی که شمس در مولوی مشاهده کرد، باری بود که بر روی شانه‌های مولوی سنگینی می‌کرد. باری از جنس تعلقات دنیوی، عادات و اکتسابات

اجتماعی و حتی علوم تخصصی وی. شمس به مولوی خاطرنشان کرد که این‌ها بار سنگین سفر در جاده بیداری معنوی‌اند. ظاهراً مولوی هم التماس کرد که او را به حال خود رها نکند و این بار را از شانه‌های او بردارد.
مولوی بی‌شک، یک مدرس علوم دینی بود، شاگردان فراوانی داشته، برای خود شهرتی کسب کرده و مورد احترام همگان در آن شهر بود. حال می‌بایست از همه این موقعیت‌های اجتماعی چشم بپوشد و خود را از تعلقات دنیوی جدا کند.

گفت که دیوانه نه‌ای لایق این خانه نه‌ای
رفتم و دیوانه شدم سلسله بندنده شدم
گفت که سرمست نه‌ای رو که از این دست نه‌ای
رفتم و سرمست شدم وز طرب آکنده شدم
گفت که تو زیرککی، مست خیالی و شکی
گول شدم هول شدم وز همه برکنده شدم
گفت که تو شمع شدی قبله این جمع شدی
جمع نیم شمع نیم دوده پراکنده شدم
گفت که شیخی و سری پیش رو و راهبری
شیخ نیم پیش نیم امر تو را بنده شدم

می‌بینیم که مولوی آماده است که به تمام شروط معلم گردن نهد و دست از همه آنچه تاکنون برای آن‌ها زحمت کشیده است، بردارد.
در مواردی، مولوی بیداری معنوی و وسعت تحول درونی خود را مانند تولدی دیگر در عالمی نو می‌داند.

در بن چاهی همی بودم زبون
در همه عالم نمی‌گنجم کنون

از نکات مهم دیگر در تحول درونی مولوی، خود رابطه بین او و شمس است این رابطه از رابطه معلم و شاگرد فراتر می‌رود. عشقی معنوی نسبت به معلم، عشقی افلاطونی. از نظر مولوی شمس به او تولدی دوباره داد. او همه‌چیز خود را مدیون شمس می‌داند و به همین دلیل بخش بسیار زیادی از اشعار خود را به معلم خود تقدیم کرده است. تحول درونی مولوی نه‌تنها بسیار عمیق است

بلکه شگفت‌آور و تا حدودی رازگونه است. یک معلم عادی در دروس دینی، ناگهان به شاعری تبدیل می‌شود که از او مانند آبی که از آبشار به سهولت سرازیر می‌شود، شعر فرومی‌ریزد؛ و این اشعار دریایی از معنی، عشق و خِرَد با خود حمل می‌کنند.

زاهد بودم ترانه گویم کردی
سر فتنهٔ بزم و باده جویم کردی
سجاده‌نشین با وقارم دیدی
بازیچهٔ کودکان کوی‌ام کردی

تأثیر شمس بر تحول درونی مولوی از دو نظر حائز اهمیت است. اول اینکه برخی اهمیت چندانی برای وجود شمس در زندگی مولوی و تحول او قائل نیستند؛ و حتی بعضی به سقف دانش شمس شک کرده و او را درویش ساده‌پوشی می‌دانند که فقط بهانه‌ای برای تحول مولوی بوده است. درصورتی‌که اهمیت یک معلم به کیفیت تدریس او و تأثیری است که در شاگرد به وجود می‌آورد. یک مربی کُشتی قرار نیست از یک کشتی‌گیر حرفه‌ای، قوی‌تر باشد. یک مربی در درجه اول به شاگرد کمک می‌کند که او استعدادهای نهفته خود را کشف کند و دوم اینکه نکاتی را مشاهده می‌کند که از دید شاگرد پنهان است. به نظر می‌رسد که تأثیر شمس بر مولوی نیز مانند تأثیر بسیاری از معلمان عرفان بر شاگردان خود، در روش آن‌ها در کشف گنج درون شاگرد بوده است.

اما بهر جهت، تأثیر انگیزه‌ها و بهانه‌ها در تحول انسان‌ها بستگی به خود انسان نیز دارد. اگر روایت فروافتادن سیب از درخت و برخورد آن با سر اسحاق نیوتُن و یا مشاهده آن، صحت داشته باشد، در طول تاریخ نه‌تنها سیب و دیگر میوه‌های درختان بلکه بسیاری از اشیاء دیگر مانند سنگ و کلوخ نیز به سرهای فراوانی اصابت کرده است، اما آن نیوتن بود که از مشاهده چنین اتفاقی چنان اندیشید و درواقع چنان متحول شده که فرمول جاذبه را نوشت و برجهان علم و فیزیک تأثیر گذاشت.

در رابطه با بیداری معنوی نیز اگرچه همه انسان‌ها دارای جوهر وجودی یکسانی هستند، اما ضخامت ماسک شخصیت در آن‌ها متفاوت است. در مورد تأثیر شمس بر مولوی به نظر می‌رسد که ضخامت لایه ذهنی و ایگو بر وجود مولوی آن‌قدر نازک بود که چنین لایه‌ای به‌سرعت کنار برود، گوهر وجودی او کشف شود و او را به مولوی تبدیل کند.

بهر حال پس از چنین تحولی بود که کارهای عمده مولوی یکی پس از دیگری شکوفا شد. دیوان شمس یا دیوان کبیر او شامل ۳۶۰۰۰ بیت در قالب ۳۰۰۰ غزل و ۲۰۰۰ رباعی است که آگاهی معنوی، عشق، آرامش، صلح، زیبایی و هوشیاری از آن‌ها می‌تراود.

کار عمده دیگر وی مثنوی معنوی است که شامل ۲۶۰۰۰ بیت در شش دفتر است. این مجموعه بیشتر شامل هنر چگونه زیستن و دانش و اتصال به عالم هستی و آفرینش است که در قالب داستان‌ها و طی استعاره‌ها و اشارات بیان‌شده است. برخی از این داستان‌ها از کتاب‌های شاعران دیگر مانند منطق‌الطیر عطار نیشابوری و برخی از مقالات شمس گرفته‌شده است.

مرگ رومی در پی تبی سوزان دریکی از شب‌های زمستان سال ۱۲۷۳ میلادی او را به ابدیت پیوند داد؛ اما همان‌طور که خود او پیش‌بینی کرده بود کتاب‌ها، اشعار و عشق او جهانی شد.

مولوی از پنجره دنیای درون خود به دنیای بیرون می‌نگرد و این پنجره را عشق می‌نامد.

باغ سبز عشق کو بی‌منتهاست
جز غم و شادی درو بس میوه‌هاست
عاشقی زین هر دو حالت برتر است
بی بهار و بی خزان سبز و ترست
شرح گل بگذار ازبهر خدا
شرح بلبل گو که شد از گل جدا
از غم و شادی نباشد جوش ما
با خیال و وهم نبود هوش ما
حالتی دیگر بود کان نادِرست

تو مشو منکر که حق بس قادرست
باده از ما مست شد نه ما از او
قالب از ما هست شد نه ما از او

وقتی رومی از پنجره عشق، خودآگاهی و هوشیاری معنوی به عالم هستی می‌نگرد، گویی که شاهد رقصی مستانه در تک‌تک ذرات عالم هستی است.

ای روز برآ که ذره‌ها رقص کنند
آن کس که از او چرخ و هوا رقص کنند
جان‌ها ز خوشی بی‌سروپا رقص کنند
در گوش تو گویم که کجا رقص کنند

برای نگریستن از چشم دل، مولوی هم مانند سایر معلمان عرفان سفارش می‌کند که برای زدودن ناخالصی‌ها از جوهر وجود اولین شرط، آرام شدن ذهن از افکار پریشان است.

جانیست چون شعله ولی دودش ز نورش بیشتر
چون دود از حد بگذرد در خانه ننماید ضیا
گر دود را کمتر کنی از نور شعله برخوری
از نور تو روشن شود هم این سرا هم آن سرا
در آب تیره بنگری نی ماه بینی نی فلک
خورشید و مه پنهان شود چون تیرگی گیرد هوا

مولوی عشق را راهی یک‌طرفه می‌داند طوری که وقتی عاشق بر آن گام می‌گذارد، دیگر آدمی دیگر می‌شود و هیچ‌گاه هم از راهی که انتخاب کرده است، پشیمان نمی‌شود.

تو دیدی هیچ عاشق را که سیری بود از این سودا
تو دیدی هیچ ماهی را که او شد سیر از این دریا
تو دیدی هیچ نقشی را که از نقاش بگریزد
تو دیدی هیچ وامق را که عذرا خواهد از عذرا

در قسمت اول کتاب به‌دفعات از عملکرد ذهن در دو بُعد موهوم زمان سخن گفتیم. ذهن با چنین عملکردی همواره زندگی را که در زمان حال و لحظه به

۲۵۰

سراغ انسان می‌آید، از کف او می‌رباید و او را با خود به گذشته و آینده و رخدادها و حتی افکار موهوم ساخته‌وپرداخته خود می‌کشاند. ذهن با چنین عملکردی دائماً به نَفْس و ایگو غذا می‌رساند و ایگو با احساسات منفی در اعمال انسان نقش‌آفرینی می‌کند و به خود انسان و هرکس و هرچه در ارتباط با انسان است رنج تحمیل می‌کند. مولوی نیز مانند همه بیداران و عارفان شرق و غرب به توهم زمان و حقیقت بی‌زمانی واقف است و سفارش می‌کند که فریب ذهن، نَفْس و ایگو را نباید خورد و به وعده‌های این طرار توجه نکرد تا زندگی را که هرلحظه در ما جاری می‌شود از دست ندهیم.

به طراری ربود این عمرها را
به پس‌فردا و فردا نَفْس طرار
همه عمرت هم امروزست لاغیر
تو مشنو وعده این طبع عیار

بنا به آموزه‌های سیستم‌های فلسفی و عرفانی، عالم هستی خود یک ارگانیزم زنده است. مولوی نه‌تنها زنده‌بودن عالم هستی را حس می‌کند، بلکه رفتارهایی را که در جلوه‌های طبیعت مشاهده می‌کند از سخاوتمندی آسمان گرفته تا گرمادهی خورشید و از سرسبزی کوه و دشت تا بی‌قراری دریاها همه را نشانه عاشق بودن آن‌ها می‌داند.

اگر این آسمان عاشق نبودی
نبودی سینه او را صفایی
وگر خورشید هم عاشق نبودی
نبودی در جمال او ضیایی
زمین و کوه اگر نه عاشق اندی
نرستی از دل هر دو گیاهی
اگر دریا ز عشق آگه نبودی
قراری داشتی آخر به جایی

اشعار مولوی فقط به ارزش‌هایی چون عشق و عاشقی و رواداری و صلح و تسلیم به تقدیر محدود نمی‌شود، بلکه بسیاری از آن‌ها در ابعاد حماسی جای

می گیرند. حماسه در اشعار مولوی اما با آنچه در اشعار شاعران بزرگ حماسی مانند فردوسی یا هومر می شناسیم، تفاوتی بنیادی دارد. در حالی که عناصر حماسی مانند قهرمانان، پهلوانان، جنگجویان، نیروهای طبیعی و عناصر خیر و شر در شاهنامه، ایلیاد و ادیسه متعلق به دنیای بیرون هستند، همین عناصر اغلب در حماسه مولوی به دنیای درون انسان مربوط می شوند. در واقع جنگجو و پهلوان در حماسه مولوی درون خودآگاه انسان است که با عناصر ناخودآگاهی درونی چون دلبستگی به دنیا، خودخواهی و شرارت نفس می ستیزد و قهرمان حقیقی آن است که بر خویش و نفس خود پیروز می شود و به بیداری می رسد.

بمیرید بمیرید در این عشق بمیرید
در این عشق چو مردید همه روح پذیرید
بمیرید بمیرید و زین مرگ مترسید
کز این خاک برآیید سماوات بگیرید
بمیرید بمیرید و زین نفس ببرید
که این نفس چو بندست و شما همچو اسیرید
یکی تیشه بگیرید پی حفره زندان
چو زندان بشکستید همه شاه و امیرید

***

و یا در این ابیات که انسان با رسیدن به بیداری در درون خود فضایی به وسعت عالم هستی می یابد:

اول ابلیسی مرا استاد بود
بعد از آن ابلیس پیشم باد بود...
آه کردم چون رسن شد آه من
گشت آویزان رسن در چاه من
آن رسن بگرفتم و بیرون شدم
شاد و زفت و فربه و گلگون شدم
در بن چاهی همی‌بودم زبون
در همه عالم نمی‌گنجم کنون

او همچنین به انسان یادآوری می‌کند که مرکز عبادت درون انسان است نه بیرون؛ و اینکه خدا آن‌قدر به انسان نزدیک است که ناخودآگاهی باعث می‌شود که انسان او را نبیند. در ابتدای فصل قبل جمله‌ای از مایستر اکهارت عارف مسیحی نقل کردیم با عنوان «خداوند در منزل درون است این ما هستیم که از منزل بیرون رفته‌ایم»؛ و اینک شباهت این گفته در شعر زیبای مولوی:

ای قوم به حج رفته کجایید کجایید

معشوق همین جاست بیایید بیایید

معشوق تو همسایه و دیوار به دیوار

در بادیه سرگشته شما در چه هوایید

گر صورت بی‌صورت معشوق ببینید

هم خواجه و هم خانه و هم کعبه شمایید

ده بار از آن راه بدان خانه برفتید

یک بار از این خانه بر این بام برآیید

یکی از شگفتی‌های مولوی شهود او در جزئیاتی از اسرار آفرینش بود که هنوز در آن زمان علم از آن‌ها پرده برنداشته بود. توجه مولوی به ذره‌ها و حتی رقص مستانه آن‌ها شباهت‌هایی با رفتار ذره‌های بنیادی در فیزیک کوانتوم دارد که در قسمت سوم کتاب به شرح آن‌ها خواهیم پرداخت. اینکه چطور مولوی به‌نوعی از روند تکاملی موجودات بر روی زمین اشراف داشته روشن نیست. چون تئوری تکامل و داروینیسم در قرن نوزدهم ارائه شد. به‌هرحال در مثنوی زیر مولوی تصویری از تکامل را (اگرچه غیردقیق) ارائه می‌دهد؛ اما از همه مهم‌تر نکته‌ای است که در بیت آخر به آن اشاره می‌کند. او می‌گوید دلیل علاقه انسان به گل و گیاه این است که انسان به شجره تکاملی خود عشق می‌ورزد؛ اما از راز این عشق، بی‌خبر است.

آمده اول به اقلیم جماد

وز جمادی در نباتی اوفتاد

سال‌ها اندر نباتی عمر کرد

وز جمادی یاد ناورد از نبرد

وز نباتی چون به حیوانی فتاد
نامدش حال نباتی هیچ یاد
جز همین میلی که دارد سوی آن
خاصه در وقت بهار و ضیمران
هم‌چو میل کودکان با مادران
سِرّ میل خود نداند در لبان

ما در قسمت اول کتاب تحت عنوان «پیوستن به ابدیت» به تابوی مرگ و شناخت فلسفی آن اشاره کردیم. از اینکه انسان همواره خوفی از مرگ، این طبیعی‌ترین روی زندگی و حیات، در دل خود دارد. این احساس معمولاً پس از میان‌سالی در انسان به وجود می‌آید و چنین بیمی، گاه بر روی زندگی انسان تأثیر می‌گذارد؛ و همچنین گفتیم که زندگی زیباست اما هراس از مرگ در سال‌های پایانی عمر انسان و یا پس از باخبر شدن از یک بیماری کشنده، ثمره‌ای جز رنج ندارد. این مسئلهٔ بسیار مهمی است که به عهده تعلیمات خودشناسی است. هرقدر مرگ را بیشتر تابو کنیم و کمتر از آن سخن بگوییم، خوف بیشتری از آن خواهیم داشت. شناخت از مرگ به‌عنوان طبیعی‌ترین قسمت حیات و قبول آن می‌تواند به کیفیت و آرامش سال‌های زندگی و هر مدت از زمان کوتاهی که از آن باقی‌مانده است، کمک کند. در انتهای آن قسمت دیدیم عطار نیشابوری از مرگ، این پدیده به‌ظاهر وحشتناک چه تصویر زیبایی ارائه داد و در اینجا مولوی است که مرگ را به‌جای غروب، طلوع و به‌جای فروشدن، برخاستن می‌داند. او آن‌سوی مرگ را روشن می‌بیند و با این غزل تصویر زیبایی از مرگ ترسیم می‌کند. لینک این غزل با موسیقی و یک نمونه از ترجمه انگلیسی آن در قسمت آخر منابع برای دوستداران درج‌شده است.[۲۹]

به روز مرگ چو تابوت من روان باشد
گمان مبر که مرا درد این جهان باشد
برای من مگری و مگو دریغ دریغ
به دوغ دیو درافتی دریغ آن باشد
جنازه‌ام چو ببینی مگو فراق فراق

مرا وصال و ملاقات آن زمان باشد
مرا به گور سپاری مگو وداع وداع
که گور پرده جمعیت جنان باشد
فروشدن چو بدیدی برآمدن بنگر
غروب شمس و قمر را چرا زبان باشد
تو را غروب نماید ولی شروق بود
لحد چو حبس نماید خلاص جان باشد
کدام دانه فرورفت در زمین که نرست
چرا به دانه انسانت این گمان باشد
کدام دلو فرورفت و پر برون نامد
ز چاه یوسف جان را چرا فغان باشد
دهان چو بستی از این سوی آن طرف بگشا
که های هوی تو در جو لامکان باشد

از طرف دیگر انسان‌هایی مانند مولوی هرگز نمی‌میرند. مولوی زنده و جاودانه است. نوشته‌های او در خانه‌های بسیاری جای دارد. اشعار او به زبان‌های گوناگون موجود و بر زبان‌های زیادی جاری است. واژه‌های پرقدرت عشق او مکمل جمع عاشقان دنیا و تنهایی سالکان عشق است. رومی با ماست. بر روی قفسه کتاب‌ها، در حافظه و بر روی مونیتور کامپیوترهایمان و در قلوب پیر و جوان ما. سنت سماع او و چرخش مستانه درویشان سماع آور و شباهت جلوه‌های آن به جلوه‌های چرخش بازوان کهکشان‌ها به دور مرکز خود، رقص مستانه کیهان را تداعی می‌کند. تعلیمات معنوی او مانند مشعلی، روشن گر طریق سالکان حقیقت است. کلمات آرام و لطیف او برای جویندگان صلح و آرامش در شرق و غرب، آرامش و صلح به ارمغان می‌آورد. ریتم و وزن اشعار او با سازهای موسیقی همراه می‌شود و زیباترین آثار موسیقی عرفانی و سمفونی‌ها را در سالن‌های مشهور موسیقی در دنیا خلق می‌کند؛ و خلاصه اینکه او ما و مردمان جهان را مست می‌کند، مست شراب عشق و آگاهی خود. همان مستی را که او در همه جلوه‌های طبیعت و کل عالم هستی و

شکوفه‌های آگاهی، عارفان و بی‌خویشان عشق مشاهده می‌کند. (شعر منتسب به مولوی است)

دوش در مهتاب دیدم مجلسی از دور مست
طفل مست و پیر مست و مطرب و تنبور مست
ماه داده آسمان را جرعه‌ای زان جام و می
ماه مست و مهر مست و سایه مست و نور مست
بوی زان می چون رسیده بر دماغ بوستان
سبزه مست و آب مست و شاخه و انگور مست
خورده رضوان ساغری از دست ساقی الست
عرش مست و فرش مست و خلد مست و حور مست
زان طرف بزم شهانه از شراب نیم جوش
تاج مست و تخت مست و قیصر و فغفور مست
صوفیان جمعی نشسته در مقام بی‌خودی
خرقه مست و جُبّه مست و شبلی و منصور مست

اما مولوی متعلق به کیست و اهل کدام مرزوبوم است؟ این افتخار متعلق به کدام ملت است؟ ایرانیان او را از آن خود می‌دانند زیرا اشعار او به فارسی است. ملت افغانستان او را به خود اختصاص می‌دهد چون جلال‌الدین بلخی در سرزمین آن‌ها تولد یافته است. مردمان ترکیه سهم بزرگی از رومی را طلب می‌کنند، به دلیل آنکه او را در آغوش گرفتند، جلال‌الدین در آنجا مولوی و رومی شد و در آنجا زیست و در قونیه آرام گرفت؛ اما تعداد زیادی از مردمان آمریکا نیز با عشق مولوی زیسته‌اند، هر مصراعی از شعر او را با واژه‌های انگلیسی پیکربندی می‌کنند، آذین می بندند و از آن معرفت و آرامش کسب می‌کنند.

بهر جهت مولوی مرکز مجادله نیست، او محور عشق، صلح و آگاهی است. او بی‌خویش، بی‌زمان و بی‌مکان است.

مکانم لامکان باشد نشانم بی‌نشان باشد
نه تن باشد نه جان باشد که من از جان جانانم

❖ ❖ ❖

مایستر اکهارت

دنیای مسیحیت نیز عارفان فراوانی به خود دیده است؛ اما عده‌ای از این عارفان جایگاه ویژه‌ای در تاریخ دارند و بدون شک مایستر اکهارت یکی از آن‌هاست. آنچه جایگاهی ویژه به عارفی می‌دهد، شاید در شجاعت و درجه آگاهی معنوی او است که درعین‌حال فراتر از محدودیت‌های سنت و نُرم به پرواز درمی‌آید. آنچه کارهای یک عارف یا محقق را جذاب می‌نمایانند، ویژگی کلمات و تعلیمات اوست که حتی در دنیای مدرن نیز تازه و شاداب هستند. آنچه روش آن‌ها را مورد اعتماد می‌کند این است که نسل جدید بتواند آن را درک کند و اصول آموزه‌هایی که با آموزه‌های عارفان و محققان دیگر همخوانی و سازگاری داشته باشد. از این طریق است که آموزه‌های او موجبات سردرگمی جویندگان حقیقت را فراهم نخواهد آورد. چنین جاذبه‌ای را می‌توان در شباهت‌ها و سازگاری‌های آموزه‌های مایستر اکهارت، مولوی، منصور حلاج، ابن عربی و عارفانی چند در دنیا مشاهده کرد. درحالی‌که این مردان خِرَد ازنظر جغرافیایی و فرهنگی باهم فرسنگ‌ها فاصله داشتند. آن‌هم قرن‌ها پیش که تکنولوژی ارتباطات به شکل امروزی میسر نبود.

آموزه‌های مایستر اکهارت نیز مانند بیانات منصور حلاج اشاره به این دارد که خداوند و حق و حقیقت آن‌قدر به انسان و دنیای درون او نزدیک است که انسان به دلیل این نزدیکی و یا به دلیل توهمات اجتماعی آن را نمی‌بینند و یا آن را در دنیای بیرون جستجو می‌کند. چنین تشابهی را می‌توان به سهولت در گفته‌های عارفان دیگر مانند مولوی و حلاج مشاهده کرد.

«خداوند در منزل درون است این ما هستیم که از منزل بیرون رفته‌ایم»

مایستر اکهارت

مایستر اکهارت، عارف، فیلسوف، دین‌شناس، شاعر و نویسنده آلمانی قرن چهاردهم است. او در سال ۱۲۶۰ میلادی به دنیا آمد. اکهارت صاحب خطابه‌ها و نوشته‌های متعددی است که به زبان لاتین و آلمانی نوشته‌شده است. این خطابه‌ها موضوعاتی چون نوعی از وحدت با عالم هستی و اتحاد و اتصال به خدا، درک عشق الهی، آگاهی معنوی و هنر چگونه زیستن را شامل

می‌شود. گفته می‌شود که مایستر اکهارت نقش بسزایی در توسعه زبان آلمانی داشته است. آثار منتشر یافته مایستر اکهارت شامل چهار اثر عمده ازجمله حدود صد خطابه و سه رساله با نام‌های «مباحث و تعلیمات»، «دفتر تسلی الهی» و «دل کندن از تعلقات دنیوی» است.

مایستر اکهارت در آموزه‌های خود مراحل اتحاد و اتصال را شرح می‌دهد. در این مراحل انسان می‌بایست ابتدا خود را از تعلقات دنیوی جدا کند، خود را از ناخالصی‌ها پاک کند و بُعد درونی و منزل وجود خود را برای خدا آماده کند.

به دلیل دیدگاه‌های نامرسوم در رابطه با خداشناسی بود که کلیسای آن زمان به او اتهام انحراف از دین زد. در یکی از دفاعیات خود، اکهارت متذکر شد که او ممکن است اشتباه کند اما کفر نمی‌گوید و اینکه اشتباه محصول ذهن است و کفر محصول قلب. او همچنین اعلام کرد که آموزه‌های او «حقیقت عریان» است. البته قبل از اعلام آخرین حکم علیه او در سال ۱۳۲۹ او در سال ۱۳۲۸ درگذشت.

مایستر اکهارت در آموزه‌های عرفانی خود تأکید می‌کند که انسان باید جستجوی خدا را ابتدا از درون خود آغاز کند. جدا شدن از تعلقات دنیوی که او عنوان می‌کند به این معنی نیست که انسان باید از کار و زندگی، امور و نیازهای آن کاملاً دست بکشد؛ زیرا هنگامی که انسان از درون به خدا متصل شد، این اتصال همواره با او خواهد بود؛ و او چه در حال عبادت باشد و چه در حال کار و انجام امور زندگی، هیچ‌گاه از خدا دور نخواهد بود.

گفتیم توهم زمان و حقیقت بی‌زمانی در عالم هستی نوعی آگاهی است که عارفان شرق و غرب به آن واقف‌اند، اما به نظر می‌رسد که مایستر اکهارت یکی از اولین فیلسوفان و عارفانی بوده که آن را به‌روشنی بیان کرده است. این یکی از گفته‌های مهم مایستر اکهارت است.

«زمان حال تنها مقطعی از زمان است که از ازل بوده و تا ابد خواهد بود. چیزی به اسم دیروز و امروز وجود ندارد. هر چه هست اکنون است»

در اینجا با اشاره به سخنانی از این عارف بزرگ و پس از معرفی چند عارف زن، قسمت دوم کتاب را به پایان برده و به قسمت سوم تحت عنوان علم و هوشیاری عالم هستی خواهیم پرداخت.

«آنچه ما در زمین افکار خود کشت می‌کنیم در میدان عمل برداشت خواهیم کرد»

«می‌توانید خدا را به نام عشق و به نام خوبی‌ها بخوانید اما بهترین نام برای او "بخشنده" است».

«آنچه خدا از انسان می‌خواهد آرامش قلب اوست»

❖ ❖ ❖

عارفان زن

به نظر می‌رسد که تعداد زنانی که در ادیان و مکاتب فکری از دانش عرفانی برخوردار بوده‌اند، کم نباشد؛ و مسلماً نمی‌توان از همه آن‌ها نام برد؛ بنابراین فقط به سه زن عارف اشاره خواهیم نمود. انتخاب این شخصیت‌ها که بنا به آثار و اندیشه‌های آن‌ها صورت گرفته است، شامل الکساندرا دیوید نیل از آئین بودائی، تریسا آویلا از دنیای مسیحیت و رابعه بصری (رابعه عَدَوِیّه) از دنیای اسلام هستند.

الکساندرا دیوید نیل (۱۹۶۹- ۱۸۶۸)، [۳۰] عارف، معلم معنویت و نویسنده بلژیکی-فرانسوی قرن بیستم است. او صاحب سی جلد کتاب در موضوعاتی در رابطه با فلسفه و ادیان شرق است. یکی از معروف‌ترین آثار او «شگفتی و رمز و راز در تبت» نام دارد. او در طول عمر خود به بسیاری از کشورها و مناطق خاور دور سفر کرد و در سفرهای خود به تعلیمات معنویت بخصوص فلسفه بودائیسم پرداخت.

« خِردمند آن است که به چیزی امید نبندد و انتظاری نداشته باشد زیرا فقط در چنین رویکردی است که ناامیدی جایی ندارد.»

از عارفان مسیحی تریسا آویلا [۳۱] معروف به سانتا تریسا (۱۵۸۲-۱۵۱۵) عارف، دین‌شناس اسپانیایی است. او نویسنده متونی عرفانی همچون اتوبیوگرافی، طریق کمال و قلعه درون است.

«در جسم انسان عیبی وجود دارد و آن این است که هرقدر برای آن راحتی فراهم شود به همان نسبت بیشتر نیازمند خواهد بود»

از عارفان مسلمان رابعه بصری (عَدَوّیه) (۸۰۱-۷۱۸) [۳۲] است که در شهر بصره عراق و در یک خانواده فقیر به دنیا آمد و چون فرزند چهارم خانواده بود، نام رابعه بر او نهادند. پس از مرگ پدر، زندگی وی مدتی به‌سختی گذشت و او از سه خواهر خود جدا شد و زندگی خود را وقف عبادت و عرفان نمود. سخنانی مترقی به او نسبت داده‌شده که نشان از آگاهی معنوی وی دارد. یکی از نکته‌هایی که همواره به خود و دیگران یادآور می‌شد این بود که عبادت خدا نباید از بیم تنبیه و یا اشتیاق پاداش باشد بلکه می‌بایست به‌صورت عشقی بدون قید و شرط نسبت به خدا باشد.

عطار نیشابوری در تذکرة الأولیاء خود رابعه را ستوده و حکایت‌هایی را از زندگی او و همچنین گفته‌هایی از او را نقل کرده است.

از سخنانی که به رابعه بصری نسبت داده‌شده است به دو نمونه اشاره می‌شود.

«خدایا، اگر تو را از بیم آتش جهنم بپرستم، مرا به جهنم بفرست و اگر تو را در انتظار بهشت عبادت کنم، مرا از بهشت محروم کن و اما اگر تو را فقط برای خود تو بپرستم مرا از پذیرش خود محروم مگردان»

«هیچ حیوانی سرکش‌تر از نَفْس انسان نیست»

و در انتها، این ترجمه شعری است از انگلیسی، منسوب به رابعه بصری:

در منزل وجود من، معبدی هست، کلیسا و مسجدی
جایی که من در آن به دعا می‌نشینم
عبادت مرا به محرابی می‌برد که روی آن نه نامی هست
و نه به دور آن حصاری کشیده‌اند
جایی که از بی‌خویشی پر می‌شود
جایی که بال‌ها زنده‌اند، بدون ذهن و جسم
در منزل وجود من، معبدی هست، کلیسا و مسجدی
جایی که از او پر می‌شود و من در آن ناپدید.

❖ ❖ ❖

قسمت سوم

علم، و هوشیاری عالم هستی

چه دانستم که این دریای بی‌پایان چنین باشد.

عطار نیشابوری

فصل ۱۱ - ارتباط بین علم و عالم معنا

مقدمه

معمولاً کتاب‌هایی که در پیرامون خودشناسی و بُعد درونی انسان به بحث می‌پردازند، سروکار زیادی با یافته‌های علمی ندارند؛ اما امروزه وضع کمی تغییر کرده است. این تغییر رویکرد مخصوصاً پس از اولین یافته‌های رازآلود فیزیک کوانتوم در نیمه اول قرن بیستم شروع شد. هنگامی که فیزیکدان مشهور نیلز بور [۳۳] پس از مشاهدات متعدد در رفتار ذرات بنیادی به آلبرت اینشتین اطلاع داد که خود عمل اندازه‌گیری یا تحت نظر گرفتن مراحل آزمایش بر رفتار ذرات بنیادی یعنی اتم‌ها، الکترون‌ها و یا فوتون‌ها تأثیر می‌گذارد. به واکنش اینشتین و سایر فیزیکدان‌ها در این مورد متعاقباً اشاره خواهد شد؛ اما ازآن‌پس و مخصوصاً در سال‌های اخیر بسیاری از دانشمندان فیزیک، بیولوژی و نورولوژی با یافته‌های علمی با نگاهی فراتر و عمیق‌تر از ابعاد علمی آن برخورد کرده‌اند. امروزه بسیار معمول است که دانشمندان فیزیک تئوری، بیولوژی و یا نورولوژی با عارفان، معلمان عرفان و معنویت و مردان خِرَد بنشینند و یافته‌های علمی فیزیک کوانتوم، عملکرد مغز، ذهن و هوشیاری را با بعضی از اشاره‌های عرفانی و فلسفی شرق و غرب مقایسه کنند.

حقیقت این است که علم محصول طبیعت است و این شگفتی‌های طبیعت بوده و است که انسان‌های کنجکاو را به تفکر، اکتشاف و اختراع وامی‌دارد. ازجمله این شگفتی‌ها می‌توان جوانب ریاضی گونهٔ هر آنچه در معرض دیدمان

۲۶۳

است، قوانین فیزیک بر روی سیاره و در فضا، مشاهدات در دنیای میکروسکوپی هستند و نیازهای نوع بشر که دانشمندان و مهندسین را برای بهبود زندگی او به کار و تلاش ترغیب می‌کند.

تعداد بسیار زیادی از فن‌آوری‌ها از روی مدل‌های طبیعی اختراع و ساخته می‌شوند؛ مثلاً هواپیما و یا کامپیوتر. بعلاوه با شناخت بیشتر مدل‌های طبیعی مانند انواع ارگانیزم‌ها، گیاهان و جانوران و انسان، سؤالات متعددی مطرح می‌شود و به دنبال پاسخ برای هرکدام از آن پرسش‌ها، پرسش‌های جدیدتری مطرح می‌شود که هنوز جوابی برای آن‌ها نیست.

خودِ عالم هستی بسیار پیچیده و اسرارآمیز است. مثلاً انسان اکنون می‌داند که ساختمان هر آنچه در عالم هستی وجود دارد، از جسمهان گرفته تا سیاره ما و ستارگان همه از اجزایی بسیار کوچک به نام اتم تشکیل‌شده‌اند؛ اما هنوز نمی‌دانیم که چرا همه‌چیز باید از اتم‌ها ساخته شده باشد و یا چرا اتم‌ها باید این‌چنین کوچک و دارای ساختمانی چنین پیچیده و عجیب باشند.

بشر هنوز درک قاطعی از وسعت عالم هستی ندارد و آنچه تاکنون به آن دست‌یافته عالم هستی قابل رصد است. او هنوز نمی‌داند که عالم هستی سیستمی بسته است و یا سیستمی باز و بینهایت و درصورتی‌که جهان بینهایت باشد که این‌طور به نظر می‌رسد، هنوز درکی از مفهوم بینهایت ندارد و نمی‌تواند بینهایت را تعریف کند. تا همین‌جا هم نمی‌داند چرا عالم هستی می‌بایست این‌چنین وسیع باشد. مشکل این است که بسیاری از این پرسش‌ها و معیارها زمینی‌اند. برای مثال دلیل اینکه بینهایت برای ما انسان‌ها قابل‌تعریف نیست، به این جهت است که انسان، حواس و علم او با استفاده از ابعاد و واقعیت‌های فیزیکی که برایش قابل‌درک است، در پی تعریف بینهایت است. به زبان ساده‌تر سؤالی مانند «وسعت عالم هستی چقدر است؟»، خود یک سؤال زمینی است و از دید عالم هستی، خودِ سؤال غلط است. چون با مطرح کردن چنین سؤالی انسان به دنبال جوابی است که در آن ابعاد و مرزهای انتهایی عالم هستی برای او اندازه‌گیری شود، بدون اینکه بتواند جنس و خواص چنین مرزهایی را تصور، درک یا تعریف کند. حال اگر برفرض هم چنین خطی از آن مرزهای فضایی قابل‌تصور بود جنس عالم هستی ورای

آن مرزها چه خواهد بود؟ اینجاست که عالم هستی دوباره خارج از محدوده درک انسان به بینهایت می‌رود و انسان را مات، متحیر و خسته در «چه دانم‌های بسیار او» جا می‌گذارد؛ به‌عبارت‌دیگر چون انسان سؤالی غلط را در پیش روی عالم هستی مطرح کرده است، عالم هستی نیز جوابی برای انسان ندارد.

چه دانستم که سیلابی مرا ناگاه برباید
چو کشتی‌ام دراندازد میان قلزم پرخون
زند موجی بر آن کشتی که تخته تخته بشکافد
که هر تخته فروریزد ز گردش‌های گوناگون
چه دانم‌های بسیار است لیکن من نمی‌دانم
که خوردم از دهان‌بندی در آن دریا کفی افیون
مولوی

عالم هستی از فضا، ماده و فُرم‌ها تشکیل‌شده است. پیشرفت علم بسیاری از چندوچون ماده به‌عنوان اجزاء تشکیل‌دهنده فُرم‌ها مثل موجودات زنده، جانوران و گیاهان سر درآورده است و دقیقاً به ما می‌گوید که آن اجزای کوچک در مقیاس‌های سلولی، مولکولی و اتمی چگونه‌اند و چگونه عمل می‌کنند؛ اما تئوری‌های علمی جواب زیادی برای چگونگی تشکیل فُرم‌ها ندارند (منظور از «فُرم»، مثلاً یک پرنده و یا یک پلنگ و یا یک گل است – لحظه‌ای به تصویر یک پلنگ نگاه کنید، آیا باعقل جور درمی‌آید که چنین هیبت زیبا و پیچیده‌ای از تقسیمات ساده و تکثیر موجودی تک‌سلولی تکامل بیابند، بدون اینکه نوعی هوشمندی در پس چنین تکاملی وجود داشته باشد؟). هرقدر هم علم امروز پیشرفته باشد، پیچیدگی و کمال فرم‌ها پدیده‌ای نیست که بتوان به‌سادگی از آن گذشت. درست است که انسان به این نکته پی برده است که اجزای تشکیل‌دهنده همه فُرم‌ها عناصر طبیعی و اتم‌های آن‌هاست، اما تنوع بیش از هشت میلیون گونه متفاوت نمی‌تواند امری تصادفی باشد. درست است که یک کوزه از آب و گِل ساخته می‌شود، اما کوزه‌گری باید آن را شکل دهد. این راهم می‌دانیم که کوزه‌گر عالم هستی

کوزه‌هـای فُرم‌هـای حیـات را شـکل می‌دهـد، چیـزی کـه نمـی‌دانیم ایـن اسـت چـرا بـه ایـن اشـکال و چـرا بـر ایـن منـوال و ایـن شـرایط؛ و ایـن چراهـا خـود از هـزاران نایافته‌های عالم هستی است.

جامی است که عقل آفرین می‌زندش
صد بوسه ز مهر بر جبین می‌زندش
این کوزه‌گر دهر چنین جام لطیف
می‌سازد و باز بر زمین می‌زندش
خیام

در بحـث خودشناسـی، شـناخت علمـی عـالم هسـتی بـه مـا کمـک می‌کنـد تـا جـا، مکـان و مقـام خـود را در ایـن اقیـانوس هسـتی بیـابیم. کشـف عـالم هسـتی در دو مقیـاس ماکروسـکوپی و میکروسـکوپی به‌منزلـۀ کشـف خودمـان اسـت؛ زیـرا نـه‌تنها انسـان بخشـی از عـالم هسـتی اسـت، بلکـه بخشـی از عـالم هسـتی در اوسـت. ایـن دانـش سـپس بـه مـا کمـک می‌کنـد تـا آن را در راه خودآگـاهی و زنـدگی آگاهانـه کـه در قسـمت اول کتـاب بـه آن پـرداختیم، بکـار ببـریم. هنگامی‌کـه تـا حـد امکـان بـه وسـعت جهـان و اقیـانوس بی‌کـران هسـتی آگـاهی یـافتیم، خـود را ماننـد قطـره‌ای از ایـن اقیـانوس جـدا نخـواهیم پنداشـت و ایـن درک بـه بیـداری معنوی‌مان کمک خواهد کرد.

علـم بـه عـالم هسـتی و وسـعت آن در هـر دو مقیـاس ماکروسـکوپی و میکروسـکپی یعنـی کیهـان و اتـم، همـواره بـه انسـان یـادآوری خواهـد کـرد کـه او بـیش از ایگـو و مـن سـاختگی اسـت؛ و ایـن دانـش به‌نوبـه خـود بـه او یـاری می‌دهـد تـا بـه زنـدگی و مسـائل آن بـا آگـاهی بیشـتری کنـار بیایـد. ایـن یـک حالـت از هوشـیاری معنـوی اسـت کـه انسـان وارد آن می‌شـود. در ایـن حالـت ایگـو یعنـی آن «مـنِ» کوچـک واقعیـت خـود را در وسـعت عظـیم میـدان هوشـیاری از دسـت می‌دهـد. پـس‌ازآن، وجـودی این‌چنـین هشـیار و وسـیع هرگـز بـر خـود رنجـی تحمیـل نمی‌کنـد و چـون خـود را بـه‌عنوان قطـره‌ای از اقیـانوس بی‌کـران هسـتی می‌دانـد، بـه همنـوع خـود یعنی دیگر قطرات همین اقیانوس نیز بد نمی‌کند.

از منظـر دیگـر وقتـی بـه طبیعـت می‌نگـریم، جلوه‌هـای آن را به‌گونـه‌ای پیچیـده و هوشـمند مـی‌بینیم کـه ایـن کمـال و پیچیـدگی جـدا از حقیقـت آفـرینش و

مصلحت آفریننده، خود نوعی هوشمندی عالم هستی را نیز به ما نشان می‌دهد؛ یعنی عالم هستی شامل همه کائنات، کهکشان‌ها، ستارگان منظومه‌ها و منظومه شمسی شروع‌شده و به سیارات و سیاره‌مان زمین و یک درخت، یک عنکبوت و یا اعضای بدن انسان مانند قلب و ریه‌ها ادامه خواهد یافته است. در تمام این مجموعه می‌توان نوعی هوشمندی یافت. موضوع بحث در این قسمت از کتاب، این هوشمندی است و بعلاوه رمز و رازی دیگر، و آن "هوشیاری" است. پس در این قسمت از کتاب قصد آن داریم که با کمک یافته‌های علمی به دو راز عالم هستی بپردازیم؛ هوشمندی و دیگری هوشیاری عالم هستی. در طول کتاب بخصوص در فصل پانزدهم تحت عنوان هوشیاری عالم هستی، فرق هوشمندی (Intelligence) و هوشیاری (Consciousness) به‌تفصیل شرح داده خواهد شد.

تئوری تکامل و بقای طبیعی و همچنین بحث‌های منطقی و علمی امروزه در بیشتر طیف‌های جامعه یعنی بین عارفان و اندیشمندان دینی پذیرفته‌شده است؛ اما طیف ماتریالیستی علوم و یا سکولارهای فلسفی معمولاً با آفرینش و هوشمندی ورای جهان ماده مشکل‌دارند و آن را مغایر با علم می‌دانند و یا با رجوع به پیشرفت علم و تئوری تکامل به رد آفرینش و هوشمندی جهان می‌پردازند. این در حالی است که هنوز دلیل منطقی برای مغایرت این دو واقعیت ارائه نشده است. تنها نقطه رجوع این‌ها این است که چون ادیان با بیانی متافیزیکی و یا عرفانی چگونگی آفرینش را شرح داده‌اند، چنین دیدگاهی با تئوری فیزیکی پیدایش کائنات و تکامل تدریجی حیات از تک‌سلولی به جانوران و گیاهان و انسان از نگاه علمی فاصله دارد؛ بنابراین از دید آن‌ها این دو دیدگاه فلسفی-عرفانی و علمی باهم مغایرت دارند و یکدیگر را نفی می کنند.

دلیل چنین مقابله‌ای از سوی ماتریالیست‌ها، پیدایش گروهی با عنوان «طراحی هوشمند» در آمریکاست این گروه تئوری تکامل را قبول ندارند. حال بین این درگیری، آن طیفی که هر دو ویژگی آفرینش و طبیعت، اعم از تئوری تکامل، علم و آفرینش به عقلشان جور درمی‌آید، قرارگرفته‌اند. این گروه اخیر دانشمندان و یا متفکرین پُست ماتریالیست نام دارند. بهر جهت

استدلال دینی در تخصص این کتاب نیست و در عوض در قسمتی از آن از زاویه دیگر چنین عدم تضاد بین آفرینش و تئوری تکامل را نشان می‌دهد. استدلال این بحث این است که خود تکامل جزئی از آفرینش است. دلیلی ندارد که پیدایش فیزیکی عالم هستی و مراحل تکامل حیات نوعی آفرینش نباشد. عالم هستی یک سیستم سماع کیهانی است و طبیعت شاعر است و آفریدگار با هر حقیقت وجودی قادر است این جهان را آن‌طور که می‌خواهد بیافریند و در آن تغییر بدهد.

به‌علاوه، آن‌طور که ماتریالیست‌ها شکل کنونی حیات و تکامل را به‌صورت یک ستیز و بقای دائمی می‌بینند، از دید بسیاری از مکاتب فلسفی و عرفانی چنین نیست. ستیز و بقایی وجود ندارد. در طبیعت غالب و مغلوبی نیست. ماهی بزرگ‌تری که ماهی کوچک‌تر را می‌بلعد جزء یک سیستم‌اند و یکدیگر را کامل می‌کنند. شیر و آهو از دید طبیعت جزء یک سیستم‌اند؛ نه دو، زنبور و گل و گیاه نیز یک سیستم، حشره و عنکبوت هم یک سیستم که یکدیگر را کامل می‌کنند. از دید طبیعت و عالم هستی جنگی در کار نیست، برد و باختی نیست و نه پیروزی و شکستی هم. آنچه هست رقصی هماهنگ است از انبساط کیهان و چرخش کهکشان‌ها تا باز شدن یک گل و چرخش الکترون‌ها به دور اتم‌ها در سلول‌های گلبرگ‌های آن.

در این رقص طبیعت اما، از زنده‌بودن و هوشمندی آن نمی‌توان چشم‌پوشی کرد. نه‌تنها هوشمندی در همه‌چیز مشهود است، در یک درخت، در خود سیاره زمین، در امواج الکترومغناطیسی، در قوه جاذبه، در اتمسفر دور زمین و در پیچیدگی همه جلوه‌های طبیعی، بلکه این عناصر هوشمند را می‌توان جزئی از یک هوشمندی عظیم‌تر دانست و آن هوشمندی عالم هستی است. مثلاً سیاره زمین را نباید کره‌ای دانست که فقط جلوه‌های حیات را بر سطح خود حمل می‌کند، بلکه زمین یک ارگانیزم زنده است. آخر چطور می‌توان یک درخت را زنده دانست و انسان را که از ذره‌های همین زمین تشکیل‌شده است، زنده و هوشمند دانست، آنگاه خود سیاره را که زندگی و نهاد هوشمندی در آن جریان دارد، به‌عنوان فقط یک جرم سماوی ایستا پنداشت.

زمین نه‌تنها زنده است بلکه هوشمند و آگاه نیز است. این هوشمندی جزئی کوچک از یک هوشمندی بزرگ‌تر است، هوشمندی عالم هستی.

شاید بتوان این‌طور نتیجه گرفت که انسان ازآن‌جهت به هوشمندی و هوشیاری مجهز شده است تا بتواند به‌وسیله این دو نهاد درونی به هوشمندی و هوشیاری عالم هستی ورای ابعاد فیزیکی آن پی ببرد و یا لااقل به آن بیندیشد وگرنه چه نیازی به وجود پدیده هوشمندی و هوشیاری در انسان و در سطح سیاره ما بود؟

همان‌طور که قبلاً به آن اشاره شد، علم و معنویت مترقی و یا عرفان با یکدیگر در تضاد نیستند. اسرار جهان آفرینش هیچ‌گاه در مقابل چشم انسان گشوده نخواهد شد. شاید محکم‌ترین ارتباط بین فیزیک و متافیزیک و بین علم و عرفان «ناشناخته‌های عالم هستی» است. این چشمان تیزبین فلاسفه و عرفا بوده که در عالم هستی رمز و راز می‌دیده‌اند، آن را بیان می‌کرده‌اند و علم به دنبال آن پدیده‌ها می‌رفته است.

شاید با واقعیتی این‌چنین از اوضاع درهم‌ریخته جهان، فرصت خوبی برای علم و معنویت باشد تا دست در دست هم، گره از مشکلات انسان بگشایند و به مصائب و رنج بشر پایان دهند. نوع بشر اکنون به هر دو حوزه علم و معرفت نیاز دارد. بدون علم؛ گمراهی، جهالت، بیماری، فقر، گرسنگی و عقب‌ماندگی دامن‌گیر بشر می‌شد و بدون معنویت و بُعد درونی انسان، او ماشینی خودخواه و بی‌اخلاق بود و با زندگی ناآگاه و خلافکاری و افکار و احساست منفی از این بیش، هم به خود و هم به همنوع خود رنج و مصائب بیشتری تحمیل می‌کرد.

برای گذر از بُعد معنوی و عرفانی هستی به بُعد علمی آن، مباحثی علمی و فنی انتخاب شده که به بیداری و آگاهی انسان می‌افزاید. این مباحث شامل جهان ماکروسکوپی، جهان میکروسکوپی، مشاهداتی در هوشمندی و هوشیاری عالم هستی، سیستم‌های طبیعی، ماشین و طبیعت، و منبع هوشیاری، و در انتها سفرنامه‌ای فرضی از موجودات فضایی به عنوان تلنگری برای بیداری، خواهد بود.

فصل ۱۲ - جهان ماکروسکوپی

❖❖❖
کیهان‌شناسی - مقدمه‌ای کوتاه

علم نجوم سابقه‌ای بس طولانی دارد. بابلیان اولین منجمانی بودند که کیهان‌شناسی را در ۴۰۰۰ سال پیش آغاز کردند. نجوم در آن زمان به حرکت اجرام سماوی قابل رؤیت و سیارات نزدیک به زمین و خورشید و پیش‌بینی خسوف و کسوف محدود می‌شد.

در فاصله بین قرون شانزدهم و هجدهم، مدل واقع‌بینانه‌تری از کهکشانمان، ستاره‌های آن و منظومه شمسی از طریق گالیله و نیوتُن ارائه داده شد. گالیله به کمک تلسکوپ‌های جدیدتر توانست ماه‌های اطراف سیاره مشتری را کشف کند و از این طریق به این حقیقت پی برد که زمین هم می‌تواند به دور خورشید بچرخد. نیوتن هم به دنبال یافته‌های گالیله به این نتیجه رسید که تعداد ستارگان در فضا به‌مراتب بیشتر از آنند که با چشم غیرمسلح قابل‌رؤیت باشند و از همه مهم‌تر اینکه خورشید ما هم یکی از آن ستارگان است.

در سال ۱۹۲۰ اخترشناس آمریکایی ادوین هابل (۳۴) به دو کشف مهم دست یافت. یکی اینکه در ماورای کهکشانمان راه شیری، کهکشان‌های دیگری وجود دارند و دوم اینکه این کهکشان‌ها با سرعتی به‌تناسب فاصله خود از کهکشان ما از ما دور می‌شوند. این انبساط کیهانی نشانه آن بود که مبدأ انبساط یک نقطه و احتمالاً یک انفجار بوده که بعدها در قالب نظریهٔ مه‌بانگ یا انفجار بزرگ (۳۵) اعلام شد.

۲۷۱

وقتی انسان شگفتی‌ها و وسعت جهان را در هر دو مقیاس کیهانی و اتمی مشاهده می‌کند، گویی که عالم هستی بیشتر اسرار خود را از نظر انسان پنهان می‌کند. تلسکوپ‌ها قوی‌تر و پیشرفته‌تر می‌شوند و فضای کیهانی منبسط و از ما دورتر می‌شوند. میکروسکوپ‌ها قوی‌تر و دقیق‌تر و پیشرفته‌تر می‌شوند و ساختمان اتم کشف می‌شود، اما دانشمندان به وجود ذرات بنیادی‌تری پی می‌برند. گویی عالم هستی در مقیاس میکروسکوپی نیز نه‌تنها کوچک‌تر می‌شود بلکه در این مقیاس هم به بینهایت می‌رود. شاید عالم هستی و هوشمندی آن مایل نیست که انسان به انتهای این اسرار برسد و از رمز و راز آن سر دربیاورد. (این دیدگاه فلسفی متعلق به آلن واتس است)

شاید هم دلیل آن این باشد که فعلاً هوشمندی عالم هستی به انسان‌ها اعتمادی ندارد. شاید اگر انسان‌ها به یک بیداری جمعی دست بیابند، جهان هوشمند بگذارد انسان به اسرار بیشتری دست بیابد. نباید فراموش کنیم که جهان هوشمند اجازه داد تا بشر اتم را بشکافد تا از طریق آن به انرژی بیشتری برای راحتی و بقای نوع خود دست بیابد، اما انسان از این کشف برای ساخت سلاح‌های کشتارجمعی استفاده کرد. در دو نوبت از این سلاح‌ها استفاده کرد و به فجیع‌ترین وضعی جان صدها هزار انسان را گرفت و هنوز به گونه‌ای جنون‌آمیز به ساخت و انبار کردن این سلاح‌ها ادامه می‌دهد. جای‌جای این سیاره حساس از آزمایش‌های هسته‌ای - هیدروژنی زخمی است، زخمی ناآگاهی انسان. پس چرا عالم هستی در دو جهت ماکروسکوپی و میکروسکوپی به بینهایت نرود و انسان را از رمق نیندازد؟ البته این دیدگاه نباید با کار و تلاش علمی برای کشف هر چه بیشتر عالم هستی و در تضاد با آن باشد.

❋ ❋ ❋

نظریه نسبیت اینشتین

گذشته از اهمیت علمی آن، تئوری عام نسبیت اینشتین از زیبایی و شگفتی عمیقی برخوردار است. این تئوری نکته‌های بسیار جالبی درباره واقعیت قسمتی از ویژگی جهان هستی آشکار می‌کند؛ اما قبل از پرداختن به

ویژگی‌های تئوری نسبیت بهتر است حدود سیصد سال به عقب برگردیم؛ و آن هنگامی بود که اسحاق نیوتن به نیرویی که باعث فرو افتادن سیب از درخت شد، پی برد. نیوتن دریافت که همان نیرویی که سیب را به‌سوی زمین می‌برد همان نیرویی است که سیارات را به دور خورشید و ماه را به دور زمین نگه می‌دارد، از گریز آن‌ها از مرکز جلوگیری کرده و باعث گردش آن‌ها به دور خورشید می‌شود. نیوتن این نیرو را قوه جاذبه نام نهاد و فرمولی که برای آن نوشت تا امروز نیز برای بیشتر کاربردهای مکانیک به‌خوبی عمل می‌کند. بشر با استفاده از همین فرمول برای پرتاب موشک و یا حتی نشاندن سفینه بر روی کرات دیگر استفاده می‌کند. اتفاقاً از روی همین فرمول بود که متخصصین فضا فیزیک به وجود دورترین سیاره منظومه شمسی یعنی پلوتو پی بردند. این هنگامی بود که متوجه شدند جرمی بر مدارگردی نپتون در منظومه شمسی تأثیر می‌گذارد و هرگاه به شعاع این مدار کم و زیاد می‌کند. با چنین مشاهده‌ای و از روی محاسبات با استفاده از فرمول جاذبه نیوتُن مطمئن شدند که باید سیاره دوردست‌تری هم در منظومه شمسی وجود داشته باشد که باعث این تأثیر جاذبه بر روی نپتون می‌شود. این به کشف نهمین سیاره منظومه شمسی ختم شد. سیاره‌ای کوچک بافاصله ۲/۷ میلیارد مایل از زمین به نام پلوتو.

اگرچه نیوتُن نیروی جاذبه را به‌خوبی و تحت شرایطی خاص به‌درستی به تصویر کشید و آن را فرمول‌بندی کرد، اما هرگز نتوانست توضیح دهد که این نیرو در اصل از چه تشکیل‌شده است و از کجا می‌آید. گذشت زمان این معما را بر روی میز دانشمندی جوان به نام آلبرت اینشتین قرارداد.

اینشتین در بیست‌سالگی خود در ۱۹۰۰ در یک دفتر ثبت اختراعات در شهر بِرن سوئیس مشغول کار بود و هم‌زمان شیفته کشف ویژگی‌های نور شده بود و با جدیت بر روی خواص نور تحقیق می‌کرد. در این زمان بود که او ثابت کرد سرعت نور منتهای سرعت در عالم هستی است و به‌عبارت‌دیگر هیچ ماده و پدیده فیزیکیِ دیگر نمی‌تواند به این سرعت برسد.

اما این یافته اینشتین تا حدودی با فرمول جاذبه نیوتُن همخوانی نداشت. زیرا در فرمول نیوتن متغیر فاصله یا طول وجود داشت. این متغیر فاصله بین دو

شیء بود که یکدیگر را جذب می‌کردند. در این فرمول جایی برای زمان بین شروع تأثیر نیروی جاذبه در بین دو جسم نبود. مثال زیر این اختلاف بین سرعت نور و فرمول جاذبه نیوتن را روشن‌تر می‌کند

اکنون زمین براثر نیروی گرانشی به دور مدار خورشید در حال گردش است. حال اگر فرض کنیم که در یک‌لحظه خورشید از درون منفجرشده (که البته این انفجار در ستارگان معمول است و به ابر اختر مشهور است) یعنی در یک آن، خورشید از بین برود، طبق قانون نیوتن زمین بدون هیچ وقفه‌ای یعنی پس از صفر ثانیه به دلیل نبود نیروی گرانشی خورشید از مدار خورشید خارج می‌شود و در یک خط راست در فضای تاریک به راه خود ادامه می‌دهد. این ازنظر اینشتین قابل‌قبول نبود، زیرا طبق نظریه نسبیت، منتهای سرعت در عالم هستی متعلق به نور است و هیچ شیء، نیرو و یا اطلاعات مربوط به آن نیرو قادر نیست، سریع‌تر از سرعت نور حرکت کند؛ اما طبق معادله جاذبه نیوتن تأثیر فقدان نیروی جاذبه بین خورشید و زمین در یک آن یعنی صفر ثانیه اتفاق می‌افتد؛ یعنی اطلاعات مربوط به افت و عدم وجود نیروی جاذبه خورشید سریع‌تر از سرعت نور به زمین می‌رسد و روی آن تأثیر می‌گذارد. این در حالی است که خود نور نیاز به هشت دقیقه زمان دارد تا از خورشید به زمین برسد.

تأثیر دخالت فاکتورهای فاصله، سرعت نور و واحد زمان در معادله نیوتُن بر روی قوه جاذبه بین دو شیء که در فاصله نزدیک هم قرار دارند، قابل‌چشم‌پوشی است. مثلاً فاصله بین یک شیء از بالای یک برج و افتادن آن بر روی زمین و یا پرتاب یا فرود یک موشک بر زمین یا یک کره دیگر. اما این تأثیر بین دو جرم بافاصله زیاد مانند یک سیاره به دور یک ستاره قابل‌ملاحظه است و اختلافی است غیرقابل‌چشم‌پوشی که اینشتین در معادله نیوتُن می‌دید.

اینشتین سال‌ها به این مسئله فکر کرد تا راه‌حلی برای آن پیدا کند و درنهایت جواب آن را در تئوری نسبیت عام پیدا کرد. در این تئوری او زمان را به‌عنوان بُعد چهارم به ابعاد طول عرض و ارتفاع اضافه کرد و آن را فضا- زمان نام نهاد. طبق تنوری او چهار بُعد در فضا–زمان تاروپود عالم هستی را

می‌سازد که مانند اقیانوسی اجرام سماوی در آن شناورند. ازنظر او زمان در تمام جهات خود یعنی حال، گذشته و آینده همواره در بُعد فضا- زمان وجود دارد. نکته مهم دیگر در این نظریه تأثیر اجرام سماوی در این تاروپود فضا زمان است که کرات نسبت به جرم خود باعث نوعی فرورفتگی و خمیدگی این تاروپود می‌شود؛ و هرقدر این اجرام بزرگ‌تر باشند، میزان خمیدگی اطراف آن‌ها هم بیشتر است؛ و نکته جالب اینکه این فرورفتگی فضا- زمان است که آنچه را که به‌عنوان قوه جاذبه شناخته‌شده بود، ایجاد می‌کند. به این صورت که آنچه نیروی گرانشی بین دو جرم سماوی مانند یک ستاره و سیاره را ایجاد می‌کند، همین خمیدگی فضا است. طبق تئوری انفجار بزرگ، اجرام سماوی همواره در یک خط راست می‌بایست به حرکت خود ادامه بدهند اما براثر این فرورفتگی فضا زمان، اجرام سماوی کوچک‌تر مثل یک سیاره در فرورفتگی تاروپود فضا زمان یک جرم بزرگ‌تر مثل یک ستاره گیر می‌افتند و در مدار آن می‌گردند.

اما نکته جالب‌تر اینکه خمیدگی فضا- زمان در اطراف یک جرم بزرگ‌تر مانند ستاره نه‌تنها بر اجرام کوچک‌تر اطراف یعنی سیارات تأثیر می‌گذارد و آن‌ها را به‌طرف ستاره می‌کشاند، بلکه بر هر ذره دیگر مثلاً فوتون‌های نور هم همان تأثیر را دارد. به‌عبارت‌دیگر هنگامی‌که نوری از ستاره‌ای دوردست از کنار ستاره‌ای دیگر مثلاً خورشید ما عبور می‌کند، مسیر آن به نسبت نیروی گرانشی خورشید و یا فرورفتگی فضای اطراف خورشید خم می‌شود. یعنی نور در مسیر خود در یک خط راست، انحنا پیدا می‌کند. چنین انحنای مسیر نور در هنگام یک کسوف کامل در بهار سال ۱۹۲۰ اندازه‌گیری و ثابت شد و این اثبات در سال ۱۹۲۱ جایزه نوبل فیزیک را برای اینشتین رقم زد.

نظریه نسبیت عام اینشتین و تئوری فضا زمان برای همیشه و تا حدودی راز نیروی جاذبه را حل کرد اما در آن زمان حرکت موج گرانشی به شکل عملی مشاهده نشده بود؛ یعنی تأثیرپذیری قسمتی از فضا- زمان در اطراف اجرام سماوی کرات یا دیگر عواملِ تأثیر، مانند حفره‌های تاریک (سیاه‌چاله black hole) و حرکت موجی این تأثیر در تاروپود فضا-زمان هنوز مشاهده نشده بود. تا اینکه بعد از تقریباً صدسال از آن زمان، دانشمندان زمان ما توانستند

شاهد چنین تأثیری بر تاروپود فضا - زمان شوند و آن را اندازه‌گیری و ثبت کنند. برای اولین بار در سپتامبر سال ۲۰۱۵ ساعت پنج و پنجاه‌ویک دقیقه صبح به‌وقت ساحل شرقی آمریکای شمالی، دانشمندان در دو محل استقرار رصدخانه مخصوص امواج گرانشی در لوئیزیانا و واشنگتن توانستند چنین موجی را دریافت و به ثبت برسانند. موج گرانشی که در این دو محل دریافت شد، حاصل الحاق دو حفره تاریک بود که تاروپود فضا زمان را در اطراف خود به هم زده و موج این به هم خوردن با سرعتی معادل نور به اطراف منعکس شد و پس از یک میلیارد و سیصد سال به زمین رسید؛ بنابراین فاصله این دو حفره تاریک از زمین هم یک میلیارد و سیصد سال نوری بوده است.

نکته جالب در نسبیت عام اینشتین کشف واقعیتی جدید از جهان است: کشف خاصیتی شگفت‌آور از عالم هستی. شگفتی این واقعیت در این است که همه اجرام سماوی، کهکشان‌ها، حفره‌های تاریک، ستارگان و سیارات که منظومه شمسی هم جز آن‌هاست، در یک شبه اقیانوس فضایی شناور و به سماع کیهانی مشغولند. اینشتین نام این اقیانوس بی‌کران را فضا- زمان نهاد؛ اما هنوز آنچه تاروپود این اقیانوس از آن تشکیل‌شده بر بشر ناشناخته است. در فضای لایتناهی ماده‌ای وجود دارد که این تاروپود را می‌سازند. این ماده ظاهراً نه نوعی ذره است و نه قابل‌رؤیت، و نه دارای خاصیتی شناخته‌شده برای اندازه‌گیری؛ اما وجود دارد وگرنه همه منظومه‌ها چه در سطح کهکشان‌ها و چه منظومه‌های اختری ازهم‌پاشیده می‌شدند. دانشمندان فضا فیزیک این ماده پنهان را ماده تاریک [۳۶] می‌دانند و در پی کشف آن به تحقیق مشغول‌اند. بهر حال آنچه قابل تأمل است زیبایی این رمز و راز کیهانی در عالم هستی است.

کیهان، اقیانوس بی‌کران عالم هستی

کیهان بُعد ماکروسکوپی عالم هستی است. این بُعد با ساختاری بس پیچیده و سیستمی منظم و هماهنگ است که زیبایی و شکوه هستی و آفرینش را به نمایش می‌گذارد.

با پیشرفت فنّاوری و به‌ویژه تلسکوپ‌ها و تلاش دانشمندان در رشته‌های اخترشناسی و فضا فیزیک، بشر به اکتشافات زیادی درباره کیهان دست‌یافته است. شناخت انسان از فضا و کیهان با آنچه در صد سال پیش داشته، کاملاً متفاوت است. امروز انسان به این حقیقت پی برده است که آنچه در آسمان است فقط مختص به کهکشان ما راه شیری نیست بلکه عالم هستی وسیع‌تر از آن است که بتوان آن را تصور کرد و از درک آن برآمد.

کهکشان خودمان یعنی راه شیری، کهکشانی حلزونی شکل و دیسک مانند است که بیش از دویست میلیارد ستاره را در خود جای می‌دهد. این ستاره‌ها مشابه، بزرگ‌تر و یا کوچک‌تر از خورشیدمان هستند. فاصله بین دو بازوی بیرونی کهکشان یعنی قطر دایره دیسک آن صد هزار سال نوری است. (همان‌طور که همه خوانندگان می‌دانند، سال نوری واحد اندازه‌گیری مسافت است. یک سال نوری مسافتی است که برای پیمودن آن با سرعتی برابر با سرعت نور، یک سال طول می‌کشد - یک سال نوری برابر است با ۹۴۶۰۷۳۰۴۷۲۵۸۰ کیلومتر). با چنین عظمتی، کهکشان راه شیری از بسیاری از کهکشان‌های دیگر به‌مراتب کوچک‌تر است. راه شیری در یک گروه به‌اصطلاح محلی از کهکشان‌های دیگر قرار دارد که زنجیره ویرگو (۳۷) نام دارد. منظومه شمسی‌مان در قسمتی از یکی از بازوهای حلزونی کهکشان به نام اوریون (۳۸) قرار دارد. این قسمت از کهکشان مانند یک همسایگی تقریباً خلوت است که از تراکم ستارگان تا حدودی به دور است. فاصله این محل از مرکز کهکشان بیست‌وهفت هزار سال نوری است. مرکز کهکشان بسیار متراکم و شلوغ و با دمایی بالاست. در این مرکز ستاره‌ها نسبتاً نزدیک‌تر به هم هستند و از گازها و گردوغبار کیهانی و یک سیاه‌چاله یا حفره تاریک تشکیل‌شده که اجرام اطراف و حتی نور را در خود فرو می‌بلعد.

نزدیک‌ترین ستاره‌ها به منظومه شمسی یک سیستم سه ستاره‌ای است به نام آلفا سنتائوری (به زبان فارسی قنطورس) الف و ب [۳۹] به همراه یک ستاره کم‌نورتر به نام پروکسیما [۴۰] که از همه به زمین نزدیک‌تر است. این سه ستاره در یک میدان جاذبه قرار دارند و به گرد هم می‌چرخند. این ستارگان همسایه، تقریباً با مسافت چهار سال نوری با زمین فاصله دارند و اخترشناسان سیاره‌ای یا سیاره‌هایی را به فاصله مناسب به دور پروکسیما رصد کرده‌اند که وجود حیات در آن‌ها ممکن است. با این وجود همین فاصله نسبتاً نزدیک هم متأسفانه و یا شاید خوشبختانه برای سفر انسان به آن بسیار دور و یا تقریباً غیرممکن است. بی‌شک آن هوشمند بزرگ عالم هستی دلیل خوبی برای دور نگه‌داشتن ما انسان‌ها، از سیارات دیگر و موجودات آن‌ها دارد.

هیچ‌کدام از عکس‌هایی که به نام کهکشان راه شیری می‌بینیم، عکس حقیقی آن نیستند، و کهکشان ما تنها کهکشانی است که بشر هیچ‌گاه نخواهد توانست از آن عکس بگیرید به این دلیل که سیاره ما و تمام تلسکوپ‌های ساخت بشر در خود کهکشان قرارگرفته‌اند و راهی برای سلفی گرفتن هم وجود ندارد. همه عکس‌های فعلی راه شیری از روی مدل‌های مشابه کهکشان‌های دیگر با کامپیوتر یا به کمک هنرمندان حرفه‌ای پردازش‌شده‌اند.

ازجمله کهکشان‌های دیگر که اخترشناسان اطلاعات نسبتاً زیادی از آن دارند، کهکشان اندرومدا یا ام ۳۱ [۴۱] است. این یک کهکشان بسیار زیبای حلزونی شکل و نسبتاً وسیع است که در همان گروه محلی است که راه شیری در آن قرار دارد. قطر دیسک اندرومدا به دویست و بیست هزار سال نوری می‌رسد و با سیاره ما دو و نیم میلیون سال نوری فاصله دارد. همچنین تعداد ستارگان این کهکشان نیز به یک تریلیون می‌رسد. خبر اینکه این کهکشان و کهکشان ما با سرعتی معادل ۱۱۰ کیلومتر در ثانیه به هم نزدیک می‌شوند و طبق تخمین‌ها قرار است چهار و نیم میلیارد سال دیگر به هم برخورد کنند و به هم ملحق شوند.

به‌هرحال اندرومدا با این عظمت خود در مقابل کهکشان‌های بزرگ دیگر بسیار کوچک است. وسیع‌ترین کهکشانی که در محدوده قابل رصد عالم هستی است، آی سی ۱۰۱۱ نام دارد این کهکشان خانه بیش از صد تریلیون

ستاره است با قطری به مسافت شش میلیون سال نوری در مقابل مسافت قطر کهکشانمان که فقط صد هزار سال نوری است.[۴۲] به‌عبارت‌دیگر شش میلیون سال طول می‌کشد تا نور ستاره‌ای از یک‌طرف این کهکشان به‌طرف دیگر آن برسد.

رو آوردن اختر شناسان از تلسکوپ‌های زمینی به تلسکوپ‌های فضایی اکتشافات کیهانی را تسریع کرده است. رصدخانه‌های زمینی و تلسکوپ‌های آن در داخل اتمسفر زمین با محدودیت‌هایی چون نورهای مصنوعی و تشعشعات الکترومغناطیسی روبرو هستند که از کارایی و دقت عمل آن‌ها کم می‌کند. تلسکوپ‌های فضایی با چنین مشکلاتی روبرو نیستند، زیرا در خارج از اتمسفر زمین مستقرند. بنابراین قادرند در فضایی بدون نویز با دقت عمل بیشتری کهکشان‌های دوردست را رصد کنند. اولین اخترشناسی که تئوری مربوط به به‌کارگیری تلسکوپ‌های فضایی را در سال ۱۹۴۶ ارائه داد لایمن اسپیتسر[۴۳] بود، اما اولین مدل پیشرفته این نوع تلسکوپ هابل نام گرفت که در سال ۱۹۹۰ در مدار زمین قرار داده شد.

تلسکوپ هابل نه‌تنها به اکتشاف فضاهای دوردست شتاب بیشتری داد، بلکه پس از شروع به بکار گیری آن، بشر بیش از هر زمان به درک متفاوت‌تری از فضای کیهانی دست‌یافت. به نظاره گذاشتن تلسکوپ هابل به‌سوی فضاهای دوردست با نام «میدان‌های عمیق هابل»[۴۴] مشهور است.

در سال ۱۹۹۵ دانشمندان تصمیم گرفتند که قسمتی کوچک از فضا به‌اندازه کسری از مساحت رؤیت ماه (از زمین) را مورد رصد هابل قرار دهند. در این سطح کوچک هیچ نوری دیده نمی‌شد یعنی تصور بر این بود که حتی یک ستاره هم در آن رصد نشود؛ بنابراین تلسکوپ هابل را به‌سوی این سطح ناچیز از فضا تنظیم کردند و ده روز به انتظار نشستند. نتیجه در پایان آن ده روز شگفت‌آور بود. هابل در همان سطح کوچک به‌اندازه یک سکه، سه هزار کهکشان را کشف و عکس‌برداری کرد. در طی دو رصد عمیق‌تر دیگر یکی در سال ۲۰۰۴ و دیگری در سال ۲۰۱۲ در قسمت‌های کوچک دیگر از فضا، هابل توانست طبق محاسبات درمجموع به وجود دویست میلیارد کهکشان در

عالم هستی پی برد اما امروزه از روی سنجش‌های دقیق‌تر این تعداد ده برابر بیشتر اعلام شده است.

سن عالم هستی قابل رصد حدوداً سیزده میلیارد سال تخمین زده می‌شود؛ بنابراین دورترین کهکشانی که نور آن به زمین رسیده است، سیزده میلیارد سال نوری با ما فاصله دارد؛ اما چون عالم هستی از زمان انفجار بزرگ (تئوری) تاکنون همواره در حال انبساط بوده است، فاصله بین دو طرف قابل رصد آن اکنون به ۹۲ میلیارد سال نوری می‌رسد. البته اگر فرض بر این باشد که ما و تلسکوپ‌های ما در وسط این عالم هستی قابل رصد قرارگرفته باشد.

بر اساس برخی از یافته‌ها و تئوری‌های علمی وسعت عالم هستی، تعداد کهکشان‌ها و ستاره‌ها و سایر کرات به‌مراتب بیش از آن است که به‌طور رسمی و بر اساس مشاهدات اعلام‌شده است. مثلاً به گفته این منابع تعداد کهکشان‌ها بیست برابر صد میلیارد کهکشانی است که قبلاً به‌طور رسمی اعلام‌شده است؛ بنابراین تعداد ستارگان فقط در عالم هستی قابل رصد ممکن است به هفتصد سکستیلیون (یک میلیارد تریلیون) یعنی عدد ۷ با ۲۳ صفر در مقابل آن برسد.

بر اساس تخمین‌های قدیمی تعداد ستارگان در عالم هستی قابل رصد به‌اندازه تعداد دانه‌های شن بر روی سطح زمین است. حتی با همین تخمین هم معلوم نیست چه تعداد از سیاره‌ها در جهان هستی ممکن است دارای نوعی حیات باشند.

هستی به‌صورت ماده یعنی ستارگان، سیاره‌ها و گردوغبار و گازهای کیهانی ۴٫۹ در صد از عالم هستی را تشکیل می‌دهند. ۲۶٫۸ درصد این فضا به ماده تاریک و ۶۸٫۳ درصد به انرژی تاریک اختصاص دارد؛ اما با این یافته‌ها وسعت حقیقی جهان هستی از چشم بشر و علم او پوشیده است. نور کهکشان‌ها و ستارگانی که خارج از محدوده شعاعی عالم هستی قابل رصد قرار دارند، هنوز وقت آن را نداشته به زمین و تلسکوپ‌های ما برسند. حدود این زمان ۱۳٫۸ میلیارد سال است. تئوری‌های متعددی در رابطه با چگونگی شکل عالم هستی ارائه‌شده است. برخی از این تئوری‌ها عالم هستی را سیستمی باز یعنی بی‌نهایت عنوان می‌کنند و برخی دیگر آن را یک سیستم بسته می‌دانند.

یک سیستم باز و بینهایت، یعنی بی‌پایان، و قوه ادراک انسان هنوز درکی از بینهایت ندارد؛ اما سیستم بسته به این معنی است که اگر فرضاً از یک نقطه آن حرکت کنیم و در یک خط راست به این حرکت ادامه دهیم مجدداً به نقطه اول بازمی‌گردیم. درست مثل کره زمین که اگر از یک نقطه آن شروع و در یک خط بدون زاویه حرکت کنیم دوباره به همان نقطه می‌رسیم. اما خود این سیستم فرضی نیز ممکن است وجود ابعادی بیش از سه بُعد مکان و یک بُعد زمان را برساند. برخی از تئوری‌ها به وجود چند عالمی (مالتی ورس) (۴۵) معتقدند؛ یعنی جهان‌هایی دیگر در عالمی بینهایت قرار دارند که حتی قوانین فیزیکی آن‌ها نیز با عالم هستی‌مان متفاوت است.

برای صحت هرکدام از این تئوری‌ها و وجود ابعاد به‌جز طول، عرض و ارتفاع و زمان، ممکن است عالم هستی دارای واقعیت‌هایی باشد که با واقعیت‌هایی که اکنون برای بشر قابل‌درک است، متفاوت‌اند. چنان واقعیت‌های غیرقابل درکی یا از حوزه احساس بشر چنان دور است که آن را درک نمی‌کند و یا آن‌قدر نزدیک است که با حواس پنج‌گانه موجود، مشاهده و حس آن‌ها برای انسان میسر نیست. همان‌طور که وجود صد تریلیون موجود میکروسکوپی موسوم به سلول‌های باکتری در بدنمان را احساس نمی‌کنیم.

بهر جهت پیچیدگی، وسعت؛ راز آلودگی و زیبایی عالم هستی داری چند پیام برای ما انسان‌هاست. درک تقریبی این وسعت جایگاهمان را در این عالم هستی به ما یادآور می‌کند. به انسان یادآوری می‌کند که اسیر توهّماتی از قبیل غرور، جاه، مقام، ثروت و قدرت و اعتمادبه‌نفس کاذب نشود. به او گوشزد می‌کند که خود را در جایگاهی بالاتر از همنوعان خود نپندارد. به او می‌گوید که بر دیگران ظلم و جور روا ندارد و حق دیگران را ضایع نکند؛ که او فقط قطره‌ای از این اقیانوس بی‌کران است، درست همپای قطره‌های دیگر همین اقیانوس.

پیام دیگر وسعت عالم هستی به انسان‌هایی است که خود را از این وسعت و از این اقیانوس هستی جدا می‌پندارند و زندگی را بر خود سخت می‌گیرند؛ که این انسان‌ها نباید خود را دست‌کم بگیرند و باید دست رد بر سینه غم و اندوه و افسردگی بزنند؛ زیرا آن‌ها جزئی از این وسعت عالم هستی‌اند و بدانند که

عالم هستی چقدر به آن‌ها اهمیت می‌داده که گذاشته است تا آن‌ها جزئی از او باشند، قطره‌ای از این اقیانوس، خود اقیانوس به‌حساب می‌آید و انسان جزئی از عالم هستی و حتی خود عالم هستی است و باید با جاری عالم هستی خود را هماهنگ کند و با آن جاری شود.

❖ ❖ ❖

فصل ۱۳ - جهان میکروسکوپی

انسان علم را از طبیعت آموخت و شاخه‌ای از این علم بنام فیزیک را در اجرام سماوی ستارگان سیارات و زمین و همه اجسام که درحرکتاند شناخت. تاکنون نیروهای موجود در جهان مثلاً نیرویی که باعث به هم نگه‌داشته شدن سیارات به دور خورشید می‌شود و یا حرکت اجسام در میدان جاذبه زمین و به‌سوی زمین، با قوانین کلاسیکی فیزیک و مکانیک و قوانین نیوتن مطابقت می‌کرد. بشر تصور می‌کرد که چنین قوانینی که در جهانِ قابل‌لمس و رؤیت برقرار است، می‌بایست در هر مقیاس و اندازه‌ای صدق کند؛ و این تصور صرفاً به این خاطر بود که همه اجسام از ذره‌هایی به نام اتم ساخته‌شده است و چون قوانین جنبشی در این اجسام طبق قوانین فیزیک و مکانیک است بنابراین ذره‌های کوچک‌تر آن‌ها نیز باید از این قوانین پیروی کنند.

اما فیزیکدانان در اوایل قرن بیستم به این مهم پی بردند که در دنیای میکروسکوپی و در مقیاسی بسیار کوچک‌تر در اندازه اتم‌ها، بنا به رفتار و عملکرد این ذرات، قوانین کلاسیک فیزیک صدق نمی‌کند و برای اندازه‌گیری جنبش و انرژی این ذرات نیاز به وضع قوانین فیزیکی دیگری است که آن‌ها را قوانین فیزیک کوانتوم نام نهادند.

در مقیاس میکروسکوپی ذره‌های بنیادی مانند اتم‌ها، الکترون‌ها و یا فوتون‌های نور، رفتارهایی عجیب از خود بروز می‌دهند. مثلاً می‌توانند کاملاً غیرقابل رؤیت شوند و یا از یک مانع جامد عبور کنند و یا در یک آن واحد در دو مکان حضورداشته باشند و یا حتی در واحد زمان به عقب برگردند و

رخدادی را که در گذشته اتفاق افتاده تغییر دهند. این رفتارها از ذره‌های بنیادی ممکن است به داستان‌های تخیلی - علمی شبیه باشد، اما این رفتارهایی است که دائماً در طبیعت در حال وقوع است؛ یعنی این ذرات که ساختمان تمام موجودات زنده و طبیعی از بدن موجودات زنده گرفته تا ستارگان مانند خورشید را می‌سازند، به همین‌گونه رفتار می‌کنند. دانشمندان فیزیک بارها به آزمایش این ذرات پرداختند تا مطمئن شوند که اشتباه نمی‌کنند اما هر بار شاهد همان رفتارهای عجیب ذرات شده‌اند و عجیب‌تر اینکه هنوز جواب قانع‌کننده‌ای برای بروز این رفتارها از ذره‌ها را پیدا نکرده‌اند.

سه مشاهده شگفت‌انگیز ذرات در فیزیک کوانتوم وجود دارد که عبارت‌اند از: دوگانگی موج-ذره کوانتومی، ارتباط کوانتومی، و تونل زنی کوانتومی.[۴۶] اما قبل از پرداختن به این عجایب سه‌گانه در عالم کوانتوم می‌بایست در مقدمه‌ای کوتاه خصوصیات مهم اتم را که ماده تشکیل‌دهنده همه‌چیز در جهان هستی است، شرح دهیم.

❖ ❖ ❖

شگفتی ساختمان اتم

همان‌طور که قبلاً اشاره شد در مقیاس میکروسکوپی، ساختمان تشکیل‌دهنده ماده در عالم هستی ذراتی به نام اتم هستند. هر آن چیز که در هستی وجود دارد اعم از جامدات، مایعات، گازها و خلاصه از آبی که می‌نوشیم تا هوایی که تنفس می‌کنیم همه از اتم‌ها تشکیل‌شده است.

اگرچه دیرزمانی است که دانشمندان به زیروبم اتم پی برده، آن را شکافته‌اند (شکافتن در اینجا اصطلاحی است برای عمل اندازه‌گیری) و ذرات بنیادی‌تری در آن یافته‌اند، اما هنوز نایافته‌هایی در درون این ذرات مرموز و در رفتار آن‌هاست که دانشمندان را در جستجوی حقایق آن به خود مشغول کرده است.

واژه اتم ریشه در اصطلاح لاتین اتُموس[۴۷] دارد که خود به معنی غیرقابل رؤیت و غیرقابل شکافتن است. اصطلاح اتم گاه‌گاه در متون و یا اشعار فلاسفه

و شعرای باستان آورده شده است؛ اما فقط به‌صورت یک ایده و نه عنصری قابل‌اثبات. ظاهراً مردان خِرَد از طریق اشاره‌های طبیعت مانند بسیاری از اسرار دیگر عالم هستی تا حدودی متوجه این رمز و راز شده بودند. فلاسفه همواره سؤال مطرح می‌کنند و علم به دنبال جواب این سؤالات می‌رود. شاید یکی از دلایلی که فلسفه را مادر همه علوم نام نهاده‌اند، همین واقعیت باشد.

ظاهراً اولین فیلسوفی که به وجود اتم اشاره‌کرده است، فیلسوف یونانی قرن پنجم قبل از میلاد دموکریتوس (۴۸) بود. به گفته او همه چیز از ذرات بسیار کوچکی به نام اتم تشکیل شده است. اما مسلماً با سطح علوم تجربی آن دوران، اطلاعات بیشتری در مورد اتم‌ها در نظریه او وجود نداشت. بعدها افلاطون در قرن چهارم قبل از میلاد نظر داد که همه مواد از اتم‌ها تشکیل شده‌اند اما بسته به ماده، شکل هندسی اتم‌ها باهم متفاوت‌اند. البته آن‌طور که امروزه می‌دانیم نظریه او در این رابطه اشتباه بوده است. جدا از فلاسفه؛ شعرا و عارفان نیز به اتم اشاره‌هایی داشته‌اند و از آن جمله عطار نیشابوری و مولوی در سروده‌های خود به ذره‌ها در عالم هستی نه‌تنها اشاره کردند، بلکه از نوعی زنده‌بودن و هشیار بودن و حتی عاشق بودن این ذره‌ها نیز سخن گفته‌اند.

از دیدگاه فلسفی اتم که بگذریم، اولین نظریه علمی اتم را شیمی‌دان انگلیسی جان دالتون (۴۹) در قرن نوزدهم ارائه داد که هنوز هم معتبر است. این نظریه اولین تئوری بود که برخلاف نظریه دموکریتوس، خواص آن قابلیت اندازه‌گیری بود.

بنا به این تئوری، تعریفی کلاسیک از ساختمان اتم و چند خصوصیت مهم را بر خواهیم شمرد که دانستن آن‌ها برای ادامه بحث در مبحث شگفتی‌های فیزیک کوانتوم لازم است.

۱- ساختمان تمام موجودات و عناصر طبیعت از اتم‌ها تشکیل‌شده است.

۲- هر اتم از یک هسته مرکزی با دو نوع ذره بنیادی به نام پروتون و نوترون تشکیل‌شده است.

۳- در اطراف هر هسته مرکزی یک یا چند الکترون در مدار هسته مرکزی با سرعتی نسبتاً زیاد در حال چرخش‌اند.

۴- نیروی الکترومغناطیسی در هر اتم، الکترون‌ها را در مدار اتم نگه می‌دارد.

۵- تقریباً همه جرم یک اتم در هسته مرکزی آن است، اما نکته مهم اینکه حجم هسته مرکزی در مقایسه با حجم اتم که الکترون‌ها در آن به دور هسته می‌گردند به طرز شگفت‌انگیزی کوچک است به‌عبارت‌دیگر می‌توان گفت که اتم تقریباً از فضای کاملاً خالی تشکیل‌شده است. توجه به این نکته بسیار مهم است زیرا با آن سروکار خواهیم داشت.

۶- تفاوت عناصر در طبیعت در تعداد پروتون‌ها، نوترون‌ها و الکترون‌هاست. مثلاً اتم هیدروژن دارای یک پروتون و یک الکترون است درحالی‌که اتم اکسیژن دارای هشت پروتون، هشت نوترون و هشت الکترون است. اتم برخی از عناصر مانند کلسیم متراکم‌تر است مثلاً کلسیم دارای بیست پروتون بیست نوترون و بیست الکترون است.

همان‌طور که اشاره شد، یکی از شگفت‌انگیزترین خصوصیات اتم تهی بودن آن است. اگر اتمی را به بزرگی یک زمین فوتبال تصور کنیم که الکترون یا الکترون‌های آن در نزدیک نرده‌های دور زمین در حال چرخش به دور هسته مرکزی باشند، هسته مرکزی اتم به‌اندازه یک دانه گندم در وسط زمین خواهد بود. تصور این موضوع بسیار حائز اهمیت است. ساختمان یک اتم را بیش از ۹۹/۹۹ درصد خلأ تشکیل می‌دهد. حال هر شیء یا موجودی در عالم هستی از بدن انسان گرفته تا کره زمین و ستاره‌ها مانند خورشید از اتم‌های تهی ساخته شده است؛ بنابراین همه آن‌ها نیز به همین نسبت تهی هستند. به‌عبارت‌دیگر اگر فضاهای خالی تمام اتم‌های یک برج چند طبقه از آن‌ها برداشته‌شده و هسته‌های اتم آن‌ها باهم متراکم شوند، اندازه آن برج به‌اندازه یک‌دانه گندم خواهد بود؛ و یا اینکه کالبد همه موجودات زنده و کالبد ما انسان‌ها بسیار بیش از ۹۹/۹۹ درصد کاملاً خالی و از خلأ تشکیل‌شده است. اگر فضای خالی داخل اتم‌های بدن همه جمعیت کره زمین یعنی بیش از هفت میلیارد نفر برداشته شود و ذرات بنیادی این اتم‌ها یعنی پروتون، نوترون و الکترون به هم چسبانده شود، حجم آن تقریباً یک سانتی‌متر مربع یعنی به‌اندازه یک حبه قند خواهد بود. درعین‌حال جرم این حبه قند با جرم هفت میلیارد انسان برابر خواهد بود.

اما وقتی فیزیک این روی حقیقتِ طبیعت را به ما نشان می‌دهد، حداقل دو سؤال در این رابطه پیش می‌آید. اول آنکه اگر همه‌چیز حتی جسم انسان‌ها از اتم‌های خالی تشکیل‌شده، پس چرا اجسام با یک برخورد فیزیکی به داخلی یکدیگر درهم نمی‌روند. مثلاً چرا وقتی ما دو دستمان را به هم می‌زنیم، دست‌هایمان در سطح یکدیگر متوقف می‌شوند؟ دلیل آن این است که الکترون‌های اطراف اتم که دارای بار منفی‌اند با الکترون‌های اتم‌های سطح دیگر یکدیگر را دفع می‌کنند. مثلاً وقتی بر روی زمین قدم می‌گذاریم همواره فضایی بسیار کم بین کف پا یا کفش و زمین وجود دارد و عملاً این دو یکدیگر را لمس نمی‌کنند. انرژی الکترون‌های یک جسم با انرژی الکترون‌های جسم مقابل، نیرویی را به وجود می‌آورند که باعث جدا ماندن و عدم تداخل دو جسم می‌شوند. در ضمن هر اتم دائماً فضای خالی داخل خود را حفظ می‌کند و مجموعه اتم‌ها در درون هر جسمی با یکدیگر نیز تداخل نمی‌کنند. البته اتم‌های مجاور هم ممکن است از الکترون‌های بیرونی خود به‌طور اشتراکی استفاده کنند که این خاصیت هم مولکول‌های عناصر را تشکیل می‌دهند و هم عناصر بدین‌وسیله در فعل‌وانفعالات شیمیایی شرکت می‌کنند.

اما سؤال دوم این است که اگر اتم‌ها، فضایی خالی‌اند و همه اجسام نیز تقریباً خلأ ای بیش نیستند، چگونه است که ما آن‌ها را به‌صورت پر و یا جامد می‌بینیم. چرا نمی‌توان درون خالی اشیا را دید یا از درون آن‌ها اجسام پشت سر آن‌ها را دید؟ جواب این سؤال در محدودیت توانایی حس بینایی انسان است که قادر است فقط انعکاس نور طیف قابل‌رؤیت را دریافت کند. فرکانس این نور کم و طول‌موج آن پهن‌تر از ابعاد اتم‌هاست و بنابراین نمی‌تواند از لابه‌لای فضای اتم‌ها بگذرد. فرکانس‌های بالاتر نور مثلاً اشعه ایکس که دارای طول‌موج کوتاه‌تری است از لابه‌لای اتم‌هایی که تراکم هسته‌ای کمتری دارند عبور می‌کنند. به همین دلیل اشعه ایکس قادر است از اتم‌هایی که نسوج بدن را می‌سازند، عبور کند و به هسته اتم‌های کلسیم که تراکم بیشتری دارند و استخوان‌ها را می‌سازند برخورد کند و پس از انعکاس، استخوان‌ها را به ما نشان دهد. عملکرد اشعه ایکس بنا به همین خاصیت، تهی بودن اتم‌ها و تهی بودن جسممان را ثابت می‌کند.

در طول کتاب بارها به توهمات انسان مخصوصاً توهّماتی که از طریق خطاهای حواس پنج‌گانه ایجاد می‌شود، اشاره شد. تهی بودن اتم‌ها حقیقتی است که در حالت عادی از چشم انسان پوشیده و نمونه‌ای است از این نوع توهمات؛ و این توهم به خطای دو حواس انسان یعنی حس لامسه و حس بینایی اشاره می‌کند. بدین معنی که آنچه انسان به‌عنوان واقعیت برای خود می‌سازد، مطابق دریافت‌های حواس پنج‌گانه و تصویرسازی مغز انسان و روند تکاملی آن است و نه حقیقت مطلق. این واقعیتی است که ما انسان‌ها آن را در روند تکاملی خود برای خودساخته و پرداخته کرده‌ایم، اما این واقعیت ممکن است که از حقیقت فاصله زیادی داشته باشد. به همین دلیل است که همواره می‌شنویم که واقعیت با حقیقت تفاوت دارد. واقعیت، تصویری از طبیعت است که محدود به توانایی‌های حسی، ذهنی و تکاملی موجوداتی است که با آن واقعیت سروکار دارند. درحالی‌که ممکن است موجودی دیگر با خصوصیات حسی متفاوت و روند تکاملی متفاوت از همان تصویر طبیعت واقعیتی متفاوت برای خود بسازد. مثلاً تعداد رنگ‌هایی که زنبورها در طبیعت می‌بینند به‌مراتب بیشتر از تعداد رنگ‌هایی است که انسان‌ها در اطراف خود می‌بینند؛ و یا اینکه ممکن است یک موجود فضایی در یک سیاره دیگر و در کهکشانی دیگر برحسب روند تکاملی و تفاوت‌های حسی خود، اشیا را متفاوت رؤیت کند، مثلاً مانند دستگاه اشعه ایکس بتواند تا حدودی درون اجسام را ببیند.

❖ ❖ ❖

اسرار فیزیک کوانتوم

«علم هرگز نخواهد توانست نهایت اسرار طبیعت را کشف کند،
به این دلیل که خود ما قسمتی از رمز و رازی هستیم که سعی در حل آن داریم»
ماکس پلانک (۵۰) – فیزیکدان ۱۹۴۷- ۱۸۵۸

نقل‌قول فوق شاید به آن اشاره دارد که انسان خود از اتم ساخته‌شده و می‌خواهد راز آن را کشف کند. با اینکه انسان تاکنون توانسته است به

بسیاری از اسرار ذره‌های بنیادی پی ببرد، اما هنوز رازهای زیادی از چشم او پنهان است.
در حوزه فیزیک کوانتوم رفتار و عملکرد اتم و ذره‌های بنیادی درون آن‌ها به‌قدری عجیب است که فیزیکدانان مایل نیستند درباره آن صحبت کنند. آن‌ها نگران‌اند که از این یافته‌ها در مباحث شبه‌علمی و ماورای طبیعی سوءاستفاده شود. این رفتارها و عملکردها مسائلی حل نشدنی در خود دارند که فیزیکدان‌ها مجموعه آن را «مشکلات اندازه‌گیری» نام نهاده‌اند. مشکلاتی که در حوزه فیزیک کلاسیک و در سطح ماکروسکوپی وجود ندارند؛ اما جالب اینجاست که فیزیک کوانتوم با تمام شگفتی‌های خود به‌خوبی در فنّاوری کاربرد دارد و حتی در طبیعت فعال است و بازدهی دارد. ویژگی‌های ذره‌های بنیادی در سطح کوانتومی در طبیعت در روند رشد موجودات زنده نقش دارند و فنّاوری الکترونیک نیز سخت به همان عملکرد شگفت‌انگیز ذره‌ها وابسته است. به این دلیل پس‌ازاینکه دانشمندان فیزیک نتوانستند پاسخی قانع‌کننده برای قسمت‌های ناشناخته دنیای کوانتوم ارائه دهند، تصمیم گرفتند که به نکات شناخته‌شده فیزیک کوانتوم بپردازند و از زاویه روشنِ آن به تحقیقات خود ادامه دهند و اتفاقاً برای چنین رویکردی عبارتی مشهور ابداع کرده‌اند و به خود می‌گویند «ساکت باش و محاسبه کن» (Shut up and calculate!).
فیزیک کوانتوم بر این اصل قرار دارد که تصویر کلاسیکی ساختمان اتم که در آن الکترون‌ها در مدار هسته مرکزی در حال چرخش‌اند، مشکلی محاسباتی ایجاد می‌کند که به سقوط ساختمان اتم ختم می‌شود. مشکل این بود که الکترون‌ها که با بار منفی به دور هسته اتم شتاب می‌گیرند، طبق محاسباتی، باید در قالب نور از خود به تشعشع انرژی بپردازند که این امر فوراً به سقوط آن‌ها به‌طرف هسته مرکزی می‌انجامد؛ یعنی از هم پاشیده شدن فضای خالی اتم‌ها و درنتیجه از هم پاشیدن ساختمان همه‌چیز در جهان هستی و طوری که عالم هستی هرگز نمی‌توانست این‌گونه شکل بگیرد و وجود داشته باشد.
بنابراین در اوایل قرن بیستم فیزیک‌دان آلمانی ماکس پلانک در تئوری خود به این نتیجه رسید که الکترون‌ها در ساختمان اتم فقط می‌توانند در سطوح

انرژی مشخصی باشند و می‌توانند از یک سطح به سطح دیگر تغییر مکان دهند اما نه در هر نقطه‌ای بین این سطوح معین. اگر بخواهیم این تئوری را با مثالی خارج از عالم کوانتوم مقایسه کنیم به این معنی خواهد بود که اگر توپی را به زمین بزنیم، پرش توپ فقط می‌تواند به فاصله‌های معین از زمین برگشت داده شود. مثلاً نیم متر، یک متر، یک و نیم متر و نه به‌طور تصادفی مثلاً به ۶۴ سانتی‌متر ۷۳ سانتی‌متر... این عملکرد در دنیای فیزیک کلاسیک غیرقابل‌تصور و غیرقابل‌انتظار است. چنین سطوح معین انرژِی که عملکرد الکترون‌ها را در دنیای میکروسکوپی دیکته می‌کند کوانتا [۵۱] می‌گویند که فیزیک کوانتوم از آن گرفته شده است.

نمونه چنین فواصل معینی را می‌توان در موسیقی و سازهای موسیقی یافت. صدای موسیقی از موجی پدید می‌آید که در هوای اطراف سیم شکل می‌گیرد. این موج با دو خاصیت بلندی و فرکانس نت‌های موسیقی را به وجود می‌آورند؛ اما این نت‌ها فقط درصورتی‌که با ارتعاش سیم با طول معین ایجاد شود، فرکانسی معینی ایجاد می‌کنند.

حال که به شگفتی‌های ساختمان اتم و ذرات بنیادی آن آشنا شدیم به دنیای کوانتوم پا می‌گذاریم و به‌طور خلاصه به نکات جالب عجایب سه‌گانه آن ازجمله دوگانگی موج-ذره کوانتومی، ارتباط کوانتومی و تونل زنی کوانتومی می‌پردازیم.

❖ ❖ ❖

دوگانگی موج - ذره کوانتومی

همان‌طور که قبلاً گفتیم، ساختمان اتم شامل ذراتی بنیادی با نام‌های پروتون و نوترون هستند که هسته مرکزی اتم را تشکیل می‌دهند و الکترون‌ها در مدار هسته می‌گردند و فضایی ابر مانند از انرژی را شکل می‌دهند. همه این ذرات در ساختمان اتم دارای ویژگی‌هایی هستند که این ویژگی‌ها قابل‌اندازه‌گیری‌اند. فیزیکدان‌ها در آزمایشگاه‌های مجهز می‌توانند، محل و جرم و نیروی حرکت آنی یعنی مومنتوم الکترون‌ها را دقیقاً اندازه‌گیری کنند.

یکی از ویژگی‌های حرکت و محل الکترون‌ها این است که محل دقیق آن‌ها در حالت عادی مشخص نیست. چون به‌صورت موج مکان معینی ندارند و فقط هنگامی به‌صورت یک ذره وجود خارجی دارند که در حال اندازه‌گیری باشند. این دو حالت که همه ذره‌ها از الکترون گرفته تا خود اتم از آن پیروی می‌کنند دوگانگی موج – ذره می‌نامند. این خود پدیده‌ای عجیب برای یک ذره است چون سؤال اینجاست که چرا فقط در هنگام اندازه‌گیری و یا مشاهده آن می‌توان محل آن را به‌صورت یک ذره مشخص کرد و هنگامی‌که آزمایش‌کننده و دستگاه اندازه‌گیری کاری با آن ندارد، محل آن با نوعی احتمال می‌تواند در هر نقطه از اتم باشد.

اما این رفتار عجیب ذرات اتمی به اینجا ختم نمی‌شود و بیش از این باعث تحیر فیزیکدان‌ها می‌شود. رفتار دوگانگی موج ذره چنان عجیب است که فیزیکدان‌ها برای آنکه مطمئن شوند، اشتباهی در روش یا آزمایش رخ نداده است، بارها آن را امتحان کردند و در همه حالات نتیجه یکی بوده است. برای مشاهده دوگانگی موج ذره کوانتوم آزمایشی با عنوان صفحه دو شیاره مشهور است. چگونگی این آزمایش در کتاب‌های زیادی توضیح داده‌شده است و همچنین منابع بسیاری به‌صورت تدریس و ویدئو در اینترنت موجود است. توضیح زیر بر اساس یکی از این جلساتِ تدریس تنظیم شده است. دستگاه‌های آزمایش شامل یک پرتاب گر اتم یا تفنگ الکترون است که ذرات را به‌سوی صفحه‌ای حساس به نور پرتاب می‌کند؛ اما بین پرتاب گر الکترون و صفحه حساس صفحه‌ای دیگر قرار دارد که دو شیار باریک عمودی در وسط آن تعبیه شده است؛ بنابراین الکترون‌های پرتاب شده راهی جز عبور از یکی از این دو شیار ندارند و اگر از یکی از این دو شیار رد نشوند به صفحه حساس نور نخواهند رسید.

برای واضح بودن و درک بهتر رفتار موج-ذره، این آزمایش به پنج مرحله تقسیم شده است:

مرحله ۱ – ابتدا یکی از شیارها مسدود شده و فقط یک شیار را باز می‌گذارند و شروع به پرتاب گروهی و پشت سر هم و بدون وقفه اتم‌ها یا الکترون‌ها می‌کنند. ذراتی که موفق به عبور از تنها شیار صفحه وسط می‌شوند به

صفحه حساس اصابت کرده و آن‌طور که انتظار می‌رود نواری روشن باریک و عمودی به‌تناسب ابعاد شیاری که از آن عبور می‌کنند بر روی صفحه حساس ایجاد می‌کنند. تا اینجا همه‌چیز عادی است.

مرحله ۲- در این مرحله هر دو شیار باز می‌شود و پرتاب گروهی و پشت سر هم و بی‌وقفه ذرات شروع می‌شود. در ابتدا دو نوار روشن بر روی صفحه حساس پدید می‌آید که گویای عبور معقولانه ذرات از دو شیار است؛ اما دیرزمانی نمی‌گذرد که تعدادی نوار روشن دیگر با تراکم متفاوت در دو سوی دو نوار روشن اولیه بر روی صفحه شکل می‌گیرد. سؤال این است که ذراتی که باعث ایجاد این نوارهای روشن اضافی شده‌اند چگونه از صفحه واسط عبور کرده‌اند؟ جواب احتمالاً این است که در اینجا ذرات حالت موج خود را به نمایش گذاشته‌اند؛ زیرا هر نوع موجی مثلاً موج یک مخزن کوچک آب هم اگر از دو شیار رد شود بعد از عبور از دو شیار به دو موج تبدیل شده و تداخل این دو موج می‌تواند در محل برخورد صفحه حساس چنین پدیده‌ای را ایجاد کند. تا این مرحله از آزمایش نتیجه آن تا حدودی برای فیزیکدان‌ها قابل‌قبول است.

مرحله ۳- در این مرحله از آزمایش تصمیم بر آن شد که این بار ذره‌ها را تک‌تک و با وقفه به‌سوی صفحه حساس پرتاب کنند. پرتاب جداگانه ذره‌ها به این منظور است که یک ذره راهی نداشته باشد به‌جز اینکه مانند یک ذره مستقل رفتار کند و نه مانند یک موج و در ضمن فقط قادر خواهد بود از یکی از دو شیار عبور کند. پس از شروع پرتاب ذره‌ها دو نوار روشن در سطح صفحه ایجاد کردند. پس از ادامه پرتاب تک‌به‌تک ذره‌ها برای مثلاً یک ساعت، نتیجه کار تغییر کرد و مجدداً چند نوار با تراکم متفاوت بر روی صفحه ایجاد شد. اما پاسخی برای این نتیجه نیست زیرا اگر هرکدام از ذره‌ها فقط از یک شیار رد شده باشند، ایجاد نوارهای متعدد بر روی صفحه حساس تقریباً غیرممکن است. این نشان‌دهنده این است که هر ذره دوباره به‌صورت موج حرکت کرده و در یک‌زمان از هر دو شیار عبور کرده است یعنی فقط یک ذره در یک آن واحد در دو محل بوده است. این مانند آن است که فقط یک توپ را

به‌سوی دو پنجره باز پرتاب کنیم و همان توپ در یک‌زمان از هر دو پنجره عبور کند و هم‌زمان به سر بیش از یک نفر که داخل اتاق نشسته‌اند بخورد. (گویی که آب سطلی را به‌طرف پنجره پرتاب شده است و بر روی چند نفر داخل اتاق پاشیده شده است) اما در این مرحله هم رفتار عجیب ذره به همین‌جا ختم نمی‌شود.

مرحله ۴ - فیزیکدان‌ها تصمیم گرفتند به‌دقت رفتار هرکدام از ذرات پرتاب‌شده به‌سوی صفحه حساس را زیر نظر بگیرند. برای این کار چون ذرات بسیار کوچک و حرکت آن‌ها بسیار سریع است، چشم انسان قادر به زیر نظر گرفتن آن‌ها نیست؛ بنابراین یک چشم الکترونیکی را برای ردیابی ذره‌ها بکار گرفتند و آن را در فاصله‌ای بین صفحه شیاردار و صفحه حساس قراردادند طوری که فقط یک شیار و گذشتن ذره را از آن زیر نظر بگیرد و تعداد این عبور را بشمارد. پس از این کار مجدداً به پرتاب جداگانه ذره‌ها ادامه دادند و آن‌طور که چشم الکترونیکی شیار اول را زیر نظر گرفته بود توانست عبور تقریباً پنجاه در صد از ذره‌ها را از شیار اول بشمارد؛ اما نتیجه بر روی صفحه حساس این بار فقط دو نوار روشن بود. این به این معنی است که پس از زیر نظر گرفتن شیار اول با چشم الکترونیکی، ذرات همواره به‌صورت ذره رفتار کرده‌اند و فقط از یکی از شیارها عبور کرده‌اند و نه مانند موج از هر دو شیار؛ اما چرا؟ آزمایش در هر دو مرحله سوم و چهارم یکی است چرا نتیجه آن متفاوت است؟ تنها تغییر در مرحله چهارم نصب یک چشم الکترونیکی است که عبور ذرات را تحت نظر بگیرید. چشم الکترونیکی هیچ ارتباط فیزیکی با دستگاه‌های آزمایش ندارد. چگونه می‌تواند بر نتیجه آزمایش تأثیر بگذارد؟ آیا ذره‌ها فهمیده‌اند که فیزیکدان‌ها و چشم الکترونیکی آن‌ها را زیر نظر دارند؟ مشکل بتوان پاسخ دیگری ارائه داد؛ اما ببینیم در مرحله آخر چه اتفاق می‌افتد.

مرحله ۵ - مرحله چهارم به روند خود ادامه می‌دهد و پرتاب جداگانه ذرات در سطح صفحه حساس به نور، هنوز فقط دو باند روشن را نشان می‌دهد که خود نشان‌دهنده عبور معقولانه هر ذره فقط از میان یکی از دو شیار

۲۹۳

است و هنوز چشم الکترونیکی یکی از شیارها را نیز زیر نظر دارد و عبور هرکدام از ذرات را از آن می‌شمارد. در این مرحله فیزیکدان‌ها تصمیم می‌گیرند که با آرامی و بدون سروصدا و بدون اینکه ذره‌ها متوجه این کار شوند، پریز برق چشم الکترونیکی را بکشند تا ببینند آیا نتیجه آزمایش به همین حالت باقی خواهد ماند یا نه. پس‌ازاین کار و پس از مدت چند دقیقه صفحه حساس به نور را نگاه می‌کنند و باکمال شگفتی بر روی آن نوارهای عمودی متعددی را مشاهده می‌کنند. (۵۲)

اگر کسی با مشاهده یا خواندن مرحله پنجم شوکه نشده باشد به این معنی است که آن را به‌درستی درک نکرده است. چنین آزمایشی نشان داده است که گویی هرکدام از ذرات به نحوی آگاه هستند که انسان به نظاره آن‌ها نشسته و اگر چنین احساس کنند مانند یک ذره مستقل رفتار می‌کنند و هنگامی‌که کسی متوجه آن‌ها نیست مانند موج عمل می‌کنند.

«کسی که فیزیک کوانتوم او را متحیر نکند معلوم است که آن را درک نکرده است»

نیلز بور (فیزیکدان)

وقتی نیلز بور دانشمند فیزیک تئوری به اینشتین اطلاع داد که در فیزیک کوانتوم خود عمل اندازه‌گیری و یا نظارت بر عملکرد ذره‌ها نتیجه آزمایش را تغییر می‌دهد، اینشتین به‌عنوان نام‌آورترین فیزیکدان آن زمان، زیاد از کل این جریان راضی نبود. ظاهراً به نیلز بور گفته بود که «من میل دارم ماه همیشه سر جایش باشد حتی اگر من به آن نگاه نکنم» و درجایی هم گفته بود که «آفریدگار تاس نمی‌اندازد»؛ و نیلز بور هم در جواب اینشتین گفته که «ما هم نمی‌توانیم به آفریدگار دیکته کنیم که به چه صورت عالم هستی را بگرداند».

تاکنون تفسیرهای متعددی از رفتار دوگانه ذره-موج ارائه‌شده است که مشهورترین آن تفسیر کپنهاگن (۵۳) است که نیلز بور و ورنر هایزنبرگ (۵۴) در طول سال‌های ۱۹۲۵ تا ۱۹۲۷ اعلام کردند. طبق این نظریه ذرات کوانتوم نمی‌توانند فقط در یک حالت برقرار باشند بلکه در حالت‌های متعدد هستند. هنگامی‌که این ذرات برای اندازه‌گیری تحت نظر گرفته می‌شوند از چندحالتی به تک‌حالتی وارد می‌شوند. فیزیکدان دیگری به نام اروین شرودینگر (۵۵)

بعدها این تفسیر را در آزمایش معروفی به نام «گربه شرودینگر» [۵۶] توضیح داد که احتمالات فقط وقتی به واقعیت تبدیل می‌شوند که انسان آن را مشاهده کند.

سؤال فلسفی مشهوری است که می‌پرسد «اگر درختی در جنگلی خودبه‌خود فرو افتد و کسی در اطراف آن نباشد آیا افتادن آن درخت صدایی ایجاد خواهد کرد؟»

❖ ❖ ❖

ارتباط کوانتومی ذرات مرتبط

هنوز کارمان با عجایب فیزیک کوانتوم به انجام نرسیده است، زیرا شگفتی ارتباط کوانتومی ذرات از دوگانگی کوانتومی چیزی کم و کسر ندارد.

برای توضیح این عملکرد در جهان میکروسکوپی کوانتوم بهتر است با یک مثال شروع کنیم. فرض کنیم که دانه نخودی را به دو نیمه تقسیم کنیم و آن‌ها را در فاصله‌ای کنار هم بر روی یک میز بگذاریم. حال یکی از آن نیمه‌ها را حرکت دهیم و یا بچرخانیم، بعد انتظار داشته باشیم که با حرکت این نیمه، نیمه دوم خودبه‌خود حرکت کند و یا در جهت عکس نیمه اول خودبه‌خود بچرخد. همه میدانیم که این رفتار نیمه دوم غیرممکن است و دلیل آن روشن است دو نیمه نخود از لحاظ فیزیکی به هم متصل نیستند. وگرنه چنین اتفاقی واقعاً عجیب‌وغریب خواهد بود، اما در دنیای فیزیک کوانتوم مشابه همین رفتار تخیلی اتفاق می‌افتد.

در فیزیک کوانتوم اگر دو ذره از یک منبع مثلاً یک اتم، الکترون و یا فوتون نور ایجاد شود، این دو ذره ایجادشده تا ابد و در هر فاصله‌ای که باشند به هم پیوند خورده و در ارتباط نزدیک با یکدیگر عمل خواهند کرد.

اگر یک فوتون به یک بلور اصابت کند و با عبور از بلور به دو فوتون تبدیل شود خواص، رفتار و عملکرد و سرنوشت این دو فوتون تا ابد باهم گره خورده است. ازآنجایی‌که فیزیکدانان با دستگاه‌های پیشرفته می‌توانند موقعیت و خواص هر یک از این فوتون‌ها را اندازه‌گیری کنند، متوجه شده‌اند که تغییر در حالت هر یک از این فوتون‌ها همان تغییر یا برعکس آن را فوراً در فوتون

دیگـر ایجـاد می‌کنـد. گـویی کـه ایـن دو فوتـون بـه نحـوی در ارتبـاط و اتصـال هسـتند و تغییـر خـود را بـه دیگـری اطـلاع می‌دهنـد. حتـی اگـر ازنظـر تئـوری کیلومترهـا و یـا یـک کهکشـان بـاهم فاصـله داشـته باشـند؛ و نکتـه اینکـه ایـن ارتبـاط فـوری و بـدون وقفـه اسـت. ارتبـاط و و عکـس العمـل فـوری و بـدون وقفـه از فاصـله زیـاد پدیـده‌ای نیسـت کـه بـرای فیزیکـدانان قابل‌هضـم باشـد؛ زیـرا اینشـتین قـبلاً ثابت کـرده بـود کـه سـرعت هیچ‌چیـز در عـالم هسـتی سـریع‌تر از سـرعت نـور نیسـت و سـرعت نـور در خـلأ سیصـد هـزار کیلـومتر در ثانیـه اسـت؛ امـا ازنظـر تئـوری ثابت‌شـده کـه تبـادل اطلاعـات بـین دو ذره مـرتبط کوانتـومی در هـر فاصله‌ای که از هم باشند آنی یعنی ماورای سرعت نور است. (۵۷)

آلبـرت اینشـتین بـه ایـن پدیـده کوانتـومی نیـز علاقـه‌ای نداشـت و آن را بـه «عملکـرد اشـباح از راه دور» تشـبیه می‌کـرد. ایـن پدیـده در میـان شـک و تردیـدها بـا فرضـیه‌ها و تفسـیرهای متعـدد سـال‌ها مـورد منـاظره فیزیکـدانان تئـوری بـود. تـا اینکـه فیزیکـدان ایرلنـدی جـان بـل (۵۸) در سـال ۱۹۶۴ صـحت وقـوع آن را طـی آزمایشـی ثابـت کـرد، فرمول‌هـای آن را نوشـت و بنـابراین ثابـت کـرد کـه اینشـتین در این رابطه اشتباه می‌کند.

مشـکل اصـلی منـاظرات، در ارتبـاط فـرا نـوری ذرات مـرتبط بـود کـه جـان بـل بعـدها در مصـاحبه‌ای چنـین اعـلام کـرد «تنهـا راهـی کـه بتـوان بـر ارتبـاط فـرا نـوری ذره‌هـای مـرتبط خـط بطـلان کشـید ایـن اسـت کـه همـه عـالم هسـتی تحـت سیسـتمی جبـری هسـتند کـه چنـین سیسـتمی همـه امـور آزمـایش یعنـی ذرات، دسـتگاه‌ها و حتـی آزمایش‌کننـده را تحـت یک‌رونـد کنتـرل جبـری مـدیریت می‌کنـد». البتـه بـه ایـن بیانیـه خـوب توجـه شـود زیـرا ممکـن اسـت بـه ایـن معنـی نباشـد کـه ایـن فیزیکـدان الزامـاً بـه جبـری بـودن عـالم هسـتی معتقـد اسـت بلکـه احتمـالاً قصـد او بیشـتر ثابـت کـردن ارتبـاط فـرا نـوری ذره‌هـای مـرتبط در فیزیـک کوانتوم است.

پـس از دو دهـه از درگذشـت اینشـتین، یـک فیزیکـدان جـوان آمریکـایی بـه نـام جـان کلاسـر John Clauser کـه دوره دکتـری فیزیـک خـود را می‌گذرانـد بـه فکـر ایـن افتـاد کـه ثابت کنـد کـه حـق بـا اینشـتین اسـت و جـان بِـل اشـتباه کـرده اسـت؛ بنـابراین چـون بـا تجهیـزات جدیـدتر قـادر بـود انـواع بیشـتری از ذرات

مـرتبط را در آزمایشـگاه تولیـد کنـد بـا اسـتفاده از فرمول‌هـای جـان بـل بـه انـدازه‌گیری ادامـه داد. هـدف او ایـن بـود کـه ثابـت کنـد جـان بِـل در اشـتباه اسـت و پدیـده‌ای بـه نـام ارتبـاط فـرا نـوری ذرات به‌هم‌پیوسـته وجـود نـدارد؛ امـا پـس از آزمایش‌هـای فـراوان دریافـت کـه فرمول‌هـای جـان بـل درسـت و اینشـتین در اشـتباه اسـت. هم‌زمـان فیزیکـدان فرانسـوی آلا آسـپه Alain Aspect نیـز بـدون اطـلاع از آزمایش‌هـای جـان کلاسـر بـه همـان نتـایج دسـت‌یافت. ایـن دو فیزیکـدان بـرای همیشـه ثابـت کردنـد کـه ارتبـاط کوانتـومی ذرات یکـی از واقعیت‌هـای عـالم هستی است.

نتیجـه دیگـری کـه می‌تـوان از رفتـار ذرات مـرتبط و ارتبـاط فـرا نـوری آن‌هـا گرفـت ایـن اسـت کـه ممکـن اسـت تمـام ذرات عـالم هسـتی بـه نحـوی و یـا از طریـق میـدانی رابـط بـا ذراتـی غیرقابـل رؤیـت بـه هـم متصـل باشـند. در بخشـی در همیـن فصـل در نظریـه «میـدان وحـدت و تئـوری ابـر نخـی یـا ابـر رشـته‌ای ذرات بنیـادی» [۵۹] بـه مفهـومی مشـابه برمی‌خـوریم. فرامـوش نکنـیم کـه عرفـا و مـردان خِـرَد نیـز به یکپارچگی عالم هستی اشاره می‌کنند.

❖ ❖ ❖

تونل زنی کوانتومی

فـرض کنیـد کـه تـوپی را بـه‌طرف دیـواری پـرت کنـیم. واضـح اسـت کـه تـوپ پـس از برخـورد بـه دیـوار بـر مـی گـردد نـه اینکـه از آن عبـور کنـد. همین‌طـور مـا آدم‌هـا نمی‌تـوانیم از دیـوار عبـور کنـیم بـرای همـین اسـت کـه در اختـراع شـده اسـت. البتـه دلیـل آن بـه ایـن سـادگی نیسـت کـه بگـوییم یـک جسـم جامـد نمی‌توانـد از جسـم جامـد دیگـر عبـور کنـد، زیـرا همـان‌طور کـه قـبلاً گفتـیم جامـدات و هـر مـاده دیگـر از اتم‌هـا و خـلأ آن‌هـا سـاخته شـده اسـت و آنچـه تعیین‌کننـده عبـور یـک مـاده از ماده دیگر است سطح انرژی در اتم‌های آن‌هاست. [۶۰]

حـال اگـر بـه مثـال تـوپ و دیـوار برگـردیم، برخـورد تـوپ و برگشـت آن عملـی اسـت کـه طبـق قـوانین فیزیـک کلاسـیک صـورت می‌گیـرد و در ابتـدا فیزیکـدان‌ها انتظـار آن را داشـتند کـه همـین رفتـار در مقیـاس میکروسـکوپی از مـاده سـر بزنـد؛ امـا دنیـای کوانتـوم در ایـن رابطـه نیـز فیزیکـدان‌ها را شـگفت‌زده کـرد. در دنیـای

کوانتوم، ذره‌ها می‌توانند با تونل زدن از یک مانع دیگر با سطح انرژی بالاتر، عبور کنند. این پدیده به تونل زنی کوانتومی مشهور است.
طبق نظریه کوانتوم عبور ذره‌ها از یک مانع فیزیکی دیگر، به همان خاصیت دوگانه موج– ذره مربوط می‌شود. ازآنجایی‌که ذرات کوانتومی فقط در زمان اندازه‌گیری مانند ذره عمل می‌کنند وگرنه در حالت عادی مانند موج رفتار می‌کنند، از این خاصیت استفاده می‌کنند و درنتیجه احتمال آن وجود دارد که مانند موج از موانع عبور کنند. درجه احتمال عبور ذرات از موانع بستگی به ضخامت مانع یعنی سطح انرژی آن و جرم ذره و یا جسمی است که با آن برخورد می‌کند؛ یعنی هنگامی‌که تراکم ذرات بیشتر می‌شوند احتمال عبور از مانع کمتر می‌شود. مثلاً احتمال عبور یک الکترون از مانع بیشتر از احتمال عبور یک اتم از همان مانع است. این احتمال برای اجسام خارج از محدوده میکروسکوپی به‌تناسب جرم آن‌ها کمتر می‌شود. مثلاً احتمال اینکه یک توپ از یک دیوار عبور کند بسیار کم است اما این احتمال ازنظر تئوری صفر نیست. بهر حال این احتمال آن‌قدر کم است که می‌توان آن را در محدوده واقعیتی که در دنیای فیزیکی ما شکل می‌گیرد، غیرممکن دانست.
اما طبق قانون احتمالات، احتمال وقوع یک رخداد با ازدیاد تعداد تکرار آن زیاد می‌شود. هنگامی‌که نظریه کوانتوم با فرمول ثابت می‌کند که احتمال عبور یک جسم فیزیکی از یک مانع صفر نیست، بنابراین اگر تعداد پرتاب‌ها برابر با عددی بسیار بزرگ باشد احتمال آن وجود دارد که شیء از دیوار عبور کند. البته این ادعا ممکن است منطقی نباشد، اما موضوع این است که اولاً عددهای بسیار بزرگ در واقعیت فیزیکی که انسان‌ها با آن سروکار دارند، کاربرد عملی ندارند. ثانیاً اعداد بزرگ در عالم ریاضیات در خود شگفتی‌هایی دارند.
شاید بهتر است در اینجا پرانتزی باز کرد تا منظور از شگفتی اعداد بزرگ و احتمالات حالت‌های کوانتومی کمی روشن‌تر شود. معمولاً اگر از ما سؤال شود بزرگ‌ترین عدد ممکن چیست، ممکن است پاسخ دهیم که بزرگ‌ترین عدد بینهایت است؛ اما اولاً بینهایت از قوه درک انسان خارج است و ثانیاً اعدادی هستند که بسیار کوچک‌تر از بی‌نهایت‌اند، اما درواقع آن‌قدر بزرگ

هستند که انسان کاربردی برای آن‌ها هم ندارد. در اینجا قرار است به عددی اشاره کنیم که در ظاهر آن‌قدر بزرگ نیست زیرا اعداد بسیار بزرگ‌تری از آن وجود دارند که به‌راحتی می‌توان آن‌ها را نوشت. مثلاً $۱۰^{۱۰۰}$ ده به توان صد، یعنی عدد یک با صد صفر در مقابل آن [۶۱] را در نظر بگیرید. این عدد آن‌قدر بزرگ است که اعداد بزرگ‌تر از آن نه‌تنها برای ما انسان‌ها کاربردی ندارد بلکه همین عدد برای نشان دادن تعداد هر چیز در عالم هستی کافی است. مثلاً تعداد دانه‌های شن در تمام سواحل و بیابان‌های سطح کره زمین از عدد $۱۰^{۱۹}$ بیشتر نیست. تعداد اتم‌های هیدروژن که تقریباً تمام جرم خورشید را می‌سازد، برابر است با $۱۰^{۵۷}$ و تعداد اتم‌ها در تمام ستارگان موجود در عالم هستی قابل رصد برابراست با $۱۰^{۸۰}$ و خلاصه اگر فضای خالی تمام عالم هستی قابل رصد را از دانه‌های شن پرکنیم فقط به $۱۰^{۹۰}$ دانه شن احتیاج داریم، که بازهم به عدد به‌ظاهر نسبتاً کوچک $۱۰^{۱۰۰}$ نمی‌رسد.

حال اگر به موضوع رفتار عجیب ذره‌ها در دنیای کوانتوم برگردیم، تمام مواردی که فیزیک کوانتوم ثابت کرده است گویای این واقعیت است که عالم هستی مایل نیست ذرات بنیادی خود را محدود کند. طبق تئوری کوانتوم یک ذره بنیادی را نمی‌توان در یکجا محدود و محصور کرد. به زبان ساده‌تر اگر یک ذره بنیادی در جعبه‌ای قرار گیرد فقط هنگامی‌که در جعبه را باز می‌کنیم آن ذره را خواهیم دید و مادامی‌که درون جعبه ازنظر یک ناظر هشیار پوشیده است ذره بنیادی مذکور ممکن است اصلاً در آن نباشد.

اگرچه رفتار ذرات بنیادی در سطح کوانتوم عجیب است و هنوز جواب قاطعی برای عملکرد آن‌ها نیست اما چنین رفتاری در طبیعت و در صنعت کاربرد دارد. تونل زنی کوانتومی در روند رشد و تغییرات موجودات زنده مشاهده شده است. همچنین همه دستگاه‌های پیشرفته الکترونیکی که با ترانزیستور ساخته می‌شوند، مدیون همین تونل زنی عجیب ذرات بنیادی‌اند.

باوجود بر اینکه امروزه در برخی از مباحث معنویت و متون عرفانی رفتار شگفت‌انگیز و رازگونه فیزیک کوانتوم به‌عنوان نوعی دخالت متافیزیکی در جهان عنوان می‌شود؛ اما قصد این کتاب در این رابطه تا حدودی متفاوت

است. منظور در اینجا بیشتر نشان دادن وجود واقعیت‌هایی در عالم هستی است که با واقعیت‌های رایجی که انسان با آن سروکار دارد، سازگاری ندارد؛ بنابراین عدم رواج یا عدم آشکاری یک واقعیت، الزاماً به معنی غیرعلمی بودن، غیرمنطقی بودن و یا عدم وجود آن واقعیت پنهان نیست. تا قبل از یافته‌های فیزیک کوانتوم در سال ۱۹۲۵، واقعیت‌های دنیای کوانتوم خارج از محدوده واقعیت‌های فیزیک کلاسیک و علم بود، اما در عالم هستی وجود داشت؛ بنابراین می‌توان نتیجه گرفت که اکنون نیز واقعیت‌های دیگری وجود دارند که از چشم انسان و علم او پنهان است.

❖ ❖ ❖
نظریه‌های ابر نخی و میدان وحدت

درحالی‌که نظریه نسبیت اینشتین با انرژی، ماده و نیروی جاذبه در مقیاس ماکروسکوپی سروکار دارد، فیزیک کوانتوم به همین اشکال ماده در مقیاس میکروسکوپی می‌پردازد. اینشتین و چند فیزیکدان بزرگ دیگر در پی آن بودند که نظریه‌ای جامع با عنوان میدان‌های متحد ارائه دهند که همه نیروهای شناخته‌شده در عالم هستی را در برگیرد. این نیروها شامل نیروی الکترومغناطیس، نیروی جاذبه و خواص کوانتومی ذرات بنیادی می‌شدند؛ اما معادلات ریاضی بین این دو یعنی فیزیک کلاسیک و کوانتوم باهم خوانایی نداشتند. طبق یافته‌های دانشمندان ظاهراً برای کارکرد صحیح این معادلات با یکدیگر به بُعد و یا ابعادی بیش از چهار بُعد طول، عرض، ارتفاع و زمان در عالم هستی نیاز بود. به همین دلیل بود که این نظریه در نیمه قرن بیستم به حال خود رها شد تا اینکه اخیراً فیزیکدانان تازه‌نفس‌تر آن را در قالب نظریه ابر رشته‌ای و یا ابر نخی عنوان کرده‌اند و به تحقیق آن مشغول شده‌اند.

همان‌طور که قبلاً اشاره شد اتم‌ها اجزای تشکیل‌دهنده ماده‌اند و اولین ذرات بنیادی که در آن‌ها کشف شد، پروتون و نوترون‌ها بودند که هسته اتم را تشکیل داده و الکترون‌هایی که به دور هسته در سطوحی از انرژی قرارگرفته‌اند؛ اما این پایان ماجرای ذرات بنیادی در اتم‌ها نبود. به این معنی که در داخل این ذرات اصلی، ذراتی کوچک‌تر وجود دارند که کوارک نام

دارنـد. طبق تئوری‌هـای اخیـر در نظریـه کوانتوم اعـلام شده است کـه حتی درون ایـن کوارک‌هـا نیـز ذرات ریزتـری هسـتند. این‌هـا ذرات انـرژی هسـتند کـه می‌بایسـت آن‌هـا را ماننـد رشـته نخ‌هایـی تصـور کـرد کـه در حـال ارتعاش‌انـد. فرکانس ارتعاش این رشـته‌های نخ ماننـد هسـتند کـه مسـئول سـاختن بقیـه ذرات موجـود مـاده در جهـان هستی‌اند. بـه نظـر می‌رسـد کـه ایـن رشـته‌های نخـی غیرقابـل رؤیـت، تشـکیل‌دهنده همـه نیروهـای طبیعـی و ذراتـی چـون کوارک‌هـا، الکتـرون، فوتـون و گراویتـون هسـتند کـه به‌نوبـه خـود عـالم هسـتی از آن‌هـا سـاخته شده است.

طبق ایـن تئـوری، ایـن رشـته‌های نخـی انـرژی، همه‌چیـز، حتـی فضـا و خـلأ را در عـالم هسـتی بـه هـم متصـل می‌کنـد. ایـن ذراتِ عمیقـاً بنیـادی، تـاروپود جهان هستی‌انـد طـوری کـه ماننـد اقیانوسـی همه‌چیـز را در برمی‌گیرنـد. وقتی‌کـه مـا دست خـود را حرکت می‌دهیـم این ذره‌های نامرئـی را بـه حرکت درمی‌آوریم. ایـن یـک اتحـاد بیـن ذره‌هـا و نیروهـای طبیعـی اسـت، نـوعی یکپارچگـی و وحـدت جهان هستی که علم آن را فعلاً در سطح تئوری مطالعه می کند.

نظریه ابر نخی بسـیار فراتـر از آن اسـت کـه در تعریـف مختصر فـوق گنجانـده شـود. از ویژگی‌هـای دیگـر ایـن نظریـه ایـن اسـت کـه عـلاوه بـر آنچـه به‌عنـوان سـه بُعد مکان و یـک بُعـد زمـان بـرای مـا شـناخته شـده اسـت، ابعـاد ناشناخته‌ای در عـالم هسـتی وجـود دارنـد و در ضمـن بیسـت عـدد در نتیجـه اندازه‌گیـری بیسـت ویژگـی ذره‌هـا به‌دست‌آمده اسـت کـه عـالم هسـتی بـه آن‌هـا وابسـته اسـت و اگـر تغییـر کـوچکی در ایـن اعـداد داده شـود عـالم هسـتی بـه شـکلی کـه اکنـون شـاهد آن هسـتیم، وجـود نخواهـد داشـت. مثلاً جرم الکتـرون یکـی از ایـن اعـداد است کـه اگـر انـدازه آن انـدکی کمتـر و یـا بیشـتر از آنچـه اسـت می‌بـود، سـتاره‌ها شـکل نمی‌گرفتند و عالم هستی به این شکل وجود خارجی نداشت.

به‌هرحال منظـور از پـرداختن بـه ایـن مبحـث اشـاره بـه وحـدت عـالم هسـتی و تـاروپود آن بـوده اسـت. وحدتـی از ایـن نـوع در بسـیاری از سیسـتم‌های فکـری، فلسـفی و عرفانـی اعـم از شـرق، غـرب اشـاره شـده اسـت. در زیـر ترجمـه شـعری اسـت کـه شـاید سـراینده آن را بتـوان بی‌طرف‌تریـن انسـان‌ها در رابطـه بـا وحـدت هسـتی دانسـت. ایـن شـعر نـه از یـک فیزیکـدان کوانتـوم اسـت نـه از یـک فیلسـوف

شرقی بودائی و یا هندو و نه از یک عارف مسیحی و غربی، نه از یک عارف صوفی مسلمان است و نه از یک استاد یوگا. این شعر از یک امپراتور یونانی بنام مارکوس آئورلیوس (۶۲) نویسنده کتاب مدیتیشن (۶۳) و متعلق به دو هزار سال قبل است. شاید بتوان مارکوس آئورلیوس را یکی از آگاه‌ترین انسان‌های تاریخ بشریت دانست. کتاب مدیتیشن او پس از حدود دو هزار سال هنوز از تراوت و تازگی و ترقی، چنان برخوردار است که می‌تواند در دنیای مدرن کنونی نیز مورد استفاده قرار گیرد.

همه چیز در عالم هستی یکپارچه به هم تنیده شده

مانند تارعنکبوتی، و این تار مقدس است

هیچ قسمتی از آن از هم جدا نیست

همه چیز با هماهنگی به هم بافته شده

و عالم هستی را می‌سازند

یک جهان هستی، متشکل از همه چیز

یک الوهیت در همه چیز

یک ماده و یک قانون

و یک حقیقت ...

❖ ❖ ❖

فصل ۱۴ - سیستمهای طبیعی

طبیعت تئاتری موزون است که بازی بی‌پایانی بر روی صحنه آن در جریان است. حال به ما انسان‌ها بستگی دارد که تا چه حدی به تماشای این بازی بنشینیم و تا چه سطحی آن را درک کنیم. هرقدر با اشتیاق و دقت بیشتری به تماشای آن بنشینیم، شاهد حقایق بیشتری از آن خواهیم بود و از تماشای آن لذت بیشتری خواهیم برد. انسان بنا به تیزبینی و هوشمندی خود تاکنون به کسری از حقایق این بازی پی برده است. بازی این تماشاخانه هنوز ادامه دارد و باید بیشتر به تماشای آن نشست تا حقایق بیشتری برایمان روشن شود و همان‌گونه که خیام به آن اشاره کرد حقایق زیادی نیز پشت‌صحنه است که ما از آن بی‌اطلاع هستیم و خواهیم بود.

اما بازهم حقایقی را که تاکنون علم از آن‌ها پرده برداشته است، بسیار شگفت‌انگیز هستند. به همین منظور در اینجا سه نمونه از احتمالا میلیون‌ها موارد جالبی که در بازی طبیعت در جریان است، انتخاب‌شده که برای بیداری ما انسان‌ها مفید است. این سه سیستم طبیعی عبارت‌اند از ریاضیات در طبیعت، ارتباطات در عالم درختان، و سازمان مورچه‌ها.

ریاضیات در طبیعت

«عالم هستی با زبان ریاضیات نوشته شده است»

گالیله

وقتی به محیط اطراف خود می‌نگریم، تقریباً در همه‌چیز نوعی ریاضی بکار رفته است. ریاضیات نه‌تنها در اشیای مصنوعی ساخت بشر حضور دارد، بلکه در طبیعت هم به‌سادگی می‌توان آن را مشاهده نمود. ریاضیات در اشیاء مصنوعی و جلوه‌های طبیعی یا به‌صورت اعداد وجود دارد و یا به‌صورت اشکال هندسی به شکل‌های دایره، مربع، مستطیل، مثلث، کره، مکعب و ابعاد آن‌ها که با واحد طول قابل‌اندازه‌گیری است. درواقع مشکل بتوان شیئی مصنوعی و یا موجودی را در طبیعت دید که نوعی ریاضیات در آن وجود نداشته باشد.

این‌که انسان در مصنوعاتی که می‌سازد از ریاضیات کمک می‌گیرد، امری تصادفی نیست چون بعید به نظر می‌رسد که خود ریاضیات در مغز و فهم انسان از قبل وجود داشته و یا این پدیده در مغز او از نظر فلسفی یا بیولوژیکی سیم‌پیچی شده باشد. آنچه به نظر می‌رسد اینکه انسان‌ها با مشاهده اشکال و اعداد در طبیعت، ریاضیات را در مقاطع و سطوح مختلف کشف کرده‌اند و این روند هنوز ادامه دارد. به‌عبارت‌دیگر ریاضیات از قبل در تاروپود عالم هستی وجود داشته است و انسان آن را کم‌کم کشف می‌کند.

«ریاضیات زیبایی خود را فقط به رهروان صبور خود نشان می‌دهد»

مریم میرزا خانی – ریاضیدان (۶۴)

مثلاً انسان سیستم رقمی ده‌تایی یعنی اعداد معمولی را با مشاهده تعداد انگشتان دست ابداع کرده است. علاوه بر آن اعضای بدن انسان مانند دست‌ها، چشم‌ها، گوش‌ها، سر و کل بدن انسان یا بر اساس یک عدد هستند و یا به شکلی هندسی می‌مانند؛ اما این اعداد و اشکال طبیعی فقط شروع ماجراست زیرا اعداد و اشکال پیچیده‌تری در طبیعت وجود دارند که از ریاضیات پیروی می‌کنند و یا ریاضیات بر پایه آن‌ها استوار است.

اشکال هندسی و اعداد در ساده‌ترین شکل خود در اجرام سماوی و در شکل دایره‌ای آن‌ها و طرز قرارگیری ستارگان یعنی صور فلکی و تعداد بازوان

حلزونـی کهکشان‌هـا در آسمـان دیـده و رصـد می‌شـوند. اعـداد و اشـکال هندسـی بـر روی سیـاره خودمـان بـه‌وفـور در جلوه‌هـای طبیعـی آن بـه چشـم می‌خورنـد. یکـی از جالب‌تریـن طـرز قرارگیـری اعـداد، بـه اعـداد فیبوناچی (۶۵) معـروف اسـت. ایـن اعـداد از صفـر شـروع شـده و عـدد بعـدی همـواره از حاصـل جمـع دو عـدد قبلـی بـه دسـت می‌آینـد، صفـر، ۱،۱، ۲، ۳، ۵، ۸، ۱۳، ۲۱، ۳۴، ۵۵، ۸۹، و الی‌آخـر. اعـداد فیبوناچـی اعـداد مـورد علاقـه طبیعـت هسـتند و ایـن اعـداد مخصوصـاً در گیاهـان در تعـداد سـاقه، شـاخه‌ها، برگ‌هـا و گلبرگ‌هـا و خوشـه میوه‌هـا به‌وفـور یافـت می‌شـوند. به‌طور نمونـه چند مثـال عبارت‌انـد از:

در گروه گلبرگ‌ها:

سوسـن=۳، رز وحشـی = ۵، زبـان در قفـا = ۸ ، نوعـی کاسـنیان = ۱۳ ، گـل مینا یا ستاره‌ای= ۲۱ ، بابونه = ۳۴ = نوعی کاسنیان دیگر=۵۵ و ۸۹

در میـان میوه‌هـا، برجسـتگی‌های سـطح آنانـاس بـه صورتـی مارپیـچ از یک‌جهـت ۱۳ عـدد و در خـلاف جهـت ۸ عـدد هسـتند، یعنـی دو عـدد فیبوناچـی مجـاور هـم. همین‌طـور طـرز قرارگیـری ردیف‌هـای تخمه‌هـای گـل آفتاب‌گـردان در دو ردیـف ۳۴ و ۲۱.

اعـداد فیبوناچـی فقـط در گل‌هـا نیسـتند بلکـه می‌تـوان آن‌هـا را در شـکل هندسـی بـدن و تعـداد اعضـای آن، در رنگین‌کمـان و بلوره‌هـای دانـه‌هـای بـرف و حتـی در حوزه هنر و معماری نیز یافـت.

یکـی دیگـر از اعـداد ثابـت موردعلاقـه طبیعـت عـدد «پـی» اسـت کـه تقریبـاً برابـر بـا ۳/۱۴ اسـت. همـه دانـش آمـوزان بـا ایـن عـدد ثابـت آشـنایی دارنـد. «نسـبت طلایـی» یا عدد فی (۶۶) یکـی دیگـر از این اعـداد اسـت.

از مـوارد دیگـر وجـود اعـداد و ریاضیـات در طبیعـت، وجـود آن در موسـیقی اسـت زیـرا صـدای مـوزون خـود جزئـی از طبیعـت اسـت. در واقـع موسـیقی نـوعی ریاضـی بـا زبـان صداسـت. موسـیقی نـه‌تنها در اجـزای خـود مملـو از اعـداد اسـت بلکـه در صداهـا و ارتعاشـاتی کـه ایجـاد می‌کنـد اشـکال منظـم هندسـی نیـز حمـل می‌کنـد.

البتـه دانشـمندان تـا حـدودی دلیـل وجـود برخـی از مـوارد ریاضـی در طبیعـت را شـرح داده‌انـد. مثـلاً گیـاه شناسـان پیدایـش اعـداد فیبوناچـی در گیاهـان را بـه کارایـی گیـاه در اسـتفاده بهینـه از فضـای رشـد و دریافـت حداکثـر نـور خورشـید

می‌دانند. بدین معنی که مثلاً گل آفتابگردان از اعداد فیبوناچی و نسبت طلایی یعنی عدد فی استفاده می‌کند تا دانه‌های بیشتری را در خود جای دهد؛ اما اینکه طبیعت چگونه این محاسبات را انجام و آن را در جلوه‌های خود بکار می‌گیرد خود جای بسی تأمل است و شاید جزئی از اسرار عالم هستی.

❖❖❖
هوشمندی در گیاهان و ارتباط بین درختان

گیاهان و درختان از اولین اشکال حیات بر روی زمین هستند که پیدایش آنها به ۴۵۰ میلیون سال پیش تخمین زده می‌شود. انسان‌ها لااقل بابت همین سابقه و پیشکسوتی در حیات، باید به گیاهان احترام بگذارند. چون بدون پیدایش آنها پیدایش بسیاری دیگر از اشکال حیات بر روی زمین میسر نمی‌بود. یکی از نکاتی که باید به آن توجه کرد این است که این شکل از حیات در طی تکامل به‌اندازه کافی از تجربه بقا بهره‌مند است. گیاهان لابد تا به امروز موانع زیادی را از جلو راه خود برداشته و به اینجا رسیده‌اند، چون در غیر این صورت نمی‌توانستند تا به امروز دوام بیاورند و منقرض می‌شدند. چنین موفقیتی در بقای آنها باید درگرو نوعی هوشمندی در آنها باشد؛ بنابراین نباید آنها را شکلی از حیات دانست که فاقد هوشمندی و حتی احساس باشند.

علم تاکنون به بسیاری از رفتارها و عملکردهای گیاهان آگاهی پیداکرده است. مثلاً می‌دانیم که گیاهان با هوشمندی و توانایی خود می‌توانند غذای خود را در روندی به نام فتوسنتز از آب، خاک و نور خورشید بسازند. امروزه محققین در رابطه با توانایی‌ها و ویژگی‌های گیاهان به دانسته‌های بیشتری دست‌یافته‌اند.

گیاهان و درختان موجوداتی هستند که با سایر اشکال حیات مانند انسان، جانوران و حشرات به نحوی دوستانه همکاری می‌کنند. مثلاً قسمتی یا شاید بهتر بگوییم همه غذای آنها را فراهم می‌کنند. آنها مانند ریه‌های سیاره عمل می‌کنند و در تنظیم آب‌وهوا نیز نقش دارند. انسان از چوب آنها در

ساختمان‌سازی و زیبایی‌های داخلی ساختمان و لوازمات دیگر استفاده می‌کند. رابطه بین گیاهان و درختان با حیوانات و حشرات نیز رابطه‌ای نزدیک است چون این دو گروه از وجود یکدیگر استفاده می‌کنند. گیاهان غذای آن‌ها را تأمین می‌کنند و حیوانات و حشرات کود و تخم‌پاشی آن‌ها را تأمین می‌کنند. رابطه‌ای عادلانه و دوستانه و معامله‌ای پایاپای.

اما ارتباط انسان با گیاهان و مخصوصاً درختان و جنگل‌ها در برخی موارد چندان عادلانه نیست و حتی گاهی انسان رویکردی خصمانه نسبت به آن‌ها دارد که به آن اشاره خواهد شد.

امروزه تحقیقات در رفتار گیاهان و درختان نشان می‌دهد که این موجودات نه‌تنها هوشمند هستند، بلکه از نوعی هوشیاری نیز برخوردارند. مشاهدات و مطالعات نشان می‌دهد که گیاهان و مخصوصاً درختان از یک سیستم دفاعی پویا برخوردارند که از طریق آن خود را در مقابل تهدیدات و خطراتی که ممکن است موجب انقراض آن‌ها شود، محافظت کنند. از ویژگی‌های دیگر درختان اینکه آن‌ها در یک شبکه زیرزمینی از طریق ریشه‌های خود در یک ارتباط دائمی باهم بسر می‌برند.

گفتیم که درختان نه‌تنها دارای سیستم دفاعی‌اند، بلکه این سیستم در مقابل افزایش تهدیدات به‌طور پویا خود را تنظیم کرده و به میزان توانایی دفاعی خود می‌افزایند. درختانی هستند که می‌گذارند تا جانوران برگ‌خوار مانند گوزن‌ها از برگ آن‌ها تغذیه کنند؛ اما اگر تعداد این گوزن‌ها به دور آن‌ها بیشتر شوند، این درختان احساس خطر می‌کنند و ماده‌ای سمی مانند تانین (۶۷) در برگ‌های خود تولید می‌کنند که آن‌ها را از خود دور کنند. مطالعات نشان می‌دهد که طی یک خشک‌سالی در آفریقای جنوبی تنها نوعی از درختان، برگ‌های خود را حفظ کرده بودند و بنابراین برای مدتی تنها منبع غذای گوزن‌های برگ‌خوار آن ناحیه بودند؛ اما محیط‌بانان پس از مدتی متوجه مرگ‌ومیر این گوزن‌ها شدند و پس از تحقیق و بررسی علت مرگ این حیوانات را در درجه غلظت بالای تانین در اندام‌های داخلی آن‌ها ردیابی کردند. پس از تحقیقات بیشتر، معلوم شد که وقتی این درختان مورد هجوم

گله‌های بزرگ گوزن‌ها قرار می‌گرفتند، احساس خطر کرده و به میزان ماده تانین خود افزوده‌اند تا خود را در مقابل این تهدید جدید محافظت کنند.
متخصصین حتی متوجه شدند که هنگامی‌که این درختان مورد هجوم گله‌ها قرار می‌گرفتند از خود گاز اتیلن (۶۸) متصاعد می‌کرده تا به درختان اطراف هشدار دهند که خطر نزدیک است. چون این متخصصین درخت‌هایی را در اطراف پیدا کردند که باوجودی که برگ‌های آن‌ها دست‌نخورده باقی‌مانده بود، میزان تانین در برگ آن‌ها به‌اندازه میزان تانین در برگ درختانی بود که موردحمله قرارگرفته بودند.

هوشمندی گیاهان و درختان فقط به سیستم دفاعی هوشمند آن‌ها خلاصه نمی‌شود. تحقیقات در حوزه جنگل‌شناسی نشان می‌دهد که آنچه در جنگل‌ها می‌گذرد، بیش از یک محیط رشد و حیات برای درختانی زبان‌بسته است. تحقیقات نشان می‌دهد که شبکه‌ای بسیار پیچیده، هوشمند و زیبا در زیرزمین جنگل‌ها دائماً مشغول کار و فعالیت است. در این شبکه همه ریشه‌های درختان با هم در ارتباطی دائم هستند. در این ارتباط درختان تنومند به‌عنوان درختان مادر در مرکز قرارگرفته‌اند و از درختان کوچک‌تر و نهال‌ها در اطراف خود مراقبت می‌کنند و به آن‌ها غذا و کربن می‌رسانند. درختان مادر حتی برای درختان کوچک‌تر فضای کافی محاسبه و فراهم می‌کنند که ریشه درختان کوچک‌تر بتوانند در آن فضا بهتر رشد کنند.

اینکه ما انسان‌ها درختان را زبان‌بسته می‌دانیم، توهمی دیگر است. درختان در شبکه پیچیده و هوشمند زیرزمینی با یکدیگر ارتباط دارند و به زبان خود حرف می‌زنند. سیستم عصبی، احساسات و نوعی از هوشیاری در آن‌ها اگرچه با این سیستم‌ها در جانوران متفاوت است، اما نمی‌توان آن‌ها را نادیده گرفت. همان‌طور که مولوی مشاهده کرد، ریشه‌های این درختان شرابی پنهانی می‌نوشند، آن‌ها مستاند و در حال بازی با عالم هستی.

تا نگویی در زمستان باغ را مستی نماند
مدتی پنهان شدست از دیده مکار، مست
بیخ‌های آن درختان می نهانی می‌خورند
روزکی دو صبر می‌کن تا شود بیدار، مست

انسان با نادیده گرفتن اهمیت جنگل‌ها و نقشی که آن‌ها در روند اکولوژیکی زمین دارند، در آینده بهای سنگینی خواهد پرداخت. جنگل‌زدایی و بهره‌برداری سودجویانه از جنگل‌ها جهالتی است که نوع بشر از صدمات آن به سیاره و اشکال حیات و حتی بقای خود بی‌خبر است.

به گزارش فائو - سازمان غذا و کشاورزی ملل متحد، مساحت جنگل‌هایی که هرساله به دست بشر نابود می‌شوند هفت میلیون هکتار در سال است. این خود معادل مساحت بعضی از کشورهای جهان است.

چنین رویکرد خصمانه انسان در مقابل یکی از قدیمی‌ترین و مهم‌ترین اشکال حیات بر روی زمین نه‌تنها در حال تأثیرگذاری بر کیفیت زندگی انسان‌هاست، بلکه اگر جلو آن گرفته نشود حیات بر روی سیاره را به خطر می‌اندازد.

❖ ❖ ❖

سازمان مورچه‌ها

طبق یافته‌های تکاملی، تاریخ پیدایش مورچه‌ها به ۹۹ میلیون سال پیش می‌رسد. بین همه اشکال حیات بر روی زمین رفتار مورچگان آن‌قدر شگفت‌آور است که زندگی این حشرات کوچک همواره موردتوجه انسان‌ها بوده است. کتاب‌هایی که در رابطه با توانایی‌ها و کار و تلاش و نظم و سازمان‌دهی مورچگان نوشته شده کم نیستند؛ اما در سال‌های اخیر محققان با در اختیار داشتن آزمایشگاه‌ها و فنّاوری پیشرفته و دوربین‌های ویدئویی دقیق، به دانسته‌های بیشتری از زندگی آن‌ها دست‌یافته‌اند و مستندات فراوانی فراهم کرده‌اند.

نکات جالبی در قلمرو مورچگان وجود دارد. مثلاً می‌دانیم که آن‌ها با جثه کوچک خود قادرند صد برابر وزن خود را حمل کنند و هر وزنه‌برداری را خجل کنند. مورچه‌ها در اکوسیستم و محافظت از جنگل و کنترل آفات نقش مهمی ایفا می‌کنند؛ اما دو ویژگی در مورچه‌ها وجود دارد که آن‌ها را از جانوران دیگر متمایز می‌کند. این دو، نوعی کشاورزی و نوعی اهلی کردن

جانور دیگر است؛ یعنی مورچه‌ها تنها موجوداتی هستند که مانند انسان از این دو نوع مهارت برای تهیه غذا استفاده می‌کنند.

اهمیت توجه به زندگی مورچه‌ها و راز بقای آن‌ها به زیست فردی هر مورچه نیست، بلکه زندگی جمعی و تعاونی آن‌ها و مدیریت و عضویت و سازمان‌دهی‌هایشان در کلنی‌هاست که کلید موفقیت و توانایی این حشرات است. مورچه‌ها علاوه بر اینکه از مواد گوشتی تغذیه می‌کنند، به تغذیه گیاهی نیز وابسته‌اند. برای این منظور آن‌ها معمولاً به بریدن و جمع‌آوری علف‌ها و برگ مشغول‌اند؛ اما نه برای مصرف مستقیم بلکه پس از جمع‌آوری این برگ‌ها و انبار کردن و به عمل آوردن این برگ‌ها. این نوعی کشاورزی است که از طریق آن نوعی قارچ تولید می‌شود. مورچه‌ها متعاقباً از این نوع قارچ تغذیه می‌کنند.

اما جمع‌آوری این علف‌ها و برگ‌ها خود با نظم و ازخودگذشتگی همراه است که موجب حیرت است. در میان این مورچه‌ها نوعی از آن‌ها با نوک قیچی مانند خود، به بریدن برگ‌ها مشغول می‌شوند. کار آن‌ها این است که برگ‌ها را قطع می‌کنند؛ اما خودشان آن را حمل نمی‌کنند بلکه از بالای شاخه درخت یا بوته آن‌ها را رها می‌کنند. ازآنجا، کار مورچه‌های حمل‌کننده است که آن‌ها را تک‌به‌تک به کلنی‌ها حمل می‌کنند. مورچه‌هایی که به قطع برگ‌ها مشغول‌اند کارشان را با دقت و به نحو احسن انجام می‌دهند. حتی قبل از بریدن برگ‌ها آن‌ها را اندازه می‌گیرند که حمل آن‌ها آسان باشد. این مورچه‌ها چنان ازخودگذشته رفتار می‌کنند که اگر بته‌ای که بر روی آن مشغول کارند، شعله‌ور شود تا رسیدن شعله به آن‌ها و سوختن در آن به کار خود ادامه می‌دهند. مورچه‌هایی که مسئول حمل‌ونقل برگ‌ها هستند از خود موادی به‌جا می‌گذارند که مورچه‌های دیگر از طریق چنین رد پایی، راه خود را به کُلنی پیدا کنند و گاهی بار را در میان راه به مورچه‌ای دیگر منتقل می‌کنند و خود برمی‌گردند تا باری دیگر را حمل کنند.

برگ‌ها و قارچ‌های کِشت‌شده تنها منبع تغذیه مورچه‌ها نیستند. مورچه‌ها حشره دیگری به نام «شته» را اهلی می‌کنند و آن‌ها را حمل می‌کنند و با خود به‌نوعی از چرا می‌برند. مورچه‌ها از شته‌ها در مقابل خطراتی چون باران

و سیل محافظت می‌کنند و آن‌ها را در زیر برگ‌های نسبتاً پهن پنهان می‌کنند تا آسیبی به آن‌ها نرسد. کار شته‌ها در مقابل، ترشح نوعی شهد است که مورچه‌ها به شکر آن وابسته‌اند و از آن تغذیه می‌کنند. رابطه مورچه‌ها و شته‌ها یک رابطه و معامله بُرد بُرد و منصفانه است.

کلنی‌های مورچه‌ها نسبتاً بزرگ و دارای ساختمانی پیچیده و باورنکردنی است. این کلنی‌ها دارای نقب، اتاقک و مجاری تهویه برای ورود هوا و اکسیژن و همچنین دودکش‌هایی برای خروج گاز دی‌اکسید کربن است. چنین سیستمی کار دستگاه تهویه مطبوع کلنی‌ها را به عهده دارد. هر کلنی ممکن است تا پنجاه مترمکعب حجم داشته و تا ده هزار مورچه را در خود جا دهد.

یک نکته جالب اینکه بعضی از انواع مورچه‌ها قسمتی از معده خود را برای جاسازی مواد غذایی بکار می‌برند. این قسمت از معده به‌اصطلاح «معده اجتماعی» نامیده می‌شود و کار آن این است که در موارد اضطراری که مورچه‌ای دیگر به غذا احتیاج پیدا کند از این معده اجتماعی به هم‌نوع خود غذا برساند تا تلف نشود.

حال اگر ما انسان‌ها از این‌همه تدبیر و احساس مسئولیت مورچگان متحیر شویم یا نشویم، حقیقت این است که مورچه‌ها دارای مغز بسیار کوچکی هستند. تعداد سلول‌های مغز آن‌ها حدوداً به ۲۵۰ هزار می‌رسد. مغز انسان از طرف دیگر، دارای صد میلیارد سلول است. آنچه مورچه‌ها را موفق کرده است، توانایی فردی آن‌ها نیست بلکه همکاری آن‌ها با یکدیگر و ازخودگذشتگی و احساس مسئولیت آن‌هاست. از انسان‌ها انتظار نمی‌رود که دارای معده اجتماعی باشند و از آن برای یاری‌رساندن به هم‌نوع خود استفاده کنند؛ اما سؤال اینجاست آیا با صد میلیارد سلول مغزی و توانایی‌های فیزیکی دیگر در انسان، آیا دنیای متمدن امروز می‌بایست شاهد این حجم از ناهنجاری‌ها و نابسامانی‌ها، فقر، گرسنگی، بیماری، بی‌سوادی، و یا هنوز در نقاطی از دنیا نیز، در گیر جنگ و دیکتاتوری می‌بود؟

فصل ۱۵ - هوشیاری عالم هستی

این فصل شامل سه بخش کوتاه است که سعی در کندوکاو سه ویژگی طبیعت و عالم هستی دارد. قسمت‌هایی از این سه ویژگی یعنی اطلاعات در عالم هستی، هوشمندی در عالم هستی و هوشیاری در عالم هستی همراه با یک بخش از فصل ۱۶ با عنوان طبیعت و ماشین بر اساس مشاهدات نویسنده در طبیعت و مقایسه آن با اطلاعات و هوشمندی در فناوری هوش مصنوعی است و قسمت‌هایی نیز بر اساس تحقیق در یافته‌های علمی است. همان‌طور که در طول کتاب بارها به آن اشاره شد طبیعت و عالم هستی پدیده‌ای ساده نیست که بتوان با اطمینان و یقین در مورد آن سخن راند؛ اما این عقاید، نظریه‌ها و تئوری‌های متنوع هستند که بشریت را به اندیشه وامی‌دارد و او را به حقیقت نزدیک‌تر می‌کند.

❖❖❖
اطلاعات در عالم هستی (۶۹)

هنگامی‌که صحبت از اطلاعات می‌شود، تعریف رایج آن دانستن وقایع و انتقال دانش آن به دیگران است. اطلاعات هم مانند بقیه کمیت‌ها، قابل‌اندازه‌گیری است و ممکن است با واحدهایی چون تعداد کلمه و صفحه، نوشته و یا بیان شود و یا به‌صورت تعدادی عکس ثبت و یا با فیلم یا ویدئو ضبط شوند. در تولید، پردازش و ارائه این نوع اطلاعات، معمولاً انسان دخالت دارد؛ اما اطلاعات ممکن است در شکل‌های دیگری نیز وجود داشته باشد. شاید روند بافت یک فرش دستباف مثالی مناسب باشد. اولین فرم اطلاعات برای بافت

یک فرش، نقش فرش است که ممکن است روی کاغذ یا پرده‌ای در اندازه و رنگ‌های مختلف کشیده شده باشد. اگر این نقش را در واحدهای بسیار کوچک‌تر تقسیم کنیم که هرکدام مربعی بارنگ‌های مختلف باشد، این نقاط کوچک بخشی از اطلاعات فرش است. نقش و رنگ هرکدام از این نقاط متعاقباً به تاروپودی که بر روی دار قالی قرار دارد منتقل می‌شود و در جای هرکدام از آن‌ها نخی رنگی گره می‌خورد.

حال طرز قرارگیری این گره‌ها، رنگ، تعداد ردیف و گره در سطح این فرش جمعاً اطلاعاتی هستند که نه‌تنها فرش با آن بافته می‌شود، بلکه همواره به همراه فرش باقی می‌مانند. کمیت این اطلاعات نیز با واحدی قابل‌اندازه‌گیری است و بیان می‌شود. مثلاً می‌شود گفت یک فرش دو در سه متری دارای شش‌صد هزار گره در هشت رنگ است. حال اگر اطلاعات همین نقش را به یک کامپیوتر منتقل کنیم به ۴/۵ میلیون بیت و یا ۶۵۲۵۰۰ بایت معادل تقریباً ۵۵۰ کیلوبایت نیاز خواهد بود. البته این یک حساب سرانگشتی است زیرا در مقیاس کاربردی پارامترهای دیگری نیز وجود دارد؛ اما همین تخمین ساده برای این مبحث و رساندن منظوری که در پیش است، کفایت می‌کند.

به اطلاعاتی که به این شکل در کامپیوتر ذخیره می‌شود و سپس پردازش می‌شود، دیتا گویند. این یک فرم از اطلاعات است و در مثال ما مربوط است به یک فرش، یک شیء که به‌طور مصنوعی ساخته‌شده است. اطلاعاتی از این نوع در همه‌چیز وجود دارد، هم در اشیایی که ساخت انسان است و هم در موجودات طبیعی و هر چیز در طبیعت. مثلاً در یک درخت و یک برگ درخت، در یک موجود زنده، در اعضای بدن یک موجود زنده، در یک گربه، در یک ماهی، در یک کوه، در یک سیاره مانند زمین، در یک ستاره، در یک کهکشان و خلاصه در تمامیت عالم هستی. احتمالاً فیزیکدان‌ها قادرند با فرمول‌هایی مناسب، میزان اطلاعات همه این موجودات و حتی میزان اطلاعات در عالم هستی قابل رصد را هم محاسبه کنند و به ما بگویند.

میزان اطلاعات در هر جسم فیزیکی، به حجم، شکل هندسی، طرز قرارگیری و جزئیات ذره‌های آن در سطوح مختلف و پیچیدگی و درجه تراکم آن جزئیات و حتی تعداد رنگ‌ها در آن‌ها بستگی دارد. مقدار اطلاعات در یک

موجـود طبیعـی و زنـده مـثلاً یـک بـرگ درخـت بی‌شـک بیشـتر از مقـدار اطلاعـات در یـک تکـه کاغـذ بـه همـان انـدازه اسـت، بـه ایـن دلیـل کـه یـک بـرگ زنـده جزئیـات بیشـتری را در خـود جـای می‌دهـد. نـوع جزئیـاتی کـه در یـک شـکل طبیعـی و زنـده ماننـد یـک بـرگ وجـود دارد بـا نـوع جزئیـاتی کـه در نقـش یـک فـرش و یـا حتـی خـود فـرش وجـود دارد متفـاوت اسـت. مـثلاً یـک بـرگ دارای سـلول‌های گیـاهی اسـت. یـک بـرگ کوچـک بـه مسـاحت ده سـانتیمتر مربـع ممکـن اسـت تـا یک‌میلیون سلول گیاهی در خود داشته باشد.

خـود سـلول‌ها حـاوی اجـزای بیشـتری، از آب گرفتـه تـا عناصـر طبیعـی، در مقیـاس مولکـولی هسـتند. از دیگـر اجـزای مهـم هـر سـلول مـواد ژنتیکـی در آن‌هاسـت کـه ژنـوم [۷۰] نامیـده می‌شـود، کـه هرکـدام جفت‌هـای دی ان ای (DNA) را بـا خـود حمـل می‌کننـد. یـک سـلول گیـاهی ممکـن اسـت تـا صـد میلیـون جفـت دی ان ای پایـه در خـود داشـته باشـد. اگـر بخـواهیم ایـن تعـداد جفت‌پایـه را بـه واحـد اطلاعـات کـامپیوتری بیـان کـنیم، برابـر بـا ۱۰۰ مگابایـت (یـک بایـت برابـر اسـت بـا هشـت بیـت) در هـر سـلول خواهـد بـود. سـطح هـر سـلول تقریبـاً ۰/۰۰۱۲۵ میلی‌متـر مربـع اسـت؛ بنـابراین یـک بـرگ تـازه ده سـانتی‌متر مربعـی تقریبـاً متشـکل از یـک‌میلیون سـلول اسـت و اطلاعـات دی ان ای در ایـن بـرگ معـادل ۱۲ تـرا بایـت اسـت؛ یعنـی معـادل ۱۲ هاردیسـک یـک تـرا بـایتی، بـرای ذخیـره اطلاعـاتِ فقـط یـک بـرگ گیـاه یـا درخـت. ایـن مقـدار از حافظـه کـامپیوتری و فضـای هاردیسـک بـرای ذخیـره اطلاعـات تقریبـاً ۲۴ میلیـون کتـاب ۳۰۰ صـفحه‌ای کـافی اسـت. بهتـر اسـت یک‌بـار دیگـر تکـرار کـنیم: اطلاعـات و دیتـا در یـک بـرگ درخـت مسـاوی اسـت بـا ظرفیـت ذخیـره مـتن ۲۴ میلیـون کتـاب ۳۰۰ صـفحه‌ای. همـان بـرگ درختـی کـه بـه تعـداد میلیون‌هـا عـدد در طـول زنـدگی‌مان از مقابـل چشـمانمان می‌گـذرد و مـا بی‌توجـه بـه آن‌هـا از کنـار آن‌هـا می‌گـذریم. زیبـایی و ظرافت‌هـایی کـه مـی بایسـت بـه کودکانمـان نشـان دهـیم تـا آنهـا بـه پدیده های اطراف خود بی توجه نباشند.

برگ درختان سبز پیش خداوند هوش

هر ورقی دفتریست معرفت کردگار - سعدی

تعـداد مولکول‌هـای دی ان ای در سـلول‌های جـانوری مـثلاً در انسـان حـدود سـه میلیـون و حتـی در ماهی‌هـا چنـد برابـر اسـت. تعـداد سـلول‌های بـدن انسان از ده تـا صـد تریلیـون تخمـین زده می‌شـود بنـابراین تعـداد مولکول‌هـای دی ان ای در جسـم انسـان بـه سیصـد کوینتیلیـون یعنـی ۳۰۰ بـا هجـده صـفر در مقابـل آن اسـت. بـرای ذخیـره ایـن حجـم از اطلاعـات نیـاز بـه ۴۰ میلیـارد هارددیسـک یـک تـرا بـایتی اسـت. اگـر ایـن تعـداد مولکول‌هـای دی ان ای در یـک جسـم انسـان را کنـار هـم بچینـیم، طـول آن ۱۴۰ بـار مسـافت زمـین تـا خورشـید را می‌توانـد بپیماید. این تقریباً برابر است با شعاع منظومه شمسی.

بـرای اینکـه سـرمان بیشـتر گـیج بـرود، ایـن اعـداد و ارقـام تـا حـال در سـطح مولکـولی بیـان شـده‌اند، در سـطح اتمـی عـالمی دیگـر در درون ماسـت؛ زیـرا هـر سـلول خـود دارای ۱۰۰ تریلیـون اتـم اسـت و چـون تعـداد سـلول‌های بـدن از ده تـا صـد تریلیـون اسـت، بنـابراین تعـداد اتم‌هـای بـدنمان حـدوداً از یـک تـا ده اکتیلیـون اسـت یعنـی عـدد یـک کـه در مقابـل آن بیسـت‌وهفت صـفر اسـت. ایـن تعـداد اتـم از تعـداد سـتارگان عـالم هسـتی قابـل رصـد بیشـتر اسـت. نکتـه مهـم اینجاسـت کـه عـالم هسـتی فقـط در مقیـاس ماکروسـکوپی نیسـت، بلکـه در مقیـاس میکروسـکوپی عـالم دیگـری اسـت. خـوب اسـت کـه انسـان از وسـعت عـالم درون خـود نیـز بـاخبر باشـد تـا دیگـر آن «مـن» کوچـک، آن ایگـو، آن نَفْـس، آن ماسـک شخصـیت کـه چنـین وسـعتی را پوشـانده اسـت، انسـان و احساسـات او را کنتـرل نکند و از او موجودی نسازد که به خود و دیگران رنج تحمیل کند.

ایـن اشـاره‌ای بـود در رابطـه بـا اطلاعـات در طبیعـت و جلوه‌هـای آن و اطلاعـات در جهـان هسـتی. در اینجـا قصـد آن نیسـت کـه از پدیدآورنـده ایـن حجـم از اطلاعـات صـحبت کـنم، از آفریننـده‌ای کـه ایـن اطلاعـات را در عـالم هسـتی نوشـت. چـون شـناخت آفریـدگار هرچنـد بـرای هـر انسـانی بـه شـیوه خـود او محفـوظ اسـت، امـا سـخن گفـتن از آن نـه در محـدوده ایـن کتـاب می‌گنجـد و نـه در تخصـص نویسـنده اسـت. بحـث در ایـن فصـل بیشـتر بـه پنجـره‌ای عقلانـی می‌مانـد کـه قـرار اسـت بـه دو ویژگـی دیگـر عـالم هسـتی بـاز شـود یکـی هوشـمندی عـالم هسـتی [۷۱] و دیگری هوشیاری عالم هستی [۷۲] به‌عنوان یک ارگانیزم زنده.

هوشمندی عالم هستی

در موضوع پیشین به اطلاعات در طبیعت و عالم هستی اشاره شد؛ اما وجود اطلاعات بدون به‌کارگیری آن، فقط دیتا است، یعنی ذخیره اطلاعات؛ مانند کتابخانه‌ای می‌ماند از میلیون‌ها کتاب، اما بدون خواننده. برای پردازش و استفاده اطلاعات نیاز به‌نوعی هوشمندی است. آنچه به‌عنوان هوشمندی تعریف می‌شود، معمولاً در قوه ادراک انسان تصور می‌شود. در دهه‌های گذشته با اختراع کامپیوتر انسان توانسته به هوش مصنوعی هم دست یابد؛ اما انواع دیگری از هوشمندی وجود دارند که معمولاً نادیده گرفته می‌شوند. این نوع هوشمندی در طبیعت به وفور به چشم می‌خورد. مثلاً روند فتوسنتز در گیاهان. این‌یک نوع هوشمندی گیاه است که با نور خورشید، آب و مواد موجود در خاک غذای خود را می‌سازد و رشد می‌کند؛ و یا چرخیدن گیاه به طرف نور خورشید، و یا پیچیدن آن دور چوب یا ساقه‌ای دیگر. البته درست است که بیشتر این اعمال بستگی به ساختار داخلی گیاه و حس‌گرهای سطحی آن دارند اما همه این‌ها جزئی از هوشمندی گیاه است. توجه شود که تعریف هوشمندی در اینجا عبارت است از «توانایی یک سیستم در حس محیط اطراف و دریافت اطلاعات از طریق ورودی خود، پردازش آن اطلاعات و درنهایت واکنش به محیط و یا تولید نوعی خروجی». اگر در راستای چنین تعریفی، هوشمندی یک کامپیوتر و یا ربات برای ما قابل‌قبول است و درواقع چنین توانایی‌هایی در تکنولوژی به‌عنوان هوش مصنوعی معتبر است، بنابراین نباید هیچ اختلاف‌نظری در به رسمیت شناختن هوشمندی گیاهان وجود داشته باشد، زیرا توانایی گیاهان حتی از تعریف فوق فراتر نیز می‌رود.

مثال‌ها برای دیگر موارد هوشمندی در موجودات طبیعی زیادند، مثلاً اعضای درون بدن موجودات از نوعی هوشمندی برخوردارند. نوعی هوشمندی در درون دستگاه‌های بدن موجودات، دستگاه تنفس، دستگاه گردش خون و دستگاه گوارش ساخته‌شده که این دستگاه‌ها به‌طور خودکار و بدون دخالت انسان به کار خود ادامه می‌دهند و معمولاً در هر چیزی که شامل اطلاعات است، نوعی هوشمندی نیز وجود دارد.

هوشمندی در سیستم‌های طبیعی مانند یک گیاه یا اعضای بدن انسان یک هوشمندی طبیعی است که از هوشمندی یک سیستم بزرگ‌تر مثلاً هوشمندی سیاره یعنی زمین تأمین‌شده است و شاید هوشمندی سیاره از هوشمندی منظومه شمسی و هوشمندی منظومه شمسی جزئی از هوشمندی کهکشان راه شیری و هوشمندی کهکشان ما جزئی از هوشمندی عالم هستی است؛ و دلیل آن این است که اطلاعات این سیستم‌های هوشمند کوچک‌تر، جزئی از اطلاعات سیستم‌های هوشمند بزرگ‌تری است که در آن قرارگرفته است و اگر یک سیستم حاوی اطلاعات، مانند قلب و یا ریه‌ها و یا یک گیاه، هوشمند است، پس زمین، منظومه خورشیدی و کهکشان هم هوشمند و خلاصه کل عالم هستی نیز هوشمند است.

حال وقتی هوشمندی را در قالب اطلاعات و قدرت پردازش یک سیستم تعریف می‌کنیم، آنچه با آن سروکار داریم یک سیستم هوشمند است؛ اما یک سیستم هوشمند می‌تواند به دو نوع عمل کند: به‌صورت یک سیستم بسته و یا یک سیستم باز. یک سیستم هوشمند بسته یعنی سیستمی که اطلاعات و توان پردازش از قبل در آن کار گذاشته می‌شود. چنین سیستمی می‌تواند بدون دخالت دنیای بیرون به کار خود ادامه دهد؛ یعنی بدون دخالت انسان یا هر سیستم هوشمند خارجی. برای مثال یک ربات را در نظر بگیرید. اطلاعات و قدرت پردازش در حافظه و پردازشگر ربات از قبل جاسازی می‌شود و یک برنامه‌نویس کارهایی را که قرار است ربات انجام دهد به‌صورت کُد برنامه‌نویسی می‌کند و در حافظه ربات می‌گنجاند. ازاین‌پس این ربات می‌تواند تقریباً برای همیشه بدون دخالت انسان به کاری که برای آن طراحی‌شده ادامه دهد (البته تا مادامی‌که منبع انرژی آن به‌صورت برق یا باتری تأمین شود) این یک سیستم هوشمند بسته است و از ویژگی‌ها و یا کمبودهای آن این است که فقط می‌تواند به همان کاری که برای آن طراحی‌شده بپردازد نه بیشتر. چنین سیستمی از خود انعطاف یا خلاقیتی ندارد و نمی‌تواند وظایف خود را تغییر دهد و یا به هوشمندی خود بیفزاید.

در مقابل، یک سیستم هوشمند باز، سیستمی را می‌گویند که نیاز دارد که با یک سیستم هوشمند دیگر در ارتباط باشد تا قابلیت عملکرد و وظایف آن

متنوع‌تر و انعطاف‌پذیرتر باشد؛ اما این سیستم هوشمند دوم نیز برای خلاقیت و انعطاف‌پذیری باید یک سیستم باز باشد وگرنه سیکل هوشمندی این دو سیستم با یکدیگر بسته می‌شود و این دو سیستم باهم به یک سیستم هوشمند بسته تبدیل می‌شوند؛ اما ما می‌دانیم که اگر سیستم دوم انسان باشد، انسان یک سیستم انعطاف‌پذیر است و محدودیتی برای این انعطاف‌پذیری و خلاقیت در او وجود ندارد؛ بنابراین نتیجه می‌گیریم که انسان یک سیستم هوشمند باز است و یک سیستم باز راهی ندارد که با سیستمی هوشمندی دیگر دائماً در ارتباط باشد. این ارتباط در سیستم‌های هوشمند باز را می‌توان با عنوان هوشیاری تعریف کرد؛ بنابراین انسان که همواره به مدد سیستم هوشمندی دیگر می‌آید خود یک سیستم هوشیار است و یا از نوعی هوشیاری سود می‌برد. حال بگذارید هوشیاری در انسان و یا هوشیاری که انسان در آن است و از آن سود می‌برد لحظه‌ای به حال خود بگذاریم و به هوشمندی گیاه برگردیم؛ زیرا بعداً مفصلاً به نهاد هوشیاری در انسان خواهیم پرداخت.

اگر هوشمندی گیاه به کارهایی چون چرخیدن به‌طرف نور خورشید و یا پیچیدن در اطراف ساقه‌ای دیگر و یا حتی عمل فتوسنتز محدود می‌شد، می‌توانستیم آن را به‌عنوان یک سیستم هوشمند بسته فرض کنیم؛ اما در عملکرد و رفتار گیاه یک ویژگی مهم وجود دارد و آن روند رشد گیاه است. در روند رشد گیاه، روند مهم دیگری در جریان است و آن افزودن اطلاعات به خود است. گیاه رشد می‌کند و به اطلاعات خود می‌افزاید. این ویژگی در یک سیستم هوشمندِ بسته مثلاً هوش مصنوعی وجود ندارد. یک کامپیوتر به‌خودی‌خود و بدون دخالت یک سیستم هوشمند یا هشیار دیگر قادر به افزودن اطلاعات به خود نیست؛ *(البته مدل های هوش مصنوعی بر مبنای الگوریتم یادگیری ماشین، مانند مترجم های زبان به مهارت و انعطاف خود می افزایند، اما هم به روز رسانی کُد در آن دخالت دارد و هم انعطاف کاربران که متن های ترجمه را به ماشین می دهند)* بنابراین سؤال اینجاست گیاه به مدد کدام سیستم هوشمند به اطلاعات خود می‌افزاید؟

شاید بتوان نتیجه گرفت که هوشمندی Intelligence در موجودات طبیعی با سیستم هوشمند بالاتری دائماً در ارتباط است؛ و این ارتباط نوعی هوشیاری Consciousness است. یعنی نه‌تنها انسان، بلکه گیاهان نیز از نوعی هوشیاری بهره‌مندند. این هوشیاری در بخش بعدی تحت عنوان هوشیاری عالم هستی و همچنین در بخشی تحت عنوان ماشین و طبیعت در فصل ۱۶ بیشتر توضیح داده خواهد شد.

❖ ❖ ❖
هوشیاری عالم هستی

در نیمه بهار معمولاً پس از پایان زمستان سرسخت آمریکای شمالی، برف‌های حیاط ما آب می‌شود و چمن سرسبز آن رویش را به ما نشان می‌دهد. در قسمتی از این حیاط فقط به ابعاد دو متر باغچه‌ای راه انداخته‌ایم که در آن سبزی می‌کاریم. یکی از گیاهان موردعلاقه‌ام نوعی لوبیاست. یک‌مشت دانه لوبیای خشک را در آب خیس می‌دهم و پس از چند روز آن‌ها را در پارچه‌ای می‌پیچم و هرروز کمی آب می‌دهم و پس از چند روز دیگر وقتی پارچه را باز می‌کنم، لوبیاهای خشک جوانه‌زده و به زندگی پا می نهند. بعد آن‌ها را با کمی فاصله از یکدیگر در باغچه می‌کارم و هرروز آب می‌دهم. با اندکی عطوفت از طرف آفتاب، دانه‌های لوبیا یک‌به‌یک سر از خاک بیرون می‌آورند و سبز می‌شوند. پس از یکی دو هفته در میان چند بوته یک ترکه می‌گذارم تا ساقه‌های کوچک لوبیا را یاری بدهد که به طرف بالا رشد کنند. پس از دو سه هفته هر بوته چند گل‌سفید یا صورتی می‌دهد که هرکدام متعاقباً به یک لوبیای سبز با دانه‌های درشت تبدیل می‌شوند.

بعدازظهر یکی از روزهای تابستان بود که کنار این باغچه نشسته بودم و به زیبایی و پیچیدگی ساختمان این بوته‌های لوبیا نگاه می‌کردم. "این‌همه بوته به بلندی یکی دو متر، این‌همه شاخه و برگ و گل و لوبیای سبز از کجا آمده‌اند؟" از خود پرسیدم. رفتم و یک‌دانه لوبیای خشک برداشتم و آمدم کنار باغچه نشستم. تنها چیزی که در کف دستم می‌بینم یک دانه خشک لوبیا است که هیچ حیاتی در آن نمی‌توان یافت. چگونه این دانه خشک با کمی آب

و دمای اتاق پا به عرصه زندگی گذاشت و به گیاهی به چنین عظمت تبدیل‌شده است؟ این گیاه از یک ریشه پیچیده، یک ساقه اصلی، ساقه‌های فرعی، تعداد زیادی برگ هرکدام با تعداد زیادی رگبرگ به‌صورت فراکتال، گل‌های زیبا و لوبیاهای سبز و درون آن دانه‌های لوبیا تشکیل شده است. این‌همه اطلاعات درون گیاه از کجا به او رسیده است؟

درست است که احتمالاً اطلاعات ژنتیکی این درختچه در دانه لوبیا بوده است و الگوی رفتاری خود را طبق تئوری تکامل از گونه طبیعی خود به ارث برده است، اما شکل و مقدار اطلاعات در یک دانه با این حجم از اطلاعات در یک بوته کامل، قابل مقایسه نیست. دانه لوبیا چگونه این اطلاعات را به خود افزوده است؟ و باز درست است که در روند رشد، گیاه آب و مواد غذایی را از زمین می‌گیرد اما شکل، نوع و مقدار اطلاعات در آن مواد هم با چنین فرمی از حیات قابل مقایسه نیست. این‌که گیاه می‌داند که چطور باید به این شکل رشد کند و به این هیبت درآید، خود جای شگفتی است.

آنچه مسلم است خود گیاه دارای درجه‌ای از هوشمندی است، اما همان‌طور که قبلاً اشاره شد، هوشمندی به‌خودی‌خود سیستمی بسته است مگر اینکه دائماً با یک سیستم هوشمند دیگر در تماس باشد و از آن کمک بگیرد؛ بنابراین شاید بتوان گفت که روند رشد و پویای گیاه دائماً با یک سیستم هوشمند بیرونی در ارتباط است و این خود یک درجه از هوشیاری است. گیاه یا خود هشیار است و یا از هوشیاری عالم هستی سود می‌برد و یا در میدانی از هوشیاری بسر می‌برد.

فصل ۱۶ – جسم، ذهن و هوشیاری

❖ ❖ ❖

ارتباط بین ذهن و جسم

چگـــونگی ارتبـــاط بـــین ذهـــن (mind) و جســـم [۷۳] از دیربـــاز همـــواره موضـــوع بحـــث در حـــوزه فلســـفه و علـــم بـــوده اســـت. قبـــل از شـــروع ایـــن بحـــث بهتـــر اســـت موضـــوعی روشـــن شـــود و آن اینکـــه، آنچـــه در ابتـــدای ایـــن مبحـــث بـــه‌عنوان جســـم بیـــان می‌شـــود، مغـــز اســـت و آنچـــه بـــه‌عنوان ذهـــن عنـــوان می‌شـــود، قـــوه ادراک و تفکـــر اســـت. درحالی‌کـــه در مبحـــث عرفـــان مترقـــی و فلســـفه شـــرق، ذهـــن بـــه‌عنوان قـــوه ادراک، قســـمت کـــوچکی از وجـــود درونـــی انســـان یعنـــی هوشـــیاری اوســـت؛ امـــا هـــم در حـــوزه فلســـفه قـــدیمی‌تر و هـــم در حـــوزه علمـــی، ذهـــن و هوشـــیاری از هـــم تفکیـــک نشـــده اســـت و خـــود هوشـــیاری (consciousness) نیـــز بـــه‌عنوان قـــوه ادراک یـــا واکـــنش هوشـــمند بـــه رخـــدادهای محـــیط تعریـــف می‌شـــود. بهـــر حـــال در بخش‌های آینده تمایز این دو روشن‌تر خواهد شد.

حـــال بـــه جـــدال قـــدیمی در بحـــث ارتبـــاط ذهـــن و جســـم برمی‌گـــردیم. دو دیـــدگاه فلســـفی بـــرای چنـــین ارتبـــاط یـــا اتصـــالی رایـــج اســـت. در دیـــدگاه اول ذهـــن بـــه‌عنوان یـــک سیســـتم غیـــر فیزیکـــی و جســـم یعنـــی مغـــز در قالـــب یـــک سیســـتم فیزیکـــی از هـــم متمایزنـــد. ایـــن دیـــدگاه بـــه دیـــدگاه دوگانـــه ذهـــن و جســـم معـــروف اســـت؛ امـــا آن دیـــدگاهی کـــه ذهـــن را محصـــول فعالیت‌هـــای مغـــزی می‌دانـــد، بـــه دیـــدگاه یگانـــه ذهـــن و جســـم مشـــهور اســـت. معمـــولاً ماتریالیســـت‌ها و طیـــف ماتریالیســـم علـــم در این گروه قرار می‌گیرند.

در نظریه دوگانه دکارتی، ذهن و مغز دو عنصر متفاوت‌اند و دلیل آن ویژگی‌های متفاوت مادی و غیرمادی آن‌هاست. یک عنصر مادی مانند مغز فقط می‌تواند در بُعد مکان و فضا وجود داشته باشد. بعلاوه یک عنصر مادی یا فیزیکی قابل رویت و مشهود است و معمولاً نمی‌توان وجود و خواص آن را پنهان کرد. اما یک عنصر غیرمادی یعنی ذهن، خاصیت غیر فیزیکی دارد و در بُعد مکان وجود ندارد. در ضمن محتویات ذهن یعنی افکار، عقاید، تصاویر و تخیلات و احساسات و آرزوها و رؤیاها همگی غیرقابل لمس هستند و از همه مهم‌تر اینکه این عنصر غیرمادی یعنی ذهن و افکار آن غیر قابل رویت و از دید عموم محفوظ و پنهان است.

بنا به دو خاصیت فوق اگرچه ذهن و مغز دو عنصر متفاوت‌اند، اما بر روی یکدیگر مستقیماً تأثیر می‌گذارند. جسم و مغز از طریق حواس پنج‌گانه تغییرات را از محیط دریافت می‌کنند و به ذهن منتقل می‌کنند و ذهن در رابطه با آن دریافت‌ها، می‌اندیشد و باعث بروز احساسات و یا واکنش می‌شود که جسم متعاقباً آن را اجرا می‌کند؛ اما در نظریه دوگانه دکارت مشکلی وجود دارد که به مسئله ذهن- جسم معروف است. مسئله این است که دو عنصر مادی و غیرمادی و یا فیزیکی و غیر فیزیکی چطور باهم در ارتباط هستند و نقطه اتصال یا پیوندگاه آن‌ها کجاست؟ جواب دکارت برای حل این مسئله قانع‌کننده نبود؛ زیرا او محل تلاقی این دو عنصر غیر هم‌جنس را نقطه‌ای از مغز به نام غده پینه آل می‌دانست؛ که البته امروزه علم آن را کاملاً رد می‌کند، زیرا آنچه مسلم است پیوندگاه دو عنصر فیزیکی و غیر فیزیکی نمی‌تواند از جنس فیزیکی باشد.

برای حل مسئله ذهن-جسم نظریه‌های متعددی در حوزه فلسفه ارائه داده شده است. مثلاً نظریه فیلسوف و ریاضی‌دان آلمانی لایبنیز (۱۷۱۶-۱۶۴۶) [۷۴] این بود که ارتباط بین ذهن و جسم از طریق آفریننده از پیش ساخته و پرداخته شده است و بنابراین، این دو همواره باهم در ارتباط خواهد بود. این نظریه به نظریه روان‌جسمی موازی [۷۵] معروف است.

در نظریه ایدئالیستی فیلسوف ایرلندی جرج برکلی (۱۷۵۳-۱۶۸۵) [۷۶] نه تنها در ارتباط بین ذهن و جسم مسئله‌ای وجود ندارد بلکه جهانی که انسان

به‌عنوان یک واقعیت حس می‌کند، چنین واقعیتی از حقیقت کاملاً دور است. نظریه ایدئالیستی بر این باور است که هر چیز که ما انسان‌ها به‌عنوان واقعیت حس می‌کنیم کاملاً از طریق آفریننده مدیریت می‌شود یعنی یک سیستم کاملاً جبری دور از اختیار موجودات.

اما در فلسفه باروک اسپینوزا فیلسوف سرشناس پرتغالی - هلندی، قوه ادراک ذهن و هستی فیزیکی مغز و جسم هر دو جزئی از دو عنصر اندیشه و بُعد مکان هستند. اندیشه و بُعد مکان هر دو جزئی از یک وجود بینهایت هستند با ویژگی‌های بینهایت، و آن وجود بینهایت، وجود خداوند است؛ بنابراین در نظریه اسپینوزا اصلاً مسئله ذهن - جسم وجود ندارد که بخواهیم به جستجوی راه‌حلی برای آن باشیم.

این خلاصه‌ای بود از دیدگاه‌های مختلف فلسفی در ارتباط با اتصال و یا ارتباط ذهن و مغز. اکنون بر آنیم تا به تمایز بین ذهن و هوشیاری بپردازیم.

❖ ❖ ❖

تمایز ذهن با هوشیاری

بیشتر دانشمندان، پزشکان و مخصوصاً متخصصین اعصاب و روان معمولاً بر این عقیده‌اند که ذهن و افکار و احساسات، همگی محصول واکنش‌های الکتروشیمیایی مغز و سلول‌های آن یعنی نورون‌ها هستند؛ و درعین‌حال همان‌گونه که در بخش قبل به آن اشاره شد، ذهن و هوشیاری را یکی، یعنی "قوه ادراک و واکنش هوشمندانه به رخدادهای محیط" می‌دانند و فرقی بین ذهن و هوشیاری نمی‌بینند؛ اما فلسفه شرق، معنویت و عرفان مترقی، تعریفی جداگانه برای هوشیاری قائل است که با تعریف ذهن متفاوت است. در این سیستم‌های فکری، هوشیاری به یک سری وقایع که انسان در حالت بیداری تجربه و یا نسبت به آن‌ها واکنشی هوشمندانه دارد محدود نمی‌شود. این بدین معنی نیست که معنویت مترقی و عرفان از نقش مهم مغز در تولید و مدیریت قوه ادراک بی‌خبرند بلکه هوشیاری را میدان وسیعی می‌دانند که در وجود انسان است، و یا وجود انسان در میدان وسیع هوشیاری عالم هستی

است و ذهن به عنوان قوه ادراک و اندیشه فقط قسمتی از آن وجود و آن میدان وسیع است.

در دیدگاه معنویت درحالی‌که ذهن در دریافت اطلاعات محیط، تولید افکار و احساسات نقش دارد، هوشیاری در یک پس‌زمینه ژرف، در بُعد عالم هستی است؛ یک وجود و یک میدان غیر فیزیکی، ابدی و ازلی و خالص است که وجود انسان از آن بهره می‌برد.

همه انسان‌ها از هوشیاری معنوی برخوردارند. آنچه بین آن‌ها متفاوت است میزان پوشیده شدن این میدان به‌واسطه ایگو، نَفْس و یا ماسک شخصیتی است که همه در قالب‌بندی ذهن خلاصه می‌شود. قبلاً در قسمت اول کتاب به ویژگی‌های ماسک شخصیت پرداختیم. در حوزه معنویت و عرفان شرق، انسان‌ها ممکن است به‌طور فیزیکی بیدار و از توجه هوشمندانه در برخورد با محیط نیز برخوردار باشند اما لزوماً در حالت هوشیاری و یا بیداری نباشند. آنچه به چنین استدلالی قوت می‌دهد این است که در حالت هوشیاری می‌توان شاهد فعالیت ذهن و افکار آن شد. ما قبلاً در سه نوبت در قسمت اول کتاب در تمرین مراقبه، و مهارت تحت نظر گرفتن ذهن و مقابله با بی‌خوابی و افکار، این موضوع را تا حدودی نشان دادیم. اگر ذهن و هوشیاری یکی بودند و یا به‌عبارت‌دیگر اگر ذهن تنها نهاد شعور در انسان بود، نمی‌توانست شاهد فکر کردن خود باشد.

انسان‌ها ناخودآگاه مشغول فکر کردن می‌شوند و محصول چنین افکاری بروز احساسات است و این احساسات متعاقباً به شکل گفتار یا کردار بیان می‌شود. محصول آن ممکن است رفتاری باشد که بعدها پشیمانی انسان را نیز به همراه داشته باشد. همه این‌ها ناخودآگاهانه صورت گرفته می‌شود. در تمام این افکار و کردار ناخودآگاهانه، فرد از آموخته‌های اجتماعی و درجه هوشمندی خود استفاده می‌کند. او نه در خواب فیزیکی است و نه تحت بی‌هوشی دارویی، نه در ذهن کمبود اطلاعات دارد نه کمبود قدرت پردازش هوشمند آن اطلاعات را. به‌طور رایج (ماتریالیستی) همه این حالات به عالم هوشیاری انسان معروف است؛ اما هیچ‌کدام دلیل هوشیاری او نیست چون اگر شخص هشیار بود اعمالی از او سر نمی‌زد که موجب پشیمانی او شود؛

بنابراین، هوشیاری و بیداری معنوی تسلط کامل به قوه ادراک ذهن و افکار آن و احساسات عاطفی است و در غیر این صورت انسان در یک بی‌هوشی غیرعلنی قرار دارد.

حالت هوشیاری کامل را می‌توان به حالتی فرض کرد که یک تماشاگر در سینما نشسته است. صحنه‌های فیلم یکی پس از دیگری از جلو چشم این تماشاگر می‌گذرد. تماشاگر شاهد صحنه‌ها، رخدادها و اعمال بازیگران است و همه این موارد را تحت نظر دارد، این سناریو معادل حالت هوشیاری است؛ اما حالت ناهشیاری و یا بی‌هوشی غیرعلنی حالتی است که گویی تماشاگر خود در فیلم در حال بازی کردن و از بازی خود بی‌خبر است. این حالتی رایج در ما انسان‌ها است. برای مشاهده چنین حالتی از ناهشیاری انسان، کافی است که تلویزیون را روشن و اخبار را نگاه کنید و یا صفحات روزنامه‌ها و یا وقایع جهان را بخوانیم. بداخلاقی‌های اجتماعی، دعواها و نزاع‌ها در جوامع دنیا ثمره این نوع بی‌هوشی غیرعلنی انسان است. در هنگام عصبانیت انسان مجهز به هوشمندی است و عصبانیت خود را با قوه هوشمندی خود پیکربندی و تولید می‌کند و به‌صورت رفتار، سخن یا عمل به بیرون ارائه می‌دهد. هیچ‌کدام از این رفتارهای هوشمند در حالت هوشیاری صورت نمی‌گیرد، زیرا ایگو میدان وسیع هوشیاری انسان را از قبل پوشانده تا با خیال راحت و بدون مزاحمت هر بلایی که می‌خواهد بر سر او بیاورد.

❖ ❖ ❖

هوشیاری و سرچشمه آن

هوشیاری (Consciousness) یکی از پدیده‌های رازآلود عالم هستی است. هنوز نظریه علمی یا فلسفی که بتواند آن را کاملاً ثابت و یا تعریف کند وجود ندارد. مطالعات و تحقیقات علمی فراوانی برای شناخت هوشیاری در جریان است و نظریه‌های فراوانی در این مورد ارائه‌شده است اما در هیچ‌کدام جواب قاطعی وجود ندارد که ثابت کند هوشیاری چیست، چطور به وجود می‌آید و از کجا سرچشمه می‌گیرد. هیچ‌کدام از شواهد علمی که تاکنون در رابطه با هوشیاری ارائه‌شده است برای ثبوت منبع هوشیاری کافی نیستند.

همان‌طور که اشاره شد در حوزه علم و به ویژه نورولوژی، آنچه به‌عنوان هوشیاری تعریف می‌شود قوه ادراک، افکار و واکنش هوشمندانه به محیط است و چون بدون کارکرد سالم مغز هیچ‌کدام از این ویژگی‌های هوشمندانه میسر نیست، بنابراین این حوزه، سرچشمه چنین نوعی از هوشیاری را مغز معرفی می‌کند. مغز شامل یک سیستم پیچیده از سلول‌های عصبی به نام نورون‌ها هستند و فعالیت‌های الکتروشیمیایی و سیگنالی نورون‌ها هستند که مسئول کلیه عملکرد هوشمندانه انسان و واکنش او به رخدادهای محیط است. متخصصین مغز می‌توانند با کمک الکترودها و حسگرهایی که به سر بیمار و یا مورد آزمایش متصل می‌کنند واکنش مغز به رخدادهای بیرونی را ثبت و نشان دهند و یا برعکس با وارد کردن سیگنال به مغز، شخص تحت آزمایش را به تجربه احساس و یا واکنش جسمی وادارند.

اما اخیراً در میان دانشمندان و حتی نورولوژیست ها، متخصصینی هستند که بااینکه قبول دارند که هوشیاری انسان بستگی به عملکرد سالم مغز دارد اما منبع اصلی هوشیاری را مغز نمی‌دانند. بنا به عقیده این طیف از دانشمندان که طیف پسا-ماتریالیست‌ها (post-materialists) را تشکیل می‌دهند، امکان آن وجود دارد که مغز گیرنده هوشیاری از منبع دیگری باشد. یکی از این دانشمندان دکتر گری شوارتس [۷۷] است وی استاد در رشته‌های روانشناسی، پزشکی، نورولوژی، روان‌پزشکی و جراحی در دانشگاه آریزونای آمریکاست. بنا به اظهارات دکتر شوارتس شواهد علمی (ماتریالیستی) موجود برای اثبات اینکه مغز منبع هوشیاری است، کافی نیست؛ زیرا این شواهد بر سه نوع آزمایش بر روی مغز متکی‌اند. در آزمایش اول الکترودها به سر شخص تحت آزمایش متصل می‌شود و او را در معرض تجربه‌ای بیرونی قرار می‌دهند. مثلاً نوری را به او نشان می‌دهند، مغز واکنش نشان می‌دهد و الکترودها این واکنش را از مغز دریافت و آن را روی صفحه مونیتور نشان می‌دهند یا ثبت می‌کنند. در آزمایش دوم نقاطی از مغز را تحت اشعه و یا موج مغناطیس قرار می‌دهند و بیمار به آن واکنش نشان می‌دهد یا حسی را تجربه می‌کند، مثلاً می‌گوید نوری را دیده است؛ و در آزمایش سوم یا بر روی مغز جانور آزمایشگاهی، قسمتی را جدا می‌کنند و یا بر روی مغز باز انسان که

آسیب دیده است. با این روش رابطه میان آن قسمت و یکی از توانایی‌های او را نشان می‌دهند و ثابت می‌کنند که بیمار قسمتی از توان حسی خود را ازدست‌داده است مثلاً توان حرف زدن را.

دکتر شوارتس ادامه می‌دهد که مشابه همه این آزمایش‌ها در عیب‌یابی یک گیرنده الکترونیکی مانند تلویزیون بکار گرفته می‌شود. آزمایش اول مانند بکار گیری یک دستگاه اسیلوسکوپ است که با آن می‌توان در قسمت‌های مختلف مدار تلویزیون سیگنال‌های مختلف را روی صفحه اسیلوسکوپ دید. آزمایش دوم فوق، مشابه بکار گیری یک مولد سیگنال است که می‌توان در قسمت‌های مختلف مدار تلویزیون سیگنالی وارد کرد و نتیجه آن را بر روی خود صفحه تلویزیون دید، و آزمایش سوم فوق، مشابه قطع کردن یک قسمت از مدار تلویزیون است که بر روی تصویر تلویزیون اثر می‌گذارد. او می‌گوید که هیچ‌کدام از این آزمایش‌ها نمی‌تواند ثابت کند که آنچه ما بر روی صفحه یک تلویزیون سالم می‌بینیم، ساخته‌وپرداخته خود دستگاه تلویزیون است بلکه همه می‌دانیم که دستگاه تلویزیون به‌عنوان یک گیرنده الکترونیکی اطلاعات و سیگنال را از یک فرستنده تلویزیونی دریافت می‌کند.

استدلال دکتر شوارتس و شیوه مقایسه‌ای که بکار می‌گیرد منطقی به نظر می‌آید. با سال‌ها تجربه در عیب‌یابی دستگاه‌های ارتباطات مانند گیرنده‌ها و فرستنده‌ها، قسمت دوم استدلال دکتر شوارتس در رابطه با عملکرد و عیب‌یابی گیرنده تلویزیون مورد تائید بنده است اما مایل نیستم در یک بحث پزشکی اظهارنظر کنم که تخصصی در آن ندارم. در عوض مایلم از روشی متفاوت به ماهیت هوشیاری بپردازم و به جای آنکه مغز را در قالب یک سیستم طبیعی دریافت‌کننده هوشیاری در نظر بگیرم، پدیده هوشیاری را با مقایسه توان هوشمندی طبیعی در انسان و موجودات زنده، و فناوری هوش مصنوعی نشان بدهم.

گفتیم که ماتریالیست‌ها در نظریه‌های خود تفاوتی بین هوشیاری و قوه ادراک و واکنش هوشمندانه به رخدادهای محیط قائل نیستند؛ اما معنویت مترقی تفاوتی ژرف، بین این دو مشاهده می‌کند. برای اینکه ببینیم کدام‌یک

از این دو نظریه به حقیقت نزدیک‌ترند، قصد دارم ابتدا قدرت ادراک و هوشمندی را با توانایی و عملکرد کامپیوتر و هوش مصنوعی مقایسه کنم.

وقتی صحبت از هوشمندی و قوه ادراک انسان می‌شود آنچه در این توانایی وجود دارد شامل حافظه انسان، آموخته‌ها، استعداد، توانایی فکری و جسمی و تأثیرات محیط بر انسان است. تمام شخصیت و رفتارهای انسان‌ها بر پایه فاکتورهای محیطی و اجتماعی ساخته می‌شود. اگر دو برادر یا خواهر دوقلو در دو محیط کاملاً متفاوت بزرگ شوند، ازلحاظ شخصیت، رفتار، موقعیت اجتماعی در بزرگسالی دو انسان کاملاً متفاوت خواهند بود. این بدین معنی است که هیچ‌یک از ویژگی‌های ظاهری و اجتماعی این دو انسان ربطی به جوهر وجود آن‌ها ندارد. ویژگی‌های رفتاری و عملکرد آن‌ها همه از روی آموخته‌ها، تجربه‌ها و به‌طور کل در محدوده هوشمندی آن‌هاست. اگر این آموخته‌ها در یک سطح متوقف شوند و تغییری دیگر در انسان رخ ندهد، انسان را می‌توان یک سیستم هوشمند بسته دانست.

یک کامپیوتر هم تقریباً از همین نوع هوشمندی برخوردار است؛ یعنی رفتار و عملکرد آن به طراحی سخت‌افزار و کدهایی بستگی دارد که برای او برنامه‌نویسی شده است. چنین کامپیوتری قادر است دستورات را از ورودی خود دریافت و با برنامه‌های داخلی خود آن ورودی را پردازش کند و سریعاً خروجی کار را ارائه دهد. تا اینجای کار هم انسان و هم کامپیوتر هر دو مشابه هم و هر دو نوعی سیستم هوشمند بسته‌اند.

حال چگونه می‌توان سیستم هوشمند بسته کامپیوتر و یا هوش مصنوعی را از حالت بسته به حالت باز تبدیل و یا آن را با دنیای خارج مرتبط کرد تا بتواند از طریق این ارتباط با دنیای خارج به اطلاعات و توانایی‌های او افزود؟ مسلم است که تنها راه، ارتباط یک سیستم هوشمند دیگر با آن است. این سیستم هوشمند دوم چیزی نیست به‌جز طراح سخت‌افزار و یا برنامه‌نویس کامپیوتر یا هوش مصنوعی.

بسیار خوب، ما انسان را در انتهای پاراگراف‌های قبلی به‌عنوان یک سیستم هوشمند بسته درست مانند هوش مصنوعی رها کردیم؛ اما می‌دانیم که توانایی‌های انسان به‌عنوان یک سیستم هوشمند بیشتر از یک کامپیوتر و یا

ربات است. انسان قادر است به اطلاعات خود بیفزاید، انعطاف‌پذیر است و از همه مهم‌تر به هوشمندیِ خود نیز آگاه است. هیچ‌کدام از این ویژگی‌ها در هوش مصنوعی وجود ندارد. این خصوصیات یک سیستم هوشمند باز است. چه نهادی در انسان وجود دارد که سیستم بسته هوشمندی او را به سیستمی باز تبدیل می‌کند و ویژگی‌های فوق را بر او می‌افزاید؟ این چه نهادی در اوست که نظاره‌گر هوشمندی، ذهن و افکار خود است؟ این نهاد به‌جز هوشمندی است، این نهادی دیگر است. این نهاد چیزی به جز هوشیاری نیست. سیستم انسان یک سیستم هوشیار است، انسان هوشیار است. او انعطاف‌پذیر است و عشق را حس می‌کند، شفقت را می‌فهمد و از موسیقی و شعر لذت می‌برد و یا هنری خلق می‌کند. این‌ها فرق انسان هوشیار با یک سیستم هوشمند است.

طبق آموزه‌های معنویت، هوشیاری میدانی است که در عالم هستی وجود دارد طوری که همه موجودات در آن قرارگرفته‌اند؛ بنابراین، هوشیاری عالم هستی یکی است و برای همه انسان‌ها به یک شکل و به یک اندازه میسر است. هوشیاری بنده و شما و همه انسان‌ها یکی است. اما تفاوت سطوح هوشیاری در انسان‌های مختلف بستگی به تعداد یا ضخامت لایه‌های ذهنی ایگو، نَفْس و ماسک شخصیت دارد که محیط آن‌ها را می سازد. هرقدر تعداد این لایه‌ها بیشتر و یا ضخیم‌تر باشد انسان از میدان هوشیاری و بیداری دورتر و به بی‌هوشی غیرعلنی نزدیک‌تر می‌شود. البته در بعضی از نظریه‌های فلسفی هوشیاری دارای سطوح مختلف است. در این نظریه‌ها گیاهان و جانوران از یک سطح هوشیاری ابتدایی برخوردارند، سطح هوشیاری انسان‌ها بیشتر و انسان‌های بیدار بالاتر و حتی یک سطح از هوشیاری که هوشیاری کیهانی است و تعدادی انگشت‌شماری از انسان‌ها تاکنون به آن دست‌یافته‌اند.

اتفاقاً همه نوزادانی که به دنیا می‌آیند ممکن است در همین میدان هوشیاری باشند، هشیارند و یا در میدان هوشیاری عالم هستی. اما حافظه آن‌ها کاملاً خالی است. هیچ آموخته‌ای در آن نیست و هنوز مناسبات هیچ محیطی بر آن‌ها تأثیر نگذاشته، هیچ نمی‌دانند و به همین دلیل وقتی بزرگ شدند نمی‌توانند به ما بگویند روزی که به دنیا آمدند هوشیار بودند. نوزادان همان

ساعت‌های اول خوردن شیر را از مادر به‌خوبی می‌دانند بدون اینکه به آن‌ها آموخته شود.

گفته می‌شود که یک عنکبوت از روز اول، بدون آموزش گرفتن از عنکبوت مادر می‌تواند تار بتند. به نظر می‌رسد آنچه به یاری این عنکبوت می‌شتابد ارتباطی خارج از سیستم هوشمندی عنکبوت است و آن میدان هوشیاری عالم هستی است. این همان ارتباطی است که عالم هستی با یک دانه جوانه‌زده شده در خاک برقرار می‌کند و او را در تمام مرحله رشد هدایت می‌کند. رشدی که به شکل‌گیری بوتهٔ پیچیده و زیبای لوبیا می‌انجامد. این هوشیاری، میدان هوشیاری عالم هستی است.

البته در حوزه روانشناسی و تکامل چنین پدیده‌ای یعنی ویژگی‌های ذاتی موجودات، جانوران و یا کودکان را غریزه نام می‌نهند. اشکال در واژه نیست، اشکال در نگاه سطحی و یا فرو پنداشتن غریزه و ویژگی‌های شگرف آن و به‌راحتی از کنار آن گذشتن است. در قالب این دیدگاه منبع غریزه به‌روشنی شرح داده نشده است فقط ازنظر تکاملی و طبق نظریه داروینیسم آن را نوعی الگوی رفتاری در آن گونهٔ خاص می‌دانند. اگر این ویژگی ذاتی است، نشانه‌ها و عملکرد آن نوعی هوشمندی است. هر نوع هوشمندی چه در انسان و یا چه در موجودات طبیعی همواره به حس دریافت، ذخیره اطلاعات، پردازش و رفتار و واکنش است. بعضی از این فاکتورهای هوشمندی هنوز در کودکی که می‌داند چگونه اولین شیر خود را در دنیای جدیدی که در آن قدم گذاشته است، بخورد، هنوز شکل نگرفته است. بعضی از این فاکتورها مانند ذخیره اطلاعات و پردازش در پرنده‌ای که بدون آموزش قبلی لانه‌ای بسیار پیچیده و مستحکم بر روی شاخه درخت می‌سازد وجود ندارند. شاید بتوان نتیجه گرفت که این پدیده‌های ذاتی همواره به‌طور پویا با یک میدان هوشیاری خارج از ذات آن موجود در ارتباط‌اند. هسته مرکزی این استدلال همین پویایی در مقابل ایستایی ماتریالیستی است.

دلیل آنکه مکاتب عرفانی و فلسفی بر این باورند که هوشیاری پس از مرگ باقی می‌ماند، شاید آن است که هوشیاری مختص به فرد نیست بلکه میدانی است در تاروپود متافیزیکی و حتی شاید هم تاروپود فیزیکی در مقیاس

میکروسکوپی در عالم هستی آن‌طور که تئوری وحدت نخی در فیزیک به آن اشاره می‌کند.

آنچه به حقیقت این استدلال قوت می‌دهد این است که اگر هوشیاری خالص است و هیچ نام و نشان دنیوی به آن متصل نیست و یا اینکه با تجربه و آموخته‌ها و تأثیرات محیط تغییر نمی‌کند بنابراین دلیلی ندارد که در هر انسانی به‌صورت جداگانه وجود داشته باشد. اگر خالص است پس برای همه انسان‌ها یکی است.

به‌عبارت‌دیگر همه ما موجودات در میدان هوشیاری عالم هستی مستقر هستیم. هوشیاری ما یکی است، از طریق این میدان هوشیاری واحد است که عالم هستی به خود می‌نگرد. اصولاً دلیل وجود هوشمندی در انسان چه می‌تواند باشد؟ شاید بتوان گفت که انسان با چنین نهادی در وجود خود از وجود هوشمندی و هوشیاری عالم هستی و آن هوشمند مطلق آگاه باشد و یا لااقل به آن بیندیشد؟ در غیر این صورت دلیل وجود هوشمندی بر روی زمین چیست؟ این سؤال پیش و پا افتاده‌ای نیست.

«عالم هستی از طریق حواس ما خود را حس می‌کند، از طریق شنوایی ما خود را می‌شنود، از نگاه ما خود را می‌بیند و به تماشای خود می‌نشیند»

آلن واتس

سخن فوق در فلسفه آلن واتس احتمالاً اشاره‌ای است به اینکه عالم هستی یک ارگانیزم زنده و واحد است و ما انسان‌ها، حواس، هوشمندی و هوشیاری ما، جزئی از این ارگانیزم زنده، یکپارچه و واحد است.

❖ ❖ ❖

ماشین و طبیعت

سال‌ها پیش یک دوره تخصصی را می‌گذراندم که یکی از درس‌های آن به سیستم‌های کنترل مبتنی بر ریزپردازنده یا رباتیک مربوط می‌شد. در این دوره با یک‌زبان برنامه‌نویسی به نام زبان اسمبلی آشنا شده بودیم. از مزایای این زبان این بود که کُد نویسی آن برای پردازشگر مرکزی سیستم کامپیوتری یعنی پردازنده آن بود؛ بنابراین، این زبان برنامه‌نویسی با نزدیک بودن به زبان

ماشین، عملکرد داخلی کامپیوتر یعنی سخت‌افزار آن را به‌روشنی نشان می‌داد؛ یعنی کاملاً نشان می‌داد که یک کامپیوتر کارها و وظایف پیچیده را چگونه با تعداد انگشت‌شماری اعمال ریاضی بسیار ساده انجام می‌دهد.

تمام توانایی‌های خیره‌کننده کامپیوتر از بازی‌های کامپیوتری گرفته تا طراحی هواپیما و از محاسبات پیچیده ریاضی و فیزیک گرفته تا غلبه کردن بر بزرگ‌ترین شطرنج‌بازهای جهان، همگی از یک سری جمع و تفریق ساده و مقایسه اعداد و چند عمل ساده ریاضی دیگر تولید می شود که در پشت‌صحنه انجام می‌شود. کامپیوتر همه فرمان‌ها و اطلاعات ورودی را تبدیل به اعداد می‌کند، آن‌هم نه اعداد ده‌دهی یعنی از صفر تا ده، زیرا بنا به محدودیت‌های سخت‌افزار که از کلیدهای میکروسکوپی دوحالته ساخته شده است، کامپیوتر سازوکاری برای درک اعداد یک تا ده هم ندارد؛ و بنابراین ناچار است اعداد را به اعداد دودویی یا دیجیتال تبدیل کند که به‌جای ده علامت فقط دو علامت صفر و یک در آن‌ها وجود دارد و با این تبدیل‌ها و کنار هم چیدنِ یک سری صفر و یک، کلیدهای دوحالته را خاموش و روشن می‌کند. در مدارهای کامپیوتر و حافظه‌ها و ریزپردازنده، میلیاردها کلید دوحالته کوچک به نام ترانزیستورهای ریز هستند که جریان پردازش را بسیار سریع می‌کنند؛ بنابراین راز توانایی و هوشمندی کامپیوتر فقط به‌دقت و سرعت آن است، درحالی‌که که کامپیوترها به‌عنوان نوعی ماشین با تمام پیچیدگی و عظمت خود، فاقد انعطاف هوشیِ حتی یک دانش‌آموز در مقطع ابتدایی‌اند.

وقتی انسان به عدم انعطاف و سادگی در اساس یک فنّاوری بسیار پیشرفته و پیچیده سخت‌افزاری مانند کامپیوتر می‌نگرد، آن‌وقت است که به پیچیدگی و عظمت سیستم‌های طبیعی پی می‌برد. درجه پیچیدگی، قابلیت انعطاف‌پذیری و هوشمندی در گیاهان، جانوران، انسان و یا حتی سایر گونه‌های حیات در اندازه‌ای کوچک به مراتب فراتر از قدرتمندترین سیستم‌های کامپیوتری است.

وقتی‌که صحبت از انعطاف‌پذیری، قدرت تخیل، استعداد، خلاقیت، هنر، شعر، عشق، شفقت و وجدان به میان می‌آید، سریع‌ترین کامپیوترها و پیچیده‌ترین

ماشین‌های ساخت بشر فاقد چنین ویژگی‌ها هستند. انعطاف ماشین حتی به پای انعطاف ساده‌ترین شکل حیات و یک سیستم ساده طبیعی نمی‌رسد. هوشمندی در سیستم‌های هوش مصنوعی فقط شامل اطلاعات و قدرت پردازش است. این سیستم‌ها هوشمندند اما هوشیار نیستند. این سیستم‌ها فاقد هوشیاری‌اند و هوشیاری را نمی‌توان در آن‌ها طراحی کرد.

امروزه در حوزه فنّاوری پیشرفته هوش مصنوعی، دائما مطرح می‌شود که آیا روزی خواهد رسید که هوش مصنوعی یا ربات‌ها مانند انسان به هوشیاری (Consciousness) دست بیابند، آنچه بسیار عجیب است خود سؤال نیست بلکه این است که چرا بیشتر متخصصین قاطعانه این سؤال را با یک «نه» بزرگ پاسخ نمی‌دهند. شاید دلیل این درنگ این است که متخصصین فنّاوری به عمق حقیقت هوشیاری پی نبرده‌اند و یا متخصصینی که در حوزه شناخت هوشیاری تحقیق می‌کنند از چگونگی عملکرد هوش مصنوعی اطلاع کافی ندارند. به‌هرحال، هوش مصنوعی و به‌طور کل ماشین هیچ‌گاه در آینده به این نوع از هوشیاری و اخلاق نخواهد رسید.

این روزها با توسعه اتومبیل‌های بدون راننده و دقت و کارایی چشمگیر آن‌ها سؤالی مطرح است که اگر چنین اتومبیلی بر سر یک دوراهیِ تصمیم‌گیری قرار گیرد به‌طور نمونه بین زیر گرفتن یک فرد سالمند و جوان کدام را انتخاب می‌کند؟ این نوعی تصمیم اخلاقی است که ماشین باید اتخاذ کند؛ اما چنین تصمیمی فقط در محدوده اخلاقی- انسانیِ برنامه‌نویس یا سازنده آن محدود می‌شود و ماشین هیچ‌گاه به‌طور خودکار به چنین ویژگی انسانی دست نخواهد یافت. فرقی نمی‌کند که کامپیوترها و ربات‌ها تا چه اندازه پیشرفت کنند تا چه اندازه سریع‌تر و قوی‌تر شوند، توانایی آن‌ها از دریافت دستورات و اطلاعات، پردازش و خروجی نتیجه کار فراتر نخواهد رفت. هوش مصنوعی از احساسات، وجدان، عشق و هنر سر درنخواهد آورد، و یا به طنزی لحظه‌ای نخواهد خندید؛ و علاوه بر این‌ها مشکل بتوان تصور کرد که شکل یا گونه‌ای از حیات طبیعی را بیافرینند؛ حد اقل نه به این زودی، و شاید فقط در شکلی بسیار ساده.

عالم هستی ورای ماده

آنچه تاکنون بر انسان و علم او معلوم است اینکه همه سیستم‌های طبیعی ازجمله انسان و مغز او از ماده یعنی اتم‌ها ساخته‌شده است، همان ماده‌ای که همه ابعاد فیزیکی عالم هستی را می‌سازد. اتم‌هایی که مغز انسان را می‌سازند دقیقاً همان اتم‌هایی هستند که مولکول‌های آب، هوا، کربن و دیگر عناصر طبیعی زمین را می‌سازند. همه و به‌ویژه ماتریالیست‌ها بر این امر واقف‌اند که از دیدگاه علمی (نه فلسفی) این اتم‌ها فاقد هوشیاری‌اند.

اینکه چگونه این اتم‌های مغز به‌طور جداگانه و یا یکپارچه می‌توانند هوشیاری انسان را تولید کنند، به‌وسیله ماتریالیسم توضیح داده نشده است. در بخش‌های پیشین گفتیم که این ویژگی کیفی ورای هوشمندی‌اند. آنچه مسلم است تحلیل ماتریالیست‌ها این است که انسان و مغز او شکل بسیار پیچیدهٔ یک وجود طبیعی است. این تحلیل قابل‌قبول است (فقط از منظر هوشمندی و نه هوشیاری)؛ اما ماتریالیست‌ها فوراً در دنباله چنین تحلیلی عنوان می‌کنند که چنین درجه بالایی از پیچیدگی طبیعی و کمال و شگفتی بی‌نظیر آن حاصل یک تصادف طبیعی و کیهانی است. به عقیده آن‌ها هیچ نوع هوشمندی و هوشیاری، نه در پس و نه در تاروپود این بی‌نهایت عالم هستی وجود ندارد. بر روی سیاره هم موجوداتی تک‌سلولی به‌طور تصادفی پا به هستی گذاشته‌اند و به‌طور تصادفی به هشت میلیون گونه مختلف و بسیار پیچیده، تغییر شکل و تکامل‌یافته‌اند؛ و در نگاه آن‌ها در این روند تکامل تصادفی، میلیون‌ها گونه هستی، از گیاهان گرفته تا جانوران، از زیبایی یک پروانه گرفته تا عظمت و پیچیدگی یک پلنگ زیبا، در هیچ‌کدام جای هیچ شگفتی و تأملی نیست. آن‌ها همچنین انسان را مجموعه‌ای از اتم‌های ماده فیزیکی می‌دانند، بُعدی منحصراً فیزیکی بدون هیچ بُعد درونی، وجودی، معنوی، معرفتی، متافیزیکی و هوشیاری.

حال دلیل اینکه چرا وجود هوشمندی و هوشیاری فراتر از ابعاد فیزیکی عالم هستی برای ماتریالیست‌ها غیرقابل‌قبول است، در این است که آن‌ها ارتباطی بین علم و عالم معنا نمی‌بینند. ما در فصل یازدهم به این ارتباط اشاره

کردیم؛ اما برای اینکه مقداری بیشتر به این بحث بپردازیم نیاز است که در اینجا اندکی از فلسفه آلن واتس یاری بگیریم.

آلن واتس دریکی از درس‌های خود دیدگاهی فلسفی در چگونگی شکل‌گیری خدا نباوری در طیف ماتریالیستی علم ارائه می‌دهد که برخی از نقاط تاریک تاریخی در این رابطه را روشن می‌کند. به همین دلیل مایلم در استدلال شخصی خود نکاتی از درس‌های او را به یاری بگیرم.

واتس می‌گوید خداناباوری و ماتریالیسم نتیجه سال‌ها تبلیغات مذهبی کلیسا در اروپا است. در چنین پروسه طولانیِ تبلیغ، کلیسا دائماً تفسیری عامیانه از تعلیمات مسیح و مسیحیت به عموم ارائه می‌کرده بدون توجه به اینکه زبان این تعلیمات عرفانی بوده است و نه دنیوی؛ اما قرن نوزدهم مصادف بود با جهش‌ها و پیشرفت‌های علمی، هم در سطح ماکروسکوپی و هم میکروسکوپی و همچنین ارائه تئوری تکامل و داروینیسم. در طی این دوره از جهش‌های علمی، لایه‌های تحصیل‌کرده جوامعِ، هیچ‌گونه سازگاری بین یافته‌های علمی و تعلیمات و تبلیغات قدسی کلیسای آن زمان نمی‌دیدند و از طرفی با تفسیر و تصویری از آفریدگار که در عرصه کیهانی به نظاره انسان نشسته است، مشکل داشتند.

چنین روندی از تقابل علم و دین باعث شد تا طیف تحصیل‌کرده جوامع، سیستم‌های معنوی را مناسباتی غیرعقلانی بدانند و آن را مانعی بر سر راه علم ببینند؛ بنابراین با قاطعیت به نفی خداباوری پرداخته تا خود را از چنین مناسبات بقول خود «افسانه مانند» برهانند. با چنین رویکردی اعلام کردند که هر عقیده‌ای که با شواهد علمی و مدارک عینی نتواند ثابت شود، قابل‌قبول نیست و کاملاً باطل است. با چنین رویکرد رادیکال که هیچ وجودی خارج از بعُد ماده معتبر نیست، نادانسته خود به یک قلمرو غیرمنطقی و غیرعقلانی پا نهادند که سعی داشتند از نوعی از آن خارج شوند. نظریه‌ای غیرمنطقی که در قلمرو آن تنها بُعد عالم بینهایت هستی بُعد مکانیکی آن است و هر بُعدی از هستی که قابل‌اندازه‌گیری نیست، وجود ندارد.

طبق فلسفه آلن واتس، دو نظریه فوق یعنی دینی و ماتریالیستی درواقع دو مدل عالم هستی هستند. او مدل اول را سرامیکی می‌نامد که آفریننده‌ای مانند کوزه‌گری جهان را ساخته است و بر عرش به نظاره عالم هستی نشسته است و انسان‌ها را طبق رفتارشان تنبیه می‌کند و پاداش می‌دهد. در مدل دوم یعنی مکانیکی یا تمام اتوماتیک، عالم هستی خودبه‌خود و تصادفی ساخته و پیکربندی شده است. مدل اول یک مفهومی اعتقادی است؛ باورهایی که باید به آن ایمان داشت به آن‌ها شک نکرد و سؤالی را مطرح نکرد. برای یافتن حقیقت، توجه پیروان این مدل از جهان هستی به‌طرف آسمان است. در مدل دوم اما علم از سطح پایین شروع می‌کند. طبیعت را با اجزای کوچک‌تر یعنی در سطوح مولکولی و اتمی تقسیم می‌کند تا دریابد که جهان چگونه ساخته شده است. در ضمن بر این باور است که جز در آزمایشگاه‌های علمی نمی‌توان به حقیقت عالم هستی رسید.

درحالی‌که در مواردی، هیچ‌کدام از این دو مدل یکدیگر را تحمل نمی‌کنند، ممکن است هر دو گویایی یک واقعیت باشند. مثلاً طبق نظریه مدل اول، انسان از خاک آفریده شده است. اگر دقت کنیم مدل دوم بیانگر همین واقعیت است که انسان از همان عناصری ساخته شده است که در زمین و خاک است. حال که چنین واقعیتی در مدل اول با زبانی سمبلیک و اعتقادی و در مدل دوم با زبان علمی بیان شده است.

به این دلیل است که آلن واتس بدون مخالفت و رد هر دو مدل فوق، هر دو مدل را بدون انعطاف و بیش‌ازاندازه خشک می‌داند. به همین دلیل هر دو مدل از شناخت عالم هستی، مشکلاتی در برابر بشریت و سیاره ایجاد کرده‌اند. او برای برون‌رفت از مشکلاتی که این دو مدل شناخت از عالم هستی به وجود آورده‌اند، مدل سومی را ارائه می‌دهد که می‌توان نمونه آن را در نوشته‌ها، بیانات و اشعار محققین، مردان خِرَد، و مخصوصاً شاعران و عارفان ایرانی نیز مشاهده کرد. واتس این مدل سوم شناخت از عالم هستی را مدل دراماتیک یا بازیگرانه می‌نامد که بخش‌هایی از فلسفه، معنویت و عرفان در چنین مدلی جای دارد. در این مدل متعادل‌تر، همه مناسبات عالم هستی،

طبیعت، زندگی و هستی، یک بازی عارفانه است و خود عالم هستی بازیگر اصلی.

در بازی زندگی، ما انسان‌ها بی‌آنکه بدانیم شرکت داریم و عالم هستی مانند بازیگری ماهر، حقه‌های بازیگوش طبیعت را در پیش روی ما می‌گذارد. شب و روز، زمستان و تابستان، جوانی و پیری، سلامتی و بیماری، شادی و غم، خنده و گریه و تولد، زندگی و مرگ.

دلیل اینکه انسان حقیقت بازیگونه دنیا و زندگی را حس نمی‌کند در دو عامل است. اول آنکه عالم هستی خود به‌عنوان بازیگر اصلی، همه اسرار خود را بر ما آشکار نمی‌کند و در ضمن مانند هر بازیگر ماهر، این بازی را با ترفندهای تردستانه آمیخته است. انواع توهمات حواس پنج‌گانه و مخصوصاً توهم بُعد زمان است که قبلاً به آن‌ها اشاره شد جزئی از این ترفندها هستند. خطاهای حواس پنج‌گانه در دنیای ما بسیار متعددند. همه این خطاها و توهمات را که حقیقت آن‌ها از ما انسان‌ها پوشانده مانده است، می‌توان به ترفندهای یک بازی تشبیه کرد. ترفند، تشبیه، شباهت، تصویر، بازی، توهم و نمایش همه واژه‌هایی هستند که ریشه در واژه مجاز یا مجازی دارند یعنی غیرحقیقی، دور از حقیقت. حتی واژه‌های انگلیسی "گیم، پلی، ایلوژن و واژه لاتین لودر" همه هم‌ریشه‌اند. (۷۸)

از طرف دیگر در زندگی پرمشغله مدرن همان‌طور که قبلاً به آن پرداختیم، ما انسان‌ها چندان هوشیار و بیدار نیستیم. بنابراین در بیشتر موارد از این بازی زندگی غافلیم. اما می‌توان با آرام کردن ذهن و توجه به جزئیات زندگی و طبیعت متوجه چنین بازی شد.

ما لعبتکانیم و فلک لعبت باز
از روی حقیقتی نه از روی مجاز
یک‌چند در این بساط بازی کردیم
رفتیم به صندوق عدم یک یک باز

خیام

گویی که خیام در رباعی فوق ما انسان‌ها را مانند مهره‌های شطرنجی می‌داند که مدتی کوتاه بر روی خانه‌های سفید و سیاه که همان شب‌ها و روزهای ما هستند به بازی می‌پردازیم و سپس از روی صفحه شطرنج به جعبه ابدیت بازمی‌گردیم. و عطار نیشابوری نیز به‌وضوح بازی زندگی و توهمات آن و حقیقت پوشیده در پشت این توهمات را در این بیت بیان می‌کند.

چون مجاز افتاده‌ام نادر بود
کزحقیقت ماجرایی پی برم

و حافظ انسان را به بازی عادلانه در این دنیا دعوت می‌کند چون در دنیایی که عشق باشد، عدالت است.

در این مقام مجازی به‌جز پیاله مگیر
در این سراچه بازیچه غیر عشق مباز

آفریننده و عالم هستی خود در بازی هستی به ما می‌نگرند مثلاً به انسان، وقتی‌که از مدل نور خورشید لامپ برق اختراع می‌کند و شب را روشن می‌کند و یا اینکه از مدل طبیعی پرنده به اختراع هواپیما می‌پردازد. بی‌شک آفریننده و عالم هستی از این تلاش انسان در بازی هستی خوشنود می‌شوند، عالم هستی حتی با اشکال مختلف حیات مانند گیاهان و درختان به قایم باشک بازی می‌پردازد. سر درآوردن گیاهان از خاک و سبز شدن درختان در بهار پس از یک دوره پنهان شدن در زمستان نمونه‌هایی از بازی عالم هستی و خلقت است.

تا نگویی در زمستان باغ را مستی نماند
مدتی پنهان شدست از دیده مکار، مست
بیخ‌های آن درختان می نهانی می‌خورند
روزکی دو صبر می‌کن تا شود بیدار مست

مولوی

اما کودکان خردسال نه‌تنها از بازی زندگی غافل نیستند، بلکه به‌طور کامل در این بازی شرکت می‌کنند. و دلیل آن این است که آن‌ها خالص‌اند و عاری از هر نوع ماسک شخصیت، ایگو و توهم. آن‌ها در بی‌زمانی مطلق بسر می‌برند.

کودکان به هوشیاری عالم هستی متصل‌اند و آمیخته با عالم هستی. آلن واتس مثال زیبایی در این رابطه عنوان می‌کند، که خلاصه آن چنین است: "کودکان در یکی دو ماهگی، به‌خوبی قایم باشک را تشخیص می‌دهند و از آن لذت می‌برند، به این طریق که ما دستمان را روی صورتمان می‌گذاریم و بعد برمی‌داریم و کودک غرق شادی و لبخند می‌شود. زیرا کودک به منشأ زندگی نزدیک است او دیری نیست که از رحم مادر آمده است. او می‌داند که موضوع چیست. روانشناسان بسیار مایل‌اند از افکار و احساس کودکان در چنین سنی سر دربیاورند. تصور کنید که سؤالی از آن‌ها بپرسند، پاسخ کودک لبخند خواهد بود. زیرا کودک به‌تازگی از نزد خدا آمده است. او می‌داند که بازی اصلی زندگی، قایم باشک است و بازی آشکار و پنهان.

به نظر می‌رسد یکی از اهرم‌های اصلی آتئیست ها برای اثبات عدم وجود خدا نحوه برداشت آن‌ها از علم و تکنولوژی باشد. آن‌ها به متدهای علمی و دستاوردهای تکنولوژی اشاره می‌کنند و می‌گویند چون نتوانسته‌اند اثری از وجود خدا را در آزمایشگاه‌های علمی پیدا کنند، بنابراین انسان در عالم هستی تنهاست و جهان هستی جز یک تصادفی کیهانی نیست. نظریه‌ای در قالب تعصب علمی.(۷۹) (Scientism)

اما واقعاً نباید این علم و یافته‌های شگفتی‌آور آن باشد که به ما بفهمانند که کمی عمیق‌تر بیندیشیم؟ نباید این‌طور فکر کنیم که اگر تاکنون در کل دوران تمدن بشریت، انسان هیچ چیز از نام و مفهوم خدا نشنیده بود، یا تاکنون هیچ پیامبر و یا ادیانی جهت بیداری یا اخلاق‌مداری انسان‌ها بر روی زمین ظاهرنشده بودند، اکنون علم و یافته‌های علمی به ما می‌گفتند که کمی عمیق‌تر بیندیشیم؟ آیا یافته‌های علمی در مقیاس میکروسکوپی و ماکروسکوپی، در فیزیک کوانتوم، بیولوژی، ریاضیات و فضا-فیزیک نباید برایمان حاکی از نشانه‌هایی از یک هوشمندی و هوشیاری فراتر از دنیای فیزیکی می‌بود؟ یافته‌های علمی نباید دلیلی برای عدم وجود خدا باشد بلکه می بایست به ما کمک کند تا به دنبال منبع چنین اطلاعات، هوشمندی و هوشیاری عالم هستی به بیداری برسیم و به آن هوشمند مطلق.

این علم است که هرروز شگفتی‌ها، هوشمندی و هوشیاری بیشتری را در طبیعت و دنیای فیزیکی کشف می‌کند و این فیزیک کوانتوم است که به ما می‌گوید که ذرات بنیادی نسبت به اینکه در مقابل نظارت ناظری هشیار باشند و یا نباشند، متفاوت عمل می کنند. به‌عبارت‌دیگر این علم است که به ما می‌گوید مطالعه عینی (آبجکتیو - Objective) آن از تجربه ذهنی (سابجکتیو - Subjective) بشر جدا نیست. این بیولوژی کوانتومی است که از رفتار شگفت‌انگیز ذرات بنیادی در قالب تونل زنی کوانتومی برای رشدِ موجودات زنده به ما می‌گوید. این میکروبیولوژی و مهندسی ژنتیک است که از روی وسعت، پیچیدگی و جزئیات ساختار دی ان ای در سیستم‌های طبیعی پرده برداشته است و ما می‌بایست به آن توجه کنیم و نتیجه بگیریم که چنین پیچیدگی، نظم، هوشمندی و وسعتی نمی‌تواند حاصل یک تصادف کیهانی باشد. این اکتشافِ «هنوز کاملاً کشف نشدهٔ» ماده تاریک در فضای لایتناهی است که مانند اقیانوسی، کهکشان‌ها و اجرام سماوی در آن شناورند، و اینکه به ما می‌گوید که عمیق‌تر بیندیشیم. بنابراین اگر به‌جای تکرار عادت گونه عدم وجود مستند علمی برای وجود قدرت مطلقی ورای عالم فیزیکی، ذهن خود را آرام کنیم، و آن را از سروصداهای دنیای شلوغ امروز و توهمات اکتسابی محیط و اجتماع بتکانیم، درمی‌یابیم که یافته‌های علمی از وجود نوعی هوشمندی و هوشیاری ورای دنیای فیزیکی حکایت می‌کنند. با توجهی عمیق‌تر می‌توان دید که علم به ما می‌گوید که عالم هستی یک ارگانیزم زنده، هوشمند و هشیار است، نه یک اتفاق بدون حساب و کتاب کیهانی.

یکی دیگر از اهرم‌های خدانا باوری رجوع دادن به «مسئله شر» است. بحث آن‌ها در این رابطه این است که اگر خدا قادر مطلق و در همه‌جا حضور دارد، در آن صورت چرا همواره شر و رنج در دنیا وجود دارد. این در حالی است که شر و بخش فراوانی از رنج‌های فردی و جمعی، جبری و تقدیری نیستند، بلکه کاملاً در محدوده اختیاری جای دارند. این انسان و ذهن اوست که مسئول شر و به وجود آورنده رنج بر روی زمین است. حتی اگر به رنج‌های جبری و تقدیری نیز به‌دقت بنگریم، در بسیاری از موارد می‌توان ردپای ناخودآگاهی و ناآگاهی انسان را در آن‌ها مشاهده کرد.

خدا در کار بشری که هم راه گم کرده و هم مغرور است و نظارتی هم بر ذهن، احساسات منفی، رفتار و اعمال خود ندارد، دخالتی نمی‌کند. آن‌هایی که بر این باورند که می‌بایست دخالتی این‌چنین وجود داشته باشد، نحوه، و حد مرز این دخالت را تعیین کنند تا ببینیم که آیا از نظر منطقی قابل‌اجراست؟

اگر منصفانه به آنچه خدا به‌صورت بنیادی به بشریت داده است، دقت کنیم، می‌بینیم که او انسان را بر روی سیاره‌ای زیبا و پربرکت گذاشته و همه آنچه برای زیستن، خوشبختی و شادی اوست برایش فراهم کرده است. در ضمن به او اختیار، قدرت اندیشه و نهاد هوشمندی و هوشیاری نیز داده است تا از طریق کسب خِرَد و علم، هم از عالم درون خود و هم از جهان بیرون سر دربیاورد. از نظر فلسفی هم که به آن بنگریم، زمین را به او سپرده تا آن را اداره کند، و در آن بذر عشق و عدالت بپاشد و خود (نوع خود) را خوشبخت کند. تعداد پیامبرانی که برای او فرستاده است تا او را به راه راست و اخلاق هدایت کند، نیز اندک نبوده‌اند. بنابراین توجه به فراوانی نعماتی این‌چنین، سعادت یا رنج انسان بر روی زمین در طیف اختیار اوست. حتی در قسمتی از طیف جبری رنج، مانند خسارت‌های ناشی از حوادث طبیعی، چون زلزله، بیماری‌های لاعلاج و ناهنجاری‌های مادرزادی نیز می‌توان رد پای کم‌کاری، ناخودآگاهی و ناآگاهی بشر را مشاهده کرد. اگر بیش از نیمی از درآمدهای ملت‌ها برای خودخواهی و قدرت‌طلبی، زیاده‌خواهی و عصبیت انسان در پی تحقیق و تولید جنگ‌افزارهای «هوشمند و پیشرفته» هدر نمی‌رفت، امروز برای بیشتر یا شاید همه بیماری‌ها درمان وجود داشت.

نباید انتظار آن را داشت که هر چیز را که بخواهیم خدا هم معجزه‌آسا آن را به ما بدهد، زیرا پایانی بر خواستن‌ها نیست. نمی‌توان از خدا انتظار داشت که دائماً وقوع و ارتکاب شر و تحمیل رنج را که انسان مسئول آن است تحت کنترل و تنظیم داشته باشد. انسان معمار و مسئول زندگی خود، هم در سطح فردی و هم جمعی بر روی سیاره است. خدا دخالتی در فقر بر روی زمین نمی‌کند، زیرا این انسان است که به ناخودآگاهی و حرص و طمع و زیاده‌خواهی خود مسئول ایجاد شکاف طبقاتی و فقر همنوع خود است.

شاید تنها نعمتی که می‌توان از خدا خواست، آرامش است، او این نعمت را به ما می‌دهد زیرا ذهن آرام بالاترین نعمت است که اگر نبود اذهان ناآرام بر روی این سیاره، امروز از رنج و نا عدالتی نیز خبری نبود.

به‌جای اینکه رنج در پهنه زمین را گردن خدا بیندازیم، فقط می‌بایست عاشق او بود. عشقی بی‌قیدوشرط و بدون انتظار و خواستن‌های مداوم از او. زیرا انتظار و خواستن‌ها بار سنگین ذهنی است. عشق و شکر به او از برای او نیست، او بی‌نیاز است. عشق و قدردانی برای خود انسان و آرامش اوست. با چنین عشقی در وجودمان می‌توان او را دید. او با ما است در همه حال، و به‌طور غیرقابل‌تصوری نزدیک به ما. او در منزل وجود است، این ما هستیم که از منزل بیرون رفته‌ایم. اگر ذهنِ خود را آرام کنیم، او را از روی تمام نشانه‌هایش حس خواهیم کرد. از گرمای خورشید بر شانه‌هایمان، از خنکی نسیم سحر بر روی گونه‌هایمان، در طعم غذایی که از زمین می‌روید، و از رایحه گل‌ها و مزارع برنج. اگر چشم دل بازکنیم او را در رنگ سبز گیاهان، در آبی آسمان، بر نقش زیبای بال پروانه‌ها، در آواز فی‌البداهه بلبل و در صبر و حوصله یک درخت می‌توان دید و حس کرد. از طریق علم نیز می‌توان او را دید، در فلسفه و حکمت، در ریاضیات و در فیزیک و شیمی و بیولوژی.

انسان با انکار وجود خدا هیچ‌چیز را ثابت نمی‌کند و به هیچ‌چیز دست نمی‌یابد به‌جز اینکه خود را به یک اتفاق طبیعی و یک تصادف شانسی در عالم هستی و حاصل جنگ و بقا بر روی سیاره، تقلیل می‌دهد.

نتیجه اینکه، علم با بُعد درونی انسان، ارتباط او با خدا و اسرار عالم هستی در تضاد و یا بی‌ارتباط نیست. ما انسان‌ها بر روی سیاره‌ای کوچک در چنین وسعتی از عالم هستی بی‌نیاز نیستیم. چنین تصوری از بی‌نیازی و قدرت نه‌تنها غروری موهوم است بلکه نوعی جهل و به‌مثابه در خواب بودن است. این یک توهم است که تصور کنیم حال که به سطحی از دانش زمینی دست‌یافته‌ایم بنابراین نیازی به خدا نداریم. نتیجه چنین رویکردی، یک زندگی ناآگاهانه، دوری از اخلاق، مشکلات بهداشت روانی، رنج در سطح فردی و جمعی و آسیب و نابودی سیاره خواهد بود. خروجی این توهم، علمی است که بخش غیر معنوی آن همواره در خدمت زر و زور خواهد بود. بخشی

از فیزیک در خدمت تولید تسهیلات پیشرفته کشتارجمعی، جنگ‌افروزی و سلطه. بخشی از شیمی و داروشناسی در خدمت مافیای جهانی دارو، بخشی از ریاضیات برای تجزیه‌وتحلیل‌های اقتصادی که کسر کمی از انسان‌ها از آن سود می‌برند. به‌عبارت‌دیگر ساختن دنیایی کاملاً ماتریالیستی و مادی که در آن انسان برای مادیات کار کند، برای مادیات زندگی کند، برای مادیات بجنگد، برای مادیات همنوع خود را بدرد، برای مادیات بمیرد و برای مادیات زمین را به ویرانه‌ای از آلودگی‌های صنعتی، دود، پلاستیک تبدیل کند.

علم پاسخگوی همه نیازهای بشر نیست. اگر بود، با این سطح از پیشرفت در سیستم‌های اجتماعی، سیاسی، اقتصادی و حقوقی، اکنون نشانی از جرم و جنایت، نا‌عدالتی اجتماعی و فقر و بیماری نبود و یا لااقل چنین معضلاتی در حداقل بودند. اگر بود، با این همه پیشرفت در علوم پزشکی و روانشناسی، شیب رنج‌های ذهنی، روحی و روانی شهروندان حتی در متن کشورهای پیشرفته به این شکل سعودی نبود. نتیجه و خروجی رویکردی با خلأ معنویت و بدون حس اینکه ما به‌عنوان انسان با عالم هستی یکی هستیم دنیایی خواهد بود که تقریباً هم‌اکنون شاهد آن هستیم، دنیایی پرتلاطم، شکاف طبقاتی بیشتر، آسیب به سیاره در قالب آلودگی و گرمایش زمین، جنگ، خودکامگی و تجاوز به حریم دیگر کشورها و بی‌تفاوتی و بی‌مسئولیتی انسان نسبت به نوع خود. امروز می‌توان مشکلاتی را که دانشمندان عارفی چون ورنر هایزنبرگ حدود صدسال پیش، پس از کشف تئوری اصول احتمالات در فیزیک کوانتوم، به ما هشدار داده بود، مشاهده کرد:

چنین جداسازی جهان به دو بخش درونی (آبجکت) و عینی (سابجکت) و به دو بخش دنیای درون و دنیای بیرون یا جسم و جان، دیگر کفایت نمی‌کند و چنین رویکردی برای انسان مشکل‌زا خواهد بود.

در رابطه با علم نباید خشک و عبوس برخورد کرد، آن‌طور که طیف ماتریالیستی در قالب ساینتیزم (علم زدگی Scientism) در تلاش‌اند که آن را انحصاری کنند. این درست مشابه رویکرد مروجان ادیان است که همواره خداشناسی را در انحصار خود گرفته‌اند.

۳۴۵

انسان تا همین‌جا نیز در مقیاس فیزیکی در مرزهای منظومه شمسی محدود است. آیا عاقلانه است که خود را در مقیاس علم زمینی محدود کند و فراتر از ابعاد فیزیکی عالم هستی و اسرار آن نیندیشد؟

❖ ❖ ❖

مقصر کیست؟

اینترنت و شبکه‌های اجتماعی یکی از مهم‌ترین کانون‌های ارتباط‌جمعی در جهان امروز است. بدین معنی که هرچه در این کانون شاهد آن هستیم به‌عنوان مشت نمونه خروار و نمادی از افکار و اندیشه‌های بشری است، نوعی جام جهان‌نما. آنچه از این شبکه‌ها مشهود است رشد قابل‌ملاحظه خدا ناباوری و خصومت با ادیان است. همواره تعداد خداناباوران تحصیل‌کرده، نیمه تحصیل‌کرده و تحصیل‌نکرده رو به افزایش است

چنین موجی که بیشتر در غرب و در کشور های ایدئولوژی زده به وجود آمده است، مشکلات و ناآرامی‌های دنیای کنونی را به دینی معین، همه ادیان و حتی بنیان خداباوری ربط می‌دهد. غافل از آنکه همه این ادیان سالیان دراز پناهگاهی برای روح و روان بشر بوده و در بیشتر مواقع مشکلی از آن‌ها متوجه نوع بشر و جهان نشده است.

در طول تاریخ بشریت، آنچه همواره مسبب مشکلات و مصائب بشر بوده است، ناخودآگاهی‌های فردی و ناآگاهی‌های جمعی بشر در سطح زمین بوده است. این ادیان نیستند که اذهان را قالب‌بندی می‌کنند بلکه برعکس این اذهان، ایگو و ماسک شخصیت انسان‌هاست که با تفسیری متفاوت از دین آن را به شکلی که میل دارند، تغییر می‌دهند. چنین تفسیری از دین، دین نیست، بلکه ایدئولوژی است. ایدئولوژی محصول ذهن و ایگو است و ذهن و ایگو محصول محیط و سیستم‌های اجتماعی و ریشه در مناسبات و ناکارآمدی‌های این سیستم‌ها دارد. وجود نا عدالتی‌های اجتماعی، فقر، بی‌سوادی در محیط و اجتماع به رنج‌های بشر دامن می‌زنند. این رنج‌ها به‌صورت رنج انباشته در روح و روان انسان‌ها رسوخ کرده و با سایر توهمات محیطی و اجتماعی لایه‌های ماسک شخصیت را بر روی طبیعت حقیقی

انسان‌ها به وجود می‌آورند. اذهانِ از آن‌ها داستانی از واقعیت‌ها سر هم کرده و با چنین داستانی ایگو را تغذیه می‌کند. چنین محصولی دیگر در اختیار خود نیست و به‌راحتی به هر نوع ایدئولوژی و یا به هر سویی کشیده می‌شود و به حلقه رنج زمین می‌افزاید.

مشکل اساسی را نباید در ادیان، سنت‌ها و مناسبات گذشتگان و نحوه زندگی آن‌ها جستجو کرد. کندوکاو در گذشته، انتقاد و قضاوت گذشتگان یعنی ازنظر روانی درگذشته زیستن و فرار از چاره‌جویی در زمان حال.

خداناباوران و دین‌ستیزان باید به واقعیت موجود بر پهنه زمین توجه کنند. واقعیت این است که ۸۴٪ جمعیت زمین پیروان ادیان مختلف‌اند. تقصیر خداباوری، باورهای معقول و ادیان بی‌ضرر و صدها میلیون انسان دیگر چیست که عده‌ای دینشان را به سیاست، ایدئولوژی، عصبیت، خشونت، تحریف و افراط آلوده‌اند؟ تقصیر مادربزرگی که در احاطه آرامشِ ایمان خود پناه می‌گیرد، چیست که در روزگار ما، نیازهای بُعد درونی انسان، به خرافه، دروغ و مرده‌پرستی آلوده‌شده است؟ فروشندگان دین، تحریف‌کنندگان و آلوده‌کنندگان دین و متعصبین دینی تندروی ها و جنایات خود را از دستورات همان دین می دانند و مخالفان دین هم با آن‌ها هم‌صدا می‌شوند و درست همین را می‌گویند. مخالفان دین با چنین رویکردی می‌گذارند که بد کنشان و کج فهمان دینی از مسئولیت بدکنشی‌ها و خشونت های خود شانه خالی کنند و جنایات خود را به راحتی گردن دین بیندازند.

ملت هایی که از ایدئولوژی و استبداد دینی زخم خورده اند و رنج می برند و در حال مبارزه با آن هستند، چرا باید راهی دور را برگزینند؟ چرا می بایست به جای تمرکز مبارزه با نهاد استبداد و در واقع اذهان متوهم و مقصران اصلی مصائب کشور، خود را با حدود یک چهارم جمعیت زمین که پیروان همان دین هستند در گیر کنند؟ آیا برای بدست آوردن یک سیستم سکولار و آزاد، چنین رویکردی معقولانه است؟

به عناد برخاستن و ایجاد تفرقه بین پیروان این ادیان، رویکردی نیست که امروز این سیاره مصدوم و مظلوم به آن نیاز داشته باشد. چنین رویکردی

تزریق سوخت به آتشی است که هم‌اکنون بشر شعله و دود آن را حس می‌کند.

انسان، انسانیت و سیاره متعلق به زمان حال است. اکنون وقت بیداری انسان است. اکنون وقت آگاهی، اتحاد و دوستی انسان‌هاست، موجوداتی هوشمند از یک سیاره واحد. اکنون وقت آن است که این موجودات هوشمند به هم‌آیند، دستی برزنند و بر زخم‌های سیاره مرهم نهند، به رنج کنونی بشر پایان داده و سیاره را از سرنوشت مصیبت باری که در انتظار آن است، برهانند. شاید این ابیات شاعر بزرگی چون سعدی بیش از هرزمان به کار انسان امروزی می‌آید.

بنی‌آدم اعضای یک پیکرند
که در آفرینش ز یک گوهرند
چو عضوی به درد آورد روزگار
دگر عضوها را نماند قرار
تو کز محنت دیگران بی‌غمی
نشاید که نامت نهند آدمی

❖ ❖ ❖

❖ ❖ ❖

ارتباط بین ذهنی

ارتباط بین ذهنی موضوعی است قدیمی که معمولاً از حوزه علوم و از قلمرو متخصصین و محققین خارج و بیشتر در دایره ساده‌اندیشی رواج داشت. این‌که آیا ارتباط بین ذهنی اصولاً می‌تواند دارای پایه‌های منطقی و علمی و یا قابل‌اثبات باشد به همان اندازه نامعلوم است که آیا برخی از فرضیه‌های دیگر موجود می‌توانند قابل‌اثبات باشند. هیچ نوع پاسخ قطعی برای هرکدام از این فرضیه‌ها فعلاً موجود نیست. در ضمن بیان فرضیه‌های دیگر محققین و متفکرین در یک کتاب فقط جنبه اطلاعاتی و گاهی به دلیل جالب بودن آن است و الزاماً به معنی قبول و تائید آن‌ها نیست.

همان‌طور که در بخش ارتباط ذهن و جسم به آن اشاره شد، بنا به اکثر دیدگاه‌های فلسفی، محتویات ذهن در حوزه خصوصی فرد است. بدین معنی

که انسان می‌تواند افکار خود را در میان مرزهای جمجمه، مغز و یا به‌طورکلی جسم خود محفوظ و پنهان نگه دارد، بدون اینکه دنیای بیرون از آن افکار باخبر شود. تنها نوع ارتباط ذهن با دنیای خارج، مربوط به دیدگاه‌های ایده آلیستی و فلسفی بود که در آن ذهن و همه افکار، رفتار و اعمال انسان و یا سایر موجودات هوشمند در یک دایره جبری امور می‌گذرانند؛ اما به‌تازگی ارتباط بین ذهنی مجدداً موردتوجه برخی از متخصصین و محققین قرارگرفته و در میدان اندیشه آنان واردشده است. برخی از این محققین بر این باورند که نوعی ارتباط غیرعلنی بین اذهان انسان‌ها و حتی در قوه هوشمندی جانوران و گیاهان وجود دارد.

تقریباً همه ما مواقعی را تجربه کرده‌ایم که می‌توان آن را نوعی ارتباط بین ذهنی قلمداد نمود. مثلاً موضوعی درآن‌واحد به ذهن دو نفر خطور کرده و یکی یا هر دو آن موضوع را عنوان کنند. یا اینکه هنگامی‌که به دوست، آشنا یا اعضای فامیلی فکر می‌کنید، تلفن یا پیامی را از او دریافت کنید. مورد بسیار رایج دیگر نگاه کردن به راننده بغل‌دستی در پشت ترافیک است که فوراً نگاه کردن متقابل او را به همراه دارد. به‌هرحال بسیاری از ما معتقدیم که چنین رویدادهایی اتفاقی‌اند؛ یعنی ممکن است در بسیاری از مواردِ مشابه، چنین واکنش‌هایی اصلاً صورت نگیرد؛ و بنابراین از کنار چنین مواردی گذشته و آن‌ها را اتفاقی تلقی کرده و فراموششان می‌کنیم.

اما امروزه محققینی هستند که نگاهی عمیق‌تر به چنین مواردی دارند و بر این باورند که در این موارد نوعی تکرار و الگوی رخدادی وجود دارد که واقعیت آن‌ها را از محدوده اتفاقی بودن خارج می‌کند؛ اما در حوزه تحقیقات، درصورتی‌که موضوع موردتحقیق را نتوان از طریق آزمایش‌های علمی ثابت نمود، از ابزار آماری استفاده می‌شود. محققین با استفاده از چنین ابزاری موارد بسیاری را در یک مورد خاص مورد بررسی قرار داده و نتیجه چنین بررسی را در قالب اعداد و ارقام ارائه می‌دهند و درنهایت این اطلاعات آماری هستند که نمی‌توان به‌سادگی از آن گذشت و آن‌ها را نادیده گرفت.

یکی از محققینی که اخیراً در رابطه با موضوع ارتباط بین ذهنی مشغول پژوهش است دکتر روپرت شلدرک [۸۰] است. وی بیولوژیست و نویسنده

چندین کتاب و مقاله در زمینه‌های مختلف و مخصوصاً در زمینه مذکور است. در اینجا به گوشه‌ای از تحقیقات ایشان اشاره می‌شود. دکتر شلدرک دارای یک وب‌سایت آموزنده است که نتایج بیشتر تحقیقات وی در این زمینه در این وب‌سایت موجود است.

قسمتی از تحقیقات این محقق در مورد رفتار و احساس حیوانات خانگی مانند سگ و گربه است که با توجه به رواج و فرهنگ نگهداری حیوانات خانگی و تعداد بسیار زیاد آن‌ها در خانه‌ها در کشورهای غربی، گمان نمی‌رود که مشکلی در رابطه با چنین تحقیقی وجود داشته باشد. طبق آمارهای تقریباً قانع‌کنندهٔ این محقق، سگ‌ها بنا به حس وفاداری و عشق بی‌قید و شرطی که به صاحبان خود دارند در اکثر موارد قادرند نزدیک شدن صاحب خود را از فاصله‌های بسیار دور به منزل حس کنند. در این موارد چنین فاصله‌ای از بُعد حس بویایی سگ‌ها خارج است. مثلاً اگر صاحبی از کیلومترها فاصله شاید از محل کار یا شهر دیگر تصمیم گرفته که به‌طور اتفاقی به منزل بازگردد، سگ‌ها قادرند چنین تصمیمی را حس کرده و بنا به همین حس در جلوی پنجره و یا در پشت درِ منزل به انتظار بنشینند.

این محقق در مورد حس گربه‌ها نیز نتایج آماری بسیار جالبی ارائه می‌دهد. در کشورهای غربی مخصوصاً در آمریکای شمالی تعداد گربه‌های خانگی بسیار زیادند. همان‌طور که هر خانواده‌ای پزشک خانوادگی مخصوص خود را دارد، گربه‌ها و سگ‌ها نیز دامپزشک مخصوص به خود را دارند که برای معاینه، واکسیناسیون و معالجه و حتی جراحی‌های تخصصی بسیار گران‌قیمت باید به آن‌ها مراجعه کنند. معمولاً سگ‌ها با همه آدم‌ها و حتی بیگانگان از در دوستی درمی‌آیند و همه را دوست دارند، اما ظاهراً گربه‌ها چنان تمایلی به ویزیت دامپزشک خود ندارند و بنابراین در گوشه و کنار منزل، معمولاً زیرزمین و یا در کوچه پنهان می‌شوند که «به دکتر نروند». آمار بسیار بالای این تحقیق از دامپزشکان و صاحبان گربه‌ها نشان می‌دهد که چنین موردی نه‌تنها تصادفی نیست بلکه این کار گربه‌ها معمولاً باعث می‌شود که وقت ملاقات با دامپزشک که از قبل تعیین‌شده از دست برود. به همین دلیل، اخیراً بعضی از دامپزشکان فقط به سگ‌ها وقت قبلی می‌دهند

ولی گربه‌ها باید به مطب مراجعه و برای نوبت خود منتظر بمانند؛ اما این گربه‌ها چگونه حس می‌کنند که قرار است صاحبانشان آن‌ها را به مطب دامپزشکی ببرند؟ طبق اطلاعات و داده‌های آماری در این تحقیق، آنچه شگفت‌آور است اینکه، حتی اگر صاحبان گربه‌ها در مقابل گربه‌های خود اصلاً نام دامپزشک را هم عنوان نکنند و فقط تصمیم به چنین کاری کنند، گربه‌ها از تصمیم آن‌ها باخبر می‌شوند.

آنچه از تحلیل‌های این محقق پیداست اینکه اذهان انسان‌ها و جانوران و حتی هوشمندی گیاهان از طریق یک میدان ارتباطی باهم مرتبط بوده و ممکن است گاهی از طریق چنین میدانی به‌طور غیرعلنی به تبادل اطلاعات بپردازند. (برای جزئیات به وب‌سایت محقق مراجعه شود)

امکان وجود میدانی رسانه‌ای که از طریق آن ماده، افکار و یا هوشمندی به یکدیگر متصل شده باشند موضوع جدیدی نیست و فقط به تحقیقاتی از نوع فوق محدود نمی‌شود. وجود میدان‌های طبیعی رسانه‌ای مشابه در تئوری‌های مختلف عنوان‌شده است. مثلاً همان‌طور که قبلاً اشاره شد، میدان وحدت ابر نخی در فیزیک کوانتوم، رفتار ذره‌ها در فیزیک کوانتوم، ارتباط هوشمند بین درختان و روند رشد و تکمیل گیاهان همه گویای نوعی ارتباطی است که در برخی از موارد مانند ارتباط بین‌ذره‌ای در فیزیک کوانتوم هیچ‌گونه اتصال فیزیکی بین دو طرف چنین ارتباطی وجود ندارد.

حال چنین میدان رسانه‌ای و ارتباط غیر فیزیکی هر چه باشد، اعم از ماده تاریک در فضا، میدان الکترومغناطیسی، میدان متحد ابر نخی فیزیک کوانتوم و یا اتر یا اثیر [81] در فلسفه باستان، فعلاً از محدوده دانش بشر خارج و جزء اسرار عالم هستی است.

فصل ۱۷ – جاستارا، سیاره آگاه

❖ ❖ ❖

مقدمه

در طول کتاب از واژه سیاره و یا زمین به‌جای دنیا و جهان بیشتر استفاده‌شده است. به این دلیل که آنچه به‌عنوان دنیا و جهان می‌شناسیم، معمولاً معادلی قدیمی برای بیان آنچه به زمین و زندگی بر روی آن است، اختصاص دارد. این یک نگاه محدود به دنیا و جهان است و بیشتر برای زمانی بود که انسان از وسعت عالم هستی بی‌خبر بود. در فصل مربوط به جهان ماکروسکوپی تا حدودی به وسعت بی‌کران عالم پرداختیم. میلیاردها ستاره در هر کهکشان و میلیاردها کهکشان در عالم هستی قابل رصد وجود دارد. مقایسه‌ای قدیمی برای عظمت جهان هستی وجود دارد که طبق آن تعداد ستارگان را در کیهان به‌اندازه تعداد دانه‌های شن بر روی زمین تخمین می‌زنند. امروزه تلسکوپ هابل تعداد کهکشان‌ها را ده برابر بیشتر تخمین می‌زنند؛ اما حتی با همان مقایسه قدیمی نیز تصور کنید به تعداد دانه‌های شن در تمام دریاها، سواحل و کویرهای روی زمین، در عالم هستی ستاره وجود دارد. ستارگانی که هم‌اندازه، بزرگ‌تر و یا کوچک‌تر از خورشید خودمان هستند؛ و چه‌بسا که در مدار درصد بالایی از آن‌ها سیاراتی در حال دور زدن هستند و یک یا چند سیاره در فاصله‌ای مناسب از ستاره خود قرارگرفته و درنتیجه آب و اشکالی از حیات بر روی آن‌ها در جریان است. تصور اینکه زمین و موجودات آن و

بخصوص انسان‌ها تنها شکلی از حیات هستند که در عالم هستی وجود دارند، ساده‌اندیشی محض است.

حتی نیاز آن نیست که علم و فنّاوری فضا فیزیک، وجود حیات را در سیاره‌ای خارج از منظومه شمسی به ما نشان دهد زیرا فاصله منظومه ما حتی به نزدیک‌ترین ستارگان به ما آن‌قدر زیاد است که بدبختانه و یا شاید هم خوشبختانه دست بشر به سیارات آن‌ها نمی‌رسد. از طرف دیگر رصد سیارات مانند رصد ستارگان آسان نیست، زیرا آنچه رصد ستارگان دوردست را برای فنّاوری ما فراهم می‌کند نور آن‌ها است. سیارات از خود نوری ندارند و بنابراین هرکدام به‌صورت نقطه بسیار کوچک و تاریکی در مقابل پهنه ستاره خود به‌سختی و به‌طور محدود قابل رصد هستند؛ اما یک حساب سرانگشتی کافی است که به ما بگوید که با تعداد ستارگان به‌اندازه تعداد دانه‌های شن بر روی زمین، تعداد سیاراتی که در آن‌ها حیات در جریان است در مقیاس عددی بسیار بزرگ است در غیر این صورت تعداد سیارات زنده مانند زمین از این نیز بیشتر است. چطور می‌شود که عالم هستی با چنین وسعتی خود را درگیر و معطل فقط یک سیاره در کنار یک ستاره کند؟ این درست مثل آن است که در ساحلی پر از شن یک دانۀ شن را انتخاب کنیم و بر روی کف دست خود بگذاریم و به شن‌های دیگر این ساحل نگاه کنیم و دانه‌های شن در پهنه زمین را مجسم کنیم و بگوییم این دانۀ شن، خورشید ماست و بقیه شن‌ها در این ساحل و در سطح زمین ستاره‌هایی هستند که هوشیاری جهان هستی و آفریننده، آن‌ها را بر پهنه آسمان گسترانیده که ما موجودات هوشمند، شب‌ها بی‌توجه به عظمت آن‌ها، در خودروهای خود بنشینیم و بی‌هدف به این‌طرف و آن‌طرف برانیم و درصحنه‌های اجتماعی و سیاسی به سروکله هم بزنیم و هنوز درگیر هزاران معضل اجتماعی در سطح این سیاره کوچک باشیم. اگر این به عقل جور می‌آید تمام ریاضیات ما از ابتدایی تا سطح عالی غلط از آب در می‌آید.

بهر حال، شکل حیات در سیارات دیگر ممکن است با آنچه بر روی زمین در جریان است مشابه یا بسیار متفاوت باشند. موجودات و مخصوصاً نوع هوشمند آن‌ها نیز ممکن است در مقیاس جثه، تعداد و توانایی‌های حواس با انسان‌ها

فرق داشته باشند؛ زیرا این خصوصیات بستگی به قدمت آن سیارات و روند تکامل بر روی آن‌ها دارد. مثلاً حس بینایی آن‌ها ممکن است قادر به رؤیت پدیده‌های طبیعی و فیزیکی باشد که خارج از محدوده حس بینایی ما انسان‌هاست و یا طبق روند تکاملی و سطح پیشرفت علمی و تکنولوژیکی، هنر، رفتار، اخلاق در سیاره‌هایشان در استانداردی باشد که از آنچه مختص به ماست پایین‌تر و یا بالاتر باشد.

حال، علم به اینکه حیات در سیارات دیگر به چه شکل است و یا موجودات هوشمند آن‌ها چگونه زندگی می‌کنند ممکن است مفید باشد و یا هم ازجمله موضوعاتی باشد که زیاد به کار ما انسان‌ها نیاید؛ اما اگر می‌دانستیم که آن‌ها ما انسان‌ها را و رفتار و زندگی ما را به چه شکل ارزیابی می‌کنند و گزارشی از این ارزیابی را در اختیارمان می‌گذاشتند، شاید چنین گزارشی در بیداری ما انسان‌ها به ما کمک می‌کرد. به دلایل چنین استدلالی به‌دفعات در طول کتاب اشاره شد و برای یادآوری اینکه ما انسان‌ها برحسب روند تکاملی و محدودیت‌های حسی و پوشش لایه‌های شخصیت و ایگو بر وجود حقیقی‌مان، با توهمات زیادی روبرو هستیم و تاکنون به بسیاری از این توهمات اشاره کردیم.

پس فرض کنیم که در نزدیکی همین بازوی کهکشان راه شیری که منظومه شمسی‌مان واقع‌شده است، منظومه ستاره‌ای دیگری وجود دارد که چند سیاره در فاصله مناسب از ستاره میزبان خود، در مدار او می‌گردند و حیات در آن‌ها جریان داشته و یا دارد. نام یکی از سیارات «جاستارا» است. فرض کنیم که علم، فنّاوری و میزان آگاهی موجودات هوشمند بر روی جاستارا به آن حد می‌رسد که فنّاوری خود را به‌جای اختصاص دادن به جنگ و درگیری با یکدیگر، آگاهانه‌تر استفاده کرده‌اند و به فنّاوری سفرهای بین ستاره‌ای دست‌یافته‌اند. نام این موجودات هوشمند در سیاره جاستارا، «بری ویگ» است. گروهی از بری ویگ ها برای تحقیق از سیاره ما زمین، چند روزی میهمان انسان‌ها هستند، سفینه آن‌ها در محلی فرود آمده است و ازآنجا به مطالعه و تحقیق در باره زمین و انسان ها می پردازند.

بهر حال این موجودات فضایی با سطح آگاهی خود و مجهز به فنّاوری جاستارا، قادرند در یکی دو روز اول فرود سفینه‌شان بر روی زمین، از زبان‌های زنده ملت‌ها، از تاریخ، دستاوردهای علمی و فنّاوری، ادبیات و هنر و سایر موارد، از طریق اینترنت کاملاً سر دربیاورند. در ضمن در طول اقامتشان بر روی سیاره ما، شاهد رفتار و عملکرد انسان‌ها در صحنه‌های اجتماعی و سیاسی نیز باشند. در پایان سفر خود قرار است گزارشی تنظیم کنند. در این گزارش با عنوان «سفرنامه زمین» به مواردی اشاره می‌کنند. بی‌شک هرکدام از ما انسان‌ها که برخی از مناسبات اجتماعی بر روی زمین برایمان عجیب و یا غیرقابل‌قبول است، ممکن است نظری را در این سفرنامه اضافه کند. نظر هرکدام از ما احتمالاً متفاوت است. بنده حدس می‌زنم که این سفرنامه شامل موارد زیر باشد.

❖ ❖ ❖

سفرنامه زمین

زمین سیاره‌ای زیباست و بیشتر سطح آن را اقیانوس‌ها پوشانده‌اند، اما خشکی، فلات قابل سکونت و آب شیرین، کوه‌ها و جنگل‌های آن نیز تا این زمان برای جمعیت آن کافی است. حیات بر روی این سیاره از میلیون‌ها گونه مختلف از گیاهان گرفته تا انواع جانوران مانند پرندگان، ماهی‌ها و حشرات شکل یافته است. نوع هوشمند این موجودات انسان‌ها هستند که سابقه ظهور نوع مدرن آن‌ها بر روی سیاره به دویست تا سیصد هزار سال می‌رسد. اما هوشمندی آن‌ها در سطح پیشرفته، سابقه‌ای بیش از چند هزار سال ندارد.

علم و فنّاوری بر روی زمین زیاد پیشرفته نیست، اما برای فراهم آوردن یک زندگی راحت و آرام برای همه جمعیت آن کافی است. ما نکات نسبتاً روشنی در تمدن بشریت مشاهده کرده‌ایم که متعاقباً در این سفرنامه به آن‌ها اشاره خواهیم کرد، اما نوع بشر در طی چند صد سال اخیر خود را درگیر مشکلات فراوانی کرده است، مشکلاتی که حتی از آن بی‌خبر است و یا ازنظر انسان‌ها، طبیعی پنداشته و به واقعیت تبدیل شده است. مشکلات زمین که انسان مسئول آن است به درجه‌ای رسیده که اگر وضع به همین روند پیش برود

عواقب مخرب آن، حیات بر روی زمین را به انقراض خواهد کشاند و یا کیفیت آن در سطحی کلان نزول خواهد کرد؛ بنابراین امکان اینکه زمین به سرنوشت سیاره همسایه ما «تایتر» که موجودات هوشمند آن یعنی «لایبینگ» ها که عاقبت سیاره خود را به نابودی کشاندند دچار شود، کم نیست.

مشکل ازآنجا شروع شد که انسان‌ها به توهمات عادت کردند و از طریق این توهمات برای خود واقعیت‌هایی ساختند که با حقیقت فاصله زیادی دارد. در این روند تکاملی که مخصوصاً در چند صدسال اخیر در طول توسعه سیستم‌های اجتماعی و انقلاب صنعتی که انسان‌ها از آن عبور کردند، لایه‌هایی از این توهمات در قالب ماسک ایگو بر روی وجود حقیقی آن‌ها را پوشانده است. در طول اقامت ما بر روی زمین، ما بری ویگ ها کاملاً متوجه نوعی، رفتار خواب گونه در انسان‌ها شدیم، این رفتار در رسانه‌های اجتماعی مانند تلویزیون و روزنامه‌ها و شبکه اینترنت آن‌ها کاملاً مشهود است. این گفته‌ها و رفتارشان با معیارهای بری ویگ ها در سیاره ما جاستارا جور درنمی‌آید.

انسان‌ها خود را از تاروپود عالم هستی جدا می‌دانند، این از رفتار خصمانه آن‌ها به سیاره خود کاملاً مشهود است، وقتی سیاره را با مواد صنعتی و پلاستیک و سوخت‌های فسیلی، آلوده می‌کنند و یا هنگامی‌که جای‌جای سیاره چه در خشکی و چه در اقیانوس‌ها با آزمایش‌های هسته ای زخمی می کنند، درد سیاره را در تن خود احساس نمی‌کنند و این برای ما بری ویگ ها بسیار عجیب است. آن‌ها به‌جای آنکه هماهنگ با جاری عالم هستی حرکت کنند دائماً یا در جهت مخالف آن در حال حرکت‌اند و یا با یک ویژگی عجیب به نام حرص و طمع از جریان عالم هستی در حال سبقت گرفتن هستند. در هر دو حالت یا خود را درگیر رنجی مداوم می‌کنند و یا چنین رنجی را بر همنوع خود و زمین تحمیل می‌کنند.

حس جدا انگاری در انسان‌ها فقط در عدم احساس یکی بودن با سیاره، گیاهان و جانوران و تاروپود عالم هستی نیست، بلکه آن‌ها خود را از هم نوعان خود نیز جدا می‌پندارند. حس عشق و اتصال در انسان‌ها فقط در محدوده اعضای خانواده محدود است.

رفتارها و کردارهایی از قبیل کشتن همنوع و یا دست‌درازی به سهم سیاره‌ای همنوع، یعنی دزدی از همنوع چه خارج از چهارچوب قانون و چه به‌صورت قانونمند (قوانین بشری) برای این موجودات تقریباً عادی به نظر می‌رسد. تقسیم نابرابر ثروت و منابع زمین بین جمعیت انسان‌ها امری عادی است که زیاد به آن توجه نمی‌شود. فقر و گرسنگی، بیماری و محرومیت از تسهیلات ابتدایی زندگی آن‌طور که در جاستارا ناشناخته و عجیب است، واقعیتی است خسته‌کننده و فرسایشی که انسان‌ها یا به آن عادت کرده‌اند و یا درصدد رفع آن از طریق سیستم‌های سیاسی‌اند. ناگفته نماند که مدیریت سیستم‌های سیاسی اکثراً خود به عهده خفتگانی دیگر است.

نوع بشر خود را برحسب نژاد، سیستم‌های عقیدتی، ایدئولوژیکی و نحوه زندگی تقسیم کرده و خود را با مرزهای سیاسی و جغرافیایی از همنوع خود جدا کرده است. این تقسیمات بر روی زمین کشور نامیده می‌شوند. آن‌ها بر مبنای توهمات حسی و تکاملی در میان خود تفاوت‌هایی احساس می‌کنند. بر اساس این توهم گاه خود را برتر از همنوع خود می‌پندارند و گاه به اقلیت‌ها و یا اقوام دیگر نابرابری و حتی ظلم روا می‌دارند. این نابرابری‌ها و ظلم گاه اقوام تحت نابرابری و ستم را بر آن می‌دارد که از طریق مرزهای جدید به دور خود، قوم خود را جدا کنند. به‌این‌ترتیب، بشر که می‌بایست مرزهای جدایی را از میان بردارد، مرزها و کشورهای جدید تأسیس می‌کند. مرزها و جدا پنداری‌ها، خود سبب ناآرامی‌ها و جنگ‌های جدید می‌شود و جنگ‌ها مولد اختلاف و تنفر می‌شود و به‌این‌ترتیب چرخه باطل رنج بر روی این سیاره همواره در حال ترمیم، بازسازی و تداوم است.

بشر خود را متمدن می‌داند اما در بسیاری از مواقع قادر به حل تفاوت‌ها و اختلاف‌های خودساخته خود از طریق گفتگو نیست. این رویکرد تاکنون بشر را به جنگ‌های بسیاری با یکدیگر کشانده است. تنها در قرن بیستم ده‌ها میلیون انسان در جنگ‌ها، کشتار ایدئولوژیکی، نسل‌کشی و روند سیستماتیک پاکسازی‌های قومی و جنگ‌های داخلی کشته شده‌اند.

ناآگاهی جمعی بر روی سیاره مولد جنگ‌هاست. بشر در مرزهای خودساخته همواره در تشویش و نگرانی وقوع جنگ است. تنور جنگ و یا آمادگی دفاعی

به صرف منابع نیازمند است؛ بنابراین بخش بزرگی از منابع مالی انسان‌ها که می‌بایست برای رفاه، بهداشت و درمان، آسایش و آرامش نسل‌های کنونی استفاده شود و یا برای نسل‌های بعد ذخیره شود، صرف ساخت ماشین‌های جنگی می‌شود. درحالی‌که صدها میلیون انسان در فقر مطلق بسر می‌برند و درآمد روزانه آن‌ها یک تا دو دلار است، هزینه ساخت و یا قیمت تنها یک دستگاه تانک به هشت میلیون دلار می‌رسد.

بر روی زمین نمایشگاه‌ها فقط اختصاص به هنر و خلاقیت و یا تولیداتی که رفاه و آرامش بشر را تأمین کند، ندارند بلکه نمایشگاه‌های ادوات نظامی و پیشرفته کشتار همنوع همه‌ساله در یکی از کشورها برگزار می‌شود. در این نمایشگاه‌ها کشورهای پیشرفته، تولیدات خود را به کشورهای دیگر می‌فروشند و در انتهای روز، همه آن‌ها با رضایت کامل به خانه‌های خود برمی‌گردند. ادوات پیشرفته و گران‌قیمت مانند هواپیماهای جنگی صد میلیون دلاری یا در انبارها از رده خارج می‌شوند و یا برای کشتار همنوع بکار گرفته می‌شوند.

بر روی زمین، علم و فنّاوری به دو شاخه می‌رود. شاخه‌ای که برای رفاه بشر تحقیق و تولید می‌کند و شاخه‌ای که در خدمت زر و زور است. شاخه دوم، دست در دست سیستم‌های پول و قدرت به میزان ناآگاهی و مصائب بشر یا به‌طور مستقیم و یا غیرمستقیم می‌افزاید. آن‌ها علم و انرژی خود را به ساخت سلاح‌های نظامی صرف می‌کنند. شاخه‌ای از متخصصین علم اقتصاد از طریق تغییر واقعیت‌های اقتصادی در حوزه سیستم‌های پولی و بانکی به نفع اقلیت مرفه و به ضرر اکثریت قشر حقوق‌بگیر عمل می‌کنند. بخش سودجو هنر، مخصوصاً درزمینهٔ سینما، فیلم‌هایی تولید می‌کند که میزان فروش گیشه‌ای آن‌ها متناسب با میزان خشونت، جلوه‌های غیرواقعی و میزان ترسناکی شخصیت‌های فیلم است. فیلم‌هایی که در روح و روان جوانان و نوجوانان رخنه می‌کند تا درنهایت به ناهنجاری‌ها و رنج در چرخه ناآگاهی سیاره بیفزاید.

بر روی زمین بسیاری از مناسبات از مرزهای افراط عبور می‌کنند و حوزه ورزش و سرگرمی ازجمله آن‌هاست. بشر به دلیل کم‌حوصلگی و فرار از خود

همواره شادی، سرگرمی و حتی موفقیت را در دیگران جستجو می‌کند؛ و گاهی افراط گونه خود را در تیم‌های ورزشی تعریف می‌کند و از آن‌ها هویت می‌گیرد. از طریق چنین هویت‌سازی، واقعیتی برای خود می‌سازد که رفته‌رفته به اهمیت آن می‌افزاید. به‌این‌ترتیب مناسباتی را به وجود می‌آورد که از طریق آن جیب عده‌ای معدود را پر می‌کند. برای نمونه در بعضی از کشورها درآمد یک ورزشکار حرفه‌ای یا یک خواننده موسیقی، بیش از درآمد دو هزار پزشک و مهندس در همان کشورهاست و این فقط نمونه‌ای کوچکی از توهم بر روی زمین است.

یکی از مناسبات بسیار عجیب دیگر بر روی زمین خریدوفروش قطعات زمین و مسکن و درنتیجه رشد بی‌رویه بهای مسکن است. انسان‌ها حق برخورداری از قطعه زمینی برای زندگی بر سیاره خودشان را آن‌طور که در سیاره ما رایج است، ندارند. آن‌ها می‌بایست برای زندگی بر روی چند ده متر زمین این قطعات را از صاحبی خریداری کنند. در سال‌های اخیر مشکل مسکن در اغلب نقاط دنیا به کابوسی برای اکثر ساکنان آن و مخصوصاً نسل جوان تبدیل‌شده که خود باعث مشکلات روحی و روانی و ناهنجاری‌های بیشتر در سطح سیاره شده است. نه اینکه سطح سیاره برای چنین حقی برای جمعیت آن کافی نیست، بلکه اگر به صورتی بنیادی به این مسئله نگاه کنیم و اگر صاحبان اولیه این قطعات را ردیابی کنیم به صاحبانی نامرئی خواهید رسید که معلوم نیست، قطعات زمین طی چه روندی به آن‌ها تعلق‌گرفته است. این‌که چطور سطح سیاره به‌طور متعادل بین ساکنان آن تقسیم نمی‌شود و چگونه بسیاری از انسان‌های آن از حق برخورداری از قطعه زمینی برای زندگی کردن محروم‌اند، طنزی تلخ بر پهنه زمین است. اگر ناظری هوشمند در عالم هستی شاهد شکل گرفتن ابتدایی این سیاره در منظومه شمسی بود آیا می‌توانست تصور کند که روزی برسد که اکثریت این موجودات تکامل‌یافته بر روی سیاره، باید دسترنج یک‌عمر کار خود را به اقلیتی دیگر از نوع تکامل‌یافته همان موجودات بپردازند تا بتوانند بر روی قطعه‌ای از سیاره‌ای که متعلق به کسی به‌جز آفریننده آن نیست اجازه سکونت بی‌دغدغه کسب کنند؟

از نکات دیگر اینکه، انسان‌ها تا همین‌جا هم از ایگو و ماسک شخصیت رنج می‌برند؛ اما به‌تازگی لایه دیگری به ماسک شخصیت آن‌ها افزوده‌شده است و آن شخصیت مجازی و یا اینترنتی افراد است. هرچند بسیاری از انسان‌ها از این شبکه استفاده بهینه می‌کنند و از آن در بسیاری از امور مترقی سود می‌برند، اما میلیون‌ها انسان تحت یک یا چند نام کاربری و کلمه عبور، شخصیتی مجازی برای خود ساخته‌اند و در پشت این شخصیت در شبکه‌های اجتماعی به هم چنگ و دندان نشان می‌دهند.

تاریخ بر روی زمین نشان می‌دهد که انسان‌ها در هیچ مقطعی از زمان آزاد نبوده‌اند. هرچند که میزان آزادی عقیده و بیان در نقاط مختلف سیاره متفاوت است اما حتی پس از هزاران سال تمدن، انسان امروزی در هیچ نقطه از جهان کاملاً آزاد و امن نیست. سرکوب آزادی در کشورهای استبدادی و غیر دمکراتیک بیشتر ولی در کشورهای دمکراتیک هم به‌نوعی غیرمستقیم و در شکلی دیگر وجود دارد؛ و بنابراین متفکرین همواره می‌بایست در طول زندگی خود با نوعی خودسانسوری آزاردهنده در ابراز عقیده بسوزند و بسازند.

در رابطه با گازهای گلخانه‌ای، گرمایش زمین و تغییرات اقلیمی، دانشمندان زمین به‌اندازه کافی به سیستم‌های حاکم هشدار داده‌اند. این تغییرات که ریشه در ایگو، حرص و طمع، تولیدات غیرضروری و مصرف‌گرایی بشر دارد تهدید بزرگی را متوجه حیات بر روی زمین می‌کند. این تهدیدات عبارت‌اند از: افزایش تدریجی دمای نقاطی از زمین، تغییرات عمده و مخرب در زیربنای اقیانوس‌ها و تأثیرات منفی بر حیات در آن‌ها، تغییرات جوی، سیل و طوفان‌های مهیب، آب شدن یخ‌های قطب‌های شمال و جنوب سیاره. پیش‌بینی می‌شود که با آب شدن یخ‌های دو قطب شمال و جنوب زمین، سطح آب اقیانوس‌ها بالا خواهد آمد و شهرهای ساحلی و کشورهای جزیره‌ای به‌طور کامل به زیر آب خواهند رفت. باوجود چنین تهدیدی برخی از سیستم‌های سیاسی و اقتصادی قدرتمند و تصمیم‌گیرندگان آن‌ها در جهان هنوز به عمق چنین فاجعه‌ای باور ندارند. عجیب است که انسان از تاریخ، گذشته، افسانه‌ها و داستان‌های کتب مقدس خود نیز درس نمی‌گیرد. در یکی از این داستان‌ها نوح پیامبر، مردم خود را از وقوع طوفانی بزرگ مطلع کرد.

باوجود هشدارهای فراوان او، عده‌ای به هشدار او بی‌اعتنایی کردند و پس از وقوع طوفان قربانی یک‌دندگی خود شده و غرق شدند.

در مدت کوتاهی که میهمان زمین بودیم، توانستیم با دانشمندان این سیاره مخصوصاً دانشمندان فیزیک تئوری نشستی داشته باشیم. در این نشست توانستیم مواردی را که آن‌ها در فیزیک کوانتوم ازنظر تئوری ثابت کرده‌اند به‌طور عملی به آن‌ها نشان دهیم. همچنین چگونگی کارکرد و وجود هوشیاری عالم هستی را برای عاشقان علم، عالم هستی و عرفان نیز روشن‌تر کردیم.

گذشته از نکات منفی بر روی این سیاره زیبا، هنوز آگاهی عشق، وجدان و شفقت در پهنه زمین وجود دارد. شاید این نکات مثبت کلید رهایی انسان و سیاره از رنج جمعی باشد و بتواند در آینده خوشبختی و سعادت و صلح را در سطح زمین بگستراند.

زمین از فرهنگ‌های مختلف، ادبیات، هنرهای زیبا، شعر و موسیقی کلاسیک و عرفانی غنی است. تعدادی سوغاتی باارزش از زمینیان به ما هدیه شد که با خود به جاستارا می‌آوریم. این هدایا شامل سی‌دی‌های موسیقی کلاسیک و عرفانی، اشعار شاعران بزرگ، نقاشی‌های کودکان، چند گونهٔ گیاهی و گل، تصاویر و صداهای طبیعت زمین ازجمله صدای زیبا و پرقدرت پرنده کوچکی به نام بلبل است. یکی از موسیقیدانان به ما گفت که این پرندهٔ زیبا مانند یک موسیقی‌دان حرفه‌ای بداهه‌نوازی چیره‌دست است و تقریباً هیچ‌گاه آواز قبلی خود را تکرار نمی‌کند.

ما به‌سوی سیاره خود جاستارا درحرکت هستیم و مشتاق رسیدن به آن هستیم.

ما برای زمین و زمینیان آرزوی آگاهی، صلح، آرامش و دوستی و سعادت می‌کنیم.

❖ ❖ ❖

❖ ❖ ❖

سخن پایانی

در ابتدای کتاب تحت عنوان «سخنی با خواننده – گنج درون» به تعدادی از دستاوردهای بیداری معنوی اشاره کردیم. در مرحله پایانی این کتاب آنچه عاید خواننده شده است، شامل همه مواردی که موردقبول او بوده و همه موارد غیرقابل‌قبول از نگاه و اندیشه مستقل او، جزئی از دستاوردهای معنوی و اخلاقی است؛ اما دانسته‌ها و یافته‌ها درراه خِرَد و معرفت در هراندازه‌ای که باشد، نباید ظرفیت بعُد درونی ما را پر کند؛ زیرا انسان به‌عنوان جزئی از عالم هستی دارای بُعد درونی و ظرفیتی نامحدود است و این فقط خود اوست که چنین ظرفیتی را محدود می‌کند. به‌علاوه، در راه بیداری و در طریق معنویت، دستاوردهایی همچون آرامش، مهارت‌های چگونه زیستن، و رسیدن به هوشیاری معنوی همه جزئی از عایدات و محصولات جانبی راه حقیقت‌اند و نه مقصد این راه. راه حقیقت بی‌انتهاست. درست است که این حقِ سالک یا عارف است که از عایدات و دستاوردهای راهی که می‌پیماید به‌طور خصوصی سود ببرد، آگاه و شاد زندگی کند و یا به مراقبه بنشیند و از چنین آرامشی لذت ببرد؛ اما این رویکرد شبیه می‌شود به دستاوردهای اجتماعی که آن را با عنوان موفقیت اجتماعی می‌شناسیم. محیط و سیستم‌های اجتماعی به ما می‌آموزند که موفقیت را در قالب میزان تحصیلات، شغل خوب، مقام، موقعیت اجتماعی و ثروت تعریف کنیم؛ اما این مناسبات کیفی و کمّی مانند املاک خصوصی‌اند و سود بردن از آن‌ها به‌تنهایی با مالکیت خصوصی تفاوت چندانی ندارد. تعداد انسان‌های موفق در دنیا کم نیستند. کم نیستند انسان‌هایی که بر روی زمین ظاهر می‌شوند، درراه موفقیت سخت می‌کوشند، موفق می‌شوند و مدتی از ثمره موفقیت خود به تنهای سود می‌برند و پس از چند دهه از روی زمین محو می‌شوند. آیا رسالت انسانی در همین حد خلاصه می‌شود؟ چگونه است که بسیاری از انسان‌ها هیچ نکته عجیبی در اجتماع و دنیایی که به آن متعلق هستند، نمی‌بینند؟ آیا این همه نابسامانی، جنگ، ویرانی، نا عدالتی‌های اجتماعی و اقتصادی و رنج همنوعان ما نباید برای ما عجیب باشد؟ آیا هیچ نکته عجیبی در افکار، رفتار، عملکرد سیستم‌های

سیاسـی مسـتقر در جهـان دیـده نمی‌شـود؟ اگـر بـه‌دقت و بـا نگـاهی عمیـق‌تر بـه نابســامانی‌ها و دلایــل آن‌هــا بنگــریم، خــواهیم دیــد کــه زمــین از بی‌تفــاوتی و سکوت انسان‌ها نیز در رنج است.

بـه همـین صـورت هـم بیـداری معنـویِ انسـان اگـر در خـدمت بشـریت و سـیاره نباشـد، ملکـی خصوصـی بـیش نیسـت. امـروزه فلسـفه شـرق و روش هـای آنماننـد یوگـا و مراقبـه بـه سـرعت بیشـتری از مرزهـای شـرقی بـه فرهنـگ کشـور هـای دیگـر وارد مـی شـوند. از آمـوزه هـای اصولی معنویـت شـرق ایـن اسـت کـه انسـان مـی بایسـت از طریـق مراقبـه بـه بیـداری و آرامـش برسـد. در ایـن فلسـفه تاکیـد بـر ایـن اصل اسـت کـه رنـج هـای دنیـا همـواره وجـود دارنـد. قسـمتی از ایـن رنـج هـا مـاهیتی جبـری دارنـد و از اختیـار انسـان خـارج اسـت، امـا قسـمتی دیگـر کـه بـانی آن انسـان اسـت، مـی بایسـت بـه «*کارمـا Karma*» سـپرده شـود. یعنـی آنـان کـه بـه دیگـران رنـج تحمیـل مـی کننـد یـا در همـین دنیـا بـه سـزای اعمـال خـود مـی رسـند و یـا در زنـدگی بعـدی و پـس از تناسـخ، کـه شـکل حیاتشـان نیـز بـه درجـه اعمال بدشان در این دنیا بستگی خواهد داشت.

بنـابراین همـانطور کـه مـی بینـیم در فلسـفه شـرق جـایی بـرای «تفکـر انتقـادی» در نظـر گرفتـه نشـده اسـت. مشـکل ایـن نـوع رویکـرد ایـن اسـت، کـه نمـی تـوان اذهـان خفتـه، حـریص، شـریر و ظـالم را کـه بـرای حـرص و طمـع و منـافع و ارضـای نفـس خودشـان حـق دیگـران را ضـایع مـی کننـد و از یکطـرف بـه ثـروت و یـا قـدرت خـود مـی افزاینـد و از طـرف دیگـر ظلـم و یـا فقـر و رنـج را بـر همنوعـان خـود تحمیـل مـی کننـد، بـه حـال خـود یـا «کارمـای ایـن زنـدگی و زنـدگی هـای بعـدی» سـپرد. زیـرا رونـد نابسـامانی هـایی ماننـد شـکاف طبقـاتی، گسـترش فقـر و آسـیب بـه سـیاره یـک رونـد تصـاعدی اسـت کـه اگـر بـا آن برخـورد نشـود، عواقـب فاجعـه بـاری بـرای زمـین و نـوع بشـر رقـم خواهـد زد. جـای هـیچ تردیـدی نیسـت کـه حتـی همـه دسـتاورد هـای پیشـرفته اجتمـاعی کـه امـروز بشـر از آن برخـوردار اسـت، نتیجـه تفکـرات انتقـادی اسـت و اینکـه اصـولا حـق دادنـی نیسـت بلکـه فقـط گرفتنی است.

بیـداری هنگـامی بـه هوشـیاری و عشـق در ابعـاد عـالم هسـتی تبـدیل می‌شـود کـه انسـان بیـدار بـا هوشـیاری بـه آنچـه بـر روی زمـین می‌گـذرد توجـه داشـته باشـد و تـا

حد امکان احساس مسئولیت کند. این مسئولیت همان معرفت است، همان هوشیاری معنوی، همان عشق است و این مسئولیت، هوشیاری و عشق شاید همان بار امانتی بوده که قرعه‌اش به نام انسان زده شد.

آسمان بار امانت نتوانست کشید

قرعه کار به نام من دیوانه زدند

آتش آن نیست که از شعله او خندد شمع

آتش آن است که در خرمن پروانه زدند

حافظ

بزرگان و مفسران می‌گویند، این امانت، عشق به خداوند است. در این صورت به نظر می‌رسد چنین عشقی باید همه‌جانبه باشد. منظور از همه‌جانبه مفهوم لغت یونیورسال (Universal) است این واژه دارای دو معنی ریشه‌ای است معنی اول یعنی جهانی و عالم هستی و معنی دوم «همه‌جانبه» است؛ اما وسعت چنین جوانبی خود در ابعاد جهان هستی و ورای آن است طوری که آفریننده و همه آفرینش، عالم هستی و جلوه‌های آن و مخصوصاً زمین و همه حیات و انسان را نیز در برگیرد. از مجموعه فوق، آفریننده بی‌نیاز است اگرچه انسان باید به وجود او هشیار باشد و به او عشق بورزد و از این هوشیاری و عشق خود سود ببرد. عشق انسان نسبت به عالم هستی نیز در ابعاد هوشیاری او به عالم هستی بوده و به خود انسان سود می‌رساند نه به عالم هستی؛ اما از مجموعه همه‌جانبه فوق، زمین، حیات بر روی زمین، همنوع بشر و سعادت و سلامت جسمی و بهداشت روانی همنوعان، به عشق انسان نیازمندند و از آن سود خواهند برد و بی‌شک خداوند هم همین را از انسان می‌خواهد.

پس به نظر می‌رسد شایسته‌تر آن باشد که پس از پذیرفتن این امانت، در راه حفظ آن هم بکوشیم و رسم امانت‌داری را به‌جا آوریم. به‌عنوان انسان به همنوعان خود رنج تحمیل نکنیم، نسل حیوانات را منقرض نکنیم، جنگل‌ها را از بین نبریم، در رودخانه و دریاها پلاستیک نریزیم، آسمان و اتمسفر، این لایه‌نازک و حساس حیات به دور زمین را آلوده نکنیم و یا در مقابل همه این نابسامانی‌ها سکوت نکنیم. آنگاه است که می‌توانیم به بار سنگین امانتی که به ما داده‌شده ببالیم.

به گفته فیزیکدان پرآوازه دنیا، استیون هاوکینگ این‌طور که بر زمین می‌رود، عمر مفید زمین به هزار سال آینده نخواهد رسید. هرقدر که چنین هشداری را بدبینانه تلقی کنیم اما نمی‌توان هشدارهای دیگر دانشمندان را نادیده گرفت.

آیا امین او نیست که از لحظه قبول یک امانت تا تحویل آن به صاحبش، نگران حفظ آن امانت باشد؟ شاید دلیل آنکه انسان چنین امانت و مسئولیت مهمی را از یاد برده است و دیگر نگران آن نیست، آن است که خود سخت نگران درگیری‌های تمام‌نشدنی زندگی روزمره، چرتکه زدن‌ها و مشغله‌های آن است. هدف «بیداری معنوی، خودآگاهی، عرفان و معرفت» شاید همین باشد که تلنگری به انسان بزند و به او بگوید این‌ها که تو نگران آن هستی توهمی بیش نیست، این امانت‌های دنیوی را در همین دنیا رها خواهی کرد و رخت بر خواهی بست. بیدار شو و به امانتی که به تو داده‌شده بیندیش.

انسان بیدار با چنین مسئولیت و هوشیاری هرگز نقطه پایانی در راه حقیقت و عشق نمی‌بیند. راه حقیقت و عشق نه‌تنها مقصدی پایانی ندارد، بلکه گاهی دشوار، سنگلاخی و پر چالش نیز است. چالش‌های این راه مستی می‌طلبد، مستی از شراب عشق.

الا یا ایها الساقی ادر کاسا و ناولها

که عشق آسان نمود اول ولی افتاد مشکل‌ها

به بوی نافه ای کاخر صبا زان طره بگشاید

زتاب جعد مشکینش چه خون افتاد در دل ها

مرا در منزل جانان چه امن عیش چون هر دم

جرس فریاد می‌دارد که بربندید محمل‌ها

به می سجاده رنگین کن گرت پیر مغان گوید

که سالک بی‌خبر نبود ز راه و رسم منزل‌ها

شب تاریک و بیم موج و گردابی چنین هایل

کجا دانند حال ما سبکباران ساحل‌ها - حافظ

پایان

❖ ❖ ❖
منابع

۱- این شعر به ابوسعید ابوالخیر و در منابعی به مولوی نسبت داده‌شده است
۲- برخورددهنده هادرون Large Hadron Collider at CERN
۳- کلود دبوسی- موسیقیدان - ۱۹۱۸-۱۸۶۲ - Debussy Claude
۴- "60 minutes to a better you," 2007 Ben-Shahbar Tad.
۵- آلن واتس Alan Watts فیلسوف و شرق‌شناس انگلیسی ۱۹۷۳- ۱۹۱۵
۶- بیداری - Awakening
۷- ذهن - Mind
۸- هوشیاری - Consciousness
۹- جاری عالم هستی- Universal Flow
۱۰- لائوزای – Laozi فیلسوف و شاعر چینی قرن پنجم قبل از میلاد
۱۱- مایستر اکهارت – دین‌شناس، فیلسوف و عارف – ۱۳۲۸-۱۲۶۰ Meister Eckhart
۱۲- باروخ اسپینوزا – ۱۶۷۷ - ۱۶۳۲- فیلسوف – Baruch Spinoza
۱۳- جرج اورول – George Orwell
۱۴- طبق سایت نسبتاً معتبر زیر که به تحقیق سخنان بزرگان می‌پردازد، این جملات متعلق به فرانک آوتلو Outlaw Frank است. البته منابعی ازجمله همین سایت احتمال اینکه این سخنان از لائوزای باشد را رد نمی‌کند، اما ازآنجایی‌که نسخه انگلیسی آن از الگویی خاص در جمله‌بندی پیروی می‌کند به نظر می‌رسد که اصل آن از سخنان یک انگلیسی‌زبان باشد. این ترجمه با ترجمه از منابع دیگر تفاوت چندانی ندارد زیرا جملات انگلیسی آن بسیار ساده است.
https://quoteinvestigator.com/2013/01/10/watch-your-thoughts
۱۵- اسب تروجان یا اسب تراوا – Trojan Horse – به ویکی پیدیا مراجعه شود
۱۶- کارل گوستاو یونگ ۱۹۶۱ – ۱۸۷۵ – Carl Gustav Jung روان‌پزشک و روانکاو
۱۷- ژان نیکولاس آرتور ریمباد - ۱۸۹۱ - ۱۸۵۴ - Jean Nicolas Arthur Rimbaud
۱۸- اکهارت تول – معلم عرفان متولد ۱۹۴۸ – Eckhart Tolle
۱۹- دیوژن Diogenes فیلسوف یونانی قرن پنجم قبل از میلاد
۲۰- پلوتینوس Plotinus فیلسوف قرن سوم میلادی
۲۱- تغییرات عالم هستی - Universal Changes
۲۲- هلن کلر - Helen Adams Keller

۲۳- استیون هاوکینگ –فیزیکدان انگلیسی - Stephen William Hawking

۲۴- کانتست به معنی رقابت –Contest – آگون به معنی رنج و عذاب – Agony

۲۵- اینتلکت – Intellect

۲۶- کتاب «اخلاق» نوشته اسپسنوزا - Ethics

۲۷- کتاب اشعار تائو تی چینگ- Tao Te Ching نوشته لائو تسه معروف لائوزای. ترجمه فارسی اشعار لائوزای در کتاب از نویسنده، اما ترجمه دقیق نسخه‌های انگلیسی آن نیست. به همین ترتیب ترجمه‌های متعدد از مترجمان انگلیسی‌زبان اکثراً ترجمه کاملاً برابر با اصل نسخه چینی آن نیستند و همه آن‌ها باهم متفاوت‌اند. ازجمله این ترجمه‌ها نسخه، J.H. McDonald برای حوزه عمومی است که در اختیار همگان قرار دارد.

http://tao-in-you.com/lao-tzu-tao-te-ching-translations

۲۸- شعله طور کتاب صوتی– عبدالحسین زرین‌کوب - در یوتیوب موجود است

۲۹- Rumi: When I die

https://www.youtube.com/watch?v=SEwJm-RPhNE

۳۰- الکساندرا دیوید نیل (۱۹۶۹- ۱۸۶۸) - Alexandra David-Neel

۳۱- تریسا آویلا معروف به سانتا تریسا (۱۵۸۲-۱۵۱۵) - Teresa of Ávila

۳۲- رابعه بصری (۸۰۱-۷۱۸) - Rabia Basri

۳۳- نیلز بور- فیزیکدان آلمانی –- ۱۹۶۲- ۱۸۸۵ - Niels Henrik David Bohr

۳۴- ادوین هابل - اخترشناس آمریکایی – ۱۹۵۳- ۱۸۸۹- Edwin Hubble

۳۵- مه‌بانگ یا انفجار بزرگ – Big Bang

۳۶- ماده تاریک – Dark Matter

۳۷- زنجیره ویرگو - Virgo Cluster

۳۸- اوریون – Orion

۳۹- آلفا سنتائوری –Alpha Centauri A, B

۴۰- پروکسیما – Proxima

۴۱- کهکشان اندرومدا یا ام ۳۱ – Andromeda – M31

۴۲- کهکشان آی سی ۱۰۱۱ - IC 1011

۴۳- لایمن اسپیتسر فیزیکدان و اخترشناس – ۱۹۹۷- ۱۹۱۴- Lyman Spitzer

۴۴- میدان‌های عمیق هابل - Hubble Deep Field

۴۵- چند عالمی (مالتی ورس) Multiverse

۴۶- تونل زنی کوانتومی- Quantum Tunneling

۴۷- اتُموس - غیرقابل رؤیت و غیرقابل شکافتن- Atomus

۴۸- دموکریتوس- فیلسوف یونانی قرن پنجم قبل از میلاد- Democritus
۴۹- جان دالتون - شیمی‌دان انگلیسی – ۱۷۶۶-۱۸۴۴- John Dalton
۵۰- ماکس پلانک – فیزیکدان ۱۹۴۷- ۱۸۵۸ - Max Planck
۵۱- کوانتا جمع کوانتوم – Quanta Plural of Quantum
۵۲- برای ویدئو این آزمایش دوگانگی موج ذره و صفحه دو شیاره یا مشابه آن در یوتیوب Double Slit Experiment explained! By Jim Al-Khalili را جستجو کنید.
۵۳- تفسیر کپنهاگن - Copenhagen Interpretation of Quantum Mechanics
۵۴- ورنر هایزنبرگ – فیزیکدان آلمانی- ۱۹۷۶ – ۱۹۰۱ - Werner Karl Heisenberg
۵۵- اروین شرودینگر - فیزیکدان اتریشی – ۱۹۶۱- ۱۸۸۷ - Erwin Schrödinger
۵۶- گربه شرودینگر - Schrodinger's cat – برای جزئیات این آزمایش به ویکی پیدیا مراجعه شود.
۵۷- ارتباط کوانتومی ذرات مرتبط – Quantum Entanglement
https://www.youtube.com/watch?v=IMWo-rhlpmQ
۵۸- جان بل – فیزیکدان ایرلندی- ۱۹۹۰ – ۱۹۲۸ - John Stewart Bell
۵۹- تئوری ابر نخی یا ابر رشته‌ای ذرات بنیادی – Superstring Theory - در ویکی پیدیای فارسی این نظریه را نظریه ریسمان ترجمه کرده‌اند. اما نظریه ریسمان یک فرضیه متفاوت خارج از فیزیک کوانتوم است.
۶۰- تونل زنی کوانتومی – Quantum Tunneling
۶۱- این عدد گوگُل هم نامیده می‌شود . Googol
۶۲- مارکوس آئورلیوس – ۱۸۰-۱۲۱ – امپراتور روم - Marcus Aurelius
۶۳- کتاب مدیتیشن از مارکوس آئورلیوس – Meditations
۶۴- مریم میرزا خانی – ۲۰۱۷ - ۱۹۷۷– ریاضیدان - برندهٔ مدال فیلدز، بالاترین جایزه در ریاضیات
۶۵- اعداد فیبوناچی - Fibonacci numbers
۶۶- نسبت طلایی – Golden ratio
۶۷- تانین – Tannin
۶۸- اتلین – Ethylene
۶۹- اطلاعات در جهان هستی – Universal Information
۷۰- ژنوم – Genome
۷۱- هوشمندی عالم هستی – Universal Intelligence
۷۲- هوشیاری عالم هستی – Universal Consciousness
۷۳- ذهن – جسم - Body-Mind
۷۴- لایبنیز - فیلسوف و ریاضی‌دان آلمانی – ۱۷۱۶ – ۱۶۴۶ - Gottfried Wilhelm Leibniz

۷۵- نظریه روانجسمی موازی - Psychophysical Parallelism

۷۶- فیلسوف ایرلندی جرج برکلی - ۱۷۵۳ – ۱۶۸۵ - George Berkeley

۷۷- دکتر گری شوارتس - Gary Schwartz - | ?Is Consciousness More than the Brain Interview

https://www.youtube.com/watch?feature=player_embedded&v=x-6hosFAObl

۷۸- لودر – ایلوژن – Illusion – Ludere

۷۹- Scientism- نوعی افراط در ارجاع همه ابعاد زندگی به عینی گرایی، علم و متد های علمی است. جهت جزئیات چنین رویکرد و انتقادات بر آن می توانید به لینک زیر مراجعه نمایید:

https://en.wikipedia.org/wiki/Scientism

۸۰- دکتر روپرت شلدرک - Alfred Rupert Sheldrake –

https://www.sheldrake.org

۸۱- آتر یا اثیر – (Aether or Ether (Philosophical

❖ ❖ ❖

Title: **Dari Beh Binahayat** (A Door to Infinity)
Author: **Reza Fattahi**
ISBN: **978-1-7387464-2-2**